Logiques Juridiques

Fondée par Gérard Marcou
Dirigée par Jean-Claude Némery et Thomas Perroud

Le droit n'est pas seulement un savoir, il est d'abord un ensemble de rapports et pratiques que l'on rencontre dans presque toutes les formes de sociétés. C'est pourquoi il a toujours donné lieu à la fois à une littérature de juristes professionnels, produisant le savoir juridique, et à une littérature sur le droit, produite par des philosophes, des sociologues ou des économistes notamment.

Parce que le domaine du droit s'étend sans cesse et rend de plus en plus souvent nécessaire le recours au savoir juridique spécialisé, même dans des matières où il n'avait jadis qu'une importance secondaire, les ouvrages juridiques à caractère professionnel ou pédagogique dominent l'édition, et ils tendent à réduire la recherche en droit à sa seule dimension positive. À l'inverse de cette tendance, la collection « Logiques juridiques » des éditions L'Harmattan est ouverte à toutes les approches du droit. Tout en publiant aussi des ouvrages à vocation professionnelle ou pédagogique, elle se fixe avant tout pour but de contribuer à la publication et à la diffusion des recherches en droit, ainsi qu'au dialogue scientifique sur le droit. Comme son nom l'indique, elle se veut plurielle.

Dernières parutions

Nadine NAJEM, *Théorie des intérêts moratoires*, 2024.
Caroline PELOSO, *L'autorité de la chose jugée au pénal à l'égard des décisions européennes, Essai de droit comparé franco-italien*, 2023.
Bamba Nonféni Michel ZARATIONON, *Les mesures provisoires de la CourADHD. Le contentieux du provisoire devant la Cour Africaine des droits de l'Homme et des Peuples*, 2023.
Jean LEFEBVRE, *Le droit du financement participatif (crowdfunding). Deuxième édition*, 2023.
Lucie CLUZEL-MÉTAYER et Arnaud SÉE (dir.), *Eléments de droit public du numérique*, 2023.

Structures éditoriales du groupe L'Harmattan

L'Harmattan Italie
Via degli Artisti, 15
10124 Torino
harmattan.italia@gmail.com

L'Harmattan Hongrie
Kossuth l. u. 14-16.
1053 Budapest
harmattan@harmattan.hu

L'Harmattan Sénégal
10 VDN en face Mermoz
BP 45034 Dakar-Fann
senharmattan@gmail.com

L'Harmattan Cameroun
TSINGA/FECAFOOT
BP 11486 Yaoundé
inkoukam@gmail.com

L'Harmattan Burkina Faso
Achille Somé – tengnule@hotmail.fr

L'Harmattan Guinée
Almamya, rue KA 028 OKB Agency
BP 3470 Conakry
harmattanguinee@yahoo.fr

L'Harmattan RDC
185, avenue Nyangwe
Commune de Lingwala – Kinshasa
matangilamusadila@yahoo.fr

L'Harmattan Congo
219, avenue Nelson Mandela
BP 2874 Brazzaville
harmattan.congo@yahoo.fr

L'Harmattan Mali
ACI 2000 - Immeuble Mgr Jean Marie Cisse
Bureau 10
BP 145 Bamako-Mali
mali@harmattan.fr

L'Harmattan Togo
Djidjole – Lomé
Maison Amela
face EPP BATOME
ddamela@aol.com

L'Harmattan Côte d'Ivoire
Résidence Karl – Cité des Arts
Abidjan-Cocody
03 BP 1588 Abidjan
espace_harmattan.ci@hotmail.fr

Nos librairies en France

Librairie internationale
16, rue des Écoles
75005 Paris
librairie.internationale@harmattan.fr
01 40 46 79 11
www.librairieharmattan.com

Librairie des savoirs
21, rue des Écoles
75005 Paris
librairie.sh@harmattan.fr
01 46 34 13 71
www.librairieharmattansh.com

Librairie Le Lucernaire
53, rue Notre-Dame-des-Champs
75006 Paris
librairie@lucernaire.fr
01 42 22 67 13

www.ingramcontent.com/pod-product-compliance
Lightning Source LLC
LaVergne TN
LVHW011449061026
849535LV00004BA/1011

Le Premier ministre au Togo et en Côte d'Ivoire

5-7, rue de l'École-Polytechnique ; 75005 Paris

http://www.editions-harmattan.fr/

ISBN : 978-2-336-44136-8
EAN : 9782336441368

Le Premier ministre au Togo
et en Côte d'Ivoire

5-7, rue de l’École-Polytechnique ; 75005 Paris

http://www.editions-harmattan.fr/

ISBN : 978-2-336-44136-8
EAN : 9782336441368

Komi Dodji Akpatcha

Le Premier ministre au Togo et en Côte d'Ivoire

Réflexions sur la réalité du bicéphalisme de l'exécutif dans les États d'Afrique noire francophone

L'Harmattan

Du même auteur

Komi Dodji Akpatcha, *Enjeux juridico-institutionnels de la métropole de Grenoble-Alpes*, Editions universitaires européennes, Saarbrücken, 2015, 140 pages.

Komi Dodji Akpatcha, *Recueil des textes constitutionnels de la République togolaise de 1956 à nos jours*, www.lulu.com, 373 pages

A mes parents Louis et Bernadette
A ma chère épouse Ornella et mes enfants Aymeric, Naël et Thaïs
A ma famille

Cet ouvrage est issu de la thèse de doctorat de Komi Dodji Akpatcha dirigée par le professeur Romain Rambaud et soutenue le 15 décembre 2021 à l'Université Grenoble-Alpes.

Le jury était composé de :

Fabrice Hourquebie
Professeur à l'Université de Bordeaux

Romain Rambaud
Professeur à l'Université Grenoble-Alpes

Pauline Türk
Professeure à l'Université Côte-d'Azur

Stéphane Bolle
Maître de conférences HDR à l'Université Paul-Valéry de Montpellier

Urbain N'Gampio
Maître de conférences HDR à Aix-Marseille Université

Bénédicte Fischer
Maîtresse de conférences à l'Université Grenoble-Alpes

SOMMAIRE

INTRODUCTION

> *« La dynamique des régimes politiques africains met en relief la dimension circonstancielle ou conjoncturelle de l'institution du Premier ministre. En effet, celle-ci est créée ou supprimée au gré des gouvernants pour faire face à des situations politiques données [1] ».*
>
> El Hadj MBODJ

Si l'organisation politique des Etats d'Afrique noire francophone s'est construite à la veille des indépendances autour de la fonction de Premier ministre, celle-ci fut reléguée au second plan au lendemain des indépendances au profit de la fonction présidentielle[2]. Il n'en demeure pas moins que la fonction de Premier ministre a précédé celle de Président de la République en Afrique et constitue la première forme d'institutionnalisation du pouvoir exécutif dans l'Etat moderne africain[3]. Confrontée aux vicissitudes politiques qui ont parsemé l'évolution constitutionnelle des Etats africains, la fonction de Premier ministre a connu des cycles de suppression et de renaissance jusqu'à sa réhabilitation au début des années quatre-vingt-dix dans le cadre du nouveau constitutionnalisme africain[4]. Considérée comme l'une des nouvelles tendances du constitutionnalisme africain[5], la réhabilitation de la fonction de Premier ministre pendant la période de transition fait de ce dernier un élément fondamental de la nouvelle architecture institutionnelle des régimes politiques africains[6]. Si à l'origine la fonction de Premier ministre ne se concevait que dans le cadre du régime parlementaire, telle qu'elle a été introduite au

---

[1] MBODJ (E-H.), « Le Premier ministre dans le nouvel ordonnancement du Sénégal *Alternatives démocratiques dans le tiers monde*, n°6, juil.-déc. 1992, pp. 57-71

[2] Voir GONIDEC (P-F.), *Les Constitutions des Etats de la Communauté*, Paris, Sirey, 1959 ; ASSO (B.), « La présidence et l'institutionnalisation du pouvoir en Afrique noire », *Revue française d'histoire d'Outre-mer*, tome 68, n°250-253, 1981, pp. 217-232.

[3] DESCHAMPS (H.), *Les institutions politiques de l'Afrique noire*, Paris, PUF, 1962 ; QUERMONNE (J.-L.), « Les nouvelles institutions politiques de l'Afrique noire », *Revue de l'Action populaire*, juin 1960, pp. 679-690 ; « Les nouvelles institutions politiques des Etats africains d'expression française », *Civilisations*, n°11 (2), 1961, pp.171-183.

[4] BOURGI (A.), « L'évolution du constitutionnalisme en Afrique : du formalisme à l'effectivité », *RFDC*, 2002, n°52, pp. 721-748 ; KPODAR (A.), « Bilan sur un demi-siècle de constitutionnalisme en Afrique noire francophone », *Afrilex*, 2012, p. 12.

[5] AHADZI-NONOU (K.), « Les nouvelles tendances du constitutionnalisme africain : le cas des Etats d'Afrique noire francophone », *AJP*, Vol.1, n°2, Juillet-décembre 2002, pp. 35-86 ; HUTTINGTON (S.), « Democracy's third wave », *Journal of democracy*, vol.2, 1991, n°2, pp.12-34 ; YOMBI (M.), « L'Etat de droit dans le renouveau démocratique en Afrique noire francophone », *Revue Réflexions constitutionnelles*, 2019, n°002, pp.1-34.

[6] Voir DIA (D.), *Les dynamiques de démocratisation en Afrique noire francophone*, Thèse de droit et de science politique, Université Jean Moulin Lyon 3, 2010.

Royaume-Uni au XVIIe siècle[7], l'évolution des régimes politiques africains[8] a démontré qu'elle peut exister également dans d'autres types de régime. En effet, si les Etats africains ont renoncé au parlementarisme[9] au lendemain des indépendances au profit du présidentialisme[10], la fonction de Premier ministre a survécu marginalement à cette mutation politique dans certains Etats[11].

Les vicissitudes du Premier ministre en Afrique noire francophone[12] ne sauraient être dissociées de celles de l'évolution du constitutionnalisme africain[13] dont l'approche séquentielle consacrée par la doctrine[14] a permis de catégoriser le Premier ministre[15] en trois générations. Les deux premières générations du Premier ministre ont fait l'objet d'une thèse de droit public et de science politique soutenue en 1985 par le chercheur sénégalais Serigne DIOP. Cette thèse reste à ce jour l'unique spécifiquement consacrée au Premier ministre africain recensée dans le répertoire des thèses francophones. En abordant aujourd'hui l'étude de la fonction de Premier ministre en Afrique noire francophone, l'on se rend compte que s'il dispose désormais de garanties efficaces quant à son existence et sa pérennisation dans les différents systèmes constitutionnels africains, le Premier ministre éprouve néanmoins beaucoup de difficultés à trouver sa place sur l'échiquier institutionnel. Ce premier constat est soutenu par le fait que l'hégémonie du président de la République, proclamée au lendemain des indépendances, et qui s'est affermie tout au long

---

[7] ZILEMENOS (C.), *Naissance et évolution de la fonction de Premier ministre dans le régime parlementaire*, Paris, LGDJ, 1976, pp.52 et suivants ; ARDANT (P.), MATHIEU (B.), *Droit constitutionnel et institutions politiques*, 27e éd., Paris, LDGJ, pp. 215 et suivants.

[8] GONIDEC (P-F.), « Esquisse d'une typologie des régimes politiques africains », *Pouvoirs*, n°25, 1983, pp. 65-77

[9] ONDO (T.), « Splendeurs et misères du parlementarisme en Afrique francophone », in GARRIGUES (J.) et al. (dir.), *Assemblées et parlements dans le monde, du Moyen-Age à nos jours*, vol. 2, 57e Congrès de la Commission Internationale de l'Histoire des Assemblées d'États (CIHAE) (4-6 septembre 2006), Paris, Assemblée nationale, Comité d'Histoire Parlementaire et Politique, vol. 2, 2010, pp. 969 et suiv.

10 Voir BUCHMANN (J.), *L'Afrique noire indépendante*, Paris, LGDJ, 1962 ; « La tendance au présidentialisme dans les nouvelles Constitutions négro-africaines », *Civilisations*, Vol. 12, 1962, n°1, pp. 46-74.

[11] Voir CONAC (G.), *Institutions constitutionnelles et politiques des Etats d'Afrique Francophone et de la République Malgache*, Paris, Economica, 1979.

[12] NGWE (L.), « Le Premier ministre dans les mutations politiques des Etats d'Afrique francophone. Retour sur des expériences de formalisation d'un rôle et d'un ordre politiques », *Africa Spectrum*, n°6, 2006, pp. 7-34.

[13] BOURGI (A.), « L'évolution du constitutionnalisme en Afrique : du formalisme à l'effectivité », *RFDC*, n°52, 2002, p. 721-748

[14] Pour plus d'informations sur les différentes vagues du constitutionnalisme africain, voir par exemple CABANIS (A.), MARTIN (M-L.), *Le constitutionnalisme de la troisième vague en Afrique francophone*, Paris, Academia, 2010 ; BOURGI (A), « L'évolution du constitutionnalisme en Afrique… », op.cit. ; KPODAR (A.), « Bilan d'un demi-siècle de constitutionnalisme en Afrique », op.cit., etc

[15] TCHIVOUNDA (G.-P.), « Essai de synthèse sur le Premier ministre africain », *RJPIC*, n°3, juil.-sept. 1979, pp. 259-283.

de l'évolution des systèmes constitutionnels africains, constitue un frein à l'affirmation du Premier ministre comme un acteur clé de l'exécutif[16]. Il convient de définir l'objet et le champ de l'étude (I) afin de l'inscrire dans un cadre théorique permettant de présenter l'intérêt et la problématique du sujet (II) justifiant le plan de l'ouvrage (III).

I. L'objet et le champ de l'étude

Le présent ouvrage a pour objet d'étudier la fonction de Premier ministre au Togo et en Côte d'Ivoire et par extension dans les Etats d'Afrique noire francophone dans le cadre de la troisième vague du constitutionnalisme africain qui correspond à ce que la doctrine juridique africaniste qualifie de nouveau constitutionnalisme africain[17]. Il s'impose donc comme cadre théorique le Premier ministre de la troisième génération (A) dans un cadre spatial bien délimité (B).

A. Le cadre théorique de l'étude : Le Premier ministre de la troisième génération

Le Premier ministre de la troisième génération s'est d'abord présenté sous la forme d'un instrument de transition politique. Il a permis d'assurer la continuité de l'Etat en facilitant le lien entre l'ordre ancien et le nouvel ordre constitutionnel. L'étape des transitions démocratiques organisées différemment dans les Etats, a permis de poser les jalons de la nouvelle architecture institutionnelle avec la restauration du bicéphalisme[18]. Cependant, la condition du Premier ministre de transition n'est pas commune à tous les Etats et dépend du modèle de transition choisi selon la typologie de Francis AKINDES qui distingue la formule de la démocratisation par la

---

[16] CONAC (G.), « Portrait du chef d'Etat africain », *Pouvoirs* n° 25, 1983, pp. 121-130 ; LAVROFF (D-G.), *Les systèmes constitutionnels en Afrique noire : les Etats francophones*, Paris, Pedone, 1976 ; CONAC (G.), *L'évolution constitutionnelle des Etats d'Afrique noire francophone*, Paris, Economica, 1979.

[17] Voir CABANIS (A.), MARTIN (M-L.), *Le constitutionnalisme de la troisième vague en Afrique francophone*, Louvain, Academia-Bruylant, 2010.

[18] Cette période a fait l'objet d'une littérature très abondante. Voir par exemple LOADA (A.), WHEATLEY (J.), (dir.), *Transitions démocratiques en Afrique de l'Ouest : Processus constitutionnels, société civile et institutions démocratiques*, Paris, L'Harmattan, 2014 ; DIOP (E-H.), *Partis politiques et transitions démocratiques en Afrique en Afrique noire : Recherche sur les enjeux et sociologiques du multipartisme dans quelques pays de l'espace francophone*, Paris, Publibook, 2006 ; CONAC (G.), « Quelques réflexions sur les transitions démocratiques en Afrique », in *Actes de la Conférence régionale africaine préparatoire au IVe Conférence internationale sur les démocraties nouvelles ou rétablies*, Cotonou, 19-23 février 2000 ; NDIAYE (T- M.), « Des transitions démocratiques en Afrique », *Alternative démocratique dans le Tiers Monde*, juil.-déc. 92, pp. 13-29 ; TOULABOR (C.), « La transition démocratique en Afrique », *Afrique 2000*, n°4, fév. 91, pp. 55-70. etc.

Conférence nationale des autres formules de démocratisation par évitement de la Conférence nationale[19].

La Conférence nationale peut se définir comme « *un forum de négociations politiques qui a permis – dans les pays où elle s'est tenue – le passage d'un régime politique autoritaire à un régime politique pluraliste*[20] ». Au Togo et dans les Etats où s'est tenue une Conférence nationale, la création d'un poste de Premier ministre s'est présentée comme un instrument de rupture avec le présidentialisme autoritaire. C'est à ce titre que la fonction présidentielle, considérée comme la cause de tous les maux, fut démythifiée par les CNS, et marginalisée dans les exécutifs transitionnels[21]. Toutefois, si dans certains Etats comme au Bénin, initiateur du modèle des CNS[22], le Premier ministre de la transition a pu s'imposer comme la « *clé de voûte des institutions* [23]» transitionnelles, dans d'autres comme au Togo, le rayonnement primo-ministériel a été neutralisé par la restauration autoritaire de la prééminence présidentielle[24]. Néanmoins, on peut considérer avec le professeur FALL[25] qu'« *en passant d'un exécutif traditionnellement dominé par le Président de la République à un exécutif dominé par le Premier ministre* », les conférences nationales en Afrique noire francophone ont non seulement opéré « *une rupture dans l'évolution des régimes politiques africains* », mais aussi « *jeté les bases d'un futur partage du pouvoir au sein de l'exécutif post-transitionnel* ». Cette analyse révèle la place importante occupée par le Premier ministre en Afrique noire francophone au sein des exécutifs transitionnels et son impact sur les régimes politiques mis en place après la transition.

En Côte d'Ivoire et dans les Etats où la transition s'est opérée sans Conférence nationale, le processus de démocratisation a été amorcé par des

---

[19] AKINDES (F.), *Les mirages de la démocratie en Afrique subsaharienne francophone*, Dakar, CODESRIA, Paris, Karthala, 1996, pp. 60 et suivants

[20] MANKOTAN (J.P.), « Une nouvelle voie d'accès au pluralisme : la conférence nationale souveraine », *Afrique 2000*, n°7, oct.-dec., pp 41-55

[21] KAMTO (M.), « La Conférence nationale ou la création révolutionnaire des Constitutions », in DARBON (D.), GAUDUSSON (J.du Bois de), (dir.), *La création du droit en Afrique*, Paris, Karthala, 1997, pp.177-195 ; BANEGAS (R.), « Action collective et transition politique en Afrique : la Conférence nationale du Bénin » in *Cultures et conflits*, 1995, pp. 137-175 ; BAKARY-AKIN (T.-D.), « Des militaires aux avocats : une autre forme de coup d'Etat, « La Conférence nationale souveraine » », *Géopolitique africaine*, sept.-oct. 1992, vol. 15, n° 2, p.7, etc.

[22] BANÉGAS (R.), « Retour sur une transition modèle : Les dynamiques du dedans et du dehors de la démocratisation béninoise », in DALOZ (J-P.), QUANTIN (P.), (dir.), *Transitions démocratiques africaines*, op.cit., pp. 22-94.

[23] Pour paraphraser Michel DEBRE (Discours devant le Conseil d'Etat, 27 août 1958, *Notes et études documentaires*, n°s 4914 à 4917, La Documentation française, 1990, pp. 2 et suivants.

[24] DAVID (P.), *Togo 1990-1994 ou le droit maladroit : Chronique d'un effort de transition démocratique*, Paris, Karthala, 2015, pp.73 et suivants ; HEILBRUM (J-R.), TOULABOR (C.), « Une si petite démocratisation pour le Togo… », *Politique africaine*, n°58, juin 1995, pp. 85-100.

[25] FALL (I-M.), *Le pouvoir exécutif dans le constitutionnalisme des Etats d'Afrique*, Paris, L'Harmattan, 2008, p. 18

réformes constitutionnelles opérées par les régimes en place afin d'éviter la tenue d'une Conférence nationale[26]. Il s'agissait, à défaut de rompre radicalement avec le présidentialisme, d'assurer sa continuité tout en le modérant pour l'adapter aux exigences du nouveau constitutionnalisme africain, ce qui a conduit à la création de postes de Premier ministre émanant du chef de l'Etat[27].

Somme toute, l'institution des Premiers ministres de transition s'inscrivait dans des perspectives de démythification de la fonction présidentielle dans les Etats théâtres de conférence nationale souveraine et de simples déconcentrations du pouvoir exécutif dans les autres Etats. Ces tendances entrevues pendant les transitions furent confirmées dans les nouvelles constitutions post-transitionnelles qui ont permis de pérenniser le poste de Premier ministre dans l'architecture institutionnelle des Etats d'Afrique noire francophone. La « *fièvre constitutionnelle*[28]» a embrasé l'ensemble des Etats d'Afrique noire francophone après la période de transition. Cette nouvelle phase du constitutionnalisme africain devrait conduire à une remise en cause du « *constitutionnalisme non démocratique ou rédhibitoire et la naissance d'un nouveau constitutionnalisme qui s'emploie à restaurer la séparation et l'équilibre du pouvoir et à jeter les jalons d'un Etat de droit* [29] ». Si le modèle français de la Ve République a fortement influencé la rédaction des nouvelles Constitutions africaines[30], celles-ci restent malgré tout marquées par une

---

[26] Voir par exemple BAKARY-AKIN (T-D.), *La démocratie par le haut en Côte d'Ivoire*, Paris, L'Harmattan, 1992.

[27] Loi n° 91-25 du 5 avril 1991 portant révision de la Constitution, in FALL (I-M.), *Textes constitutionnels du Sénégal de 1959 à 2007*, Dakar, CREDILA, 2007, pp. 122 et suivants (Sénégal) ; Loi n°90-1529 du 6 novembre 1990 portant révision de la Constitution (Côte d'Ivoire) ; Loi n°91-001 du 23 avril 1991 portant modification des articles 5, 7, 8, 9, 26, 27 et 34 de la constitution, etc.

[28] GLELE (M-A.), « La Constitution ou la Loi fondamentale », *Encyclopédie juridique africaines*, T. 1, Dakar-Abidjan, N.E.A, 1982, p. 38

[29] FALL (I-M.), *Le pouvoir exécutif dans le constitutionnalisme des Etats d'Afrique*, op.cit., p. 22

[30] L'ingénierie constitutionnelle africaine MOUDOUDOU (P.), *La Constitution en Afrique. Morceaux choisis*, Paris, L'Harmattan, 2012, p. 28 et suivants) a été très largement critiquée au sein de la doctrine africaniste qui a dénoncé un mimétisme constitutionnel avec la France et un manque de créativité de la part des constituants. Voir MENY (Y.), (dir.), *Les politiques du mimétisme institutionnel. La greffe et le rejet*, Paris, L'Harmattan, 1993. Voir particulièrement des contributions qui visent les Etats africains comme DARBON (D.), « A qui profite le mime ? Le mimétisme constitutionnel confronté à ses représentations en Afrique », pp.113-137 ; CABANIS (A.), MARTIN (M-L.), « Le nouveau cycle constitutionnel ultra-méditerranéen francophone et la Constitution du 4 octobre 1958 », pp. 139-164. Les griefs du mimétisme constitutionnel ne sont pas uniquement formulés des juristes mais également de sociologues du continent africain qui considèrent que le modèle politique instauré par ces Constitutions est « *étranger aux réalités africaines* ». Voir AMOUZOU (E.), *L'Afrique 50 ans après les indépendances*, Paris, L'Harmattan, 2009, p. 49.

diversité des sources d'inspiration[31], avec la combinaison « *des principes empruntés aux régimes politiques de l'Europe occidentale, de l'Amérique du Nord mais aussi aux régimes africains antérieurs au processus démocratique des années quatre-vingt-dix* [32]». A ce titre les thèses du mimétisme caricatural[33] souvent utilisées par une partie de la doctrine africaniste pour caractériser le nouveau constitutionnalisme africain paraissent réductrices et doivent être relativisées[34]. Malgré les influences diverses, ces Constitutions présentent quelques traits communs dont l'institution du poste de Premier ministre.

Sur le plan institutionnel, la tendance générale du nouveau constitutionnalisme africain[35] met en avant la restauration du bicéphalisme de l'exécutif comme le principal rempart contre les dérives monocratiques[36] relevées au cours des deux précédentes vagues du constitutionnalisme africain. La renaissance de la fonction primo-ministérielle s'inscrit dans une logique de rationalisation du présidentialisme dans la mesure où l'objectif des constituants n'est pas de renoncer à la prééminence du Président, mais de faire en sorte désormais qu'il « *soit fort sans être un tyran*[37] ». Mais à la différence du constitutionnalisme précédent, le nouveau constitutionnalisme est marqué un peu partout par l'activation des contre-pouvoirs[38] censés prémunir les Etats

---

[31] CONAC (G.), « Quelques réflexions sur le nouveau constitutionnalisme africain », *Actes de la deuxième réunion préparatoire au symposium de Bamako : Les institutions de la démocratie et de l'Etat de droit*, mars 2000.

[32] FALL (I-M.), « Les Constitutions africaines et les transitions démocratiques », in LOADA (A.), WHEATLEY (J.), (dir.), *Transitions démocratiques en Afrique de l'Ouest : Processus constitutionnels, société civile et institutions démocratiques*, op. cit., pp. 119-138.

[33] HESSLING (G.), « La réception du droit constitutionnel en Afrique trente ans après : quoi de neuf ? », in ZOETHOUT (C.), (dir.), *Constitutionalism in Africa*, Ed. Sander Institut, 1996, pp.33-47.

[34] Sur la critique de la thèse du mimétisme caricatural, voir notamment BOLLE (S.), « Des Constitutions made-in Africa », *Communication au VIe Congrès de droit constitutionnel*, Montpellier, 9, 10 et 11 juin 2005.

[35] TSHITSHI NDOUMBA (K.), *Le néoconstitutionnalisme africain : Tendances et trajectoires*, Paris, L'Harmattan, 2019.

[36] SALL (A.), « Le bicéphalisme du pouvoir exécutif dans les régimes politiques d'Afrique noire : crises et mutations », *Recueil Penant* n°825, 1997, pp. 287-309.

[37] ASKIA (M.), « L'avancée démocratique au Mali : l'expérience d'un pluralisme socio-politique », in ROUSSILLON (H.), (dir.), *Les nouvelles transitions africaines : la transition démocratique, Toulouse,* 2e éd., Presses de l'Institut d'Etudes Politiques de Toulouse, 1995, p.118 et suivants

[38] HOUQUERBIE (F.), « De la séparation des pouvoirs aux contre-pouvoirs : « l'esprit » de la théorie de Montestquieu », http://www.umk.ro/images/documente/publicatii/masarotunda2007/4_de_la_separation.pdf, consulté le 31 mars 2016 ; MANANGOU (V-R.), « Contre-pouvoirs, tiers-pouvoirs et démocratie en Afrique », *AFDC, Congrès de Lyon, 26, 27 et 28 juin 2014, Atelier D : Constitution, pouvoirs et contre-pouvoirs*, http://www.droitconstitutionnel.org/congresLyon/CommLD/D-manangou_T2.pdf, consulté le 19 février 2016.

contre les dérives autoritaristes, tels que la revalorisation de la fonction de contrôle du Parlement[39] et l'effectivité de la justice constitutionnelle[40].

Le nouveau constitutionnalisme africain a pour intérêt d'avoir réussi à pérenniser le poste de Premier ministre dans l'ordonnancement juridico-politique des Etats d'Afrique noire francophone. Plus de trois décennies après sa restauration, le Premier ministre de la troisième génération continue toujours d'exister dans la majorité des Etats qui l'ont institué, bien que la dynamique initiale ait été enrayée par un mouvement de réformes constitutionnelles. Ce mouvement, contrairement à ce qui s'est passé sous les deux cycles constitutionnels précédents, n'a pas remis en cause l'existence du Premier ministre, mais a profondément changé sa dimension, comme il sera démontré dans le cadre de cet ouvrage à partir d'un champ spatial bien défini.

B. Le champ spatial de l'étude : Le Togo et la Côte d'Ivoire

Il s'agirait d'une entreprise trop présomptueuse que de vouloir étudier le Premier ministre dans tout l'espace francophone noir africain. C'est partant de ce constat que la présente étude a choisi de se focaliser davantage sur des archétypes représentatifs que sont le Togo et la Côte d'Ivoire qui constituent le cadre spatial spécifique de l'analyse, tout en se servant régulièrement des exemples des autres Etats dans une logique comparative.

Les recherches en droit constitutionnel africain, au sein desquelles s'insère la présente étude, confirment l'idée selon laquelle « *les constitutionnalistes sont depuis toujours comparatistes par vocation* [41]». Quand elle se veut plus rigoureuse, la méthode comparative en droit constitutionnel requiert le choix d'archétypes[42]. Le recours aux Etats archétypes est fondamental lorsqu'il s'agit de comparer l'organisation et le fonctionnement des institutions dans des régimes politiques différents[43]. Ils permettent de mieux organiser la réflexion à partir d'exemples précis qui serviront de cadre d'étude et de porte d'entrée pour étendre la réflexion aux autres Etats. Pour les besoins de l'analyse comparée, nous avons choisi dans la présente étude relative au

---

39 SOMALI (K.), *Le Parlement dans le nouveau constitutionnalisme en Afrique : Essai d'analyse comparée à partir des exemples du Bénin, du Burkina-Faso et du Togo*, Thèse de droit public, Université de Lille, 27 mai 2008.

40 OULD BOUBOUTT (A-S.), « Les juridictions constitutionnelles en Afrique : Évolutions et enjeux », *AIJC*, n°13, 1997, pp. 31-45

41 PONTHOREAU (M-C.), *Droit(s) constitutionnel(s) comparé(s)*, Paris, Economica, 2010, p. 40.

42 MIRKINE-GUETZEVITCH (B.), « Les méthodes d'étude du droit constitutionnel comparé », *RIDC*, 1949, n°1-4, pp. 397-417.

43 ALLIOT (M.), « Anthropologie et juristique. Sur les conditions de l'élaboration d'une science du droit », *Bulletin de liaison du Laboratoire d'anthropologie juridique de Paris*, n°6, 1983, pp. 83-117

Premier ministre en Afrique francophone d'organiser la réflexion à partir de deux archétypes dont le choix se fonde sur des raisons juridiques et politiques. Le critère déterminant de notre choix est relatif au modèle de transition et à la nature du régime politique instauré par ces deux Etats dans le cadre du nouveau constitutionnalisme africain. Le Togo symbolise les Etats ayant instauré le poste de Premier ministre dans le cadre d'une Conférence nationale et institué les mécanismes du parlementarisme dans leurs nouvelles Constitutions alors que la Côte d'Ivoire constitue l'archétype des Etats ayant créé le poste de Premier ministre dans la continuité du présidentialisme en évitant la conférence nationale pendant la période de transition et choisi de conserver le régime présidentiel dans le nouveau constitutionnalisme africain malgré la présence du Premier ministre.

Le Togo et la Côte d'Ivoire sont choisis dans le cadre de la présente étude également pour des raisons géographiques et historiques. Ils se situent dans la région ouest-africaine et sont seulement séparés par le Ghana, pays anglophone. Ils ont été fortement influencés par le système juridique français[44] et ont tous les deux accédé à l'indépendance en 1960, avec toutefois des modalités de décolonisation différentes[45]. Ces deux Etats ont connu le Premier ministre de la première génération dans le cadre de leur processus de décolonisation et ont également consacré concomitamment la fin du Premier ministre de la première génération juste après l'indépendance[46]. Si le Togo et la Côte d'Ivoire n'ont pas connu le Premier ministre de la seconde génération, ils se rejoignent dans la catégorie des Etats ayant consacré le poste de vice-président comme alternative au Premier ministre dans la deuxième vague du constitutionnalisme africain. Mais cette tentative de bicéphalisme a échoué dans ces deux Etats face à la résurgence de la tendance de monopolisation du pouvoir à travers la consécration du parti unique de droit au Togo[47] et de fait en Côte d'Ivoire[48].

L'opposition théorique entre le régime togolais et le régime ivoirien permet de synthétiser l'étude du Premier ministre en Afrique noire francophone. C'est

---

[44] Contrairement à la Côte d'Ivoire, le Togo n'a pas été colonisé par la France. Sous protectorat allemand de 1884 à 1919, le Togo a été mis sous mandat de la SDN puis de l'ONU en 1945 et sous tutelle de la France. C'est à travers ce statut que le Togo a été administré par l'Etat français jusqu'à l'indépendance en 1960.

[45] La Côte d'Ivoire était une colonie française depuis la fin du XIXe siècle et a connu le même régime de décolonisation que toutes les colonies françaises, ce qui induit une influence française plus forte que le Togo qui n'a été placé sous la tutelle de la France qu'après la première guerre mondiale, mais dont le processus de décolonisation a été géré par l'ONU

[46] Constitution togolaise du 14 avril 1961, *JORT*, 6e année, n°157, n° spécial, 17 avril 1961, pp. 293-299 et Loi n°60-356 du 3 novembre 1960 portant Constitution de la République de Côte d'Ivoire, *JORCI*, 1960, p. 1271.

[47] KPAKPO-LODONOU (P.), *Le rassemblement du peuple togolais (R.P.T.) : instrument de légitimation du pouvoir militaire*, Thèse de sociologie, Université de Bordeaux II, 1988.

[48] DEBBASCH (O.), « La formation des partis uniques africains », *Revue des mondes musulmans et de la Méditerranée*, 1996, n°2, pp. 51-94

ainsi qu'un groupe majoritaire d'Etats d'Afrique noire francophone, notamment ceux qui ont organisé une conférence nationale, a choisi dans leur nouvelle Constitution une articulation de l'exécutif proche de celle retenue par la Constitution togolaise du 14 octobre 1992. Le Mali[49], le Burkina-Faso[50], le Gabon[51], le Congo avec la Constitution de 1992[52], le Niger avec la Constitution de 1991[53], le Sénégal avec la Constitution de 2001[54], etc. peuvent être rangés dans cette catégorie. Quant à l'exemple ivoirien du Premier ministre dans un régime présidentiel ou présidentialiste, on le retrouve presque à l'identique dans la Constitution nigérienne de 1996[55] mais également dans les Etats ayant fait le choix du monocéphalisme que sont le Bénin et la Guinée, notamment lorsque ces derniers se décident de se doter d'un Premier ministre facultatif non constitutionnalisé[56]. On le retrouve également parfois dans le fonctionnement des régimes où la Constitution prévoit une responsabilité dualiste du Gouvernement devant le chef de l'Etat et le Parlement comme au Sénégal et au Cameroun.

Le recours aux archétypes togolais et ivoirien est également intéressant du point de vue de l'évolution politique de ces deux Etats au cours des trois dernières décennies. En effet, au Togo, la période de transition a été émaillée par des crises politiques résultant des relations conflictuelles entre le président EYADEMA et le Premier ministre de transition. La vie politique togolaise après la transition n'a pas non plus été épargnée par les crises au sein de l'exécutif ayant provoqué des mutations constitutionnelles et institutionnelles qui ont fortement influencé la dimension du Premier ministre. En Côte d'Ivoire, si la période de transition a semblé plus apaisée en raison de l'évitement de la Conférence nationale, la suite a été beaucoup plus problématique, notamment après le décès du président HOUPHOUËT-BOIGNY avec des tentatives de coup d'Etat militaire ayant provoqué la longue crise politico-militaire des années 2000 qui a également donné une autre dimension à la fonction primo-ministérielle. La vie politique des autres Etats d'Afrique noire francophone rime avec ces vicissitudes, ce qui permet

---

[49] Constitution malienne du 25 février 1991, in GAUDUSSON (J. du Bois de), et al., *Les Constitution africaines publiées en langue française*, Tome 2, p. 31.

[50] Constitution burkinabè du 11 juin 1991, in ibid., Tome 1, p. 76.

[51] Constitution gabonaise du 26 mars 1991, in ibid., Tome 1, p. 335.

[52] Constitution congolaise du 15 mars 1992, in ibid., Tome 1, p. 239.

[53] Constitution nigérienne du 26 décembre 1992, in *Afrique contemporaine*, n° 165, 1993, pp. 33-50.

[54] Constitution sénégalaise du 22 janvier 2001, in FALL (I-M.), *Textes constitutionnels du Sénégal*..., op.cit., pp. 193-249.

[55] Constitution nigérienne du 12 mai 1996, in GAUDUSSON (J. du Bois de), et al., *Les Constitution africaines publiées en langue française*, Tome 2, p. 162

[56] Bien que leurs Constitutions n'a pas prévu ce poste, le Bénin et la Guinée ont connu des Premiers ministres dont les postes ont été institués au sein du Gouvernement par les chefs d'Etat en place et confiés à des personnalités qu'ils voudraient honorer à titre personnel au sein du Gouvernement. Confère infra.

de justifier le choix de ces deux Etats comme archétypes de cette étude qui présente un intérêt certain au regard de la problématique retenue.

II. Intérêt et problématique du sujet

La présente étude est intéressante eu égard à son originalité et à la contribution qu'elle fournit pour l'étude du droit public en Afrique noire francophone (A) en s'interrogeant sur l'utilité du Premier ministre dans les régimes politiques africains (B).

A. Un sujet original et une contribution à l'étude du droit public en Afrique noire francophone

De nombreuses études en droit public africain sont consacrées au pouvoir exécutif dans les Etats d'Afrique noire francophone. Mais force est de constater que ces études, quand elles se veulent élargies, s'intéressent au pouvoir exécutif dans son ensemble ou aux relations entre les différents organes de l'exécutif. La dimension conjoncturelle du Premier ministre en Afrique noire francophone avant les années quatre-vingt-dix[57] peut justifier le fait qu'il n'ait pas été autant saisi que le chef de l'Etat par les chercheurs comme thème d'étude durant les trente premières années d'indépendance. De ce fait, hormis la thèse de Serigne DIOP en 1986[58] qui s'est réellement intéressée au Premier ministre africain, les répertoires de thèses africaines francophones ne font mention d'aucune étude ayant le Premier ministre comme objet exclusif d'étude. Cependant si la thèse de Serigne DIOP est considérée à ce jour comme la seule à s'intéresser exclusivement à l'institution primo-ministérielle dans l'espace francophone de l'Afrique noire, il n'en demeure pas moins qu'elle n'a pu concerner que les Premiers ministres des deux premières générations. Cela ne résulte pas du choix du chercheur mais se justifie au regard de la temporalité de la thèse dans la mesure où le Premier ministre de la troisième génération n'existait pas encore au moment où son étude a été réalisée[59]. Plus de trois décennies plus tard après cette thèse, l'étude du Premier ministre africain se devrait d'être actualisée au regard des évolutions contemporaines de cette institution dans le nouveau

[57] TCHIVOUNDA (G-P.), « Essai de synthèse sur le Premier ministre africain », op.cit., MBODJ (E.-H.), « Le Premier ministre dans le nouvel ordonnancement constitutionnel du Sénégal », op. cit.

[58] DIOP (S.), *Le Premier ministre africain. La renaissance du bicéphalisme exécutif en Afrique à partir de 1969,* Thèse de droit public et de science politique, Université Cheikh Anta Diop de Dakar, 1985

[59] Le Premier ministre de la troisième génération n'est apparu qu'au début des années quatre-vingt-dix alors que la thèse de Sérigne DIOP a été soutenue en 1986.

constitutionnalisme africain[60]. C'est l'objet du présent ouvrage qui s'intéresse au Premier ministre de la troisième génération qui est considéré comme l'une des tendances du nouveau constitutionnalisme africain[61].

Une étude sur le Premier ministre présente nécessairement un intérêt théorique pour le droit public. Le Premier ministre est un objet de droit public dans la mesure où aussi bien son statut, ses compétences et ses rapports avec les citoyens et les autres institutions relèvent de plusieurs disciplines du droit public notamment au droit constitutionnel et au droit administratif. Le droit constitutionnel est généralement défini comme une discipline ayant pour objet l'étude de l'organisation et du fonctionnement de l'Etat. Cet aspect institutionnel du droit constitutionnel prend en compte l'étude du Premier ministre notamment dans le cadre du régime parlementaire dont l'une des caractéristiques principales est le bicéphalisme de l'exécutif. Il en résulte que le Premier ministre est un objet de droit constitutionnel au même titre que les autres institutions de l'Etat, mais, pendant longtemps, le droit constitutionnel africain n'a été construit qu'autour de l'institution présidentielle. Cette omnipotence du président de la République a conduit les chercheurs à ne concevoir les régimes politiques africains que sous l'angle du présidentialisme par opposition au régime parlementaire dont les caractéristiques étaient difficilement perceptibles voire inexistantes dans les régimes politiques africains. Face aux mutations constitutionnelles et institutionnelles du début des années quatre-vingt-dix, les théoriciens du nouveau constitutionnalisme africain ont relativisé cette perception en diversifiant les objets du droit constitutionnel africain, tel que le démontre le présent ouvrage qui s'intéresse au Premier ministre.

Enfin, la présente étude nourrit la réflexion sur la classification des régimes politiques africains. Avec le regain de la réception du constitutionnalisme occidental après l'échec du constitutionnalisme authentique, la classification des régimes politiques africains par rapport aux modèles classiques occidentaux a été remise à l'ordre du jour. Si les Constitutions du renouveau démocratique adhèrent tous formellement au principe de la séparation des pouvoirs, elles ont également toutes mis en place des mécanismes de collaboration tels que l'investiture du Premier ministre ou du Gouvernement, le contrôle de l'action de l'exécutif par le Parlement, la dissolution de

[60] NCHOUAT (A.), « La nouvelle génération des Premiers ministres en Afrique noire francophone : le cas du Cameroun », *Revue de Droit Africain*, n° 14, 2000, pp. 197- 208 ; BOURGI (A.), « Enfin des Premiers ministres à part entière », *Jeune Afrique*, n° 1583, mai 1991 ; AHADZI-NONOU (K.), « Le Premier ministre en Afrique noire francophone : étude de quelques exemples récents », *Revue nigérienne de droit*, n° 1, nov. 1999, pp. 25-76, etc.

[61] MVAEBEME (E.-S.), « Regard récent sur les tendances du constitutionnalisme africain, le cas des états d'Afrique noire francophone », *RIDC*, n°1, jan-mars 2019, pp. 163-196 ; ONDO (T.), « Réflexions sur les tendances (positives) du néo-constitutionnalisme africain : morceaux choisis », *Revue du Conseil constitutionnel, n°4, 2014, pp. 365-396* ; AHADZI-NONOU (K.), « Les nouvelles tendances du constitutionnalisme africain. Le cas des Etats d'Afrique noire francophone », op.cit.

l'Assemblée nationale, l'initiative partagée de la loi, etc. Force est de constater que le Premier ministre est l'élément essentiel de ces mécanismes de collaboration dont le degré détermine le régime politique. Dans la théorie du droit constitutionnel, le Premier ministre est un élément du régime parlementaire, qu'il soit moniste ou dualiste, monocéphale ou bicéphale. Par conséquent, la présence ou non du Premier ministre apparait comme un élément de distinction entre le régime parlementaire et le régime présidentiel dont les exemples britannique et américain sont les références respectives. Toutefois, l'apparition de la Ve République en France a permis de nuancer cette appréciation dans la mesure où la combinaison d'autres éléments empêche de classer ce régime dans l'une ou l'autre catégorie, ce qui a d'ailleurs conduit à l'invention doctrinale de la notion de régime semi-présidentiel[62] ou semi-parlementaire. Le même phénomène s'observe en Afrique noire francophone où le Premier ministre des deux premières générations s'est avéré être un critère insuffisant pour déterminer la nature des régimes politiques dans la mesure où il est surclassé par d'autres éléments tels que l'ethnie, le parti unique, le système électoral ou de dévolution du pouvoir, etc. En faisant de la restauration du poste de Premier ministre l'une de ses principales tendances, le nouveau constitutionnalisme africain, qui est assimilé à « *un processus de réhabilitation du constitutionnalisme occidental* [63]» en Afrique, en a également fait l'un des critères de classification des régimes politiques africains.

L'intérêt de la présente étude étant manifeste, elle ne saurait toutefois prospérer que si la réflexion s'articule autour d'une ligne directrice pertinente. Cet ouvrage propose alors une réflexion sur l'utilité du Premier ministre en Afrique noire francophone.

B. Une réflexion sur l'utilité du Premier ministre dans les Etats d'Afrique noire francophone

Les vicissitudes du Premier ministre en Afrique noire francophone[64] nous amènent à nous interroger sur l'utilité d'une telle institution dans un paysage institutionnel et politique dominé par la figure présidentielle et dans lequel le parlementarisme a toujours été mis en échec par les tendances présidentialistes

---

[62] Voir DUVERGER (M.), *Les régimes semi-présidentiels*, Paris, PUF, 1986

[63] GICQUEL (J.), GICQUEL (J.-E.), *Droit constitutionnel et institutions politiques*, 30e éd., Paris, LGDJ, p. 454.

[64] NGWE (L.), « Le premier ministre dans les mutations politiques des Etats d'Afrique francophone. Retour sur des expériences de formalisation d'un rôle et d'un ordre politiques », op. cit. ; AHADZI-NONOU (K.), « Le Premier ministre en Afrique noire francophone : étude de quelques exemples récents », op. cit. ; SALL (A.), « Le bicéphalisme du pouvoir exécutif dans les régimes politiques d'Afrique noire : crises et mutations », op. cit., etc.

des régimes politiques africains[65]. Il en ressort que si le Premier ministre s'est présenté en Afrique comme un instrument de rationalisation du présidentialisme, il a échoué dans sa tentative. On remarque à l'heure du bilan que, contrairement aux Premiers ministres des deux premières générations, le Premier ministre de la troisième génération a réussi à trouver son ancrage dans le nouveau constitutionnalisme africain, ce qui lui permet de dépasser la dimension conjoncturelle de ses prédécesseurs.

L'analyse du contexte politique et des mécanismes juridiques relatifs la réintroduction du poste de Premier ministre dans le nouveau constitutionnalisme africain révèle que la mission assignée à cette institution est de rationaliser le présidentialisme africain. C'est dans cette optique que les mécanismes du parlementarisme ont été réactivés[66] en même temps que la restauration du Premier ministre au Togo et dans les Etats qui ont opté pour un régime semi-présidentiel afin d'offrir à ce dernier un support politique très important à la fois pour se prémunir contre l'autorité du président et d'assurer l'équilibre institutionnel au sommet de l'Etat. En Côte d'Ivoire et dans les Etats qui ont opté pour le régime présidentiel, l'institution du poste de Premier ministre pouvait surprendre a priori eu égard à la nature présidentielle du régime, mais l'expérience passée des régimes politiques africains a montré que la fonction de Premier ministre n'est pas forcément incompatible avec le régime présidentiel[67]. La mission de rationalisation du présidentialisme dans ces régimes se joue au sein même de l'Exécutif et résulte de la portée que le chef de l'Etat voudrait donner au bicéphalisme.

Il résulte de l'analyse que la dimension du Premier ministre africain a changé sous l'effet des facteurs politiques et juridiques. L'utilité du Premier ministre africain ne saurait être démontrée aujourd'hui sur le plan politique dans la mesure où il est entièrement phagocyté par l'hégémonie présidentielle. Son maintien dans les régimes politiques africains ne peut s'expliquer que par la volonté des chefs d'Etat africains de disposer d'un assistant ou d'un collaborateur immédiat capable de coordonner l'action gouvernementale et de les décharger de leur responsabilité face aux parlementaires et au peuple. C'est à ce titre que le Premier ministre africain fait l'objet de sobriquets dévalorisants mais révélateurs au sein de la doctrine. « *Chef d'Etat-major* » du président, « *Premier des ministres* », « *Premier ministre administratif* »,

---

[65] TCHODIE (M.-K.), *Essai sur l'évolution du présidentialisme en Afrique noire francophone : L'exemple togolais*, Thèse de droit public, Université de Caen, 1993 ; FALL (I-M.), « La construction des régimes politiques africains : insuccès et succès », in *La constitution béninois du 11 décembre 1990. Un modèle pour l'Afrique ? Mélanges en l'honneur de Maurice Ahanhanzo-Glèlè*, Paris, 2014, pp. 127-179.

[66] SOMALI (K.), *Le Parlement dans le nouveau constitutionnalisme en Afrique…*, op.cit. ; ONDO (T.), « Splendeurs et misères du parlementarisme… », op. cit.

[67] Voir notamment sur ce plan les développements relatifs au Premier ministre de la deuxième génération au Sénégal et au Cameroun, confère supra.

etc., telles sont les expressions usuelles employées par la doctrine pour caricaturer l'échec du Premier ministre africain.

S'il est réel, l'échec politique du Premier ministre ne doit cependant pas éclipser son utilité, même si celle-ci n'est que résiduelle. Dépourvu d'autorité politique et incapable de contenir la résurgence des éléments du présidentialisme, le Premier ministre a malgré tout démontré son utilité au fil du temps, à tel point que l'on ne peut s'en passer aujourd'hui dans la mise en œuvre de l'action étatique. L'utilité du Premier ministre en Afrique noire francophone se remarque surtout au niveau de son rôle administratif. La plupart des Constitutions désignent formellement le Premier ministre comme le chef de l'administration et mettent à sa disposition tous les moyens de l'administration[68]. On aperçoit également cette utilité administrative dans le cadre des nombreux programmes de réformes de l'administration publique initiées dans presque tous les Etats d'Afrique noire francophone depuis les années quatre-vingt-dix pour assainir les finances publiques ou améliorer les relations entre l'administration et les administrés[69]. Ces programmes sont le plus souvent pilotés par le Premier ministre et ses services délégués ou rattachés, ce qui renforce sa stature administrative, pendant que le président reste actif sur le plan politique. L'appréciation valorisante du rôle administratif du Premier ministre de la troisième génération est toutefois à relativiser dans la mesure où si l'échec du Premier ministre est surtout relatif à son rôle politique, son rôle administratif n'a pas été pour autant complètement épargné. Même s'il se cantonne aujourd'hui dans ce rôle, les mutations sociopolitiques et juridiques empêchent de déterminer avec certitude la frontière entre les attributions administratives respectives du Premier ministre et du président, voire du vice-président dans les régimes où ce poste existe[70]. Les attributions administratives du Premier ministre s'avèrent aujourd'hui limitées pour en faire le véritable chef de l'administration. Il en résulte que l'utilité administrative du Premier ministre est insuffisante pour lui permettre de se faire une place pérenne et autonome au sein des exécutifs africains.

Par ailleurs, les nombreuses crises politiques[71] qui gangrènent les Etats africains depuis l'amorce du renouveau démocratique ont également révélé au grand jour l'utilité politique du Premier ministre. En effet, à l'origine de la

---

[68] Articles 77 et 78 de la Constitution togolaise de 1992 ; Article 53 et 54 de la Constitution malienne de 1992 ; Articles 89 et 90 de la Constitution congolaise de 1992 ; etc.

[69] Voir par exemple la thèse de FISCHER (B.), *Les relations entre l'administration et les administrés au Mali. Contribution à l'étude du droit administratif des Etats d'Afrique subsaharienne de tradition juridique française*, Université Pierre Mendès-France de Grenoble, 2011.

[70] C'est le cas notamment en Côte d'Ivoire (Constitution du 8 novembre 2016) et au Gabon (révision constitutionnelle du 22 avril 1997).

[71] VITALIS (J.), « Les crises africaines : violence, pouvoir et profit », *Etudes*, n°12, 2003, pp. 585-595 ; KEUTCHA TCHAPNGA (C.), « Droit constitutionnel et conflits politiques dans les États francophones d'Afrique noire », *RFDC*, 3, no. 3, 2005, pp. 451-491, etc.

plupart des crises se retrouve la remise en cause de la légitimité du titulaire de la fonction présidentielle, et le Premier ministre, autre acteur de l'exécutif est apparu comme un instrument majeur de résolution des crises. Le cas ivoirien illustre bien cette revalorisation conjoncturelle de la fonction primo-ministérielle en période de crise[72] qui s'avère toutefois évanescente dans la mesure où le Président retrouve son autorité naturelle, une fois la crise résolue et le Premier ministre relégué au second plan.

Eu égard à ce qui précède, l'on peut donc légitimement affirmer que le Premier ministre se cherche toujours une place au sein des exécutifs africains, ce qui confirme la dynamique du Premier ministre de la troisième génération sur les trente dernières années, au regard du cadre normatif et politique du Togo et de la Côte d'Ivoire. Cette dynamique révèle que la courbe de l'évolution du Premier ministre n'est pas linéaire, mais révèle un contraste entre ce que le professeur AHADZI appelle « *la magnificence du Premier ministre*[73]» et ce que nous considérons comme étant son échec dans la rationalisation du présidentialisme. Le plan de la présente étude s'est alors construit autour de ce contraste entre la volonté affichée par les constituants africains de faire du Premier ministre un instrument de rationalisation du présidentialisme (1ère partie) et l'évolution contrastée de ce poste marqué par son échec (2e partie).

[72] DOSSO (K.), « Le Premier ministre dans la crise ivoirienne », *Revue juridique et politique des Etats francophones*, n°4, 2007, pp. 447-469.

[73] AHADZI-NONOU (K.), « Le Premier ministre en Afrique noire francophone : étude de quelques exemples récents », op.cit.

Première partie :

LE PREMIER MINISTRE, UN INSTRUMENT DE RATIONALISATION DU PRESIDENTIALISME

« L'institution du bicéphalisme s'est généralisée en Afrique. L'objectif visé est la limitation des pouvoirs du Chef de l'Etat contraint de partager les fonctions exécutives avec un Premier ministre qu'il n'est pas toujours assuré de contrôler [74] *».*

Geoffrey MOYEN

[74] MOYEN (G.), « L'Exécutif dans le nouveau constitutionnalisme africain : Les cas du Congo, du Bénin et du Togo », *Annales de l'Université Marien N'gouabi*, 2009, n°10 (3), pp. 40-68

La restauration de la fonction de Premier ministre dans les Etats d'Afrique noire francophone au début des années quatre-vingt-dix marque un tournant décisif dans le constitutionnalisme africain en ce qu'elle a fortement influencé la conception du pouvoir exécutif et la classification des régimes politiques africains. Elle marque le passage de la conception monocratique qui s'est imposée dans les Etats africains depuis la période postindépendance à une conception de partage et de démocratisation de l'exécutif fondée sur le bicéphalisme et la responsabilité devant le Parlement[75]. A cet effet, la période de la transition démocratique[76] a permis aux Etats africains d'expérimenter le rétablissement du poste de Premier ministre aux côtés du chef de l'Etat[77]. Les cas du Togo et de la Côte d'Ivoire révèlent que le Premier de transition est soit un instrument de rupture, soit un instrument de continuité du présidentialisme (Chapitre 1er). Cette double conception du Premier ministre de transition a fortement influencé la suite puisqu'après la période de transition les nouveaux régimes politiques mis en place ont conçu le Premier ministre, soit comme un instrument d'équilibre institutionnel, ce qui a été le cas du Togo et de la plupart des Etats ayant organisé une Conférence nationale, soit comme un simple instrument de déconcentration de l'exécutif, adopté par la Côte d'Ivoire et les Etats n'ayant pas organisé de Conférence nationale (Chapitre 2).

---

[75] Voir FALL (I-M.), *La pouvoir exécutif dans le constitutionnalisme des Etats d'Afrique*, op.cit. ; SALL (A.), « Processus démocratiques et bicéphalisme du pouvoir exécutif en Afrique noire francophone : un essai de bilan », *RJP*, n° 3, 2006, pp.412-462 ; DIOP (I.), *L'exécutif dualiste dans les Etats d'Afrique noire francophone : étude de la problématique du partage du pouvoir exécutif*, Thèse de droit public, Université de Clermont-Ferrand, 1998.

[76] Voir LOADA (A.), WHEATLEY (J.), (dir.), *Transitions démocratiques en Afrique de l'Ouest : Processus constitutionnels, société civile et institutions démocratiques*, op.cit. ; ROUSSILLON (H.), (dir.), *Les nouvelles Constitutions africaines : la transition démocratique*, op.cit. ; DIOUF (M.), *Libéralisations politiques ou transitions démocratiques : perspectives africaines*, Dakar, Codesria, 1998.

[77] BOURGI (A.), « Le temps des Premiers ministres », *Jeune Afrique*, n°1583, 1991.

CHAPITRE 1ER :

LE PREMIER MINISTRE DE TRANSITION, ENTRE RUPTURE ET CONTINUITÉ

« Le processus démocratique de la fin des années quatre-vingt s'accompagne de la remise en cause de l'ordonnancement constitutionnel jusqu'ici en vigueur. Celui-ci qui mettait le président dans une situation d'hégémonie juridique et politique va connaître un début de contestation généralisée mais variable selon les Etats. De cette contestation découle une nouvelle conception de l'Exécutif dans les régimes politiques africains. C'est l'avènement de l'Exécutif de la troisième génération[78] ».

Ismaila M. FALL

Si le mouvement de création ou de restauration du poste de Premier ministre a été simultané dans la quasi-totalité des Etats d'Afrique noire francophone, la condition du Premier ministre de transition n'est toutefois pas uniforme[79]. Celle-ci dépend du modèle de transition choisi par l'Etat. En nous servant de la typologie de Francis AKINDES, nous pouvons relever deux tendances principales : Premièrement les Premiers ministres émanant des conférences nationales, dont le cas togolais est une illustration, se sont présentés comme un instrument de rupture avec le présidentialisme monocratique (Section 1ère). Deuxièmement, les Premiers ministres de transition sans conférence nationale, comme celui de la Côte d'Ivoire, ont permis aux Etats dans lesquels ils ont été instaurés d'assurer la continuité des régimes précédents tout en s'adaptant aux nouvelles tendances institutionnelles (Section 2).

Section 1ère : Le Premier ministre de rupture, une émanation des conférences nationales

Le Premier ministre émanant des conférences nationales présente la caractéristique principale d'être conçu en dehors d'un cadre présidentialiste,

---

[78] FALL (I.-M.), *Le pouvoir exécutif dans le constitutionnalisme des Etats d'Afrique* op.cit., p. 16

[79] NGWE (L.), « Le Premier ministre dans les mutations politiques des Etats d'Afrique francophone », op.cit.

ce qui lui confère une marge de manœuvre plus importante au sein du pouvoir exécutif. Le cas du Togo, dont la Conférence nationale tenue du 8 juillet au 31 août 1991[80] a institué un poste de Premier ministre[81] indépendant du chef de l'Etat et chargé de diriger l'Exécutif transitionnel, en est une parfaite illustration. Le Premier ministre émanant des conférences nationales se présente ainsi comme un instrument de déprésidentialisation de l'Exécutif (paragraphe 1er). Toutefois, cette volonté de déprésidentialisation ne saurait être effective que si le Premier ministre dispose d'attributions propres et autonomes face au chef de l'Etat démythifié. Les Conférences nationales se sont alors employées à transférer au Premier ministre l'essentiel du pouvoir exécutif, faisant de lui la clé de voûte de l'Exécutif transitionnel (paragraphe 2).

Paragraphe 1er : Le Premier ministre, un instrument de déprésidentialisation de l'exécutif

Le poste de Premier ministre a été instauré dans les Etats théâtres de Conférences nationales par les actes constitutionnels transitoires pour régir le fonctionnement des institutions pendant la période de transition. Il en résulte que « *les évolutions constitutionnelles qui ont d'abord affecté les régimes les plus autoritaires se sont inscrites dans un contexte de disqualification du gouvernement de type présidentialiste éprouvé par une profonde crise de légitimité*[82] ». Au Togo, c'est l'Acte n°7 de la Conférence nationale[83] du 23 août 1991 qui a institué le poste de Premier ministre. Ce texte a mis fin au *« one man show présidentiel*[84] *»* de l'exécutif togolais depuis les indépendances en consacrant un bicéphalisme inégalitaire destiné à déclasser le président (A) marginalisé au profit d'un Premier ministre inamovible (B).

---

[80] IWATA (T.), « La conférence nationale souveraine et la démocratisation au Togo du point de vue de la société civile », *Afrique et Développement*, n°3, 2000, pp. 135-160.

[81] Acte n° 7 de la CNS, in *Les Actes de la Conférence nationale souveraine*, Lomé, Editogo, 1992, p. 23 ; *JORT* 36e année, n°44, numéro spécial, 17 décembre 1991, pp. 6-11.

[82] GAUDUSSON (J. du Bois de), et al., *Les Constitutions africaines publiées en langue française,* op.cit. Cité par DIOMPY (A.-H.), *Le paradoxe de l'internationalisation du droit constitutionnel en Afrique : réflexions sur les interactions normatives, institutionnelles et politiques dans l'espace CEDEAO,* Thèse de droit public, Université Bordeaux IV & Université Cheikh Anta Diop de Dakar, 2017, p. 229

[83] Acte n°7/CNS du 23 août 1991 portant loi constitutionnelle organisant les pouvoirs pendant la période de transition, *Les Actes de la Conférence nationale souveraine*, Lomé, juillet-août 1991, Editogo, 1992, pp. 23 et suivants ; AKPATCHA (D.), *Recueil des textes constitutionnels de la République togolaise de 1956 à nos jours*, Editions Lulu.com, pp. 151-174

[84] MANGA (Ph.), « Réflexion sur la dynamique constitutionnelle en Afrique », *RJPIC,* n°1 Jan-Avril 1994, p. 46

A. Le Premier ministre de transition, un instrument de déclassement du président

La restauration du poste de Premier ministre dans les Etats d'Afrique noire francophone par les CNS est portée par un élan révolutionnaire[85] destiné à préparer l'instauration du nouvel ordre politique. Ce faisant, dans ces Etats, et plus particulièrement au Togo, les chefs d'Etat en place ont été marginalisés au sein de l'exécutif transitionnel à défaut d'être destitués. C'est ainsi qu'après des jours de débat sur la configuration de l'exécutif transitoire togolais, *« il ressortait de l'avis majoritaire tacite, qu'à défaut de le destituer, il faut dépouiller Eyadema autant que possible de ses attributions. En fin de compte un accord se réalisa sous la forme d'un système à l'allemande [86] ».* Le régime primo-ministériel transitoire déclassant le président togolais est fondé sur l'élection du Premier ministre et son inamovibilité.

Le procédé commun de désignation du Premier ministre de la transition dans les Etats théâtres d'une CNS est l'élection[87]. Ecarté de la procédure de désignation du Premier ministre, le président devrait se contenter d'entériner le choix de la CNS, ce qui participe à la volonté de déprésidentialisation de l'Exécutif transitionnel. Ne pouvant remettre en cause le choix de la CNS, le chef de l'Etat ne disposait que d'une compétence liée dans la désignation du Premier ministre. L'analyse des modalités et du déroulement de l'élection au Togo est révélatrice de l'importance du pouvoir de désignation du Premier ministre conféré aux Conférences nationales.

La désignation du Premier ministre de la transition faisait partie des prérogatives de la CNS telles que définies dans l'accord du 12 juin 1991[88] conclu entre le camp présidentiel et le Collectif de l'opposition démocratique (COD) servant de feuille de route de la transition. Le point 4 dudit accord prévoit la « *constitution du Gouvernement de transition dirigé par un Premier ministre issu de la Conférence nationale* ». Ce texte attribue formellement à la CNS le pouvoir de désignation du Premier ministre. Ce pouvoir est juridiquement entériné par le décret présidentiel portant convocation de la Conférence nationale[89]. L'article 2-c du décret n°91-179 du 25 juin 1991 reprend les termes du point 4 de l'accord du 12 juin 1991 confirmant ainsi cette prérogative de la CNS. En se fondant sur sa souveraineté

---

[85] KAMTO (M.), « Les conférences nationales africaines ou la création révolutionnaire des Constitutions », op.cit.

[86] TETE (G.), « Togo : la Conférence nationale souveraine (CNS), juillet-août 1991 », op.cit.

[87] Ce procédé est notamment prévu par l'article 22 de la loi constitutionnelle du 13 août 1990 au Bénin et l'article 33 de l'Acte fondamental du 4 juin 1991 du Congo.

[88] Voir DAVID (P.), *Togo, 1990-1994 ou le droit maladroit…*, pp. 73 et suivants

[89] Décret n°91-179 du 25 juin 1991 portant convocation de la Conférence nationale, modifié par le décret n° 91-182 du 2 juillet 1991, *JORT*, 36e année, n°16, n° spécial, 4 juillet 1991, p.2.

autoproclamée[90], la CNS a défini elle-même les modalités de l'élection dans l'Acte n°7.

Le principe de l'élection du Premier ministre est consacré par l'article 33 de l'Acte n°7 de la CNS qui prévoit également les conditions à remplir par les candidats. Il dispose que :

> *« Le Premier ministre est élu par la Conférence Nationale Souveraine parmi les délégués remplissant les conditions ci-après :*
>
> *1. Avoir 40 ans révolus à la date de l'élection,*
>
> *2. Être de nationalité togolaise d'origine ou acquise depuis au moins 10 ans,*
>
> *3. Jouir de tous ses droits civils et politiques,*
>
> *4. Ne pas avoir été condamné pour crime ou délit intentionnel,*
>
> *5. Être réputé de bonne moralité et d'une grande probité ».*

Ces conditions de candidature sont particulières au Togo dans la mesure où les Actes constitutionnels des autres Etats n'ont pas prévu ces conditions restrictives ouvrant ainsi la candidature au poste de Premier ministre à tous les citoyens. Les articles 22 et 40 respectivement de la loi constitutionnelle n° 90-22 du 13 août 1990 du Bénin et de l'Acte fondamental du 4 juin 1991 portant organisation des pouvoirs publics pendant la transition du Congo se sont contentés d'affirmer le principe de l'élection du Premier ministre par la Conférence nationale sans prévoir les conditions de candidature. Les constituants béninois et congolais se sont montrés plus souples que le constituant togolais qui, en soumettant la candidature au poste de Premier ministre à des conditions restrictives qui s'apparentent aux conditions auxquelles sont soumises le plus souvent les candidatures à l'élection présidentielle, a voulu conférer à ce poste une importance particulière au sein de l'Exécutif transitionnel.

Si les conditions prévues par l'article 33 de l'Acte n°7, notamment celle fixant l'âge plancher des candidats à 40 ans ont paru très restrictives, voire discriminatoires, les dispositions de l'article 61 selon lesquelles *«les membres de l'Exécutif de la période de transition, garants du déroulement impartial de toutes les élections, ne peuvent être candidats aux élections présidentielles suivant immédiatement la période de transition »,* avaient également une incidence sur la candidature au poste de Premier ministre. Cette disposition a un effet dissuasif certain pour la classe politique vis-à-vis du poste de Premier

---

[90] Acte n°1 de la CNS du 16 juillet 1991 portant proclamation de la souveraineté de la Conférence nationale proclamant la souveraineté de la Conférence Nationale en vue de la mise en place d'institutions démocratiques, non publié au JORT. Le texte est reproduit in EBOUSSI-*Les Conférences nationales en Afrique. Une affaire à suivre*, Paris, Karthala, 1993p. 211 et *Les Actes de la Conférence nationale souveraine…*, op. cit., p. 5

ministre. L'élection présidentielle post-transition serait pour la première fois pluraliste au Togo[91] depuis l'indépendance et les personnalités de premier plan de la transition togolaise ne manquaient pas d'ambitions présidentielles. Cette disposition, qui était également une particularité de la transition togolaise, a conduit plusieurs candidats potentiels au poste de Premier ministre à faire l'impasse sur la primature dévoilant tacitement leurs ambitions présidentielles[92]. A titre de comparaison, le Premier ministre de la transition béninoise Nicéphore SOGLO, élu par la CNS, a pu se présenter à l'élection présidentielle organisée à l'issue de la transition, ce qui lui a permis de devenir le premier président de la République du Bénin post-transition[93].

Le mode de scrutin de l'élection du Premier ministre de la transition togolaise est défini par l'Acte n°10 de la CNS[94] dont l'article 1er dispose que « *le Premier ministre du Gouvernement de transition est élu à la Conférence nationale au scrutin uninominal à la majorité des 2/3 aux deux premiers tours et à la majorité absolue à partir du troisième tour* ». Les modalités prévues par cette disposition paraissent complexes. En effet, elle prévoit deux modes de scrutin différents correspondant aux différents tours de scrutin. Il en résulte qu'aux deux premiers tours du scrutin, le Premier ministre ne peut être élu que s'il obtient les 2/3 des voix. Il s'agit d'une condition de majorité très qualifiée qui peut s'expliquer par la nécessité du consensus de tous les acteurs autour du Premier ministre de transition pour la réussite de la mission confiée au Gouvernement de transition.

La dernière étape de la désignation du Premier ministre est relative à l'officialisation du choix des conférenciers par le chef de l'Etat. Ecarté de toute la procédure de désignation, le chef de l'Etat n'a d'autre choix que d'entériner la désignation du Premier ministre élu par la CNS à travers la promulgation de l'Acte de la CNS portant proclamation des résultats de l'élection du Premier ministre. Il s'agit d'un acte purement formel qui affaiblit davantage le chef de l'Etat, ce qui concourt à la démythification de la fonction présidentielle. Le chef de l'Etat apparaît ainsi comme un simple spectateur ou un acteur passif de la désignation du Premier ministre dans la mesure où l'article 10 de l'Acte n°1 de la CNS précise que *« les décisions de la Conférence nationale sont impératives et exécutoires »*. Cette disposition a pour but de prémunir la transition contre d'éventuelles résistances du président

---

[91] Le multipartisme, interdit au Togo après le coup d'Etat de 1967, a été rétabli par la loi n°91-97 du 12 avril 1991 portant charte des partis politiques, *JORT*, 36e année, n°7 bis, n° spécial, 12 avril 2011, pp. 2 et suivants.

[92] Me Yawovi AGBOYIBOR et Edem KODJO, deux grandes figures de la Conférence nationale et de la transition, qui auraient pu prétendre au poste de Premier ministre s'en étaient d'ailleurs abstenus par un calcul politicien en optant pour l'élection présidentielle.

[93] Voir DISSIOU (M.), *Le Bénin à l'épreuve de la démocratie : Leçons des élections de 1991 à 2001*, Paris, L'Harmattan, pp. 88 et suivants

[94] Acte n°10 CNS du 28 août 1991 portant modalités d'élection du Premier ministre par la Conférence nationale, *JORT*, numéro spécial, n°27 du 29 août 1991, p. 1

dans la promulgation de ses actes notamment en ce qui concerne la désignation du Premier ministre à laquelle il n'a pas participé.

Dans la pratique, la question de la désignation du Premier ministre, à l'instar des discussions sur les autres sujets de la CNS, n'a pas été facilement réglée au Togo. En effet, malgré le regroupement des forces de l'opposition[95] au sein du Front des associations pour le renouveau (FAR), puis du Collectif de l'opposition démocratique (COD) avant et pendant la CNS, force est de constater qu'il ne s'agissait que d'une alliance de façade à cause de la défense des intérêts personnels[96]. Sur la ligne de départ se trouvaient six candidats[97] dont Léopold Messan GNININVI, coordonnateur du Collectif de l'opposition démocratique (COD) et Joseph KOFFIGOH, président de la Ligue togolaise des droits de l'Homme (LTDH), une organisation de la société civile ayant pris une part active dans le processus de démocratisation[98]. Bien que représenté au sein de la CNS, l'ancien parti unique, le Rassemblement du peuple togolais (RPT) du président EYADEMA, n'a pas présenté de candidat, ayant pris conscience du désaveu populaire dont il fait l'objet et de la marginalisation de ses délégués au sein de la CNS.

A l'issue du premier tour du scrutin du 26 août 1991, aucun des candidats en lice n'a obtenu la majorité absolue des 2/3 des 772 délégués votants pour passer dès le premier tour. Alors qu'un second tour de scrutin se profilait entre les deux premiers conformément à l'Acte n°10 de la CNS, Léopold GNININVI, arrivé en seconde position au premier tour, a décidé de se retirer du scrutin au profit de son adversaire, Joseph Kokou KOFFIGOH, vainqueur du premier tour. Il a été révélé que le Président du COD, Léopold Messan GNINNIVI aurait promis avant la CNS, le poste de Premier ministre à KOFFIGOH, avant de revenir sur sa décision pour aller « *au combat final pour la primature* [99]». Il s'est ainsi ravisé entre les deux tours du scrutin. Privé de concurrent pour le second tour, Joseph KOFFIGOH devenait ainsi par acclamation le « *premier* » Premier ministre du Togo depuis l'indépendance. Agé de 43 ans au moment de son élection, et avocat de profession au barreau de Lomé, il n'était pas très connu dans le milieu politique togolais, où il n'est apparu qu'au début des années quatre-vingt-dix dans le cadre des revendications démocratiques. Il n'était d'ailleurs affilié à aucun parti politique de l'époque mais se présentait comme une figure de la société civile en sa qualité de président de la Ligue togolaise des Droits de l'Homme

---

[95] DEGLI (J-Y.), *Togo : les espoirs déçus d'un Peuple*, Ivry-sur-Seine, Éditions Nouvelles du Sud, 1997, p. 33

[96] SEELY (J.), *The Legacies of Transition Governments in Africa: The Cases of Benin and Togo*, Springer, 2009, p.184

[97] Outre GNININVI et KOFFIGOH, étaient également candidats au poste de Premier ministre, Elias Kokou KPETIGO, Yves Emmanuel DOGBE, Joachin Atsutsè AGBOBLI et Egbemimon HOUMEY.

[98] IWATA (T.), « La Conférence nationale souveraine et la démocratisation au Togo du point de vue de la société civile », op.cit.

[99] TETE (T.), *Démocratisation à la togolaise*, Paris, L'Harmattan, 1998, p.69

(LTDH), une organisation de défense des droits de l'Homme créée dans la mouvance de démocratisation pour dénoncer les violations de droits de l'Homme notamment celles perpétrées par l'armée et le clan présidentiel[100]. C'est à ce titre qu'il s'est vu intégré à la lutte des forces démocratiques dès le départ et a joué un rôle important d'appui social et juridique aux forces politiques. Il n'avait jamais caché ses ambitions politiques[101], qui se sont concrétisées d'abord par son élection au poste de vice-président du présidium de la CNS[102] et ensuite par sa candidature et son élection au poste de Premier ministre.

Après l'élection du Premier ministre par la CNS, le chef de l'Etat, qui a été tenu à l'écart du déroulement de l'élection, est intervenu à titre résiduel pour promulguer l'Acte portant proclamation des résultats de l'élection. Il s'agit d'un acte purement formel et sans incidence sur la procédure de désignation dans la mesure où le chef de l'Etat ne pouvait remettre en cause l'élection du Premier ministre conformément au principe du caractère impératif et exécutoire des décisions de la CNS posé à l'article 10 de l'Acte n°1 de la CNS. C'est à ce titre que l'Acte n°15[103] portant proclamation des résultats de l'élection du Premier ministre a été promulgué par le président EYADEMA le 28 août 1991, soit au lendemain de l'élection. Si la promulgation de l'acte portant proclamation de l'élection du Premier ministre entérine sa désignation, son entrée en fonction était subordonnée à sa prestation de serment devant la CNS en récitant la formule prévue à cet effet par l'article 45 de l'Acte n°7. Cette cérémonie de prestation de serment post-élection du Premier ministre n'est prévue ni dans la loi constitutionnelle du 13 août 1990 au Bénin, ni dans l'Acte fondamental du 4 juin 1991 au Congo, ce qui constitue une autre particularité de la transition togolaise.

Somme toute, l'élection du Premier ministre de la transition a inauguré une nouvelle ère dans la vie politico-institutionnelle togolaise, car pour la première fois, une autre institution que le président occupe le devant de la scène politique. Si l'élection du Premier ministre peut être considérée comme participant à l'objectif de déprésidentialisation du régime togolais porté par la CNS, cet objectif est renforcé par l'inamovibilité que lui assure l'Acte n°7 de la CNS.

---

[100] Voir notamment Commission nationale des droits de l'Homme, Ligue togolaise des droits de l'Homme, et al., *Togo : la stratégie de la terreur, 3 ans de violation des droits de l'Homme*, Paris,1994, 64 p.

[101] Voir DEGLI (J-Y.), *Togo : à quand l'alternance politique*, op.cit.

[102] Voir TETE (G.), « Togo : la Conférence nationale souveraine (CNS), juillet-août 1991 », 8 juillet 2013, http://cvu-togo-diaspora.org/files/2013/03/Conference-Nationale-Souveraine.pdf, consulté le 21 janvier 2016.

[103] Acte n°15 de la CNS du 28 août 1991 portant proclamation des résultats de l'élection du Premier ministre du Gouvernement de transition, *JORT*, 36e année, n°26, numéro spécial, 28 août 1991, p.2

B. Un Premier ministre inamovible

Elu pour la durée de la transition[104], le Premier ministre désigné par la CNS ne pouvait être démis de ses fonctions avant la fin de la transition. L'Acte n°7 de la CNS n'attribue aucun pouvoir de révocation du Premier ministre, ni au Haut-conseil de la République (HCR), l'organe législatif de la transition, ni au chef de l'Etat. La spécificité du Premier ministre de la transition se confirme ainsi par son inamovibilité, ce qui lui donne une marge de manœuvre importante dans la mise en œuvre de la mission qui lui est assignée par la CNS. Il demeure néanmoins limitativement responsable devant le HCR à travers les moyens de contrôle de l'action du Gouvernement. En revanche, le Gouvernement n'était pas responsable devant le chef de l'Etat, ce qui paraît cohérent du point de vue de l'esprit de déprésidentialisation de l'Exécutif dans le régime transitionnel[105], et plus conforme à la théorie générale du Premier ministre tel qu'il existe dans les régimes parlementaires classiques[106].

La responsabilité, certes limitée, du Gouvernement devant le HCR est destinée à protéger ce dernier contre le président et à lui offrir un soutien politique important pour la mise en œuvre de sa mission. Elle n'est donc pas destinée à mettre fin aux fonctions du Premier ministre et du Gouvernement avant la fin de la transition, ce qui justifie l'absence dans l'Acte constitutionnel des mécanismes de mise en jeu de la responsabilité du Gouvernement prévus dans les régimes parlementaires classiques. Le Premier ministre ne pouvait donc prendre l'initiative d'engager la responsabilité du Gouvernement devant les membres du HCR et ces derniers ne peuvent pas non plus déposer et voter une motion de censure contre le Gouvernement. Il en était de même au Bénin où, si la responsabilité du Gouvernement devant l'organe législatif transitionnel est expressément prévue par l'Acte constitutionnel transitionnel[107], celle-ci ne pouvait déboucher sur la censure du Gouvernement et/ou du Premier ministre avant la fin de la transition[108]. Cela peut s'expliquer par le souci de garantir la stabilité du Gouvernement de transition eu égard à aux difficultés inhérentes à la mission qui lui est assignée et au temps limité dans lequel cette mission doit se réaliser.

---

104 L'article 66 de l'Acte n°7 précise que « la mission des organes de transition prend fin à la date de la mise en place des nouvelles institutions de la République », ce qui paraît très ouvert, raison pour laquelle, pour ne pas rendre la transition interminable, l'al. 2 de l'art. 66 fixe à un an la durée maximum de la transition.

105 BOURGI (A.), « Enfin des Premiers ministres à part entière… », op.cit.

106 Voir ZILEMENOS (C.), *Naissance et évolution de la fonction de premier ministre dans le régime parlementaire*, op.cit.

107 Article 28 de la loi constitutionnelle du 13 août 1990 du Bénin

108 BESSE (M.), *Les transitions constitutionnelles démocratisantes : Analyse comparative à partir de l'expérience du Bénin*, Thèse de droit public, Université de Clermont-Auvergne, 2017, p. 485

Si les Constituants togolais et béninois paraissent unanimes sur la limitation de la responsabilité du Gouvernement de transition devant l'organe législatif transitoire malgré la puissance politique de ce dernier[109], il en allait toutefois autrement chez le constituant transitoire congolais, qui a prévu à l'article 71 de l'Acte fondamental du 4 juin 1991 que *« le Conseil supérieur de la République met en cause la responsabilité du gouvernement de transition par le vote d'une motion de censure lorsqu'il constate que celui-ci s'est gravement écarté des décisions et recommandations de la Conférence nationale »*. La même prérogative est prévue à l'article 91 de l'Acte constitutionnel de la transition du Zaïre. Si ces dispositions des Constitutions congolaise et zaïroise renforcent davantage le parlementarisme transitoire, on peut considérer qu'elles ne sont pas réellement destinées à soumettre le Premier ministre de transition et son Gouvernement au bon vouloir des parlementaires, mais servir davantage de moyen de pression et de garantie pour l'effectivité de la mission du Gouvernement de transition. C'est la raison pour laquelle l'article 71 al. 2 de l'Acte fondamental congolais exige une majorité très qualifiée de 2/3 des membres du Conseil supérieur de la transition pour le vote de la motion de censure alors que le constituant zaïrois a prévu un vote des 3/4 des membres du Haut conseil de la transition, ce qui est un facteur de rationalisation du parlementarisme transitionnel assurant la stabilité du Gouvernement de transition.

Si elle est de principe, l'inamovibilité du Premier ministre de transition n'est pour autant pas absolue. Elle peut notamment être relativisée par les dispositions de l'article 59 de l'Acte n°7 de la CNS togolaise qui prévoient la destitution du Premier ministre *« en cas de haute trahison, par le Haut Conseil de la République statuant à la majorité des 2/3 de ses membres »*. Cette disposition qui s'applique également au président prévoit l'unique hypothèse dans laquelle le HCR peut mettre fin aux fonctions du Premier ministre de transition. Toutefois elle ne peut être assimilée une procédure d'engagement de la responsabilité politique du Premier ministre dans la mesure où elle relève davantage des faits qui le concernent directement, détachables de ses fonctions et qui n'engagent pas le Gouvernement dans sa collégialité[110]. Elle ne peut d'ailleurs être déclenchée que dans des cas très exceptionnels dans la mesure où la notion de haute trahison vise des situations inhabituelles d'« *atteinte à l'indépendance nationale où à l'intégrité du territoire national* [111]».

L'absence de moyens d'engagement de la responsabilité du Gouvernement de transition peut également être relativisée par l'article 53 de l'Acte n°7 de la CNS qui dispose que « *les membres du gouvernement peuvent être entendus sur interpellation par le Haut Conseil de la République, sur des questions*

---

[109] Ibid., p. 483.

[110] Sur la notion de haute trahison, voir ARDANT (P.), « Responsabilité politique et pénale des chefs d'État, des chefs de gouvernement et des ministres », *RIDC*, n° 54, 2002, pp. 465-485

[111] Article 93 de l'Acte constitutionnel de la transition du 9 avril 1994 du Zaïre.

écrites ou orales qui leur sont adressées ». Les mêmes termes figurent à l'article 29 de la loi constitutionnelle béninoise. Cette disposition institue les différents moyens de contrôle de l'action du Gouvernement par le HCR. Le principal outil de contrôle prévu par les actes constitutionnels togolais et béninois est l'interpellation[112]. Le droit d'interpellation des membres du Gouvernement est une prérogative classique des membres de l'organe délibérant dans les régimes représentatifs[113]. L'interpellation est *« une procédure par laquelle un ou plusieurs parlementaires provoquent un débat à l'occasion de la politique du ministère et qui s'achève par un vote susceptible de mettre en cause la responsabilité de ce dernier, s'il n'en épouse pas les vues* [114]». Cette procédure, prévue également à l'article 48 al. 6 de la Constitution française de 1958, n'a pas pour but de mettre en cause la responsabilité du Gouvernement, mais d'assurer le contrôle de l'action du Gouvernement par le HCR. Il s'agit d'un moyen d'information[115] par des questions orales ou écrites[116] de l'organe législatif transitoire qui ne pourrait déboucher sur un vote de défiance.

Si le statut du Premier ministre de transition est déprésidentialisé et renforcé vis-à-vis de l'organe législatif transitoire, lui assurant son inamovibilité, la lourde tâche de la mise en œuvre des orientations de la CNS nécessita qu'il lui soit accordé la prééminence au sein de l'Exécutif. L'Acte n°7 de la CNS a entendu dans cette optique faire du Premier ministre, le chef de l'Exécutif transitionnel.

Paragraphe 2 : Le Premier ministre, chef de l'exécutif transitionnel

Conformément à l'esprit révolutionnaire qui a guidé leurs travaux[117], les CNS ont opéré une véritable rupture au sein des exécutifs africains en érigeant le Premier ministre en chef malgré le maintien au poste des chefs d'Etat

---

[112] Sur la procédure d'interpellation parlementaire, voir YAMAMOTO (H.), *Les outils du contrôle parlementaire : étude comparative portant sur 88 parlements nationaux*, Genève, Union interparlementaire, 2007, p. 63

[113] JAN (P.), « Des principes du gouvernement représentatif et de leur application selon Prosper Duvergier de Hauranne (1838) », *Parlements « Revue d'histoire politique »*, 2014 (1), n° 21, pp. 143-157.

[114] GICQUEL (J.), GICQUEL (J-E.), *Droit constitutionnel et institutions politiques*, 2016-2017, 30e éd., Paris, LGDJ, 2016, p. 178, note 63.

[115] N'GUESSAN (K.), « Les moyens parlementaires de contrôle de l'action gouvernementale dont les moyens d'interpellation dans l'espace francophone », *Rapport de la Commission des affaires parlementaires de l'Assemblée parlementaire de la francophonie*, Berne, juil. 2015.

[116] Sur la pratique des questions parlementaires, voir NGUYEN HUU (P.), « L'évolution des questions parlementaires depuis 1958 », *RFSP*, 1981, n° 31-1, pp. 172-190 ; THIAM (K.), *Le contrôle de l'Exécutif dans la création de l'Etat de droit en Afrique noire francophone*, Thèse de droit public, Université de Bordeaux, 2018, p. 198.

[117] CONAC (G.), « Le processus de démocratisation en Afrique », op.cit.

marginalisés. Cette opération de démythification de la fonction présidentielle s'est concrétisée par le dépouillement du chef de l'Etat de l'essentiel de ses compétences au profit du Premier ministre. Suivant cette logique de déprésidentialisation, l'Acte n°7 de la CNS a érigé le Premier ministre en chef de l'exécutif transitionnel lui confiant la direction de l'équipe gouvernementale (A) et en le dotant d'un pouvoir décisionnel très important lui permettant d'exercer une grande influence sur l'action gouvernementale (B).

A. Le Premier ministre titulaire d'une autorité gouvernementale exclusive

Les compétences des institutions transitionnelles sont définies au Togo par les Actes n°s 1 du 16 juillet 1991 et 7 du 23 août 1991. Ils définissent notamment les compétences respectives du président et du Premier ministre en assurant à ce dernier la prééminence au sein de l'exécutif. Disposant d'une autorité gouvernementale très renforcée à travers la compétence exclusive de nomination et de révocation des membres du Gouvernement, le Premier ministre de transition s'est vu doté des moyens nécessaires pour assurer la direction du Gouvernement et la réalisation des objectifs de la transition.

Chef du Gouvernement de transition[118], le Premier ministre dispose d'une autorité gouvernementale considérable puisqu'il décide seul de la composition du Gouvernement, sans l'intervention du chef de l'Etat conformément à l'article 34 de l'Acte n°7 qui dispose que « *le Premier ministre désigne chacun des membres de son gouvernement après avis favorable du Haut Conseil de la République* ». L'article 41 de l'Acte fondamental de la transition congolaise attribue également ce pouvoir au Premier ministre excluant ainsi l'intervention du Chef de l'Etat. Par contre, si le Togo et le Congo excluent radicalement la participation du chef de l'Etat à la formation du Gouvernement, l'article 24 de l'Acte constitutionnel de la transition béninoise lui réserve un pouvoir de nomination résiduel en consacrant une compétence tripartite. Ce texte dispose qu'« *après avis du Haut Conseil de la République, le Premier Ministre propose à la nomination du Président de la République, les membres du Gouvernement* ». Cette formule, jugée « *prudente destinée à ménager le président* [119]» montre que si le choix des ministres appartient au Premier ministre après avis du HCR comme au Togo, la nomination relève en dernier ressort du chef de l'Etat sans que ce dernier ne puisse remettre en cause les choix du Premier ministre.

---

[118] Ce statut n'est pas expressément affirmé par l'Acte constitutionnel, mais il se déduit très facilement du statut du Premier ministre, de ses compétences et des prérogatives du chef de l'Etat.

[119] BESSE (M.), *Les transitions constitutionnelles démocratisantes : Analyse comparative à partir de l'expérience du Bénin*, op. cit., p.319.

Quant à la révocation des ministres du Gouvernement de transition, elle obéit au principe du parallélisme des formes et des compétences qui veut que « *lorsqu'une autorité a compétence pour faire un acte, elle ait également compétence pour faire l'acte contraire* [120]» en suivant la même procédure. En effet, dans les Etats où la nomination des ministres relève exclusivement du Premier ministre, notamment au Togo et au Congo, les ministres sont révoqués et remplacés par le même Premier ministre, dans les conditions de leur nomination. C'est ce qui ressort de l'article 41 *in fine* de l'Acte fondamental congolais qui confère au Premier ministre un pouvoir exclusif de révocation des ministres et de l'article 44 al.2 de l'Acte n°7 de la CNS togolais qui dispose que *« le Premier ministre pourvoit, en cas de besoin, au remplacement d'un ministre après avis du Haut Conseil de la République* ». Le principe du parallélisme des formes joue également pour la révocation des ministres au Bénin, où l'article 24 de la loi constitutionnelle précise qu'« *il est mis fin à leurs fonctions dans les mêmes conditions* » que celles de leur nomination, soit par le chef de l'Etat, sur proposition du Premier ministre après avis du HCR.

L'unique interférence dans le pouvoir primo-ministériel de composition du Gouvernement au Togo de transition résidait dans l'avis préalable du Haut-commissariat de la République (HCR), tel qu'il résulte des dispositions de l'article 34 de l'Acte n°7. Cet avis a pris la forme d'une investiture collective du Gouvernement. Cette investiture ne concerne que les ministres choisis par le Premier ministre, dans la mesure où, le chef du Gouvernement a déjà été investi par la CNS, lors de son élection et sa prestation de serment. L'objectif recherché ici est de faire en sorte que le Gouvernement de transition, eu égard aux missions qui lui sont confiées, reflète le plus large consensus possible de la classe politique. Il s'agit également de s'assurer que les personnalités choisies par le Premier ministre correspondent aux aspirations de la CNS et disposent des capacités nécessaires pour mener à bien les missions du Gouvernement de transition. La CNS du Bénin a dans ce sens dressé un profil général des personnalités appelées à intégrer le Gouvernement de transition en prévoyant qu'il doit être composé « *des personnes compétentes connues pour leur intégrité et leur expérience professionnelle et sociale* [121]».

Sur le plan formel, l'avis du HCR imposé par l'article 34 de l'Acte n°7 de la CNS togolaise devrait être préalable à la nomination des membres du Gouvernement par le Premier ministre. C'est dans cette optique que le Premier ministre KOFFIGOH a présenté les membres choisis pour constituer son Gouvernement au HCR une quinzaine de jours après sa désignation par la

---

120 WALINE (J.), *Droit administratif*, 27e éd., Dalloz, 2018, p. 465.

121 BESSE (M.), *Les transitions constitutionnelles démocratisantes : Analyse comparative à partir de l'expérience du Bénin*, op. cit., p. 490.

CNS avant d'entériner leur nomination par décret[122]. Ledit décret vise ainsi expressément « *l'Avis favorable du HCR* », ce qui démontre que l'obtention de cet avis est une condition de validité du décret portant nomination des membres du Gouvernement. Le pouvoir de nomination et de révocation des membres du Gouvernement que lui a attribué l'Acte n°7 de la CNS assure au Premier ministre une réelle autorité sur l'équipe gouvernementale de la transition, ce qui renforce son statut de chef de l'Exécutif. Conformément à ce statut, le Premier ministre s'est vu doté de prérogatives importantes qui lui assurent la direction effective de l'action gouvernementale.

« *Le Premier ministre dirige l'action du Gouvernement* » conformément à l'article 37 de l'Acte n°7 de la CNS. Le régime primo-ministériel instauré par la CNS togolaise a assuré au Premier ministre la direction effective de l'action gouvernementale. C'est dans cette optique que l'article 35 de l'Acte n°7 de la CNS a confié au Premier ministre la présidence du Conseil des ministres. Cette compétence politiquement valorisante, devrait permettre au Premier ministre d'assurer la mise en œuvre des orientations de la CNS. En confiant au Premier ministre une compétence majeure qui avait toujours été exercée par le président de la République depuis l'indépendance[123], la CNS a entériné la prééminence du Premier ministre au sein de l'Exécutif. La présidence du Conseil des ministres par le Premier ministre est une caractéristique du régime parlementaire britannique dans lequel le monarque n'assiste plus aux délibérations du Cabinet depuis le règne de George Ier au début du XVIIIe siècle[124]. Par contre, si sous les IIIe et IVe République en France le Premier ministre portait le titre de président du Conseil des ministres[125], il ne présidait pas pour autant le Conseil des ministres, réunion collégiale hebdomadaire des membres du Gouvernement pour délibérer et arrêter la politique du Gouvernement, présidée par le chef de l'Etat[126]. Ce fut également le cas au Sénégal au début des années 1960[127] et actuellement en Italie[128]. Il faut donc se garder de confondre la présidence de l'institution et le titre de président du Conseil.

Si l'article 40 de l'Acte fondamental du Congo va dans le même sens que l'article 35 de l'Acte n°7 de la CNS togolais en confiant expressément la

---

[122] Décret n°91-1 du 25 septembre 1991, portant composition du Gouvernement de la période transition, *JORT* n°33, n° spécial, du 7 octobre 1991, p. 2, modifié par le décret n°91-14 du 26 septembre 1991, *JORT* n°36, numéro spécial du 17 octobre 1991, p. 5

[123] Article 36 de la Constitution du 9 avril 1961 ; article 25 de la Constitution du 5 mai 1963 ; article 17 de la Constitution du 9 janvier 1980.

[124] GICQUEL (J.), GICQUEL (J-E.), *Droit constitutionnel et institutions politiques*, op. cit., p. 303

[125] Voir ARNE (S.), *Le Président du Conseil des ministres sous la IVe République*, Paris, LGDJ, 1962.

[126] Article 32 de la Constitution française du 27 octobre 1946.

[127] Loi n° 60-045 A.N. du 26 août 1960 portant révision de la Constitution de la République du Sénégal, in FALL (I.-M.), *Textes constitutionnels du Sénégal…*, op.cit., p. 33.

[128] Articles 92 et suivants de la Constitution italienne du 27 décembre 1947

présidence du Conseil des ministres au Premier ministre, l'article 17 de la loi constitutionnelle béninoise choisit la solution inverse en attribuant cette compétence au président de la République, alors que le Conseil de cabinet[129], réunion préparatoire au Conseil des ministres, est présidé par le Premier ministre. Il s'avère que c'est au Conseil de cabinet, sous l'autorité exclusive du Premier ministre, que sont discutées et arrêtées les décisions qui seront formalisées plus tard en Conseil des ministres, par le chef de l'Etat. Cela participe à la sauvegarde de l'esprit d'inclusivité de tous les acteurs politiques prôné par la CNS béninoise, qui, tout en s'inscrivant dans la logique commune de démythification de la fonction présidentielle, se singularise, par rapport aux autres Etats par la volonté d'associer le chef de l'Etat, même affaibli, à la gestion de la transition.

Héritant de la présidence du Conseil des ministres où sont délibérés les projets de lois et décisions importantes relatives à la gestion de la transition et à l'organisation de la période post-transition, le Premier ministre togolais s'est vu doté d'un large pouvoir décisionnel lui assurant la maîtrise du pouvoir exécutif.

B. Le Premier ministre titulaire d'un pouvoir décisionnel renforcé

La kyrielle de compétences attribuées au Premier ministre et au Gouvernement de transition par la CNS ne saurait être effectives que si le Premier ministre disposât d'un pouvoir décisionnel conséquent. Ce pouvoir lui est expressément conféré par l'article 36 de l'Acte n°7 de la CNS qui dispose que « *le Premier ministre signe les décrets délibérés en Conseil des ministres. Il nomme aux emplois civils et militaires de l'Etat* ». Chargé de présider le Conseil des ministres et d'assurer l'exécution des actes de la CNS[130], le Premier ministre est doté d'un pouvoir règlementaire général lui permettant de traduire en actes les recommandations de la CNS et de prendre les décisions à portée générale pendant la période de transition. Chef de l'administration publique, le Premier ministre s'est également vu attribuer le pouvoir de nomination aux emplois civils militaires lui permettant d'opérer les changements nécessaires aux postes de responsabilité tenus pas les dignitaires de l'ancien parti unique démythifié par la CNS.

En chargeant le Premier ministre de signer les décrets délibérés en Conseil des ministres, l'Acte constitutionnel transitoire lui attribue le pouvoir règlementaire général lui permettant de prendre des décisions à portée générale lui permettant d'assurer l'exécution des lois votées par le HCR. Le

[129] Sur la distinction entre le Conseil des ministres et le Conseil de cabinet, voir PLOUVIN (J-Y.), « Le Conseil des ministres, institution seconde », *La Revue administrative*, 33e année, n°197, sept-oct. 1980, pp. 485-492.

[130] Article 35 de l'Acte n°7 de la CNS.

pouvoir règlementaire général du Premier ministre visé par l'article 36 de l'Acte n°7 semble être limité au Conseil des ministres, mais il n'est pas limitatif puisqu'en dehors des matières délibérées obligatoirement ou facultativement en Conseil des ministres, le Premier ministre est appelé à prendre d'autres décisions par décret. Or, l'étendue de ce pouvoir règlementaire de droit commun n'est pas définie par l'Acte constitutionnel, ce qui pouvait poser des problèmes de coordination avec les actes pris par le chef de l'Etat dans ses domaines de compétence, d'où la nécessité de prendre des mesures complémentaires pour fonder le pouvoir règlementaire du Premier ministre et définir son étendue.

Le pouvoir règlementaire du Premier ministre de la transition se déduit des dispositions de l'article 36 de l'Acte n°7 qui réserve au chef du Gouvernement la signature des décrets délibérés en Conseil des ministres. L'attribution de ce pouvoir permettant au Premier ministre de transition de « *de statuer par voie générale* [131]», qui était auparavant exclusivement dévolu au chef de l'Etat[132], paraît logique dans la mesure où c'est ce dernier qui préside le Conseil des ministres[133]. Il s'agit également d'un indicateur très important de la démythification de la fonction présidentielle par la CNS, d'autant plus que l'Acte constitutionnel n'attribue formellement aucun pouvoir règlementaire au chef de l'Etat qui ne participe pas non plus au Conseil des ministres. Dans la pratique, l'exercice de ce pouvoir a suscité des interrogations dans la mesure où si l'article 36 attribue au Premier ministre la signature des décrets délibérés en Conseil des ministres, qu'en est-il des décrets pris en dehors du Conseil des ministres ? Du silence de l'Acte n°7 de la CNS, qui d'ailleurs n'attribue formellement aucun pouvoir règlementaire au chef de l'Etat, on peut déduire que la totalité du pouvoir règlementaire général, qui s'exerce aussi bien en Conseil des ministres, qu'en dehors, relèverait du Premier ministre, ce qui ferait de lui l'autorité administrative de droit commun.

Les textes constitutionnels des autres Etats paraissent plus précis sur la répartition du pouvoir règlementaire entre le chef de l'Etat et le Premier ministre de transition. D'abord, l'article 43 de l'Acte fondamental du Congo dispose expressément et sans équivoque que « *le Premier ministre exerce le pouvoir règlementaire* ». Par cette formule laconique et très simple, le constituant congolais a le mérite d'assumer la mise à disposition du Premier ministre de l'entièreté du pouvoir règlementaire et en exclure par la même occasion le chef de l'Etat. Il en résulte que le Premier ministre congolais est sans ambigüité le détenteur exclusif du pouvoir règlementaire. La loi constitutionnelle de la transition béninoise paraît encore plus précise et méticuleuse dans la répartition du pouvoir exécutif au sein de l'Exécutif. En

---

[131] WALINE (J.), *Droit administratif*, op.cit., p. 346

[132] Article 15 de la Constitution togolaise du 9 janvier 1980 : « Le Président de la République exerce le pouvoir règlementaire par décret pris en Conseil des ministres dans les cas prévus par la loi ».

[133] Confère supra

effet, contrairement aux constituants togolais et congolais qui ont attribué la totalité du pouvoir règlementaire au Premier ministre, le constituant béninois a quant à lui opéré un partage de ce pouvoir entre le Premier ministre et le chef de l'Etat. En confiant au président de la République la présidence du Conseil des ministres, l'article 18 va au bout de la logique et de l'esprit de la loi constitutionnelle en lui attribuant un pouvoir règlementaire en disposant que « *le président de la République signe les décrets pris en Conseil de Ministres dans les huit (8) jours qui suivent leur adoption* ». Le président de la République béninois disposait donc d'un pouvoir règlementaire restreint dans le cadre du Conseil des ministres et se trouvait même en compétence liée puisque, non seulement est-il tenu de signer lesdits décrets dans un délai de huit jours, mais aussi l'article 18 précise en amont que « *les décrets sont contresignés par le Premier ministre et le cas échéant par le ou les ministres chargés de leur exécution* ». Le contreseing du Premier ministre et des ministres garantit ainsi la fidélité des décrets signés par le président aux délibérations du Conseil des ministres[134]. L'article 27 attribue au Premier ministre le pouvoir règlementaire de droit commun, s'exerçant notamment en dehors du Conseil, en précisant que « *nonobstant les dispositions de l'article 18 de la présente loi, le Premier Ministre exerce le pouvoir réglementaire* ». Cette disposition, qui a le mérite d'être claire et précise sur la délimitation du champ d'application des pouvoirs règlementaires respectifs du chef de l'Etat et du Premier ministre, permet notamment à ce dernier, à l'expiration du délai de huit jours dans lequel le président doit signer les décrets délibérés en Conseil des ministres, d'user de son pouvoir règlementaire de droit commun pour signer les décrets non signés par le président.

Au Togo, l'Acte constitutionnel est resté muet sur l'exercice du pouvoir règlementaire en dehors du Conseil des ministres, notamment sur l'existence ou non d'un pouvoir règlementaire au profit du chef de l'Etat. Ce dernier, profitant de cette lacune de l'Acte constitutionnel, a continué par signer des décrets au début de la transition[135], parallèlement aux décrets signés par le Premier ministre en Conseil des ministres, ce qui était source de confusion. Aussitôt installé, le HCR s'est chargé de la question pour combler cette lacune de l'Acte n°7, en adoptant la loi n°91-1 du 25 septembre 1991[136]. L'article 1er de cette loi précise que « *le Président de la République et le Premier ministre exercent par décret, chacun en ce qui le concerne, les pouvoirs que lui confère l'Acte n°7 de la Conférence nationale souveraine…* ». Cette disposition désigne le Président et le Premier ministre comme cotitulaires du pouvoir règlementaire. Il en résulte que si le pouvoir règlementaire du Premier ministre a un fondement constitutionnel, celui du président relève de la loi, ce qui, du

---

[134] BESSE (M.), *Les transitions constitutionnelles démocratisantes…*, op.cit., p. 473.

[135] Voir notamment le *JORT*, 36e année, n°31 du 1er octobre 1991, pp. 754-764.

[136] Loi n° 91-1 du 25 septembre 1991 portant exercice du pouvoir règlementaire du Président de la République et du Premier ministre, *JORT* n°33, n° spécial, 7 octobre 1991, p. 1

point de vue de la hiérarchisation des normes juridiques, valorise davantage le pouvoir règlementaire du Premier ministre vis-à-vis du président. Cette loi a tenté de mettre de l'ordre dans l'exercice du pouvoir règlementaire en étendant d'une part, la compétence du Premier ministre en dehors du Conseil des ministres, et attribue d'autre part un pouvoir règlementaire résiduel au président, dans la mesure où les matières qui relèvent de sa compétence, et qui peuvent faire l'objet de ses décrets, ont été très fortement restreintes par l'Acte constitutionnel[137].

Sur l'exercice du pouvoir règlementaire du Premier ministre, alors que l'Acte n°7 semblait le limiter aux décrets délibérés en Conseil des ministres, la loi lui permet de prendre des actes règlementaires dans tous les domaines de compétence que lui confère l'Acte n°7 aussi bien en Conseil des ministres qu'en dehors. Il s'agit donc d'une délimitation matérielle et non formelle. Cette précision s'avérait très importante dans la mesure où l'article 38 de l'Acte n°7 a confié au Premier ministre « *l'exécution des lois et des Actes de la Conférence nationale* ». Il va de soi que si les actes les plus importants devraient relever d'un décret en Conseil des ministres, après délibération, l'attribution d'un pouvoir règlementaire de droit commun au Premier ministre lui permet de prendre en cas de nécessité des décrets spontanés régissant la vie de la nation sans avoir besoin de passer par le Conseil des ministres. La seule limite au pouvoir règlementaire du Premier ministre réside dans la délimitation *ratione materiae* visant « *les pouvoirs que lui confère l'Acte n°7 de la Conférence nationale souveraine...* ». En dehors du pouvoir de nomination que lui confère l'Acte n°7, on peut considérer que le législateur vise les autres domaines de compétence du Premier ministre ou du Gouvernement[138] tels que l'exécution des lois et des actes de la CNS, la détermination et la conduite de la politique de la nation, la préparation du référendum constitutionnel et des élections, la gestion de l'administration publique, etc. Si la loi réhabilite le pouvoir règlementaire du président à côté de celui du Premier ministre, le champ couvert par le pouvoir règlementaire du Premier ministre paraît très vaste et plus important que celui du président fortement restreint par l'Acte n°7. En effet, le domaine de compétence ouvert au président est relatif au domaine régalien de la conduite des relations internationales[139] à travers la représentation de l'Etat à l'étranger et l'accréditation des ambassadeurs étrangers. Il s'agit du seul domaine réservé du chef de l'Etat dans lequel sa compétence n'est pas liée ou partagée. Pour l'exercice de ses autres compétences, la décision du chef de l'Etat est liée par un délai ou soumise à la proposition du Premier ministre, ce qui restreint fortement sa marge de manœuvre. C'est notamment le cas de la promulgation des lois où l'article 27 de l'Acte n°7 ne lui laisse d'autre choix que de

[137] Articles 26 et suivants de l'Acte n°7.
[138] Articles 38 et suivants de l'Acte n°7.
[139] Articles 26 et 29 de l'Acte n°7.

promulguer la loi, au risque d'être dessaisi de cette compétence à l'expiration d'un délai de huit jours au profit du Premier ministre conformément à l'article 60 qui dispose que « *les lois régulièrement votées par le Haut Conseil de la République et non promulguées par le Président de la République dans le délai prévu par la présente loi, le sont valablement par le Premier ministre* ». Au Bénin et au Congo, les constituants transitoires ont opté pour le caractère directement exécutoire des lois non promulguées par le président dans un délai de quinze (15) jours[140].

L'adoption de cette loi a permis de formaliser rétroactivement par décret certaines décisions qu'il avait déjà prises par de simples communiqués, comme ce fut le cas pour la composition du Gouvernement. C'est la raison pour laquelle, le décret portant composition du Gouvernement[141] a été signé le même jour que l'adoption de cette loi alors que le Gouvernement, qui était déjà en fonction, avait été nommé par un simple communiqué[142] sans valeur juridique. L'article 4 du décret du 25 septembre 1991 portant composition du Gouvernement précisait à juste titre que « *le présent décret donne effet au communiqué n°001/CPM du 7 septembre 1991 rendant publique la désignation des membres du Gouvernement de la République togolaise durant la période de transition* », ce qui régularise les actions menées par le Gouvernement jusqu'à la signature du décret du 25 septembre 1991. Il s'agissait du tout premier décret signé par le Premier ministre de transition, dont les visas comportaient la mention de la loi n°91-1 du 25 septembre 1991, ce qui dénote de l'importance de cette loi pour le Premier ministre dans la mise en œuvre de ses compétences. Usant de son pouvoir règlementaire général, le Premier ministre s'est attelé à procéder à la réorganisation des services publics[143] et à la relance de l'économie togolaise dont l'« *état de délabrement* [144]» a été relevé par la CNS comme symbole de « *la faillite économique du régime Eyadema* [145]». Une analyse minutieuse des journaux officiels togolais de cette période montre que la loi du 25 septembre 1991 a donné un coup d'accélérateur à l'action du Premier ministre qui a pris

---

[140] Article 18 (Bénin) ; article 36 (Congo).

[141] Décret n° 91-1 du 25 septembre 1991 portant composition du Gouvernement de la période de transition, op. cit.

[142] Communiqué n°001/CPM du 7 septembre 1991 rendant publique la désignation des membres du Gouvernement de la République togolaise durant la période de transition.

[143] Par exemple le décret n°91-2 du 25 septembre 1991 portant organisation des services du Premier ministre, *JORT*, 36e année, n°36, 7 oct. 1991, p. 2 a permis au Premier ministre de créer les services de la primature dans un pays où tous les services gouvernementaux relevaient jusqu'alors de la présidence et le décret n°91-3 du 25 sept. 1991 portant nomination du secrétaire général du Gouvernement, alors que l'existence de ce dernier n'était jusqu'alors fondé que sur le Communiqué n°2/CPM du 13 septembre 1991.

[144] Déclaration n°1 du 21 août 1991 de la Conférence nationale souveraine, *JORT*, 36e année, n°44, 17 décembre 1991, p. 31. La dette extérieure de l'Etat togolais était estimée à 302 milliards de FCFA, soit près de 500 millions d'euros, fin juin 1991 par la Commission des affaires économiques mise en place par la CNS.

[145] Ibid.

plusieurs décrets[146] relevant de son domaine de compétence alors que sur la même période le nombre de décrets présidentiels s'est fortement réduit.

Apparaissant comme un complément du pouvoir règlementaire, le pouvoir de nomination du Premier ministre est prévu par l'article 36 de l'Acte n°7 qui dispose qu'« *il [le Premier ministre] nomme aux emplois civils et militaires* ». L'exercice de ce pouvoir est encadré par des principes dégagés par la CNS et couvre un champ d'application étendu permettant au Premier ministre de s'ériger comme la principale autorité de nomination au sein de l'Exécutif. Il devrait permettre au Premier ministre de disposer, non seulement de la faculté de choisir ses collaborateurs et les personnes-ressources nécessaires de l'administration pour la mise en œuvre la politique du Gouvernement, mais aussi de « *purger* » l'administration civile et militaire des dignitaires de l'ancien parti unique et de certaines pratiques administratives peu orthodoxes[147]. C'est un pouvoir administratif très important qui est ainsi confié au Premier ministre qui va lui permettre de réformer une administration togolaise moribonde, politisée, tribalisée et totalement acquise à la cause du chef de l'Etat. C'est à ce titre que la Résolution n°7 de la CNS[148] a chargé le Gouvernement de transition de veiller « *à la dépolitisation et à la démilitarisation du secteur public* » en précisant que « *les nominations, avancements, promotions et sanctions ne procèderont pas de considérations politiques, tribales, ethniques ni de toutes autres considérations subjectives* ».

Si le pouvoir de nomination du Premier ministre par cette disposition paraît très étendu, il est encadré par la Résolution n°7 afin d'éviter les dérives constatées dans l'exercice de ce pouvoir par les autorités administratives précédentes. Il couvre non seulement les nominations devant intervenir en Conseil des ministres, mais aussi en dehors de celui-ci. S'agissant des nominations en Conseil des ministres, le second alinéa de l'article 36 établit la liste des postes concernés, mais soumet également la nomination du Premier ministre à l'avis du HCR, ce qui tempère la liberté du Premier ministre dans la mise en œuvre de ce pouvoir. Il dispose que « *les membres de la Cour*

---

[146] Il s'agissait principalement de décrets d'application des lois adoptées par le HCR, conformément à l'article 38 de l'Acte n°7. En effet, l'organe législatif transitoire s'est attelé à abroger ou à réformer l'arsenal législatif existant et adopté sous le parti unique et qui était encore le symbole du présidentialisme autoritaire. Doté du pouvoir règlementaire d'exécution des lois par l'Acte n°7 et renforcé par la loi du 25 septembre le Premier ministre de transition a pris une série de décret dans ce sens. On peut citer par exemple les décrets portant création de sociétés d'Etat en vue de la réorganisation de l'économie nationale (ex : Décret n°91-027 du 2 oct. 1991 portant transformation du port autonome de Lomé en société d'Etat, Décret n°91-025 du 2 oct. 1991 portant transformation de la loterie nationale togolaise en société d'Etat, etc. publiés au *JORT*, 36e année, n°38, n° spécial, 5 novembre 1991).

[147] On peut évoquer ici le cas de la tribalisation ou de l'ethnicisation des nominations et de la promotion du zèle politique dans l'administration publique et dans l'armée. Voir TOULABOR (C.), *Le Togo sous Eyadéma*, Paris, Karthala, pp. 105 et suivants ; « Violence militaire, démocratisation et ethnicité au Togo », *Autrepart*, n°10, 199.

[148] Résolution n°7 du 27 août 1991 sur la réorganisation du secteur public, *JORT*, 36e année, n°44, pp. 22-23.

suprême, le Grand chancelier de l'Ordre du Mono, les ambassadeurs et envoyés extraordinaires, les préfets, les officiers généraux, le président de l'Université du Bénin élu par ses pairs, les directeurs des administrations centrales sont nommés en Conseil des ministres après avis du bureau du Haut Conseil de la République ». En soumettant l'exercice du pouvoir de nomination du Premier ministre à l'avis préalable du HCR, cette disposition pose un principe du contrôle parlementaire des nominations[149] comparable à celui instauré en France depuis la révision constitutionnelle du 23 juillet 2008[150]. Toutefois, l'exigence de l'avis du HCR ne remet pas fondamentalement en cause le pouvoir discrétionnaire du Premier ministre dans la nomination des haut-fonctionnaires visés dans la mesure où le HCR ne dispose pas d'un droit de véto sur les nominations comparable à celui dont disposent les parlementaires français[151] ou américains[152]. Non seulement est-il rendu public, mais aussi l'avis des commissions permanentes est déterminant dans le choix du président en France, puisque l'article 13 al.5 de la Constitution française précise que « *le Président de la République ne peut procéder à une nomination lorsque l'addition des votes négatifs dans chaque commission représente au moins trois cinquièmes des suffrages exprimés au sein des commissions* ». Aucun texte n'attribuait un tel pouvoir au HCR, qui devrait ainsi se contenter de donner un avis simple, dont on ne peut pas mesurer l'influence sur le pouvoir de nomination du Premier ministre, puisque l'Acte constitutionnel n'exige pas, contrairement à la Constitution française, que l'avis soit rendu public. L'intervention du HCR n'a donc qu'une valeur consultative, ce qui ne restreint pas considérablement le pouvoir de nomination du Premier ministre de la transition au Togo, d'autant plus que cette intervention n'est prévue que pour la liste limitative des emplois énumérés à l'article 36 al.2 de l'Acte n°7, la majeure partie du pouvoir de nomination du Premier ministre relevant ainsi de son pouvoir discrétionnaire.

Contrairement au Togo, la nomination des haut-fonctionnaires par le Premier ministre au Congo est un pouvoir autonome dont il fait usage sans l'intervention de l'organe législatif transitoire. En effet, l'article 42 de l'Acte fondamental dispose tout simplement que le Premier ministre « *nomme aux hautes fonctions civiles et militaires par décrets pris en Conseil des ministres* ». Il en résulte à titre de comparaison que théoriquement le Premier

---

[149] FORMERY (S-L.), *La Constitution commentée article par article*, Paris, Hachette supérieur, 21e éd., 2018, pp. 47-48.

[150] Loi constitutionnelle n° 2008-724 du 23 juillet 2008 de modernisation des institutions de la Ve République, *JORF* n°0171 du 24 juillet 2008 (art. 13 al.5 nouveau de la Constitution)

[151] GICQUEL (J.), GICQUEL (J.-E.), *Droit constitutionnel et institutions politiques*, op. cit., 30e éd., p. 665 ; SPONCHIADO (L.), « Du droit de regard au droit de veto : le contrôle restreint opéré par les parlementaires sur les nominations présidentielles », *RFDA*, 1er septembre 2011, n°5, pp. 1019-1028

[152] FISHER (L.), « Pouvoirs présidentiels et du Congrès : de la lettre de la Constitution à la pratique institutionnelle », *Politique américaine*, 2006/2, n° 5, pp. 53-72

ministre congolais semblait disposer d'une plus grande marge de manœuvre dans l'exercice de son pouvoir de nomination que son homologue togolais dans la mesure ce pouvoir n'est pas juridiquement soumis à l'avis du Conseil supérieur de la République (CSR). Cette appréciation théorique est toutefois à nuancer, d'abord juridiquement en raison des moyens de contrôle dont dispose le CSR sur le Gouvernement[153], ensuite politiquement en raison du contexte particulier de la transition qui exige des deux institutions transitoires une entente cordiale dans la mise en œuvre des orientations de la CNS. Par conséquent, l'on pourrait légitimement penser que, notamment pour la nomination aux « *hautes fonctions civiles et militaires* » considérées comme hautement stratégiques pour la réussite de la transition, le Premier ministre, au risque d'encourir l'interpellation et/ou la censure[154], est appelé à consulter le bureau du HCR.

Si le pouvoir de nomination aux emplois civils et militaires relève du Premier ministre au Togo et au Congo, il en allait autrement au Bénin où l'article 17 de la Loi constitutionnelle dispose que le président de la République « *nomme aux hautes fonctions civiles et militaires sur proposition du Gouvernement* ». Si contrairement au Togo et au Congo, le Premier ministre béninois ne disposait pas formellement du pouvoir de nomination, l'Acte fondamental béninois lui attribue d'autres prérogatives qui font de lui la véritable autorité de nomination. En effet, l'attribution du pouvoir de nomination au président se justifie par le fait que c'est lui qui préside le Conseil des ministres et qui est appelé à signer obligatoirement les décrets qui y sont délibérés. Comme son pouvoir règlementaire général, son pouvoir de nomination relève d'une compétence liée dans la mesure où non seulement, ne peut-il pas prendre l'initiative d'une nomination, mais aussi est-il tenu suivre la proposition du Gouvernement dans la mesure où l'article 18 al. 2 lui fait obligation de signer les décrets pris en Conseil des ministres dans un délai de 8 jours.

Le pouvoir de nomination du Premier ministre de transition couvrait tout à la fois l'administration interne qu'internationale. Ce dernier domaine de nomination attribué au Premier ministre est très important puisque les partenaires internationaux du Togo, notamment la France, l'Allemagne, la Commission Economique Européenne (actuel UE) et les Etats-Unis, se sont véritablement impliqués dans la gestion de la transition togolaise[155], au nom

---

[153] Article 71 de l'Acte fondamental du 4 juin 1991, confère supra.

[154] Voir supra

[155] Voir THIVILLON (T.), *La France et l'Union européenne au Togo : Les aléas de la conditionnalité démocratique*, Mémoire IEP de Grenoble, 2003.

du principe de la conditionnalité démocratique[156]. Les ambassadeurs nommés par le Premier ministre[157] auprès de ces différents Etats et organisations internationales avaient donc la lourde tâche de relayer et défendre la politique interne menée par les institutions transitoires auprès de ces partenaires et d'assurer le lien permanent entre ces derniers et le Gouvernement togolais dans la mesure où l'appui financier et matériel de la Communauté internationale restait indispensable pour la réussite de la transition togolaise. C'est dans ce sens que la CNS a lancé un appel « *aux pays amis ainsi qu'aux organismes internationaux à soutenir le Togo dans sa lutte pour son redressement économique et son développement* [158]». Cet appel devrait servir à baliser la voie à la mise en œuvre de la politique internationale du Gouvernement de transition à travers la nomination par le Premier ministre des représentants de l'Etat togolais auprès des missions diplomatiques.

Au plan interne, le cas particulier de l'armée mérite d'être analysé. En effet, si pour les nominations dans l'administration civile, le Premier ministre disposait d'un blanc-seing en dehors des emplois pour lesquels l'avis du HCR est requis, il a dû concilier son pouvoir de nomination aux emplois militaires relevant de l'article 36 de l'Acte constitutionnel avec le statut du chef suprême de l'armée réservé au chef de l'Etat en vertu de l'article 26 al.2. La principale illustration en est que le Premier ministre s'est contenté de nommer un chef d'Etat-major général adjoint de l'armée[159], alors que le chef d'Etat-major général, désigné par le président avant le début de la transition était toujours en poste. Par cet acte, le Premier ministre semblait réserver au chef de l'Etat la nomination du chef d'Etat-major en raison de son statut de chef suprême de l'armée, alors qu'aucun texte ne l'y obligeait, ce qui paraît politiquement calculé. Sur un plan symbolique, on peut relever que c'est d'ailleurs pour la première fois depuis son arrivée au pouvoir en 1967 que le général-président EYADEMA est contraint de partager avec une autre autorité ses pouvoirs paternalistes sur l'armée togolaise, ce qui constitue également une illustration de sa démythification. Dans l'administration civile, le Premier ministre KOFFIGOH a usé de son pouvoir de nomination étendu pour réorganiser à la fois l'administration centrale par une série de nominations de directeurs de

[156] Sur le principe de conditionnalité démocratique voir notamment TABI-AKONO (F.), *Le discours de la Baule et les processus démocratiques en Afrique : contribution à une problématique de la démocratie et du développement dans les pays d'Afrique noire francophone*, Thèse de science-politique, Université de Clermont-Ferrand 1, 1995 ; BOLLE (S.), « La conditionnalité démocratique dans la politique africaine de la France », op. cit. ; DE SCHUTTER (R), « L'ingérence et conditionnalité démocratique: l'état de la question » *Actualités Gresea*, avril 1993, p. 28

[157] Voir notamment le décret n° 91-7 du 26 septembre 1991 portant nomination des représentants de la République togolaise auprès d'organismes financiers internationaux, *JORT*, 36e année, n°36, n° spécial, 17 octobre 1991, p.3.

[158] Appel de la Conférence nationale souveraine du Togo, *JORT*, 36e année, n°44, p. 18.

[159] Décret n° 91-012 du 26 septembre 1991, portant nomination du chef d'Etat-major général-adjoint, *JORT*, 36e année, n°36, numéro spécial, 17 octobre 1991, pp. 4-5

services centraux des ministères, et l'administration déconcentrée par le remplacement des préfets qui se présentaient encore comme les symboles de la personnalisation du pouvoir au Togo en raison de la révérence exagérée qu'ils avaient pour le président EYADEMA[160]. Ces séries de nomination[161] dans l'administration sont le reflet de la rupture avec l'ordre ancien, ce qui est comparable avec ce qui se passe après une alternance politique.

Somme toute, les CNS ont exalté la fonction primo-ministérielle en lui permettant, d'une part d'être élu, et non nommé, et d'exercer les pouvoirs traditionnellement relevant du président de la République, ce qui en fait un alter ego du président. Cette configuration de rupture totale et radicale avec l'ordre ancien n'a pas été retenue dans les Etats qui n'ont pas organisé de CNS comme en Côte d'Ivoire où la volonté de rupture est restée modérée, en inscrivant le Premier ministre dans la continuité du présidentialisme.

Section 2 : Le Premier ministre de continuité, un instrument de transition sans conférence nationale

Malgré l'attrait du modèle de la CNS dont l'exemple béninois a été imité dans plusieurs Etats[162] avec parfois des variantes et des résultats différents[163], le modèle de transition[164] choisi par les Etats comme la Côte d'Ivoire, le Sénégal, le Cameroun, etc. a été guidé par le souci d'opérer des transitions démocratiques par « *évitement de la conférence nationale* [165]», selon la typologie de Francis AKINDES. L'étude du cas de la Côte d'Ivoire, qui apparaît comme un archétype de ce modèle, nous permet donc de démontrer que l'institution du Premier ministre dans ces Etats se révèle comme un moyen d'évitement de la Conférence nationale sur le plan politique (paragraphe 1er) et de modération du présidentialisme sur le plan juridique (paragraphe 2).

---

[160] La nomination des préfets par le président EYADEMA constituait l'un des reflets de l'autocratie au Togo avant l'avènement du renouveau démocratique. Cette nomination était ainsi réservée aux personnes ayant fait preuve du plus grand zèle politique au chef de l'Etat ou aux militaires dans les préfectures stratégiques ou jugées politiquement sensibles

[161] Pour la nomination des préfets, voir notamment le *JORT*, n°40, 36e année, numéro spécial, 25 novembre 1991, pp. 2-12.

[162] BOURMAUD (D.), QUANTIN (P.), « Le modèle et ses doubles… », op.cit.

[163] GAZIBO (M.), *Les paradoxes de la démocratisation en Afrique. Analyse institutionnelle et stratégique*, Montréal, Presses de l'Université de Montréal, 2005, pp. 82 et suivants.

[164] QUANTIN (P.), « La démocratie en Afrique à la recherche d'un modèle », op.cit.

[165] AKINDES (F.), *Les mirages de la démocratie en Afrique subsaharienne francophone*, op. cit., pp. 78 et suivants

Paragraphe 1er : Le Premier ministre, un instrument d'évitement de la Conférence nationale

La création ou le rétablissement du poste de Premier ministre dans certains Etats d'Afrique noire francophone à la suite des mouvements de protestation contre le monolithisme présidentiel au début des années quatre-vingt-dix est un moyen pour ces Etats d'éviter la tenue d'une Conférence nationale. Francis AKINDES explique que la démocratie par évitement de la Conférence nationale « *consiste en un double jeu simultané d'opposition à la tenue d'une conférence nationale et de mise en place des stratégies de contournement rapide de ce type de forum politique aux issues incertaines pour les pouvoirs en place* [166]». Ce fut le cas du régime ivoirien dirigé sans partage depuis l'indépendance par Félix HOUPHOUËT-BOIGNY[167], qui a réussi à anticiper l'enclenchement du processus de démocratisation, en répondant aux revendications des mouvements protestataires notamment par la création du poste de Premier ministre. En initiant cette évolution sans l'organisation d'une conférence nationale, le président ivoirien s'est ainsi assuré le contrôle du processus démocratique (A) en légitimant par la même occasion son pouvoir (B).

A. Le Premier ministre, un instrument de contrôle du processus démocratique par le chef de l'Etat

La création du poste de Premier ministre en Côte d'Ivoire en 1990 apparaît comme un acte politiquement stratégique dont le but est de légitimer les mesures prises par le président dans le cadre du processus de démocratisation. Après trois décennies de monolithisme présidentiel, le pouvoir ivoirien a commencé par être fragilisé par les revendications houleuses de la rue et de l'opposition naissante[168]. Ces mouvements de contestation socio-politique observés en Côte d'Ivoire[169], qui s'inscrivaient dans la tendance générale du renouveau démocratique africain[170], ont contraint le chef de l'Etat ivoirien à

---

[166] Ibid

[167] Premier ministre de la République de Côte d'Ivoire (1958-1960) avant l'indépendance, il est devenu président de la République après l'indépendance en 1960, poste qu'il a conservé sans partage jusqu'à son, décès en 1994.

[168] GNAHOUA (A-R.), *La crise du système ivoirien. Aspects politiques et juridiques*, Paris, L'Harmattan, p. 47

[169] FAURE (Y.-A.), « L'économie politique d'une démocratisation. Eléments d'analyse à propos de l'expérience récente de la Côte d'Ivoire », *Politique africaine*, n°43, oct. 1991, p. 33, cité par ibid., p. 80.

[170] HUTTINGTON (S.), « Democracy's third wave », op.cit.

prendre des mesures de démocratisation de son régime[171]. Faisant fi des demandes de l'opposition pour l'organisation d'une conférence nationale qui aurait permis de rompre avec le monolithisme présidentiel, le président ivoirien a choisi la voie de l'évitement de la conférence nationale en engageant directement et unilatéralement des réformes institutionnelles. Ces réformes ont principalement concerné la restauration du multipartisme et du bicéphalisme du pouvoir exécutif. C'est à ce titre que le président HOUPHOUËT-BOIGNY a su user de son savoir-faire politique pour éviter à tout prix la tenue d'une Conférence nationale en Côte d'Ivoire[172] à travers une réforme calculée de l'Exécutif ivoirien découlant de la loi constitutionnelle du 6 novembre 1990[173].

La formule de la Conférence nationale comme voie de démocratisation dans les Etats d'Afrique noire francophone était très redoutée par les chefs d'Etat séculaires africains, qui y voyaient un aveu de faiblesse de leur autorité dans la mesure où dans certains Etats où elles s'étaient tenues, les CNS se sont transformées en tribunaux populaires « *où ils devaient rendre compte de leurs gestions calamiteuses de la chose publique* [174]». Au-delà de cet aspect politique redoutable, il ne faut pas non plus occulter les bouleversements juridiques et institutionnels apportés par les CNS[175] dans les Etats où ils se sont déroulés notamment la création des postes de Premier ministre par les Actes constitutionnels transitoires ayant remplacé les Constitutions précédentes suspendues. En Côte d'Ivoire, le président HOUPHOUËT-BOIGNY s'est montré très tôt réticent à l'idée d'organiser une Conférence nationale[176]. Si cette position correspondait à celle de la plupart de ses homologues africains au départ[177], la majorité d'entre eux ont fini par céder sous la pression de la rue[178] et de la Communauté internationale[179]. Pourtant,

---

[171] FAURE (Y-A.), « Sur la démocratisation de la Côte-d'Ivoire : passé et présent », *L'Année africaine*, 1990, pp. 115-160

[172] KOFFI-KOFFI (P.), *Houphouët et les mutations politiques en Côte d'Ivoire : 1980-1993*, Paris, L'Harmattan, 2010, p.16

[173] Loi n° 90-1529 du 6 novembre 1990 portant modification des articles 11, 12 et 24 de la Constitution du 3 novembre 1960, *JORCI*, n° 43, 7 novembre 1990, p.1

[174] ZAMBA MUGONGO (C.), *Réflexion sur le processus de démocratisation en Afrique. Cas de la République démocratique du Congo*, Mémoire de master de droit public, Université Libre de Kinshasa, 2012, https://www.memoireonline.com/06/20/11857/m_Reflexion-sur-le-processus-de-democratisation-en-Afrique-Cas-de-la-republique-democratique-du-C14.html, consulté le 25 octobre 2020

[175] KAMTO (M.), « La Conférence nationale ou la création révolutionnaire des Constitutions », op.cit.

[176] BOUQUET (C.), « Le mauvais usage de la démocratie en Côte d'Ivoire », op.cit., pp. 90-106

[177] Ce fut notamment le cas des présidents EYADEMA du Togo et MOBUTU du Zaïre.

[178] GAZIBO (M.), *Les paradoxes de la démocratisation en Afrique*..., op.cit., pp. 71 et suivants.

[179] Confère notamment le cas du Togo où la France, l'Allemagne, les Etats-Unis et la CEE (actuellement UE) ont beaucoup influencé les rapports de force entre l'opposition et le président EYADEMA.

l'opposition ivoirienne, revigorée par la restauration du multipartisme en 1990[180], n'a sans cesse réclamé la tenue d'une Conférence nationale[181] sur le modèle béninois[182] afin de mener une réflexion collective sur le problème ivoirien et de repenser de façon consensuelle les aménagements à apporter au régime ivoirien, notamment le passage au bicéphalisme par la création du poste de Premier ministre. Christian BOUQUET faisait alors observer qu'« *en refusant d'organiser une Conférence nationale, comme le lui demandait notamment le Parti ivoirien des travailleurs (PIT), fraîchement créé, il montrait clairement qu'il n'avait pas l'intention d'épouser l'air du temps* [183]». Paru inflexible face à ces revendications, le président ivoirien n'ignorait cependant pas qu'il faille réformer son régime pour éviter son effondrement comme ce fut le cas au Mali où le président Moussa TRAORE, contesté par l'opposition avec laquelle il n'a pas trouvé d'issue pour la démocratisation du pays, a fini par être renversé par l'armée[184].

Il s'agissait pour le président ivoirien, en initiant le passage au bicéphalisme, avec la bénédiction des instances de son parti[185], de garder la main sur le processus de transition démocratique auquel participe également la restauration du multipartisme[186] décidée quelques mois plus tôt[187]. En anticipant la restauration du multipartisme et la création du poste de Premier

---

[180] Le multipartisme a été instauré en Côte d'Ivoire par la Constitution du 3 novembre 1960 (art.7). Cependant, il fut strictement encadré par la législation ivoirienne au point d'être rendu ineffectif par les pratiques autoritaires du régime favorisant l'émergence du parti unique de fait, le PDCI-RDA (voir supra). Face à la montée de la contestation et sous l'effet du Discours de La Baule, le bureau politique du PDCI-RDA s'est prononcé en faveur de la restauration du multipartisme le 3 mai 1990. Voir BAILLY (D.), *La restauration du multipartisme en Côte d'Ivoire : ou la double mort d'Houphouët-Boigny*, Paris, L'Harmattan, 1995 ; LOUCOU (J.-N.), *Le multipartisme en Côte d'Ivoire : Essai*, Abidjan, Neter, 1992.

[181] BOUQUET (C.), « Le mauvais usage de la démocratie en Côte d'Ivoire », op.cit. L'auteur cite le Parti ivoirien des travailleurs (PIT) comme chef de file de cette revendication

[182] BOURMAUD (D.), QUANTIN (P.), « Le modèle et ses doubles. Les conférences nationales en Afrique noire », op.cit.

[183] BOUQUET (C.), « Le mauvais usage de la démocratie en Côte d'Ivoire », op.cit.

[184] Une junte militaire dirigée par le colonel Amadou Toumani TOURE a arrêté le président Moussa TRAORE le 26 mars 1991 et a pris le contrôle du processus de démocratisation, d'où la voie de la « démocratisation par les armes » classée par Francis AKINDES dans sa typologie des voies d'accès à la démocratisation.

[185] La création du poste de Premier ministre a été approuvée par le 9e Congrès du PDCI-RDA organisé à Yamoussoukro du 1er au 5 octobre 1990. Voir GRAH-MEL (F.), *Félix Houphouët-Boigny : la fin et la suite*, op.cit., p. 331

[186] Le multipartisme est prévu par l'article 7 de la Constitution ivoirienne de 1960. Toutefois, cette disposition a été rendue ineffective, voir caduc de fait, par l'émergence rapide du parti unique de fait, le PDCI-RDA et l'adoption de règles électorales taillées sur mesure pour permettre au président ivoirien d'asseoir la domination de son parti sur la vie politique ivoirienne. Dès lors les autres partis politiques ivoiriens ont été obligés d'exercer leurs activités dans la clandestinité sans disposer de base légale. La restauration du multipartisme en Côte d'Ivoire a donc pris la forme de la légalisation des partis politiques sur la base de l'article 7 de la Constitution réhabilité et rendu effectif.

[187] La restauration du multipartisme a été décidé en mai 1990.

ministre, le président ivoirien a, non seulement « *pris de vitesse ses opposants avant que ceux-ci n'aient le temps de s'organiser* [188]», mais aussi démontré à ces derniers obnubilés par le modèle béninois de la CNS, qu'il existe d'autres alternatives à la Conférence nationale comme voie d'accès au renouveau démocratique[189]. Ces réformes lui ont permis d'éviter la tenue de la Conférence nationale et de mettre un terme aux velléités révolutionnaires de l'opposition[190]. Il revendique également par la même occasion la paternité de la démocratisation du régime ivoirien[191], alors qu'il a toujours fait l'objet d'accusations de dérives autoritaires[192]. Ces mesures de modération du régime ivoirien, loin de le démythifier le président ivoirien comme ses homologues ayant autorisé la tenue d'une Conférence nationale, ont contribué à renforcer son mythe en légitimant sa réélection controversée au début du processus démocratique[193]. En refusant de « *se laisser « dicter » habilement un modèle de transition* [194]», le président ivoirien voulait, malgré l'affaiblissement de son régime, montrer que « *c'était lui, et lui seul, qui avait encore l'initiative des opérations* [195]».

La formule de la démocratisation par évitement de la Conférence nationale a été également utilisée au Sénégal et au Cameroun où les présidents respectifs Abdou DIOUF et Paul BIYA ont restauré le poste de Premier ministre, qu'ils ont supprimé quelques années plus tôt, sans être obligé de passer par une

---

[188] GAZIBO (M.), *Les paradoxes de la démocratisation en Afrique…*, op.cit., pp. 71

[189] Sur la démocratisation par évitement de la conférence nationale, voir AKINDES (F.), *Les mirages de la démocratie en Afrique subsaharienne francophone*, op.cit., p. 78

[190] Les principaux partis de l'opposition qui ont été créés ou légalisés après la restauration du multipartisme en mai 1990 ont commencé par réclamer la démission du chef de l'Etat face au refus de ce dernier de prendre en compte leurs revendications.

[191] FAURE (Y.-A.), « Sur la démocratisation de la Côte d'Ivoire : passé et présent », op.cit.

[192] MEMEL-FOTE (H.), (dir.), *Fonder une nation africaine démocratique et socialiste en Côte d'Ivoire : Congrès extraordinaire du Front populaire ivoirien, décembre 1994*, (préface de Laurent Gbagbo), Paris, L'Harmattan, 1998, p. 32 ; BOGNON (D-R.), « La situation en Côte-d'Ivoire : présidentialisme et représentation nationale », op.cit.

[193] Sur la réélection controversée du chef de l'Etat ivoirien, voir GNAHOUA (A-R.), *La crise du système ivoirien…*, op.cit., pp. 53-54 ; DOZON (J-P.), *Les clefs de la crise ivoirienne*, Paris, Karthala, 2011, pp. 27 et suivants.

[194] AKINDES (F.), *Les mirages de la démocratie en Afrique francophone subsaharienne*, op.cit., p. 79

[195] FAURE (Y.-A.), « L'économie politique d'une démocratisation. Eléments d'analyse à propos de l'expérience récente de la Côte d'Ivoire », op.cit.

Conférence nationale[196] comme ce fut également le cas au Burkina-Faso[197]. Pour ce faire, les dirigeants sénégalais et camerounais ont restauré dans les Constitutions de leurs Etats, les dispositions relatives au Premier ministre qu'ils avaient supprimées quelques années plus tôt, donnant l'impression d'un « *constituant qui tourne en rond, avec un mouvement de va-et-vient incessant entre des institutions qu'on instaure, supprime et restaure* [198]». Ces différentes expériences montrent que l'étude du Premier ministre de transition ne peut être limitée à ceux issus des CNS. Toutefois, l'institution primo-ministérielle instaurée dans les Etats qui n'ont pas connu de CNS provient de réformes ou d'ajustements constitutionnels qui n'ont pas dénaturé le présidentialisme, ni remis en cause l'autorité des chefs d'Etat en fonction[199]. En Cela, la loi constitutionnelle du 6 novembre 1990 paraît être une réforme calculée.

S'il s'inscrit dans le cadre du Premier ministre de la troisième génération, le processus de création du poste de Premier ministre en Côte d'ivoire ressemblait à celui de l'institution du Premier ministre de la deuxième génération[200] avec de petits ajustements constitutionnels et institutionnels[201]. Dans les Etats qui n'ont pas connu de CNS, la transition démocratique s'est opérée dans la continuité de telle sorte qu'en prenant les devants pour tenter de répondre aux revendications de l'opposition et aux exigences de la Communauté internationale[202], les chefs d'Etat contestés et leurs régimes ont pu éviter le bouleversement de l'ordre constitutionnel établi et sont parvenus

---

[196] MBODJ (E-H.), « Le Premier ministre dans le nouvel ordonnancement constitutionnel du Sénégal », op.cit. ;

[197] S'il s'est montré inflexible face aux demandes d'organisation d'une Conférence nationale de l'opposition, le président burkinabè, qui s'est d'abord attelé à assurer la pérennité de son pouvoir en organisant et remportant une élections présidentielle controversée dès le début du processus de démocratisation, a fini par organiser un « *Forum de réconciliation national* », qui sans être assimilé à la Conférence nationale souveraine sur le modèle béninois, peut être rapproché de la Conférence nationale non souveraine organisée au Gabon, avec la participation de l'opposition. La formule burkinabè de démocratisation se situe donc à mi-chemin entre le modèle béninois de la Conférence nationale souveraine, et le modèle ivoirien de démocratisation par évitement de la Conférence nationale. Voir GIRARD (P.), « L'élection présidentielle burkinabè. Cherche adversaire désespérément », *Jeune Afrique*, n°1615, 11 déc. 1991, pp. 18-19, YONABA (S.), « La " Conférence nationale " et le droit : les leçons de l'expérience burkinabè », *RJPIC*, n° 47, janv.- mars 1993, pp. 78-108

[198] FALL (I.-M.), *Evolution constitutionnelle du Sénégal de la veille des indépendances aux élections de 2007*, op.cit., p. 150.

[199] MELEDJE (D.-F.), « La révision des constitutions dans les Etats africains : Esquisse de bilan », *RDP*, 1992, pp. 111-134.

[200] Sur la création du Premier ministre de la deuxième génération, voir DIOP (S.), « Le Premier ministre africain… », op.cit. (confère supra).

[201] MEL (A.-P.), « La réalité du bicéphalisme du pouvoir exécutif ivoirien », *RFDC* n° 75, 2008, pp. 513-549

[202] Voir TABI-AKONO (F.), *Le discours de La Baule et les processus démocratiques en Afrique : contribution à une problématique de la démocratie et du développement dans les pays d'Afrique noire francophone*, op.cit.

à garder le contrôle de la transition démocratique[203]. En Côte d'Ivoire, la Constitution du 3 novembre 1960[204], en vigueur depuis l'indépendance, a été modifiée par la loi constitutionnelle du 6 novembre 1990[205] instaurant un poste de Premier ministre. Cette réforme a été opérée par l'Assemblée nationale ivoirienne, composée entièrement des membres du PDCI-RDA[206], à l'initiative du président de la République et avec l'approbation du Comité central de l'ancien parti unique, ce qui dénote de la mainmise du régime sur cette évolution institutionnelle qui n'est pas le fruit d'un consensus politique. L'opposition ivoirienne ayant été écartée de la procédure d'adoption de la loi du 6 novembre 1990, on pourrait alors attribuer la paternité de la création du poste de Premier ministre au président HOUPHOUËT-BOIGNY[207], alors que dans les Etats théâtres de CNS, les chefs d'Etat furent mis à l'écart par la CNS de la mise en place des institutions transitionnelles. Il en a été de même au Sénégal avec la loi constitutionnelle du 5 avril 1991[208] qui rétablit, à l'initiative du chef de l'Etat Abdou DIOUF, le poste de Premier ministre supprimé en 1983[209]. Au Cameroun, le président BIYA a suivi la même procédure pour rétablir le poste de Premier ministre supprimé en 1984[210] par

[203] GAZIBO (M.), *Les paradoxes de la démocratisation en Afrique…*, op. cit.

[204] Elle a été révisée à six reprises (1963, 1975 (2 fois), 1980 (2 fois), 1985) avant la loi constitutionnelle du 6 novembre 1990. Voir DJREDJRO MELEDJE (F.), « Faire et défaire la Constitution en Côte d'Ivoire : un exemple d'instabilité chronique », in FOMBAD (C.), MURRAY (C.), (dir.), *Fostering Constitutionalism in Africa*, Prétoria, Pretoria University Law Press, 2010, pp. 309-339.

[205] Loi n° 90-1529 du 6 novembre 1990 portant révision de la Constitution de la République de Côte d'Ivoire, *JORCI*, n° 43, 7 novembre 1990, p.1

[206] Si les soixante-quinze (75) députés de cette 7e législature de la première République ivoirienne élus en 1985 ont été, comme ceux de la législature précédente, peuvent se targuer d'avoir été élus sur la base de listes pluralistes, ce qui a été interprété comme un signe d'ouverture démocratique du régime ivoirien, ils appartenaient tous au même et unique parti autorisé à cette époque en Côte d'Ivoire, le PDCI-RDA, ce qui altère la connotation démocratique de cette législature.

[207] KOFFI-KOFFI (P.), *Houphouët et les mutations politiques en Côte d'Ivoire : 1980-1993*, op.cit.,

[208] Loi constitutionnelle n° 91-25 du 5 avril 1991 portant révision de la Constitution, in FALL (I-M.*), Textes constitutionnels de la République du Sénégal…*, op.cit., pp. 122-129. Elle a été votée à l'unanimité des 105 députés de l'Assemblée nationale sénégalaise. Cette loi a été adoptée après la restauration du multipartisme, ce qui a permis aux députés de l'opposition de participer aux débats et de faire du rétablissement du poste de Premier ministre un symbole du renouveau démocratique. Texte reproduit par FALL (I-M.), *Textes constitutionnels du Sénégal de 1959 à 2007*, op.cit., pp. 122-131. Voir également MBODJ (E-H.), « Le Premier ministre dans le nouvel ordonnancement constitutionnel du Sénégal », op.cit.

[209] Voir supra.

[210] Ibid.

la loi constitutionnelle du 23 avril 1991[211]. Cette manière délibérée et unilatérale de modification de la Constitution camerounaise[212] a fait dire à Maurice KAMTO que « *cette révision apparaît comme un acte de sauvetage d'un régime au bord de l'effondrement* [213]». Cette analyse est également valable pour la Côte d'Ivoire.

Si elle ne marque pas la fin de la prééminence constitutionnelle du président ivoirien[214], la création du poste de Premier ministre reste néanmoins l'expression d'une nouvelle forme de conception du pouvoir dans cet Etat auparavant hyper-présidentialisé[215]. Pour instituer le poste de Premier ministre, il a suffi au constituant ivoirien de modifier les articles 12 et 24 de la Constitution, sans incidence sur les autres dispositions constitutionnelles. Premièrement, l'article 12 qui avait connu deux précédentes révisions relatives à la création[216] puis à la suppression[217] du poste de vice-président, s'est vu rajouté des dispositions relatives au Premier ministre notamment aux alinéas 2 et 3 qui disposent :

> *Le Président de la République nomme le Premier ministre, chef du Gouvernement, qui est responsable devant lui. Il met fin à ses fonctions sur présentation par celui-ci de la démission du Gouvernement.*
>
> *Sur proposition du Premier ministre, le Président de la République nomme les autres membres du Gouvernement et met fin à leurs fonctions ».*

La seconde révision notable relative au Premier ministre concerne l'article 24 libellé comme suit :

> *« Le président de la République peut déléguer certains de ses pouvoirs au Premier ministre, chef du Gouvernement.*

211 Loi constitutionnelle n° 91/001 du 23 avril 1991. Voir OLINGA (A-D.), « Cameroun, vers un présidentialisme démocratique : Réflexion sur la révision constitutionnelle du 23 avril 1991 », *RJPIC*, n°4, oct.-déc. 1992, pp.449 et s. ; DOUMBE-BILLE (S.), « Les transformations au Cameroun : un processus d'élargissement prudent », in ROUSSILLON (H.), *Les nouvelles Constitutions africaines : La transition démocratique*, op. cit., pp. 77-90.

212 MEHLER (A.), « Cameroun : Une transition qui n'a pas eu lieu », in DALOZ (J.-P.), QUANTIN (P.), *Transitions démocratiques africaines*, op.cit., pp. 95-138.

213 KAMTO (M.), « Dynamique constitutionnelle au Cameroun indépendant », *Revue juridique africaine*, 1995, p. 9.

214 NANDJUI-DANHO (P.), *La prééminence constitutionnelle du Président de la République en Côte d'Ivoire*, Paris, L'Harmattan, 2004

215 KOUROUMA (M.), *Etude du présidentialisme en Afrique noire francophone à partir des exemples guinéen et ivoirien*, Thèse de doctorat en droit public, Université Paris II, 1978

216 Loi n° 80-1232 du 26 novembre 1980 portant révision de la Constitution, *JORCI*, n°43, 7 novembre 1990.

217 Loi constitutionnelle n°85-1072 du 12 octobre 1985, portant modification de la Constitution

Le Premier ministre supplée le président de la République lorsque celui-ci est absent du territoire national ».

En somme, après la révision constitutionnelle du 6 novembre 1990, le Premier ministre n'apparaît qu'aux articles 12 et 24 de la Constitution ivoirienne du 3 novembre 1960.

Si la réforme instituant le Premier ministre en Côte d'Ivoire est jugée « *significative* » en ce qu'elle opère un changement important par l'introduction du dualisme de l'Exécutif[218], elle a été savamment calculée par le chef de l'Etat ivoirien[219]. Sur le plan politique, cette réforme a permis de répondre aux revendications des opposants, dont certains ont d'ailleurs ouvertement demandé la démission du président[220], et de calmer les ardeurs des manifestants, ce qui a permis d'apaiser le climat politique tendu après la présidentielle d'octobre 1990 remportée par le président HOUPHOUÊT[221] qui avait face à lui pour la première fois depuis l'indépendance un candidat d'opposition en la personne de Laurent GBAGBO[222]. Sur le plan juridique, il faut relever que la loi constitutionnelle de 1990 n'a pas remis en cause ni la nature présidentielle du régime, ni la prépondérance du chef de l'Etat au sein de l'Exécutif par la création du poste de Premier ministre, ce qui permet de voir qu'en Afrique, le Premier ministre n'est pas un indicateur fiable de classification des régimes politiques. En effet, malgré l'introduction du bicéphalisme, les dispositions relatives à la prépondérance du président n'ont pas été modifiées et celui-ci demeurait toujours « *le détenteur exclusif du pouvoir exécutif*[223]». Pour paraphraser le président SENGHOR, on pourrait dire du régime ivoirien issu de la loi constitutionnelle de 1990 qu'« *il s'agit toujours d'un régime présidentiel, mais déconcentré* [224]». Au demeurant, cette réforme participe à légitimation de l'autorité présidentielle vivement contestée.

---

[218] DJREDJRO MELEDJE (F.), « Faire et défaire la Constitution en Côte d'Ivoire : un exemple d'instabilité chronique », op.cit.

[219] GHAHOUA (A-R.), *La crise du système ivoirien…*, op.cit., pp. 42 et suivants

[220] Il s'agit des quatre principaux partis de l'opposition ivoirienne légalisés le 18 mai 1990, le Front populaire ivoirien (FPI), le Parti iovirien des travailleurs (PIT), l'Union des sociaux-démocrates (USD) et le Parti socialiste ivoirien (PSI), qui, au lendemain d'une rencontre avec le président le 22 juin 1990 pour trouver une issue à la crise politique et sociale, se sont déclarés insatisfaits par les mesures envisagées par le président et réclamer sa démission.

[221] Selon les résultats officiels de ce scrutin sous-tension, le président HOUPHOUÊT a obtenu au premier tour 81, 67% des suffrages exprimés contre 18, 33% pour son adversaire Laurent GBAGBO (FPI).

[222] Voir FAURE (Y.-A.), « L'économie politique d'une démocratisation. Eléments d'analyse à propos de l'expérience récente de la Côte d'Ivoire », op.cit.

[223] Article 11 al. 1er de la Constitution ivoirienne de 1960.

[224] DIOP (M-C.), *Le Sénégal sous Abdou Diouf : Etat et société*, Paris, Karthala, 1990

B. Le Premier ministre, un instrument de légitimation de l'autorité présidentielle

Les mesures prises par le président HOUPHOUËT-BOIGNY pour démocratiser son régime monolithique avaient pour but d'étouffer la contestation socio-politique mais surtout de légitimer son autorité afin d'empêcher les bouleversements institutionnels intervenus dans les autres Etats. La création du poste de Premier ministre apparaît alors comme une réponse à la demande de démission du président réclamée par les principaux partis de l'opposition après les actes de violences des forces de l'ordre et l'armée contre les manifestants. Il s'agissait pour le président de trouver un exutoire à même de modérer les velléités révolutionnaires de l'opposition. En se mettant en retrait au profit du Premier ministre, le président s'est ainsi évité de faire directement face au mécontentement politico-social. La même observation a été formulée par El Hadj MBODJ[225] à propos de la « *réinstitutionnalisation du poste de Premier ministre au Sénégal* » qui selon l'auteur a été opérée par le président Abdou DIOUF pour « *désamorcer les crises qui couvraient le régime depuis les élections de 1988* ».

Soumis à un programme d'ajustement structurel imposé par les institutions financières internationales en raison de la crise économique dont fait face l'Etat ivoirien depuis quelques années[226], le Gouvernement ivoirien se devait de prendre des mesures d'austérité budgétaire très drastiques pour faire face à la crise[227]. Quand on sait que ces types de mesures sont souvent impopulaires et difficiles à faire accepter à la population, il faudrait pour le président ivoirien d'éviter d'endosser directement ces mesures dans un contexte politique très hostile à son égard. En voyant sa légitimité de plus en plus contestée, le président ivoirien se devait de prendre des mesures fortes d'autant plus qu'il s'est montré très tôt réticent à l'organisation d'une conférence nationale. L'élection présidentielle d'octobre 1990 qu'il s'est empressé d'organiser aussitôt après la restauration du multipartisme n'a pas permis au président ivoirien de recouvrer toute sa légitimité. Malgré le score confortable réalisé face à l'opposant Laurent GBAGBO[228], les actes de défiance à l'égard du président se sont amplifiés après l'élection présidentielle. La création du poste de Premier ministre qui devrait permettre au président de déléguer une partie de ses attributions, notamment en matière économique, ressemblait à une tentative de repli stratégique.

---

225 MBODJ (E.-H.), « Le Premier ministre dans le nouvel ordonnancement constitutionnel du Sénégal », op.cit.

226 COGNEAU (D.), MESPLE-SOMPS (S.), « Les illusions perdues de l'économie ivoirienne et la crise politique », *Afrique contemporaine*, 2003/2, n° 206, pp. 87-104

227 JARRET (M.-F.), MAHIEU (F.-R.), « Ajustement structurel, croissance et répartition : l'exemple de la Côte d'Ivoire », *Tiers-Monde*, tome 32, n°125, 1991. pp. 39-62.

228 FAURE (Y.-A.), « L'économie politique d'une démocratisation. Eléments d'analyse à propos de l'expérience récente de la Côte d'Ivoire », op.cit.

Si en fin de compte la création du poste de Premier ministre par le chef de l'Etat ivoirien n'a pas eu d'incidence majeure sur la nature présidentielle du régime ivoirien en ce que la Constitution ivoirienne a conservé des éléments de l'hégémonie présidentielle, il faut quand même relever que la présence du Premier ministre a permis de modérer le présidentialisme ivoirien jadis monolithique et autoritaire.

Paragraphe 2 : Le Premier ministre, un instrument de modération du présidentialisme

Aussi paradoxal que cela puisse paraître, l'instauration du poste de Premier ministre en Côte d'Ivoire en 1990 a permis de sauver le présidentialisme ivoirien « *au bord de l'effondrement* [229]». L'expérimentation du poste de Premier ministre dans les régimes présidentiels africains a démontré son « *adaptabilité à l'évolution des régimes politiques et (...) aux circonstances changeantes* [230]». La loi constitutionnelle du 6 novembre 1990 procède d'un double objectif puisqu'elle a non seulement permis de préserver le présidentialisme ivoirien mais a également apporté des aménagements destinés à modérer l'hégémonie présidentielle contestée à travers un recadrage mesuré de la fonction présidentielle (A) permettant au Premier ministre d'assurer la continuité de l'Etat (B).

A. Le Premier ministre, un instrument de recadrage mesuré de la fonction présidentielle

L'objectif principal du constituant ivoirien de 1990 en créant le poste de Premier ministre est non pas d'affaiblir le présidentialisme mais de le modérer. Ainsi, contrairement aux Etats dans lesquels le Premier ministre a procédé d'une CNS, le Premier ministre ivoirien n'est pas l'*alter ego* du président mais il n'est que son premier collaborateur[231]. Cela illustre « *les profils variables* [232]» que peut présenter le Premier ministre africain. Si ni son statut, ni ses compétences ne lui permettaient pas de concurrencer le chef de l'Etat au sein de l'Exécutif, le Premier ministre dans un régime présidentiel, comme celui de la Côte d'Ivoire n'a pas pour autant un rôle anecdotique. Sa présence permet de contenir l'hégémonie présidentielle par la souplesse de son statut et le caractère modulable de ses compétences.

---

229 Pour paraphraser Maurice KAMTO, « Dynamique constitutionnelle du Cameroun indépendant », op. cit.

230 MBODJ (E.-H.), « Le Premier ministre dans le nouvel ordonnancement constitutionnel du Sénégal », op.cit.

231 MEL (A.-P.), « « La réalité du bicéphalisme du pouvoir exécutif ivoirien », op.cit.

232 MBODJ (E.-H.), « Le Premier ministre dans le nouvel ordonnancement constitutionnel du Sénégal », op.cit.

La lecture des nouvelles dispositions constitutionnelles relatives au Premier ministre introduites dans la Constitution ivoirienne de 1960 par la loi constitutionnelle du 6 novembre 1990 montre que cette institution est entièrement dépendante du chef de l'Etat. La seule contrainte pesant sur le chef de l'Etat ivoirien réside dans le fait qu'il a « *l'obligation constitutionnelle de pourvoir le poste de Premier ministre* [233]», ce qui se distingue des cas précédents de Premiers ministres facultatifs[234] et des régimes dans lesquels le poste de Premier ministre n'est pas constitutionnalisé[235]. S'il est obligé de nommer un Premier ministre, cette nomination est une « *affaire exclusivement présidentielle*[236] », ce qui exclut en principe toute intervention extérieure. Mais dans la pratique, si la nomination d'Alassane Dramane OUATTARA (ADO) est un choix discrétionnaire du président HOUPHOUËT-BOIGNY, son profil technocratique a beaucoup influencé le choix du président.

La nomination du Premier ministre en Côte d'Ivoire après la révision constitutionnelle du 6 novembre 1990 est régie par les dispositions de l'article 12 al. 1er selon lesquelles « *le Président de la République nomme le Premier ministre, chef du Gouvernement, qui est responsable devant lui* ». La Constitution ivoirienne consacre par cette formule la compétence discrétionnaire du président dans le choix du Premier ministre. Le nouvel article 43 de la Constitution sénégalaise de 1963 issu de la loi constitutionnelle du 5 avril 1991 et l'article 10-1 de la Constitution camerounaise de 1972 issu de la loi constitutionnelle du 16 décembre 1991 vont dans le même sens. On note ici une nette différence avec le procédé de désignation du Premier ministre dans les Etats théâtres de CNS où il était élu par les conférenciers puis entériné par le chef de l'Etat qui ne disposait que d'une compétence liée.

La loi constitutionnelle de 1990 a consacré *de jure* l'exclusion des parlementaires dans la procédure de désignation du Premier ministre, ce qui, du point de vue de la classification des régimes politiques, confirme le caractère atypique du Premier ministre ivoirien[237]. En acceptant le principe du bicéphalisme par la création du poste de Premier ministre en 1990, le président HOUPHOUËT-BOIGNY a immédiatement pourvu à ce poste avec la nomination d'Alassane Dramane OUATTARA[238]. Eu égard au contexte politique dans lequel le poste de Premier ministre a été créé, beaucoup d'ivoiriens s'attendaient à ce que le président ivoirien appelât à ce poste une

[233] FALL (I.-M.), *Le pouvoir exécutif dans le constitutionnalisme des Etats d'Afrique*, op.cit., p.121.

[234] Ce fut notamment le cas au Cameroun avec la Loi constitutionnelle du 9 mai 1975.

[235] C'est le cas des régimes monocéphales du Bénin et de la Guinée et des pays anglophones tels que le Ghana, le Nigeria, le Kenya, etc.

[236] FALL (I.-M.), *Le pouvoir exécutif dans le constitutionnalisme des Etats d'Afrique*, op.cit., p.124.

[237] MEL (A.-P.), « La réalité du bicéphalisme du pouvoir exécutif ivoirien », op.cit.

[238] Décret n° 90-1530 du 7 novembre 1990 portant nomination du Premier ministre, chef du Gouvernement.

personnalité politique chevronnée, notamment au sein de l'opposition pour instaurer un climat d'apaisement de la crise sociale qui s'est rajoutée à la crise économique latente et qui s'est amplifiée depuis la réélection controversée du président en octobre 1990. Même des membres influents du parti du président s'étaient déjà positionnés pour occuper ce poste qui revêt un prestige certain dans ce contexte où l'on envisageait également la fin de règne du président avec un Premier ministre comme potentiel dauphin[239]. Finalement, le président HOUPHOUËT-BOIGNY, habitué à être le seul maître à bord du navire gouvernemental, a mis fin à toutes les spéculations, en optant pour la technocratie plutôt que la politique, ce qui dénote du caractère administratif du Premier ministre ivoirien, qui contrairement à ses homologues issus de CNS, n'est pas une autorité politique. Ce choix est surtout dicté par les circonstances dans lesquelles il a été opéré.

Le choix du président ivoirien paraissait beaucoup plus être dicté par la nécessité de la relance économique d'un Etat placé sous un programme d'ajustement structurel. Pour relancer l'économie ivoirienne au bord de la faillite avec un Etat lourdement endetté[240] et s'accorder les faveurs des institutions économiques internationales[241], le président ivoirien a porté son choix sur Alassane Dramane OUATTARA, un économiste expérimenté, mais novice sur la scène politique ivoirienne, ce qui n'a pas manqué de susciter les contestations de la classe politique[242]. En effet, pour les observateurs, OUATTARA qui « *ignorait tout du PDCI et de la Côte d'Ivoire politique au moment de sa nomination*[243] », était pratiquement un inconnu de la classe politique ivoirienne. D'autres voyaient également derrière cette nomination une sorte de « *diktat* » de la Communauté internationale, notamment de la France et des institutions financières internationales, ce qui remettrait en cause la souveraineté politique et économique de l'Etat ivoirien[244]. Les observateurs s'accordent sur le fait que la situation socio-économique de la Côte d'Ivoire à la fin des années quatre-vingt était presque chaotique[245]. Endetté vis-à-vis des bailleurs de fonds et incapable de redresser l'économie interne, le pays était

---

[239] BAKARY-AKIN (T.-D.), *Côte d'Ivoire : Une succession impossible ?*, Paris, L'Harmattan, 1991.

[240] MOUSSA (B.), « Les mesures de réajustement de l'économie ivoirienne face à la crise économique mondiale : Leurs résultats et leurs implications sociales », *Afrique et Développement*, vol. 10, n° 1/2, 1985, pp. 150-160

[241] Notamment du Fonds monétaire international (FMI) et de la Banque mondiale (BM).

[242] Voir GRAH-MEL (F.), *Houphouët-Boigny : la suite et la fin*, op.cit., p. 332

[243] WODIE (F.-V.), *Institutions politiques et droit constitutionnel en Côte d'Ivoire*, Presses universitaires de Côte d'Ivoire, 1996, p. 352

[244] GNANGUI (A.), *Afrique subsaharienne, Côte d'Ivoire : Dans l'engrenage de la Françafrique*, Saint-Denis, Edilivre, 2013, p. 192 ; DIOP (M-C.), DIOUF (M.), (dir.), *Les figures du politique en Afrique : des pouvoirs hérités aux pouvoirs élus*, Paris, Karthala, Dakar, COSDERIA, 1999, p. 113

[245] KOFFI (M-K.), *Politique économique et ajustement structurel en Côte d'Ivoire*, Paris, L'Harmattan, 1994, 136 p.

dans le viseur des institutions de *Bretton Woods*[246] qui ont contraint le Gouvernement à adopter des mesures d'austérité budgétaire[247] très impopulaires aux yeux de l'opinion nationale[248]. Cette mauvaise passe socio-économique[249] a coïncidé avec les revendications de démocratisation du pouvoir[250], auxquelles le chef de l'Etat a répondu en libéralisant la vie politique[251] et en instituant le bicéphalisme par la création du poste de Premier ministre. Il s'agissait d'opérer une « *combinaison harmonieuse des réponses économiques et des réponses politiques* [252]» pour définir le profil idéal du Premier ministre. Il faudrait ainsi qu'« *aux yeux de l'opinion publique, des forces politiques, des forces sociales mais surtout des institutions financières internationales,...une personnalité qui inspire confiance, qui ne soit pas trop marquée politiquement, qui puisse prendre des mesures impopulaires, comprenne le langage économique et puisse négocier avec les bailleurs de fonds dont il est alors l'interlocuteur privilégié* [253]». C'est suivant ce savant dosage que le président HOUPHOUËT-BOIGNY a fait le choix d'un Premier ministre au profil technocratique sous l'influence de la Communauté internationale[254], plutôt que de se préoccuper des interrogations sur sa succession, d'autant plus que le Premier ministre n'avait pas juridiquement vocation à être le dauphin du Président en Côte d'Ivoire, ce rôle étant réservé au président de l'Assemblée nationale depuis la réforme constitutionnelle de 1985[255]. Toutefois, si Alassane D. OUATTARA n'est ouvertement apparu dans la vie politique ivoirienne qu'à partir de sa nomination au poste de

---

246 Le FMI et la Banque mondiale.

247 PLOURDE (S.), « Les relations entre la Côte d'Ivoire et le F.M.I. sous Houphouët-Boigny : le mode de développement ivoirien à l'épreuve du de Washington », *Outre-Mers*, n°s352-353, 2006, pp. 293-330 ; CAMPBELL (B.), « Réinvention du politique en Côte d'Ivoire et responsabilité des bailleurs de fonds multilatéraux », *Politique africaine*, 2000, n°78, pp. 142-156.

248 FAURE (Y-A.), « Le quatrième plan d'ajustement structurel de la Côte d'ivoire », *Revue canadienne d'études du développement,* vol. XIII, n°3, 1992, 411-431.

249 Voir *Crises et ajustements en Côte d'Ivoire : Les dimensions sociales et culturelles*, Actes de la Table ronde organisée par Groupement Interdisciplinaire de Recherche en Sciences Sociales (GIDIS-CI), Bingerville, 30 nov., 1er et 2 déc. 1992, Centre ORSTOM de Petit-Bassam, 183 pages. Lire notamment BAMBA (N.), et al., « Crise économique et programmes d'ajustement structurel en Côte-d'Ivoire », pp. 10-23 ; LE PAPE (M.), « Abidjan, avant la récession et maintenant : les tendances sociologiques durables », pp. 63-69, AKINDES (F.), « Programmes d'Ajustement structurels et démocratisation en Afrique : Quelle compatibilité ? », pp. 165-174, etc.

250 FAURE (Y-A.), « Sur la démocratisation de la Côte d'Ivoire : passé et présent », op.cit.

251 BAILLY (D.), *La restauration du multipartisme en Côte d'Ivoire ou la double mort d'Houphouët-Boigny*, Paris, L'Harmattan, 1995, 282 p.

252 FALL (I.-M.), *Le pouvoir exécutif dans le constitutionnalisme des Etats d'Afrique*, op.cit., p. 125.

253 Ibid., p. 126.

254 DOZA (B.), *Liberté confisquée : Le complot franco-africain*, Paris, BibliEurope, 1991.

255 Article 9 de la Constitution ivoirienne. Voir supra

Premier ministre en 1990[256], il était tout sauf un inconnu pour le président HOUPHOUET et la haute fonction publique ivoirienne, ce qui relativise l'influence extérieure présumée.

Avant d'être promu Premier ministre le 7 novembre 1990, Alassane OUATTARA a notamment été nommé le 18 avril 1990 à la tête du Comité interministériel de la coordination du programme de stabilisation et de relance économique créé par le président ivoirien en vue de piloter le plan du redressement économique négocié avec les bailleurs de fonds[257]. Ce comité était composé de ministres dont les départements et les services sont impliqués dans la résolution de la crise économique à travers la mise en œuvre du plan de relance économique validé par le Fonds mondial international (FMI) et la Banque mondiale. Ce comité, qui n'avait qu'un caractère administratif comme la majorité des formations gouvernementales tenues en dehors du Conseil des ministres, était considéré comme l'antichambre du Gouvernement ou un « *Gouvernement-bis* » dans la mesure où toute la politique économique de l'Etat ivoirien y était planifiée avant d'être délibérée en Conseil des ministres et exécutée sous la coordination d'Alassane OUATTARA et l'autorité du président HOUPHOUËT-BOIGNY. La présidence de ce Comité composé de ministres, alors qu'il n'était pas lui-même ministre, conférait déjà un rang protocolaire très important à Alassane OUATTARA et le prédestinait déjà au poste de Premier ministre dont la création était déjà inscrite à l'agenda politique. Il était Premier ministre avant l'heure qui se préparait à cette tâche dans l'ombre du président. C'est d'ailleurs avec le parrainage de ce dernier qu'Alassane OUATTARA, occupait les fonctions de gouverneur de la Banque économique des Etats de l'Afrique de l'Ouest (BCEAO)[258], l'institution économique et financière sous-régionale[259], après avoir exercé des fonctions de direction auprès du Fonds monétaire international (FMI)[260]. Son « *curriculum vitae élogieux* [261]» correspondait parfaitement au profil de « *l'homme providentiel* [262]» recherché par le chef de l'Etat ivoirien et les bailleurs de fonds internationaux pour redresser l'économie nationale en

---

[256] HOUDIN (B.), *Les Ouattara, une imposture ivoirienne*, Paris, Editions du moment, 2015.

[257] Ibid. ; NOUBOUKPO (K.), « La crise ivoirienne et l'avenir de l'intégration économique et monétaire ouest-africaine », *Alternatives économiques, « L'Economie politique »,* 2011/3, n°51, pp. 97-112.

[258] DIABY (M-B-I.), OUATTARA (B.), *Alassane Ouattara, vingt ans de combat*, Paris, L'Harmattan, 2012, p. 11

[259] TOURE (A.), *Alassane Dramane Ouattara : destin et liberté*, Saint-Maur, Sepia, 2008, p.49

[260] HUGUEUX (V.), « Côte d'Ivoire : la revanche de Ouattara », *L'Express*, 12 avril 2011, *http://www.lexpress.fr/actualite/monde/cote-d-ivoire-la-revanche-de-ouattara_981977.html* consulté le 29 décembre 2016

[261] BEUGRE (J.), *Côte d'Ivoire, coup d'état de 1999 : la vérité, enfin*, Paris, Karthala, 2013, p. 32

[262] ALLIALI (C.), *Disciple d'Houphouët-Boigny*, Abidjan, Juris-Editions, 2008, p. 115.

remettant de « *l'ordre dans les finances publiques* [263]». Son passé de fonctionnaire international a été un atout non négligeable pour l'Etat ivoirien afin de pouvoir rentrer à nouveau dans les bonnes grâces des institutions économiques internationales[264].

Une fois nommé, le Premier ministre devrait recevoir des délégations de pouvoir du président et le suppléer en cas d'absence du territoire national conformément à l'article 24 (nouveau) de la Constitution ivoirienne de 1960 résultant de la loi constitutionnelle du 6 novembre 1990. Il s'agissait pour le constituant ivoirien de faire en sorte que le Premier ministre puisse assister le président sans lui faire de l'ombre, raison pour laquelle la loi constitutionnelle de 1990 n'a pas mis à la disposition du Premier ministre des pouvoirs propres afin d'éviter qu'il ne concurrençât point la prééminence présidentielle consubstantielle au régime ivoirien[265]. C'est ce qui résulte également des dispositions de l'article 36 de la Constitution sénégalaise de 1963 dont la rédaction issue de la loi constitutionnelle du 5 avril 1991 a prévu que « *le président de la République détermine la politique de la nation que le Gouvernement exécute sous la direction du Premier ministre* ». Le nouvel article 11-1 de la Constitution camerounaise de 1972 créé par la loi constitutionnelle du 18 janvier 1996[266] va également dans le même sens en disposant que « *le Gouvernement est chargé de la mise en œuvre de la politique de nation telle que définie par le président de la République* ». Il en est ainsi parce que les aménagements constitutionnels intervenus dans ces Etats ont préservé l'hégémonie présidentielle en sauvegardant les compétences du président alors que le Premier ministre devrait se résoudre à espérer que le président lui délègue certaines de ses compétences ou à le suppléer en cas d'absence du territoire national. On aperçoit ainsi que les constituants dérivés ivoirien de 1990 et sénégalais de 1991 n'ont pas cherché « *à fragmenter le pouvoir exécutif mas simplement à décentraliser les organes qui sont placés sous l'autorité unique du chef de l'Etat* [267]».

Dans la pratique, si le constituant ivoirien a été parcimonieux avec le Premier ministre dans la répartition des compétences avec le président, on a relevé que dès le départ les deux hommes se sont réparti les rôles pour éviter les conflits et pour tirer le meilleur de leur collaboration. Responsabilisé par le président dans l'élaboration et la mise en œuvre de la politique

---

[263] HOFNUNG (T.), *La crise ivoirienne. De Félix Houphouët-Boigny à la chute de Laurent Gbagbo*, Paris, La Découverte, 2011, p. 30

[264] BOGNON (D-R.), « La situation en Côte-d'Ivoire : présidentialisme et représentation nationale », op.cit.

[265] WODIE (F.-V.), *Institutions politiques et droit constitutionnel en Côte d'Ivoire*, op.cit., p. 139

[266] Loi n°96-06 du 18 janvier 1996 (adopté par référendum) portant révision de la Constitution du 02 juin 1972, *JORC*, n° spécial, 30 janvier 1996.

[267] MBODJ (E.-H.), « Le Premier ministre dans le nouvel ordonnancement constitutionnel du Sénégal », op.cit.

économique[268], le Premier ministre s'est particulièrement distingué dans ce rôle qui correspondait parfaitement à son profil, à travers la mise en œuvre du programme d'ajustement structurel qu'il a élaboré à la tête du Comité interministériel de stabilisation et de la relance économique. Le président ivoirien déclarait en ce sens que le Premier ministre « *avait les pleins pouvoirs pour redresser l'économie ivoirienne en cent (100) jours* [269]». En concédant au Premier ministre la responsabilité de l'action économique avec toutes ses répercussions administratives et sociales, le président s'est recentré sur l'aspect politique afin de reconquérir un espace où il n'est plus le seul maître depuis la restauration du multipartisme. Cette répartition pragmatique des rôles au sein de l'Exécutif présente le double avantage à la fois de modérer le présidentialisme ivoirien et de permettre au président ivoirien de consolider son pouvoir vacillant. Dans la pratique, « *pendant qu'Alassane OUATTARA conduit son Gouvernement dans une intense activité financière et économique pour accompagner la réforme administrative, Houphouët-Boigny s'engage dans une série de décisions politiques importantes* [270]». On voit bien apparaître ici la distinction entre le pouvoir politique du président et le pouvoir administratif du Premier ministre souvent décrite dans le fonctionnement du régime de la Ve République en France en période de concordance de majorités où le Premier ministre n'est que le collaborateur du président[271]. On met ainsi souvent l'accent sur le profil technocratique des Premiers ministres choisis dans ces circonstances, la majorité d'entre eux étant issu de « *l'aristocratie de la fonction publique*[272] ».

Pour concrétiser la délégation de l'action économique au Premier ministre, le président lui a attribué le portefeuille de ministre de l'économie et des finances[273] qu'il devrait cumuler avec la primature, comme ce fut le cas en France avec Raymond BARRE en 1976 lorsqu'il s'était agi de mener une politique d'austérité économique pour faire face à la crise des chocs pétroliers[274]. En gardant la main sur le portefeuille de l'économie et des finances, le Premier ministre a vu son pouvoir administratif et son autorité gouvernementale renforcée dans la mesure où en général, les titulaires de ce poste ont tendance à se comporter comme des « *super-ministres* » qui

---

268Voir les décrets n°s90-1593 du 12 décembre 1990 fixant la composition des Cabinets ministériels, JORCI, n°1, 3 janvier 1991 et 90-1586 du 5 décembre 1990 portant attributions des membres du Gouvernement

269 DOZA (B.), *Liberté confisquée…*, op.cit., cité par FALL (I.-M.), *Le pouvoir exécutif dans le constitutionnalisme des Etats d'Afrique*, op.cit., p. 127

270 N'DA (P.), *Le drame démocratique sur scène en Côte d'Ivoire*, Paris, L'Harmattan, 1999, p. 68.

271 HAYWARD (J.), « Un Premier ministre pour quoi faire ? », *Pouvoirs*, n°83, 1997, pp. 5-20.

272 PORTELLI (H.), « Les Premiers ministres : essai de typologie », *Pouvoirs*, n°83, 1997, pp. 21-30.

273 Décret n°90-1598 du 30 novembre portant nomination des membres du Gouvernement.

274 C'était la première fois sous la Ve République qu'un chef de Gouvernement occupe en même temps un poste ministériel.

rendaient directement compte au chef de l'Etat concurrençant ainsi l'autorité du Premier ministre. Un ministère délégué regroupant tous les secteurs impliqués dans l'élaboration et la mise en œuvre de la politique de relance économique[275] a également été créé auprès du Premier ministre afin de lui permettre de tenir tous les leviers de l'action économique.

Même si ses compétences ont pu paraître constitutionnellement insignifiantes au départ, le Premier ministre a su tirer profit de la marge de manœuvre que lui a laissé le président pour mener des actions d'envergure légitimant ainsi la dimension administrative de la fonction de Premier ministre dans ce régime très présidentialisé. Il s'est surtout révélé comme un instrument de continuité de l'Etat ivoirien.

B. Le Premier ministre, un instrument de continuité de l'Etat

L'esprit du constituant dérivé ivoirien de 1990 est d'instituer un « *Premier ministre administratif*[276] » pour assister le président, seul maitre de l'exécutif, dans la mise en œuvre des réformes prévues par le programme d'ajustement structurel[277]. Par conséquent, cette mission « *excluait toute dimension politique* [278]», dans la mesure où il n'était pas question d'ériger un autre chef qui concurrencerait le président au sein de l'Exécutif. Le Premier ministre se présentait comme l'adjoint du Président destiné à exercer des compétences qu'il lui confie ou à exercer les compétences du président en son absence. Pour compenser l'absence de pouvoirs propres au profit du Premier ministre, le président HOUPHOUËT-BOIGNY lui a délégué le leadership gouvernemental en lui permettant de coordonner l'action gouvernementale mais surtout la mise en œuvre de la politique économique qui implique la réforme de toute l'administration ivoirienne et même du secteur privé par des mesures fortes. S'il se révèle au quotidien comme une autorité administrative, le Premier ministre s'est mué de manière conjoncturelle en une autorité politique afin d'assurer la continuité de l'Etat.

L'action administrative du Premier ministre ivoirien s'est surtout consacrée au redressement des finances publiques à travers une réforme méthodique de l'administration ivoirienne. Dès sa prise de fonction, Alassane OUATTARA, fort de la légitimité que lui ont conféré le président et la

[275] Il s'agit du Ministre Délégué auprès du Premier ministre chargé de l'Economie, des Finances, du Commerce et du Plan occupé par Daniel KABLAN-DUNCAN, qui succèdera d'ailleurs à OUATTARA et qui gardera également la main sur le ministère de l'économie et des finances.

[276] Expression utilisée par GUEYE (B.), « La démocratie en Afrique : Succès et résistances », *Pouvoirs* 2009, n°129, pp. 5-26, pour caractériser les Premiers ministres africains en général.

[277] BOGNON (D.-R.), « La situation en Côte d'Ivoire : présidentialisme et représentation nationale », op.cit.

[278] KONAN-BEDIE (H.), *Les chemins de ma vie*, Paris, Plon, 1999, cité par HOUDIN (B.), *Les Ouattara, une imposture ivoirienne*, op.cit.

communauté internationale et de son savoir-faire économique s'est attelé à corriger les erreurs du passé dans la mise en œuvre de la réforme économique et en posant les bases de sa future action. Alors que la mise en œuvre des mesures des plans d'austérité budgétaire précédents visant des coupes importantes sur les salaires des agents publics et du secteur privé et des licenciements dans la fonction publique[279] s'était heurtée à la grogne sociale amplifiée par la contestation politique[280], le nouveau « *plan Ouattara* » reposait avant tout sur un souci d'acceptabilité sociale des mesures, ce qui permettrait à la fois de réorienter la politique d'austérité budgétaire à partir du haut et de reconquérir *ipso facto* la légitimité politique du président. Yves-André FAURE écrit à cet effet :

> *« ... abandonnant l'idée d'une réduction brutale et générale des masses salariales, publiques et privées, ce plan est très nettement orienté vers la réduction des dépenses de matériel, d'équipement courant et de tout ce qui touche au train de vie de l'Etat, vers l'amélioration du rendement fiscal notamment en faisant porter la pression en direction de catégories d'entreprises, de revenus et de personnes qui, jusque-là, échappaient peu ou prou aux diverses ponctions du Trésor [281] ».*

On s'aperçoit à la lumière de cette analyse que le changement de cap impulsé par le Premier ministre pour la relance de l'économie parût plus acceptable pour les couches sociales, ce qui contraste avec les mesures drastiques et politiquement impopulaires du plan précédent[282]. C'est la raison pour laquelle le Premier ministre s'est attelé dès le départ à impulser un changement de cap fondé sur un nouveau plan d'ajustement structurel orienté vers la réforme de l'administration publique, la réduction de la dépense publique et une politique de privatisations pour assurer la compétitivité des entreprises publiques[283].

Le premier Gouvernement reflétait ainsi la vision de son chef à travers notamment la réduction du nombre de ministères[284] avec une équipe

---

[279] Ce plan élaboré par l'ex-ministre de l'économie et des finances Moïse KOUMOUE, dit « plan Moïse » prévoyait que salaires des fonctionnaires soient progressivement réduits de l'ordre de 15 à 40% et la création d'une « taxe de solidarité » de 11% sur les salaires des employés du secteur privé. Voir KOUMOUE (M.-K.), *Politique économique et ajustement structurel en Côte d'Ivoire*, Paris, L'Harmattan, 1996

[280] N'DA (P.), *Le drame démocratique africain sur scène en Côte d'Ivoire*, op.cit., p. 65.

[281] FAURE (Y.-A.), « Le quatrième plan d'ajustement structurel de la Côte-d'Ivoire : de la technique économique à l'économie politique », op.cit.

[282] Voir CONTAMIN (B.), MEMEL-FOTÊ (H.), (dir.), *Le modèle ivoirien en question : crises, ajustements, recomposition*, Paris, Karthala, 1997

[283] COGNEAU (D.), MESPLE-SOMPS (S.), « Les illusions perdues de l'économie ivoirienne et la crise politique », op.cit.

[284] Le nouveau Gouvernement comportait dix-neuf (19) ministres contre vingt-neuf (29) dans le précédent.

gouvernementale technocratique resserrée et rajeunie[285] rompant avec les équipes gouvernementales pléthoriques antérieures. La non-reconduction de certains dignitaires du PDCI[286] et compagnons de longue date du président HOUPHOUËT-BOIGNY a résonné comme un courant d'air nouveau sur une haute fonction publique ivoirienne mise en cause pour sa mauvaise gestion des deniers de l'Etat et jugée responsable de la mauvaise passe économique de l'Etat[287]. En réussissant à imposer son leadership sur les ministres dès le départ[288], le Premier ministre s'est ainsi attelé dans un second temps à opérer un renouvellement des hauts-fonctionnaires symboles de la crise, pour mettre ses propres collaborateurs à la tête des administrations en première ligne dans la mise en œuvre du plan d'ajustement structurel[289]. Ces nominations d'envergure qui ont complètement bouleversé l'appareil administratif ivoirien ont permis au Premier ministre, qui apparaissait comme un novice dans la sphère politique ivoirienne, d'opérer une sorte de rupture avec le système antérieur. Mais pour ce faire, il a dû s'intégrer dans l'appareil politique du PDCI qui est demeuré le parti dominant en Côte d'Ivoire malgré l'ouverture démocratique qui a conduit à de véritables joutes électorales à la fin de l'année 1990[290].

Si la création du poste de Premier ministre en Côte d'Ivoire en 1990 est « *inédite dans l'histoire des institutions ivoiriennes* [291]», il a été relevé qu'« *Alassane Ouattara, qui est la première personne à occuper cette fonction, réussit à s'affirmer en tant que chef du gouvernement de 1990 à*

---

[285] Beaucoup de barons du PDCI, représentant les figures de la crise économique et même politique ont été écartés du Gouvernement comme l'ancien ministre des finances, Moïse KOUMOUE, rendu impopulaire par son plan décrié. Sur les 29 ministres du précédent Gouvernement nommé en octobre 1989, seuls six ont été reconduits dans le nouveau Gouvernement nommé le 30 novembre 1990, ce qui dénote du renouveau gouvernemental amorcé par ADO.

[286] On peut citer les cas des trois anciens ministres d'Etat, Auguste DENISE, Mathieu EKRA et Emile Keï BOGUIGNARD et Paul Gui DIBO, de l'ex-ministre de la défense Jean KONAN-BANNY et du très contesté ex-ministre de l'économie et des finances Moïse KOUMOUE, la plupart au Gouvernement depuis l'indépendance, envoyés à la retraite par le jeune nouveau Premier ministre.

[287] GOUFFERN (L.), « Les limites d'un modèle ? A propos d'Etat et bourgeoisie en Côte-d'Ivoire », *Politique africaine*, n°6, juin 1982, pp. 19-34

[288] Il disposait d'ailleurs déjà de ce leadership gouvernemental avant d'être nommé Premier ministre, puisqu'il coordonnait en tant que président le Comité Interministériel de Coordination du Programme de Stabilisation et de Relance Economique composé de ministres.

[289] On peut noter le remplacement des responsables des services généraux à caractère économique et financier notamment les directeurs généraux de la douane, des impôts, de la Caisse nationale de prévoyance sociale, de la Caisse de stabilisation, etc. dont certains d'entre eux étaient en poste depuis l'indépendance en 1960.

[290] Après l'élection présidentielle d'octobre remporté par le président HOUPHOUËT-BOIGNY face à Laurent GBAGBO, le PDCI a surfé sur la vague des réformes entreprises par le nouveau Premier ministre pour remporter les élections législatives et les élections locales de la fin d'année.

[291] DOZON (J.-P.), *Les clefs de la crise ivoirienne*, Paris, Karthala, p. 26

1993[292]». Ce constat est conforté par les actions menées par le Premier ministre sur le plan administratif où il était très attendu, mais aussi et surtout sur le plan politique, ce qui n'est n'était pas prévu au départ. Si le contexte économique a permis au Premier ministre de s'affirmer sur le plan administratif, ce sont des considérations liées à l'état de santé du président qui lui a permis de s'affirmer politiquement. Alassane OUATTARA s'est ainsi finalement révélé comme le « *Premier ministre qui dirigea...la dernière séquence du règne d'Houphouët-Boigny, tant sur le plan des réformes socio-économiques que sur celui plus directement politique*[293] ». Agé de 85) ans au moment de la création du poste de Premier ministre, le président ivoirien était le chef d'Etat africain en exercice le plus âgé à cette époque et celui qui a le plus duré au pouvoir puisqu'il est resté au pouvoir depuis l'indépendance en 1960 jusqu'à son décès en décembre 1993. Son état de santé le conduisant à s'absenter régulièrement du pays pour se faire soigner en Europe[294], il revenait au Premier ministre de le suppléer conformément à l'article 24 al. 2 (nouveau) afin de garantir le fonctionnement régulier des institutions en assurant la continuité politique et administrative de l'Etat[295].

La suppléance du président par le Premier ministre est l'une des caractéristiques principales du bicéphalisme. De façon générale on peut définir la suppléance comme « *une technique d'aménagement de la continuité juridique du pouvoir garantissant sa permanence alors que la personne physique qui l'incarne est dans l'impossibilité juridique ou matérielle d'exercer ses prérogatives* [296]». A partir de cette définition, on peut distinguer la suppléance de l'intérim qui est une notion avec laquelle elle prête souvent à confusion, même dans la rédaction de certaines dispositions constitutionnelles[297]. En effet, les Constitutions organisent très souvent la suppléance et l'intérim, qui sont toutes destinées à assurer la continuité de l'Etat[298] en cas d'empêchement du président, mais elles sont différentes sur le fond[299]. D'abord, la suppléance n'intervient qu'en cas d'empêchement

---

[292] BASTAT (H.), *Constitutions et transitions démocratiques en Côte d'Ivoire de 1990 à 2012,* Mémoire de maîtrise en études internationales, Université de Laval, p. 82.

[293] DOZON (J.-P.), *Les clefs de la crise ivoirienne*, op.cit., p. 27.

[294] Voir la multitude de récits biographiques du président ivoirien, notamment GRAH-MEL (F.), *Félix Houphouët-Boigny : la fin et la suite*, op.cit. ; HOFNUNG (T.), *La crise ivoirienne : De Félix Houphouët-Boigny à la chute de Laurent Gbagbo*, op. cit., p. 31 ; etc.

[295] JUILLARD (P.), « La continuité du pouvoir exécutif », in *Mélanges BURDEAU*, L.G.D.J., Paris, 1977, pp.159-177.

[296] MBODJ (E-H.), *La succession du chef d'Etat en droit constitutionnel africain*, Thèse de doctorat d'Etat en droit, Université Cheikh-Anta Diop, 1991, p. 61

[297] CANEDO-PARIS (M.), « Droit constitutionnel institutionnel 1995-2007 : « dodécennat » abracadabrantesque ! Libres propos sur les deux mandats présidentiels de Jacques Chirac », *RFDC* 2007/4, n° 72, pp. 785-809.

[298] MBODJ (E-H.), *La succession du chef de l'Etat...*, op. cit.

[299] Sur la différence entre intérim, suppléance et délégation, voir CAMBY (J.-P.), « Intérim, suppléance et délégation », *RDP*, 2001, p. 1605 ; AUBY (J.-M.), « L'intérim », *RDP*, 1966, pp. 864-883.

provisoire du président et ne requiert l'intervention d'aucun autre organe, alors que l'intérim intervient en cas d'empêchement définitif du président constaté par le juge constitutionnel[300]. Ensuite, alors que l'intérim met fin au mandat du président et permet d'engager la procédure de sa succession, la suppléance n'a aucune incidence sur le mandat présidentiel qui n'est ni suspendu, ni interrompu. Enfin, que ce soit en France où dans les Etats d'Afrique noire francophone, la suppléance est assurée au sein même de l'Exécutif, par le Premier ministre en cas de bicéphalisme, ou par un ministre désigné par le président dans le cadre du monocéphalisme, alors que l'intérim est généralement assuré par le président de l'Assemblée nationale[301] ou celui de Sénat[302].

Dans le régime ivoirien, la suppléance du président par le Premier ministre en cette période où le poste fut créé, a fait changer de dimension à la vocation initiale de cette institution dans la mesure où « *au fur et à mesure que l'état de santé du président se dégrade, Alassane Ouattara se met en avant avec la volonté d'apparaître comme le véritable « patron » du pays* [303]». C'est ainsi qu'à travers ce concours de circonstances, Alassane OUATTARA a pu s'affranchir de la sphère administrative à laquelle sa fonction était circonscrite pour devenir le véritable chef du Gouvernement ivoirien à travers l'exercice des compétences traditionnelles du chef de l'Etat, dont la plupart relèvent en réalité du chef du Gouvernement dans les autres Etats. Ce faisant, alors qu'il devrait se contenter d'exécuter la politique de la nation telle que définie par le président, le Premier ministre, qui a notamment suppléé plusieurs fois le chef de l'Etat dans la direction du Conseil des ministres, a hérité du pouvoir décisionnel lui permettant d'être à l'initiative mesures ayant un caractère politique dont la « *loi anticasseurs* » qu'il a fait adopter le 30 juillet 1992[304] pour mettre fin au cycle de violence orchestré par les manifestations de l'opposition depuis le début du processus de démocratisation[305]. L'article 5 de cette loi vise directement les leaders de l'opposition considérés comme les responsables de ces agitations, en prévoyant que lorsque des manifestations ont conduit à actes de violence et des dégradations, « *les groupements ou organisations qui ont pris l'initiative de ces rassemblements, sont*

---

300 Articles 12 et 24 de la Constitution ivoirienne issus de la loi constitutionnelle du 6 novembre 1990.

301 Article 40 de la Constitution ivoirienne de 2000 ; article 65 de la Constitution togolaise de 1992 ; article 50 de la Constitution béninoise de 1991, etc.

302 Article 13 de la Constitution gabonaise de 1991 depuis la révision constitutionnelle du 12 janvier 2011 ; article 6-4-a de la Constitution camerounaise issue de la révision constitutionnelle du 14 avril 2008, etc.

303 HOUDIN (B.), *Les Ouattara, une imposture ivoirienne*, op.cit.

304 Loi n° 92-464 portant répression de certaines formes de violence, *JORCI*, n°32, n° spécial, 3 août 1992.

305 VIDAL (C.), « La brutalisation du champ politique ivoirien, 1990-2003 », in OUEDRAOGO (J.-B.), SALL (E.), (dir.), *Frontières de la citoyenneté et violence politique en Côte d'Ivoire*, African books collective, 2008, pp. 169-181.

solidairement responsables des dommages corporels et matériels qui en ont résulté ». Dénoncée par l'opinion ivoirienne et les organisations de défense des droits de l'Homme comme arbitraire et antidémocratique[306], cette loi, dont le Premier ministre a endossé la responsabilité, a justifié toutes les critiques formulées à son égard puisqu'il permit, dès sa première application par la justice, de condamner plusieurs leaders de l'opposition, dont le principal opposant au régime ivoirien, Laurent GBAGBO[307], qui s'était distingué deux ans plus tôt en affrontant le président HOUPHOUËT-BOIGNY à l'élection présidentielle de 1990. Le Premier ministre a avoué avoir pris ses responsabilités pour l'arrestation et la condamnation de Laurent GBAGBO dont il estimait qu'il avait été arrêté en flagrant délit[308]. On voit bien qu'en endossant la responsabilité de la loi et de son application, le Premier ministre ivoirien, assurant la suppléance du chef de l'Etat, voulait démontrer qu'il n'était pas qu'un simple technocrate voué aux affaires économiques et financières comme il est souvent présenté, mais aussi un homme politique pouvant incarner l'autorité de l'Etat.

Par ce concours de circonstances, le Premier ministre disposait de tous les leviers du pouvoir ivoirien devenant ainsi le chef de l'Etat ivoirien par procuration, se positionnant de plus en plus pour la succession du président[309]. C'est ainsi qu'à la suite du décès d'HOUPHOUËT-BOIGNY qu'il annonça le 7 décembre 1993, et en dépit des dispositions de l'article 11 de la Constitution qui confiait la succession au président de l'Assemblée nationale, Alassane OUATTARA a engagé une petite guerre de succession avec le dauphin désigné Henri KONAN-BEDIE[310], avec l'appui de certains dignitaires du PDCI[311]. Finalement, c'est ce dernier qui l'emporta et le Premier ministre dut se résoudre à lui présenter sa démission pour retourner au FMI. Toutefois, il ne s'agissait que d'un repli stratégique, puisqu'on le retrouva quelques années plus tard dans l'arène politique ivoirienne[312].

----

[306] AMNESTY INTERNATIONAL, « Côte d'Ivoire : Les opposants sont la cible d'une répression systématique », 28 mai 1996.

[307]; DOZON (J.-P.), *Les clefs de la crise ivoirienne*, op.cit., p. 27.

[308] N'DA (P.), *Le drame démocratique africain sur scène en Côte d'Ivoire*, op.cit., p. 88

[309] BAKARY (T.-D.), « Transition politique et succession en Côte d'Ivoire », in DIOP (M.-C.), DIOP (M.), (dir.), *Les figures du politique en Afrique : des pouvoirs hérités aux pouvoirs élus*, op.cit., pp. 103-138.

[310] BAULIN (J.), COMTE (G.), *La succession d'Houphouët-Boigny : les débuts de Konan-Bédié*, Paris, Karthala, 2000, 180 p.

[311] L'ancien président de l'Assemblée nationale Philippe YACE (1960-1990), ex-dauphin déchu tombé en disgrâce à la fin des années 70 est notamment cité comme le principal soutien d'Alassane D. OUATTARA dans cette guerre de succession.

[312] KONATE (Y.), « Le destin d'Alassane Dramane Ouattara », in LE PAPE (M.), VIDAL (C.), (dir.), *Côte d'Ivoire. L'année terrible 1999-2000*, Paris, Karthala, 2003, p. 253-309

Somme toute, nous pouvons affirmer avec Ismaïla FALL que « *le propre de cette période transitoire est d'avoir institué un exécutif transitionnel qui met fin à l'Exécutif de la seconde génération et prépare celui de la troisième*[313]». Ce dernier s'est révélé être un instrument d'équilibre ou de déséquilibre institutionnel.

[313] FALL (I.-M.), *Le pouvoir exécutif dans le constitutionnalisme des Etats d'Afrique*, op. cit., p. 17

CHAPITRE 2 :

LE PREMIER MINISTRE DANS LE NOUVEAU CONSTITUTIONNALISME AFRICAIN, ENTRE ÉQUILIBRE ET DÉSÉQUILIBRE INSTITUTIONNEL

« La consécration du poste de Premier ministre, après les expériences vite refermées de successorat présidentiel au Sénégal et au Cameroun, constitue l'une des innovations principales du nouveau constitutionnalisme africain [314] ».

Albert BOURGI

La « *fièvre constitutionnelle* [315]» qui a embrasé des Etats africains à l'issue des transitions démocratiques[316] a consolidé la fonction de Premier ministre réhabilitée et exaltée[317] pendant la période de transition. D'une part, les Etats ayant organisé une CNS se sont quasiment tous dotés de nouvelles Constitutions fondées sur des principes nouveaux et ayant plusieurs dénominateurs communs[318] parmi lesquels le bicéphalisme de l'Exécutif[319] et la réhabilitation des instruments du parlementarisme[320]. A l'instar de la Constitution togolaise du 14 octobre 1992[321], les nouvelles constitutions ont toutes préféré rationaliser le présidentialisme par l'introduction de certains

[314] BOURGI (A.), « L'évolution du constitutionnalisme africain : du formalisme à l'effectivité », op. cit.
[315] GLELE (M-A.), « La Constitution ou la Loi fondamentale », op.cit.
[316] CONAC (G.), (dir.), *L'Afrique en transition vers le pluralisme politique*, op.cit.
[317] BOURGI (A.), « Enfin des Premiers ministres à part entière », op.cit.
[318] Voir BALDE (S.), *La convergence des modèles constitutionnels : Étude de cas en Afrique subsaharienne*, Paris, Publibook, 2011.
[319] Voir FALL (I-M.), *La pouvoir exécutif dans le constitutionnalisme des Etats d'Afrique*, op.cit. ; SALL (A.), « Le bicéphalisme du pouvoir exécutif dans les régimes politiques d'Afrique noire : crises et mutations », op.cit.; « Processus démocratiques et bicéphalisme du pouvoir exécutif en Afrique noire francophone: un essai de bilan », in *RJP*, n° 3, 2006, pp.412-462 ; DIOP (I.), *L'exécutif dualiste dans les Etats d'Afrique noire francophone : étude de la problématique du partage du pouvoir exécutif*, op.cit.
[320] SOMALI (K.), *Le Parlement dans le nouveau constitutionnalisme en Afrique...*, op.cit. ; ONDO (T.), « Splendeurs et misères du parlementarisme en Afrique francophone », op.cit.
[321] Texte intégral in JORT, 37ème année, n° 36 (numéro spécial), 19 octobre 1992, pp. 1 et suivants ; GAUDUSSON (J. du Bois de) et al. (dir.), *Les Constitutions africaines publiées en langue française*, Tome 2, op. cit., pp. 376-393 ; AKPATCHA (D.), *Recueil des textes constitutionnels de la République togolaise de 1956 à nos jours*, op.cit., pp. 180-243.

mécanismes du parlementarisme[322] permettant au Premier ministre d'assurer l'équilibre institutionnel au sein de l'Exécutif[323] (section 1ère). D'autre part, les Etats qui n'ont pas organisé de CNS se sont inscrits dans la continuité en préservant le présidentialisme, comme c'est le cas avec la Constitution ivoirienne du 23 juillet 2000[324] (section 2).

Section 1ère : Le Premier ministre au Togo, un instrument d'équilibre institutionnel

Le régime semi-présidentiel mis en place par la Constitution togolaise du 14 octobre 1992[325] et celle des Etats où s'est tenue une CNS est fondé sur une conception d'équilibre institutionnel[326]. Ce type de régime qui s'inscrit le plus souvent dans un « *processus de démocratisation des régimes autoritaires*[327] », se caractérise par la présence d'« *un Président de la République élu au suffrage universel et doté de notables pouvoirs propres* (et) *un Premier ministre et un gouvernement responsables devant les députés*[328] ». Ce faisant, la Constitution togolaise de 1992, dans sa version originale, fait émaner le Premier ministre du Parlement (paragraphe 1er) faisant de lui un contrepoids du chef de l'Etat grâce à ses attributions (paragraphe 2).

Paragraphe 1er : Le Premier ministre, une émanation du Parlement

Au Togo, « *la Conférence nationale souveraine a opté pour un régime bicéphale avec un Président de la République élu au suffrage universel ..., un Premier ministre issu de la majorité parlementaire ... ce système qui, en réalité, n'est que le régime semi-présidentiel, devra tenir compte de nos* [le

322 SY (D.), « La renaissance du droit constitutionnel en Afrique : question de méthode », *Droit sénégalais* n° 3, juin 2004, p. 54.

323 MILHAT (C.), « Le constitutionnalisme en Afrique francophone. Variations hétérodoxes sur un requiem », *Politéia*, n° 7, 2005, p.668.

324 Loi n°2000-513 du 1er août 2000 portant Constitution de la Côte d'Ivoire, op.cit.

325 Ce régime a été qualifié ainsi par le *Rapport général de la Conférence nationale souveraine*, op.cit.

326 BALDE (S.), *La convergence des modèles constitutionnels. Etude de cas en Afrique subsaharienne*, op.cit., p. 498 ; GAUDUSSON (J. du Bois de), « Sur l'attractivité du modèle de la Constitution de 1958 en Afrique, cinquante ans après » ; CABANIS (A.), MARTIN (M-L.), « Le nouveau cycle constitutionnel ultra-méditerranéen francophone et la Constitution du 4 octobre 1958 », op.cit., etc.

327 HAYWARD (J.), « Un Premier ministre pour quoi faire ? », *Pouvoirs*, n°83, pp. 5-20

328 DUVERGER (M.), *Les régimes semi-présidentiels*, op.cit.

peuple togolais] *réalités profondes dans sa constitutionnalisation* [329]». Cela consiste « *à introduire dans les nouvelles Constitutions africaines les mécanismes du régime parlementaire dans la procédure de désignation et de révocation des membres du Gouvernement, jadis marquée par le présidentialisme* [330]». Cela se traduit dans la Constitution togolaise de 1992 par la nomination du Premier ministre dans la majorité parlementaire (A) et sa responsabilité devant l'organe législatif (B).

A. Le Premier ministre nommé dans la majorité parlementaire

La nomination du Premier ministre est prévue à l'article 66 al. 1er de la Constitution togolaise du 14 octobre 1992 qui dispose que « *le président de la République nomme le Premier ministre dans la majorité parlementaire* ». Ce texte pose deux conditions cumulatives pour la nomination du Premier ministre. D'abord, il s'agit d'une compétence propre du président et ensuite le Premier ministre doit être issu de la majorité parlementaire.

L'obligation formelle faite par la Constitution de choisir le Premier ministre dans la majorité parlementaire constitue une contrainte juridique pour le chef de l'Etat. Cette obligation formelle se retrouve également à l'article 75 de la Constitution congolaise du 15 mars 1992 mais suivant une formulation différente de l'article 66 al. 1er de la Constitution togolaise. Ce texte dispose que « *le Président de la République nomme le Premier ministre issu de la majorité parlementaire à l'Assemblée nationale* ». Si l'esprit de cette formulation est la même que celui du constituant togolais, c'est-à-dire faire procéder le Premier ministre de la majorité parlementaire, la lettre diffère puisque la formulation congolaise appelle le président à entériner la personnalité désignée par la majorité parlementaire, alors qu'au Togo, c'est le président qui désigne la personnalité de son choix au sein de la majorité parlementaire. Il en résulte théoriquement que « *le chef de l'Etat togolais dispose d'une marge de manœuvre plus étendue que son homologue congolais dans le choix du Premier ministre, celui-ci étant tenu de nommer celui qui est issu de la majorité parlementaire alors que celui-là doit y choisir quelqu'un dont il peut s'accommoder* [331] ». En France où l'article 8 de la Constitution de 1958 dispose simplement que « *le Président de la République nomme le*

---

[329] Rapport général de la Conférence nationale souveraine présenté à la cérémonie de clôture du 28 août 1991 par le Rapporteur général, Jean Yaovi DEGLI, et reproduit dans son ouvrage, *Togo : A quand l'alternance politique ?*, Paris, L'Harmattan, 2007, pp.25-42 ; « Lecture du rapport de la Conférence nationale souveraine du Togo par Me Jean DEGLI, document audio-visuel sur https://youtu.be/UHkJnM8hkR8

[330] FALL (I-M.), *Le pouvoir exécutif dans le constitutionnalisme des Etats d'Afrique*, op. cit., pp. 25-26.

[331] FALL (I.-M.), *Le pouvoir exécutif dans le constitutionnalisme des Etats d'Afrique*, op.cit., p. 108.

Premier ministre », sans faire mention de la majorité parlementaire. L'article 38 de la Constitution malienne utilise la même formule, qu'on retrouve également dans les Constituions burkinabè[332], camerounaise[333], gabonaise[334], etc. qui se sont inspirées de la lettre de l'article 8 de la Constitution française. Mais dans la pratique de la Ve République française, le Président tient toujours compte de la majorité parlementaire pour opérer son choix[335] qui reste « *dépendant de l'environnement politique*[336] ». On peut estimer que cela favorise les cohabitations, comme l'a connu la France à trois reprises[337]. Si l'article 66 al.1er de la Constitution togolaise de 1992 a pour objectif de parlementariser la nomination du Premier ministre en obligeant le chef de l'Etat de le choisir dans la majorité parlementaire, la pratique a démontré que son usage peut être soit détourné au profit du chef de l'Etat lorsque la majorité parlementaire ne lui est pas favorable notamment pour éviter une cohabitation, soit perdre son utilité lorsque cette majorité lui est favorable.

La nomination d'Edem KODJO au poste de Premier ministre après les élections législatives de 1994 illustre le premier cas de figure. Les premières élections législatives de la IVe République ont été organisées au Togo les 6 et 20 février1994[338], soit six mois après l'élection présidentielle d'août 1993 remportée par le président EYADEMA, chef de l'Etat sortant, dans des conditions controversées marquées par le boycott des partis de l'opposition[339]. A l'issue des deux tours de scrutin, le Front uni de l'opposition constitué notamment par le Comité d'action pour le renouveau (CAR) et l'Union togolaise pour la démocratie (UTD) obtient la majorité absolue avec 39 des 77 sièges pourvus, soit 33 sièges pour le CAR et 6 pour l'UTD. Le parti présidentiel, le Rassemblement du peuple togolais (RPT) et ses alliés n'ont

---

332 Article 46 de la Constitution burkinabè du 11 juin 1991.

333 Article 10 de la Constitution camerounaise du 2 juin 1972 modifié lee18 janvier 1996.

334 Article 15 de la Constitution gabonaise du 26 mars 1991, résultant de la révision constitutionnelle du 18 mars 1994.

335 COLLIARD (J-C.), « La désignation du Premier ministre en régime parlementaire », *Mélanges Burdeau*, LGDJ, 1977, p.87

336 AVRIL (P.), in LUCHAIRE (F.), et al. (dir.), *La Constitution de la République française : analyses et commentaires*, Paris, Economica, 3e éd., 2009, p. 356

337 1986-1988 avec un président de gauche (François Mitterrand) et un Premier ministre de droite (Jacques Chirac), 1993-1995 dans la même configuration mais avec Edouard Balladur comme Premier ministre, et enfin, la plus longue, 1997-2002, dans une configuration inverse, avec un président de droite (Jacques Chirac) et un Premier ministre de gauche (Lionel Jospin). Voir LUCHAIRE (F.), *Le droit constitutionnel de la cohabitation*, op.cit.

338 Sur les conditions d'organisation de ces élections voir infra.

339 MACE (P.), « Politique et démocratie au Togo 1993-1998 : De l'espoir à la désillusion », *Cahiers d'études africaines*, n°176, 2004, pp. 841-885.

obtenu que 38 sièges, la Chambre constitutionnelle de la Cour suprême[340] ayant invalidé les scrutins dans 4 circonscriptions[341], remportés par l'opposition, pour fraudes[342], suite à un recours du RPT. La jeune quatrième République togolaise s'acheminait ainsi vers une cohabitation inédite, mais, alors que les deux partis d'opposition tergiversaient pour la formalisation de leur alliance parlementaire, le président EYADEMA, dans un habile calcul politicien, décida de nommer Edem KODJO, le leader de l'UTD, dont le parti était arrivé en troisième position avec seulement six (6) députés. Le but de cette nomination précipitée était clairement pour le président d'éviter de subir une cohabitation en disloquant la majorité parlementaire sortie des urnes. Si cette nomination avait beaucoup surpris la classe politique togolaise qui s'attendait en majorité à la nomination du leader du CAR, Yawovi AGBOYIBOR dont le parti a obtenu le plus grand nombre de sièges au sein de l'opposition, Edem KODJO, avec ses 6 députés, en a profité pour rompre son alliance initiale avec le CAR, pour se rallier au parti du président. Ce ralliement de circonstance, qui pouvait paraître contre-nature, a permis au chef de l'Etat togolais d'échapper à une cohabitation et de se doter d'une majorité parlementaire sur laquelle il pouvait s'appuyer. On se rend compte que même si le président a été contraint de nommer un Premier ministre dans un parti autre que le sien, sa marge de manœuvre s'est renforcée dans la mesure où la désunion de l'opposition n'a pas permis à cette dernière d'imposer un Premier ministre au chef de l'Etat comme pendant la transition. Cet épisode de la première législature de la IVe République s'est révélé au final exceptionnel puisque jusqu'à ce jour le président de la République a toujours disposé d'une majorité parlementaire favorable, ce qui a annihilé la portée de l'obligation du choix du Premier ministre dans la majorité parlementaire. Le chef de l'Etat retrouve alors toute sa marge de manœuvre dans le choix du Premier ministre, ce qui relativise la portée de l'article 66 al. 1er de la Constitution. Il en a été ainsi au Togo à partir de 1996.

Les élections législatives partielles de 1996 qui ont donné la majorité absolue au RPT, victorieux des 4 sièges mis en jeu, ont provoqué la démission d'Edem KODJO dont le RPT n'avait plus besoin des 6 députés de son parti

---

340 La Cour constitutionnelle sur le modèle du Conseil constitutionnel français prévue par la Constitution du 14 octobre 1992 (articles 100 et suivants) n'avait pas encore été installée. Son rôle d'arbitrage électoral était alors dévolu à la Chambre constitutionnelle de la Cour suprême par les articles 185 et suivants du Code électoral. La Cour constitutionnelle a finalement été instituée par la Loi organique n°97-001 du 8 janvier 1997, *JORT*, 9 janvier 1997, pp. 15 et suivants.

341 Il s'agit des circonscriptions de Wawa (2 sièges), Haho (1 siège), Lomé Commune (1 siège).

342 Arrêts n^os^16 et n°17 des du 25 mars et 1er avril 1994 portant recours en annulation contre le premier tour du scrutin du 6 février 1994 dans vingt-et-une circonscription électorale, *JORT*, 39e année, n°9 ter, n° spécial, 8 avril 1994.

pour constituer sa majorité d'appoint. De 1996 à 2002[343], le président EYADEMA a nommé quatre Premiers ministres tous issus de son parti dans la mesure où il disposait d'une majorité absolue à l'Assemblée nationale. Hormis Agbéyomé KODJO, force est de constater que les trois autres Premiers ministres nommés au cours de son mandat étaient des personnalités de moindre envergure politique. Le premier d'entre eux est Kwasi KLUTSE[344], un membre non influent de son parti, quasi-inconnu de la classe politique togolaise[345]. Il est clair que dans l'intention du président togolais qui retrouvait en ce moment toute sa liberté d'action au sein de l'Exécutif, il s'agissait de choisir plus un collaborateur qu'un concurrent. Propulsé au-devant de la scène politique grâce à cette nomination, Kwasi KLUTSE n'avait pas de son côté la stature politique nécessaire pour prétendre concurrencer le chef de l'Etat. En effet, âgé de 51 ans au moment de sa nomination, il avait attendu l'année précédant sa nomination pour occuper sa première fonction politique en tant que ministre au sein du Gouvernement précédent[346]. A travers le choix de cette personnalité effacée, le président EYADEMA, habitué à la monocratie mais contraint pas la nouvelle Constitution à s'adapter au bicéphalisme auquel il s'est toujours opposé[347], a montré sa conception du poste de Premier ministre, qui pour lui, était avant tout une autorité administrative et non politique, qui devrait s'effacer devant le président. C'est ainsi que le Premier ministre a conservé le portefeuille de ministre du plan et de l'aménagement du territoire[348] qui était le sien dans le Gouvernement précédent, ce qui montre que pour le président EYADEMA, il n'est avant tout qu'un ministre, « *le Premier des ministres* [349]».

Eu égard à cette emprise du président sur la majorité parlementaire, il peut arriver, en fonction de la conjoncture politique, ou pour d'autres considérations, de nommer un Premier ministre qui n'est pas officiellement affilié à son parti ou à la majorité parlementaire, ce qui dénote de sa marge de manœuvre. C'est le cas de la nomination d'Eugène Koffi ADOBOLI en 1999[350], grand inconnu de la classe politique togolaise et dont le profil

---

343 Nous avons ciblé cette période pour l'analyse puisque la révision constitutionnelle du 31 décembre a supprimé l'obligation de nomination du Premier ministre dans la majorité parlementaire.

344 Décret n°96-97/PR du 20 août 1996 portant nomination du Premier ministre, *JORT*, 41e année, n°20 bis, numéro spécial, p. 11

345 *Jeune Afrique*, n°1860 du 20 août au 3 septembre 1996, p. 6

346 Décret n°95-79/PR du 29 novembre 1995 portant remaniement du Gouvernement, *JORT*, 40e année, n°24 ter, numéro spécial, 30 novembre 1995, p. 1

347 Confère supra.

348 Décret n°96-97/PR du 27 août 1996 portant composition du Gouvernement, *JORT*, 41e année, n°20 bis, numéro spécial, p. 11.

349 Expression souvent utilisée par la doctrine pour qualifier les Premiers ministres dépourvus de compétences politiques ou privés d'actions politiques et qui devraient se contenter de coordonner l'action gouvernementale et d'exécuter la politique du président. On parle également de « *primus inter pares* » ou de « *Premier ministre administratif* ».

350 Décret n°99-033/PR du 21 mai 1999 portant nomination du Premier ministre

technocratique de fonctionnaire international du système des Nations Unies, est retenu par le président EYADEMA afin de redorer l'image du Togo sur le plan international. En effet, cette nomination est intervenue suite aux élections législatives controversées de mars 1999[351], boycottées par l'opposition qui critiquait les conditions d'organisation du scrutin[352]. Alors que beaucoup de togolais se sont interrogés sur ce choix, l'intéressé a expliqué quelques années plus tard les motifs de sa nomination :

> *« J'ai été appelé par feu président, son Excellence, Gnassingbé EYADEMA à une période où l'image du Togo était au plus bas sur le plan international. Le sommet de l'OUA 2000 devait avoir lieu à Lomé dans un contexte où bon nombre de pays africains voulaient le boycotter. En raison de ma stature internationale, ma mission en tant que Premier ministre était d'organiser ce sommet afin d'en faire une réussite[353] ».*

Cette nomination a donc davantage été motivée par un objectif plus technique que politique, même si on ne peut pas occulter le fait que le président a pris soin, même en recherchant un Premier ministre de « *stature internationale* », de porter son choix sur une personnalité apolitique dans le souci de sauvegarder sa stature politique.

Si la parlementarisation du statut du Premier ministre se révèle à travers le conditionnement du pouvoir de nomination du chef de l'Etat par la majorité parlementaire, l'investiture du Premier ministre par les députés renforce l'intervention du Parlement dans la désignation du Premier ministre. C'est ce qui résulte de l'interprétation combinée des alinéas 2 et 3 de l'article 78 de la Constitution de 1992 qui disposent :

---

[351] Les élections législatives de mars 1999, organisées un an après la présidentielle déjà très controversée de 1998 qui avait vu la réélection contestée du président EYADEMA pour son second mandat, devraient permettre d'élire les députés de la IIe législature de la IVe République. Déjà mis en difficulté lors des élections législatives de 1994 par l'opposition, dont la coalition CAR-UTD avait remporté la majorité absolue des sièges avant que l'UTD ne rompe cette alliance en rejoignant le RPT pour permettre que son leader Edem KODJO accédât à la primature, le camp présidentiel a cette fois-ci mis tous les moyens en œuvre pour empêcher l'opposition de participer aux élections. Cadre électoral verrouillé, intimidations, refus de réformes, etc. ont contraint l'opposition traditionnelle à se retirer du processus électoral, ce qui n'a pas empêché le clan présidentiel d'aller au bout du processus pour dégager à la fin une assemblée dite « monocolore ».

[352] ESTEVES (O.), *Une histoire populaire du boycott : 1989-2005, la mondialisation malheureuse*, Paris, L'Harmattan, 2005, pp. 22 et suivants

[353] « Togo : Interview exclusive de l'ancien PM Eugène Koffi ADOBOLI », 25 juillet 2011 sur *https://www.togoactualite.com/togo-interview-exclusive-de-lancien-pm-eugene-koffi-adoboli/*, consulté le 25 mars 2021.

« Avant son entrée en fonction, le Premier ministre présente devant l'Assemblée nationale le programme d'action de son Gouvernement.

L'Assemblée nationale lui accorde sa confiance par un vote à la majorité absolue de ses membres »

L'investiture parlementaire est définie comme « *l'obligation pour l'Exécutif d'obtenir un vote préalable d'une Assemblée législative pour exercer les responsabilités gouvernementales*[354]». Cette définition correspond bien à la lettre et à l'esprit des dispositions de l'article 78 de la Constitution togolaise. L'investiture est un mécanisme du parlementarisme classique[355] destiné à s'assurer que le chef du Gouvernement, qui doit procéder du Parlement, dispose effectivement de la confiance des élus du peuple avant son entrée en fonction[356].

Le système d'investiture prévu par l'article 78 de la Constitution togolaise se rapproche davantage de ce qui est prévu par l'article 63 de la Loi fondamentale allemande[357] qui dispose que « *le Chancelier fédéral est élu sans débat par le Bundestag sur proposition du Président fédéral* ». Si elle est officielle, la nomination du Premier ministre par le chef de l'Etat conformément à l'article 66 al. 1er s'apparente à une proposition faite par ce dernier à l'Assemblée nationale qui aura le dernier mot sur le maintien ou non du Premier ministre, étant entendu, même s'il n'est pas expressément précisé à l'article 78, que le Premier ministre doit remettre sa démission au président en cas de vote défavorable des députés. A priori, l'investiture préalable est destinée à éviter que l'action gouvernementale, une fois enclenchée, ne soit entravée par une majorité parlementaire hostile au choix du président. Toutefois, l'histoire de la IVe République française a démontré que l'investiture présente aussi l'inconvénient de « *favoriser l'instabilité gouvernementale, en rendant plus difficile la mise en place des gouvernements*[358] ». C'est la raison pour laquelle la Constitution de la Ve République n'a pas retenu le principe de l'investiture parlementaire préalable obligatoire, ce qui correspond parfaitement à la logique du parlementarisme rationalisé[359]. Elle est remplacée par l'approbation du programme du

---

354 DUHAMEL (O.), MENY (Y.), *Dictionnaire de droit constitutionnel*, Paris, PUF, 10e éd., 2015, p. 514

355 COLLIARD (J.-C.), *Les régimes parlementaires contemporains*, op.cit.

356 LOWENSTEIN (K.), « L'investiture du Premier ministre en Angleterre », *RDP*, 1966, pp. 515-525

357 DEMESMAY (C.), *Qui gouverne l'Allemagne*, Lille, Presses universitaires du septentrion, 2005, pp. 39 et suivants

358 FORMERY (S-L.), *La Constitution commentée article par article*, Paris, Hachette, 18e éd., 2015, p. 104

359 LAUVAUX (P.), *Parlementarisme rationalisé et stabilité de l'exécutif*, Bruxelles, Bruylant, 1988 ; AVRIL (P.), « Le parlementarisme rationalisé », in *Les 40 ans de la Ve République, Revue de droit public*, n° spécial, 1998, p. 1507

gouvernement après son entrée en fonction, selon les termes de l'article 49 al. 1er qui dispose que « *le Premier ministre, après délibération du Conseil des ministres, engage devant l'Assemblée nationale la responsabilité du Gouvernement sur son programme ou éventuellement sur une déclaration de politique générale* ». Le mécanisme mis en place par l'article 49 al. 1er ne constitue pas une condition d'existence du Gouvernement, mais une condition de sa survie, car le Premier ministre entre en fonction dès sa nomination par le chef de l'Etat[360]. Pierre AVRIL constate à cet effet que « *le principe est bien clair, le gouvernement ne tient pas seulement ses pouvoirs juridiques mais aussi son autorité politique de la seule nomination présidentielle et la confiance de l'Assemblée nationale n'est sollicitée qu'à titre accessoire, quasiment de courtoisie* [361]». Au Togo, le système d'investiture obligatoire retenu par le constituant de 1992 est un système hybride puisque l'investiture n'est pas une condition juridique de nomination du Premier ministre, mais une condition d'entrée de fonction du Premier ministre et du Gouvernement.

Sur le plan de l'investiture, le Togo apparaissait comme une exception en Afrique noire francophone puisque les autres Constitutions africaines ne soumettent pas expressément l'entrée en fonction du Premier ministre à l'investiture parlementaire obligatoire. Le cas la Constitution congolaise de 1992 mérite d'être particulièrement analysée. Malgré son rapprochement avec la Constitution togolaise sur l'obligation faite au chef de l'Etat de choisir le Premier ministre dans la majorité parlementaire, la Constitution congolaise s'en est éloignée sur le plan de l'investiture car son article 90 al. 6 a pris soin de préciser que la déclaration de politique générale du Premier ministre « *ne donne pas lieu à débat, le Parlement en prend acte* ». Cette disposition peut s'expliquer par le fait qu'au Congo, la phase parlementaire intervenait avant la phase présidentielle de désignation du Premier ministre dans la mesure où le président n'a d'autre marge de manœuvre que d'entériner le choix des parlementaires. Certains systèmes constitutionnels africains se rapprochaient davantage comme l'article 15 de la Constitution gabonaise du 26 mars 1991 avant la révision constitutionnelle du 18 mars 1994[362] qui disposait que le Premier ministre « *doit obtenir l'investiture de l'Assemblée nationale après la constitution du Gouvernement et la présentation de son programme de politique générale* » en étant la seule à prévoir expressément l'investiture obligatoire du Premier ministre. S'ils ne retiennent pas l'investiture obligatoire du Premier ministre comme prévu au Togo, la plupart des Constitutions africaines ont néanmoins consacré l'investiture par le vote de confiance, dès l'entrée en fonction du Premier ministre ou ultérieurement. Par exemple, Si

[360] ARDANT (P.), MATHIEU (B.), *Droit constitutionnel et institutions politiques*, op. cit., p. 452

[361] AVRIL (P.), « Renforcer le Parlement : qu'est-ce à dire ? », *Pouvoirs*, n. 146, 2013, pp. 9-19.

[362] Constitution gabonaise du 26 mars 1991, in GAUDUSSON (J. du Bois de) et al., *Les Constitutions africaines publiées en langue française*, Tome 1, op.cit., pp. 335-358.

l'article 78 de la Constitution malienne[363] reprend les dispositions de l'article 49 al. 1er de la Constitution française, l'article 39 de la Constitution centrafricaine du 28 décembre 1994[364] disposait pour sa part qu'« *après la nomination des membres du Gouvernement, le Premier ministre ... se présente dans un délai de trente jours, devant l'Assemblée nationale et expose son programme* » et qu' « *à cette occasion, le Premier ministre doit demander un vote de confiance à l'Assemblée nationale* ». Il s'agit de s'assurer que le Premier ministre se soumette effectivement à cette obligation, ce qui se rapproche d'un système d'investiture obligatoire, mais collégiale, puisqu'elle concerne tout le Gouvernement et pas simplement le Premier ministre. Enfin, d'autres Constitutions africaines ont prévu une forme d'investiture facultative du Premier ministre qui s'éloigne à la fois du système togolais d'investiture obligatoire à l'entrée en fonction du Premier ministre et du système français de vote de confiance après l'entrée en fonction du Premier ministre. C'est le cas notamment des Constitutions burkinabè et camerounaise. S'ils reprennent pour l'essentiel l'article 49 al. 1er de la Constitution française, l'article 116 de la Constitution burkinabè de 1991[365] et l'article 34 de la Constitution camerounaise[366] ont remplacé le terme « *engage* » utilisé par la disposition française par l'expression « *peut engager* », ce qui montre qu'il s'agit bien d'une faculté pour le Premier ministre burkinabè de solliciter le vote de confiance des parlementaires.

Dans la pratique, les cinq Premiers ministres togolais nommés entre 1992 et 2002 se sont tous prêtés au rituel de l'investiture parlementaire obligatoire prévu par l'article 78 de la Constitution. Si cet exercice fut sans réel danger pour la majorité d'entre eux en raison de l'homogénéité constante de la majorité parlementaire des différentes législatures, seule l'investiture d'Edem KODJO en 1994 fut un peu houleuse, en raison des conditions politiques dans lesquelles sa nomination est intervenue[367]. Logiquement, au cours de la séance d'investiture du Premier ministre du 24 juin 1994 à l'Assemblée nationale, les députés du CAR ont refusé la confiance sollicitée par le nouveau Gouvernement en boycottant la cérémonie. C'est alors que la nouvelle alliance RPT-UTD prenait forme pour la constitution d'une majorité parlementaire

[363] Article 78 de la Constitution malienne du 25 février 1992

[364] Texte intégral in GAUDUSSON (J. du Bois de), et al., *Les Constitutions africaines publiées en langue française*, Tome 2, op.cit., pp. 189-203. Cette Constitution a été abrogée après le coup d'Etat de 2003.

[365] Constitution burkinabè du 11 juin 1991, Texte reproduit in GAUDUSSON (J. du Bois de), et al. (dir.), *Les Constitutions africaines publiées en langue française*, Tome 1, op. cit., pp.76-91.

[366] Cette disposition de la Constitution camerounaise du 2 juin 1972 résulte de la rédaction de la loi constitutionnelle n°96-06 du 18 janvier 1996, *JORC*, spécial, 30 janvier 1996.

[367] Confère supra (début de ce paragraphe) et infra (2e partie, Titre 1er, chapitre 1er)

autre que celle dans laquelle le Premier ministre aurait été nommé[368]. Le nouveau Premier ministre fut alors obligé de s'allier avec le parti du chef de l'Etat pour obtenir l'investiture de l'Assemblée nationale contraignant le CAR avec ses 33 députés à se ranger dans l'opposition parlementaire.

Si l'obligation faite au chef de l'Etat par l'article 66 al. 1er de choisir le Premier ministre dans la majorité parlementaire et l'investiture obligatoire à son entrée en fonction prévue par l'article 78 al.3 confirment la tendance à la parlementarisation du statut du Premier ministre togolais par la Constitution du 14 octobre 1992, la responsabilité exclusive du Gouvernement devant le Parlement contribue à la réalisation du même objectif.

B. Le Premier ministre soumis au contrôle exclusif du Parlement

La mission de contrôle de l'action du Gouvernement par l'Assemblée nationale[369] est mentionnée à l'article 81 al. 2 de la Constitution togolaise et se traduit par la responsabilité exclusive du Premier ministre devant l'Assemblée nationale[370], pilier du régime parlementaire moniste[371] qui permet d'établir un lien indéfectible entre les deux institutions. Elle résulte de l'article 77 al. 2 de la Constitution togolaise qui dispose que « *le Gouvernement est responsable devant l'Assemblée nationale* ». Cette responsabilité moniste participe « *à l'équilibre recherché par le régime parlementaire dont se réclament la plupart des nouvelles Constitutions africaines* [372]». La responsabilité politique[373] du Premier ministre résultant des mécanismes prévus aux articles 97 et 98, constitue une suite logique de l'intervention du Parlement dans la désignation du Premier ministre et une contrepartie du droit de dissolution de l'Assemblée nationale[374]. Elle est considérée comme étant « *la pierre*

---

368 En nommant Edem KODJO le 23 avril 1994 contre l'avis du CAR, le président EYADEMA considérait l'avoir, conformément, à l'article 66 al. 1er de la Constitution, dans la majorité parlementaire constituée par la coalition CAR-UTD. Voir FALL (I.-M.), *Le pouvoir exécutif dans le constitutionnalisme des Etats d'Afrique*, op.cit., pp. 110-111.

369 BIDEGARAY (C.), EMERI (C.), « Le contrôle parlementaire », RDP, 1973, p. 1719.

370 BIDEGARAY (C.), EMERI (C.), *La responsabilité politique*, Paris, Dalloz, 1998

371 LAUVAUX (P.), *Le parlementarisme*, Paris, PUF, 1987.

372 SOMALI (K.), *Le Parlement dans le nouveau constitutionnalisme en Afrique*, ..., op. cit., p. 352

373 La mise en cause de la responsabilité du Gouvernement devant l'Assemblée nationale a fait l'objet d'une abondante bibliographie. On peut citer entre autres SEGUR (P.), *La responsabilité politique*, Paris, PUF, 1998, 127 p. ; BEAUD (O.), BLANQUER (J-M.), (dir.), *La responsabilité des gouvernants*, Paris, Descartes et Cie, 1999, 323 p. ; LAUVAUX (P.), *Le parlementarisme*, op. cit. ; BIDEGARAY (C.), EMERI (C.), *La responsabilité politique*, op. cit., etc.

374 Article 68 de la Constitution togolaise de 1992.

angulaire classique du régime parlementaire car fondé sur l'équilibre des pouvoirs [375]».

Dans le nouveau constitutionnalisme africain, la nouvelle conception du pouvoir retenue par les constituants mettant l'accent sur l'équilibre des pouvoirs, a renforcé les conditions de mise en œuvre de la responsabilité politique de l'exécutif devant le législatif. Si le président demeure toujours politiquement irresponsable[376] en raison de son élection au suffrage universel direct[377], l'avènement du bicéphalisme permet de soumettre l'Exécutif au contrôle du Parlement à travers la mise en cause de la responsabilité du Gouvernement. Cette réhabilitation du contrôle parlementaire de l'Exécutif érige expressément le pouvoir législatif en contre-pouvoir de l'Exécutif comme symbole de l'avènement de l'Etat de droit[378]. Le constituant togolais de 1992 justifie cette nouvelle conception par la nécessité de « *tempérer, de modérer et de canaliser* [379]» l'Exécutif, ce qui a conduit à l'exclusion de la responsabilité du Premier ministre et du Gouvernement devant le chef de l'Etat. En effet, l'une des tendances institutionnelles dans le nouveau constitutionnalisme africain est de soustraire le Premier ministre et le Gouvernement de l'emprise tutélaire du chef de l'Etat[380]. Certes, il ne s'agit pas de consacrer l'inamovibilité du Premier ministre comme pendant la transition[381], mais de le rendre autonome vis-à-vis du chef de l'Etat dans la perspective de l'équilibre institutionnel recherché au sein de l'Exécutif. C'est dans cette optique que le Togo et la plupart des États qui ont instauré un régime semi-présidentiel ont opté pour le monisme parlementaire[382] en excluant juridiquement la possibilité pour le président de révoquer le Premier ministre et les autres membres du Gouvernement[383]. C'est dans cette perspective que l'article 66 al.1er *in fine* de la Constitution dispose qu' « *Il* [le Président] *met fin à ses* [le Premier ministre] *fonctions sur la présentation par celui-ci de la*

---

375 AMELLER (M.), *Parlements, une étude comparative sur la structure et le fonctionnement des institutions représentatives dans 55 pays*, 2e édition, Paris, PUF, 1966, p. 45, cité par SOMALI (K.), (K.*), Le Parlement dans le nouveau constitutionnalisme en Afrique…*, op.cit., p. 180 (note)

376 ONDO (T.), *La Responsabilité introuvable du Chef d'État africain. Analyse comparée de la contestation du pouvoir présidentiel en Afrique noire francophone (Les cas camerounais, gabonais, tchadien et togolais)*, thèse de droit public, Université de Reims, 2005

377 Tous les Etats d'Afrique noire francophone ont prévu l'élection au suffrage universel direct du chef de l'Etat sur le modèle français de la Ve République.

378 BOUMAKANI (B.), « L'Etat de droit en Afrique », *RJPEF*, n°4, octobre-décembre 2003, pp.445 et suivantes.

379 Rapport général de la Conférence nationale togolaise, op. cit ;

380 MOYEN (G.), « L'exécutif dans le nouveau constitutionnalisme africain », op. cit.

381 Confère supra, Titre 1er, chapitre 1er.

382 Sur le régime parlementaire moniste, voir CHANTEBOUT (B.), « Le régime parlementaire moniste, gouvernement d'assemblée », in *Mélanges en l'honneur de Georges Burdeau – Le pouvoir*, Paris, LGDJ, 1977, p. 43 et suivants ; COLLIARD (J-C.), *Les régimes parlementaires contemporains*, op.cit.

383 FALL (I.-M.), *Le pouvoir exécutif dans le constitutionnalisme des Etats d'Afrique*, op. cit.

démission du Gouvernement ». L'irresponsabilité politique du Premier ministre devant le chef de l'Etat est une marque du régime parlementaire moniste[384] et se justifie par le fait que dans ce régime, le Premier ministre procède du Parlement. Il s'agit donc d'une conséquence logique de l'obligation pour le chef de l'Etat de choisir le Premier ministre dans la majorité parlementaire posée par l'article 66 al.1er de la Constitution togolaise.

En dehors des Etats ayant opté pour le monisme et qui excluent la responsabilité du Premier ministre devant le chef de l'Etat, certaines Constitutions africaines ont néanmoins consacré la double responsabilité du Premier ministre devant le président et le Parlement[385] s'inscrivant ainsi dans la logique du parlementarisme dualiste ou « *orléaniste* »[386]. Ces Constitutions permettent au président de mettre fin aux fonctions du Premier ministre « *de sa* [le président] *propre initiative* » selon l'article 15 de la Constitution gabonaise de 1991 ou dans « *l'intérêt supérieur de la nation* » selon l'article 46 al. 1er de la Constitution burkinabé de 1991. Certaines Constitutions ajoutent au pouvoir de révocation discrétionnaire, l'affirmation formelle de la responsabilité du Premier ministre devant le président comme l'article 52 al. 3 de la Constitution sénégalaise de 2001 et l'article 28 al. 3 de la Constitution gabonaise 1991.

L'article 97 de la Constitution togolaise de 1992 dispose que « *le Premier ministre, après délibération du Conseil des ministres, peut engager devant l'Assemblée nationale la responsabilité du Gouvernement sur son programme ou une déclaration de politique générale* ». Cette disposition prévoit la question de confiance qui est une « *procédure constitutionnelle par laquelle le gouvernement s'assure de la collaboration du Parlement, en engageant sa responsabilité sur sa politique générale ou sur le vote d'un texte de loi* [387]». Il s'agit d'une arme politique très importante du parlementarisme, qui permet au Chef du Gouvernement de « *contraindre une majorité rétive ou divisée à se ressaisir (...), de tenter de conforter sa position (...), de donner aux députés l'occasion de prendre position sur un choix gouvernemental très important...* [388]». La définition susmentionnée de la question de confiance évoque également l'objet de la question de confiance. Elle peut porter sur deux

---

384 SAMUELS (D-J.), SHUGART (M.), « La nomination et la révocation du Premier ministre en régime semi-présidentiel : l'impact de la présidentialisation des partis », *RIPC* 2010/1 (Vol. 17), pp. 67-91

385 Sur la double responsabilité du Premier ministre en France, voir FRANCOIS (B.), *Le régime politique de la Ve République,* Paris, La Découverte, 2010, pp. 73 et suivants

386 DE BROGLIE (G.), (dir.), *L'orléanisme : la ressource libérale de la France*, Paris, Gabriel Perrin, 1981 ; ROBERT (H.), *L'orléanisme*, Paris, PUF, 1992

387 AVRIL (P.), GICQUEL (J.), *Lexique de droit constitutionnel*, Paris, PUF, 2016, p. 27

388 CARCASSONE (G.), GUILLAUME (M.), *La Constitution*, 11e éd., Paris, Seuil, 2013, pp. 241-244, cités par NATOLI (F.), « Le recours à l'article 49 al-3 dans le cadre de la réforme des retraites : les limites constitutionnelles à la rationalisation parlementaire », *La Revue des droits de l'homme* [En ligne], *Actualités Droits-Libertés,* 22 mars 2020, consulté le 17 juin 2021. URL : http://journals.openedition.org/revdh/8972 ; DOI : https://doi.org/10.4000/revdh.8972

objets alternatifs à savoir une déclaration de politique générale ou le vote d'un texte. Certaines Constitutions prévoient les deux objets, comme la Constitution française de 1958 respectivement aux alinéas 1er et 3 de l'article 49[389]. Le Mali[390], le Congo[391] et le Gabon[392] se sont inspirés *ad litteram* de l'article 49 de la Constitution française en instituant en dehors de « *la question de confiance simple* [393]», l'engagement de la responsabilité du Gouvernement sur le vote d'un texte[394]. Par contre, la Constitution togolaise 1992 n'a pas prévu l'engagement de la responsabilité du Gouvernement sur un texte, ce qui garantit les droits du Parlement dans le cadre du débat parlementaire relatif à la procédure législative. Il n'existe donc pas au Togo un équivalent de « *l'arme fatale* [395]» que représente l'article 49 al.3 de la Constitution française, un mécanisme redoutable[396] dont l'utilisation par le chef du Gouvernement est toujours contestée par les parlementaires français[397].

Il faut avant tout distinguer la question de confiance prévue par l'article 97 de l'investiture préalable prévue par l'article 78. Si l'investiture est obligatoire et doit être sollicitée par le Premier ministre « *avant son entrée en fonction* », la question de confiance est facultative et ne peut intervenir que dans l'exercice des fonctions du Premier ministre dans la mesure où la décision d'y recourir est délibérée en Conseil des ministres. Le caractère facultatif de la question de confiance a pour intérêt d'éviter la double investiture du Premier ministre, une pratique observée sous la IVe République en France[398], qui consistait à soumettre le Premier ministre à deux votes, l'un personnel avant son entrée en fonction, qui tient lieu d'investiture, et l'autre collectivement avec le Gouvernement après sa formation. Cette pratique peut se révéler être

---

389 BRONDEL (S.), *L'article 49 de la Constitution du 4 octobre 1958*, Thèse de doctorat en droit public, Université de Paris I, 2001.

390 Article 78 al. 3 de la Constitution malienne du 25 février 1992.

391 Article 122 al.3 de la Constitution congolaise du 15 mars 1992 ;

392 Article 63 de la Constitution gabonaise du 26 mars 1991.

393 GICQUEL (J.), GICQUEL (J.-E.), *Droit constitutionnel et institutions politiques*, op. cit., p. 775

394 VINTZEL (C.), *Les armes du Gouvernement dans la procédure législative – Étude comparée : Allemagne, France, Italie, Royaume-Uni*, Thèse de droit public, Université Paris I, 2009, Dalloz, 2011.

395 DIVE (B.), FRESSOZ (F.), *La malédiction Matignon*, Paris, Plon, 2006, p. 155.

396 TUSSEAU (G.), « La réactivation de l'article 49 al. 3 », *Recueil Dalloz*, 2015, p. 560.

397 On peut évoquer les multiples usages de l'art. 49 al.3 par le Premier ministre Manuel VALLS sous le quinquennat de François HOLLANDE qui avait provoqué l'ire de plusieurs parlementaires de l'opposition et des défections dans son propre camp avec l'émergence des « frondeurs » du PS. Voir DHELLEMMES (G.), « La question de confiance, mode d'emploi », *Le Journal du Dimanche*, 11 sept. 2014, modifié le 20 juin 2017, https://www.lejdd.fr/Politique/La-question-de-confiance-mode-d-emploi-686402, consulté le 17 juin 2021.

398 COLLIARD (C.-A.), « La pratique de la question de confiance sous la IVe République », *RDP*, 1948, p. 220

une source d'instabilité gouvernementale chronique[399], d'où son éviction dans les régimes contemporains[400].

La question de confiance de l'article 97 étant posée pendant que l'action gouvernementale est déjà enclenchée, il faut donner des garanties nécessaires à sa poursuite par le Premier ministre, en durcissant les conditions du refus de la confiance. Le seuil requis par l'article 97 al. 2 de la Constitution togolaise pour refuser la confiance au Gouvernement présente ainsi un fort degré de rationalisation dont le but est d'éviter l'instabilité gouvernementale[401] et l'instauration d'un régime d'assemblée[402]. Il en résulte que la majorité parlementaire absolue qui a accordé sa confiance au Premier ministre à son entrée en fonction, peut lui refuser cette confiance ultérieurement, sans qu'il soit contraint de quitter ses fonctions, car il faudrait que la confiance soit refusée par 2/3 des députés. Un vote à la majorité absolue est généralement requis dans les autres Etats à l'instar des Constitutions sénégalaise[403], camerounaise[404], burkinabè[405], gabonaise[406]. Il apparaît à titre de comparaison que c'est au Togo que le seuil requis pour refuser la confiance au Gouvernement est le plus élevé. Toutefois, d'autres procédés de rationalisation sont prévus dans les autres Etats et qui n'existent pas au Togo, tel que l'exigence du vote de la confiance dans un délai défini par la Constitution. Ce délai est variable selon les Etats. Il est de deux jours ou quarante-huit heures au Sénégal[407], au Burkina-Faso[408], au Cameroun[409], et de trois jours au Gabon[410]. Dans la pratique au Togo, la question de confiance est un mécanisme qui n'est presque jamais utilisé par les Premiers ministres qui n'en ressentent pas le besoin eu égard à la permanence du fait majoritaire qui caractérise les différentes législatures de la IVe République jusqu'à ce jour. Ce manque de dynamique politique limite fortement l'analyse sur la question de confiance qui n'est fondée que sur des éléments théoriques.

---

399 FABRE (M.-H.), « Un échec constitutionnel : l'investiture du président du Conseil », *RDP*, 1951, p. 182 ; MERLE (M.), « L'instabilité ministérielle », *RDP*, 1951, p. 390

400 La IVe République y a mis fin avec la loi constitutionnelle du 7 décembre 1954, op. cit., GOGUEL (F.), « La révision constitutionnelle de 1954 », *Revue française de science politique*, 5e année, n°3, 1955. pp. 485-502.

401 Sur le lien entre la rationalisation du parlementarisme et la stabilité gouvernementale, voir LAUVAUX (P.), *Parlementarisme rationalisé et stabilité du pouvoir exécutif*, Bruxelles, Bruylant, 1988.

402 Sur le régime d'assemblée, voir LE PILLOUER (A.), « La notion de « régime d'assemblée » et les origines de la classification des régimes politiques », *RFDC*, vol. 58, n° 2, 2004, pp. 305-333 ; BASTID (P.), Le *Gouvernement d'Assemblée*, Paris, Cujas, 1956

403 Article 86 al. 2 de la Constitution sénégalaise de 2001.

404 Article 34-2° al.3 de la Constitution camerounaise de 1972 modifiée en 1996.

405 Article 116 al.2 de la Constitution burkinabè de 1991.

406 Article 63 al.2 de la Constitution gabonaise de 1991.

407 Article 86 al. 1er de la Constitution sénégalaise de 2001.

408 Article 116 al.3 de la Constitution burkinabè de 1991.

409 Article 34-2° al.2 de la Constitution camerounaise de 1972 modifiée 1996.

410 Article 63 al.2 de la Constitution gabonaise de 1991.

La rationalisation des procédures du vote de la question de confiance entraînant la démission du Premier ministre n'est pas très différente de celle prévue lorsque l'initiative de l'engagement de la responsabilité du Gouvernement provient des parlementaires conformément à l'article 98 de la Constitution qui dispose que « *l'Assemblée nationale peut mettre en cause la responsabilité du Gouvernement par le vote d'une motion de censure* ». Cette reprise littérale de l'article 49 al.2 de la Constitution française, figure également dans les Constitutions malienne[411], burkinabè[412], sénégalaise[413], etc. La motion de censure se définit comme une « *demande déposée par un ou plusieurs parlementaires, tendant à obtenir la condamnation du gouvernement par l'Assemblée à laquelle ils appartiennent* [414]». Considérée comme « *une arme offensive entre les mains des députés*[415] », en ce qu'elle permet à la représentation nationale de mettre fin à l'existence du Gouvernement, la motion de censure obéit à une procédure rigoureuse bien définie dans la Constitution.

Les conditions de recevabilité de la motion de censure sont définies par l'article 98 al. 2 de la Constitution togolaise. Il dispose qu'*« une telle motion, pour être recevable, doit être signée par au moins un tiers des députés composant l'Assemblée nationale et indiquer le nom du successeur éventuel du Premier ministre…»*. Sur la forme, la motion doit être signée par un tiers au moins des députés composant l'Assemblée nationale, comme au Burkina-Faso[416] et au Cameroun[417]. Dans les autres Etats d'Afrique noire francophone, ce seuil est variable mais présente dans l'ensemble une souplesse par rapport au seuil togolais. En général, c'est le seuil de 1/10 des députés requis par l'article 49 al. 2 de la Constitution française qui est repris notamment au Mali[418] et au Sénégal[419]. La Constitution gabonaise pour sa part, se distingue des cas ci-dessus évoqués, en requérant 1/4 des députés[420], ce qui démontre qu'il est difficile de dégager une position commune du seuil de recevabilité de la motion de censure dans les Etats d'Afrique noire francophone. Sur le fond, la Constitution togolaise se démarque des autres Constitutions africaines par son originalité, en exigeant que la motion comporte obligatoirement le nom du successeur éventuel du Premier ministre. Cette exigence, qui s'inspire directement de l'article 67 de la Loi fondamentale allemande fait référence à

---

411 Article 78 al. 2 de la Constitution malienne de 1992.
412 Article 115 de la Constitution burkinabè de 1991.
413 Article 86 al.3 de la Constitution sénégalaise de 2001.
414 AMSON (D.), « Censure motion de », *Encyclopædia Universalis* [en ligne], URL : https://www.universalis.fr/encyclopedie/motion-de-censure/, consulté le 18 juin 2021.
415 ARDANT (P.), MATHIEU (B.), *Droit constitutionnel et institutions politiques*, op.cit., p. 531.
416 Article 115 de la Constitution burkinabè de 1991.
417 Article 34.3 de la Constitution camerounaise de 1972 modifiée en 1996.
418 Article 78 al. 2 de la Constitution malienne de 1992.
419 Article 86 al.3 de la Constitution sénégalaise de 2001.
420 Article 64 al. 1er de la Constitution gabonaise de 1991.

la notion de « *motion de défiance constructive* [421]». Elle prévoit en Allemagne, que « *le Bundestag ne peut exprimer sa défiance envers le chancelier fédéral, qu'en élisant son successeur à la majorité absolue* ». Comme en Allemagne, l'article 98 al. 5 de la Constitution togolaise dispose en outre que « *le Président de la République nomme le nouveau Premier ministre désigné* ». En s'inspirant sur ce plan de la Loi fondamentale allemande, le constituant togolais de 1992 démontre ainsi que les thèses caricaturales du mimétisme constitutionnel franco-africain[422] sont très réductrices pour caractériser le nouveau constitutionnalisme africain qui est plutôt marqué par une diversité des sources d'inspiration[423].

Les modalités du vote sont aussi strictement encadrées que les conditions de recevabilité de la motion de censure. D'abord, l'article 98 al.2 dispose *in fine* que « *le vote ne peut intervenir que cinq jours après le dépôt de la motion* ». Ce délai de 5 jours requis au Togo entre le dépôt de la motion et le vote, constitue le plus long relevé dans les Constitutions africaines à cette époque[424]. Les autres Etats d'Afrique noire francophone s'alignent sur le délai de 48 heures requis en France[425] à l'exception du Gabon qui a prévu 3 jours francs[426]. L'objectif des délais est de permettre la réflexion et de favoriser des négociations entre les auteurs de la motion et le Gouvernement, ce qui peut permettre de régler les litiges en aval du dépôt de la motion et en amont de la date prévue pour son vote. Si les deux parties parviennent à un accord sur l'objet de la motion, celle-ci peut être retirée et ne pas être soumise au vote. Le temps de réflexion entre le dépôt et le vote de la motion de censure, permet ainsi d'« *éviter les votes ab irato, sous l'effet de la colère, et de laisser aux parlementaires le temps de mesurer leur responsabilité*[427]». Si aucun compromis n'a été trouvé pendant le délai de réflexion, la motion de censure est votée conformément aux dispositions de l'al.3 du même article qui dispose que « *l'Assemblée nationale ne peut prononcer la censure du Gouvernement qu'à la majorité des deux tiers de ses membres* ». Cette disposition soumet donc l'adoption de la motion de censure à l'exigence d'une majorité qualifiée,

---

[421] La paternité de cette expression est attribuée au professeur Hans NAWIASKY, qui a participé à la rédaction de la Loi fondamentale allemande selon GICQUEL (J.), GICQUEL (J-E.), *Droit constitutionnel et institutions politiques,* op. cit., p. 412.
[422] CABANIS (A.), MARTIN (M-L.), « Le nouveau cycle constitutionnel ultra-méditerranéen francophone et la Constitution du 4 octobre 1958 », op.cit.
[423] BOLLE (S.), « Des constitutions made-in Afrique », op. cit.
[424] Article 67-2 de la Loi fondamentale allemande de 1949.
[425] Article 34-3 (Cameroun) ; Article 78 al. 2 (Mali) ; Article 86 al.4 (Sénégal) ; Article 116 al.3 (Burkina-Faso), etc…
[426] Article 64 al. 2 de la Constitution gabonaise de 1991.
[427] COLLIARD (J-C.), in CONAC (G.), LUCHAIRE (F.), (dir.), *La Constitution de la République française*, op.cit., pp. 1244-1245

soit un vote favorable à la motion d'au moins 61 députés[428], comme c'est également le cas pour la question de confiance[429]. Il s'agit en quelque sorte pour le constituant togolais d'unifier le régime des deux procédures d'engagement de la responsabilité du Gouvernement, en restant fidèle au seuil des 2/3 des députés requis pour mettre fin à l'existence du Gouvernement. Comme souligné à propos de la question de confiance, il apparaît à l'analyse que les modalités de la motion de censure telles que prévues par la Constitution togolaise sont gouvernées par le souci de préserver la stabilité gouvernementale[430]. A titre de comparaison, le Cameroun[431] et le Mali[432] s'alignent sur la majorité des 2/3 requis au Togo, alors que le Burkina-Faso[433], le Gabon[434], le Sénégal[435], etc. se contentent d'exiger le vote de la majorité des membres de l'Assemblée nationale, comme c'est le cas en France.

L'issue du vote de la motion de censure est prévue par les trois derniers alinéas de l'article 98 de la Constitution togolaise et l'article 50 de la Constitution française. L'al.4 prévoit que « *si la motion de censure est adoptée, le Premier ministre remet la démission de son Gouvernement* ». L'adoption de la motion de censure produit ainsi la même conséquence que le refus de la confiance. Il apparaît ainsi que les deux mécanismes sont similaires, ce qui a conduit certains constituants, à l'instar de la France, à unifier le régime des deux procédures. C'est le cas de l'article 79 de la Constitution malienne qui dispose que « *lorsque l'Assemblée nationale adopte une motion de censure ou lorsqu'elle désapprouve le programme ou une déclaration de politique générale du Gouvernement, le Premier ministre doit remettre au Président de la République la démission du Gouvernement* ». S'il apparaît que la démission du Premier ministre est inévitable en cas de refus de confiance ou de censure par l'Assemblée, la procédure de démission du Premier ministre peut soulever quelques interrogations. Dans quel délai doit-il présenter la démission au Président de la République ? Le Président est-il tenu d'accepter la démission du Premier ministre ?

Sur la question du délai, la Constitution togolaise est restée silencieuse, tout comme les Constitutions française, malienne et camerounaise. Par contre, les Constitutions gabonaise et burkinabè se sont voulues plus précises en prévoyant un délai dans lequel le Premier ministre doit présenter sa démission au Président après le vote d'une motion de censure, ce qui permet d'éviter

---

428 Entre 1992 et 2002, période de référence de la présente étude, il fallait un vote favorable de cinquante-quatre (54) députés pour adopter la motion, l'Assemblée étant composée de quatre-vingt-et-un (81) députés.

429 Confère supra, sous-titre précédent.

430 LAUVAUX (P.), *Parlementarisme rationalisé et stabilité du pouvoir exécutif. Quelques aspects de la réforme de l'Etat confrontés aux expériences étrangères*, op.cit.

431 Article 34-3 de la Constitution camerounaise de 1972 modifiée en 1996.

432 Article 78 al. 2 de la Constitution malienne de 1992.

433 Article 115 de la Constitution burkinabè de 1991.

434 Article 64 al. 2 de la Constitution gabonaise de 1991.

435 Article 86 al.4 de la Constitution sénégalaise de 2001.

toute manœuvre visant à retarder le départ du Premier ministre. Si la première dispose que la démission du Premier ministre doit être présentée « *immédiatement* [436]», la seconde précise que « *le Président du Faso met fin dans un délai de huit jours aux fonctions du Premier ministre* [437]». On peut également considérer que la Constitution togolaise et les autres Constitutions qui n'ont pas prévu de délai ont entendu implicitement contraindre le Premier ministre à démissionner immédiatement comme c'est le cas au Gabon. Mais dans l'un ou l'autre cas, l'acceptation de la démission du Premier ministre ne signifie pas qu'il doit quitter aussitôt ses fonctions. Le Gouvernement renversé reste ainsi en fonction jusqu'à la nomination d'un nouveau Premier ministre. C'est la solution donnée par la Conseil d'Etat français en considérant que « *selon un principe traditionnel de droit public, le gouvernement démissionnaire garde compétence, jusqu'à ce que le Président de la République ait pourvu par une décision officielle à son remplacement, pour procéder à l'expédition des affaires courantes*[438] ». Il s'en suit que les actes pris par un gouvernement démissionnaire sont juridiquement valables, lorsqu'elles se rattachent à la notion d'affaires courantes, une notion au demeurant très ambiguë[439].

En ce qui concerne l'acceptation de la démission par le chef de l'Etat, aucune disposition constitutionnelle n'oblige explicitement le chef de l'Etat à accepter la démission du Premier ministre censuré par le Parlement. Mais l'analyse des dispositions relatives à la motion de censure dans la Constitution togolaise montre en réalité que le Président n'a véritablement pas le choix, dans la mesure où le vote de la motion emporte *ipso facto* la désignation du nouveau Premier ministre dont la nomination s'impose au Président. En effet, l'article 98 al. 5 dispose que si motion de censure est adoptée, « *le président nomme le nouveau Premier ministre désigné* ». La seule nuance avec la question de confiance réside dans le fait que si une motion de censure est votée, la désignation du nouveau Premier ministre relève du Parlement et s'impose au Président conformément à l'article 98 al.5, alors que dans le cas du refus de la confiance, cette compétence relève du Président. Mais cette nuance est elle-même relativisée par le fait que l'entrée en fonction du Premier ministre est encore soumise à un vote de confiance favorable de l'Assemblée nationale conformément à l'article 78, ce qui revient au même résultat que pour la motion de censure. C'est l'Assemblée nationale qui a toujours le dernier mot dans la désignation du Premier ministre.

---

[436] Article 65 al. 2 de la Constitution gabonaise de 1991.

[437] Article 117 de la Constitution burkinabè de 1991.

[438] CE Ass, 19 octobre 1962, Brocas, *Recueil Lebon,* n° 553 ; *Dalloz* 1962, p.701 et *RDP* 1962, p.1181, concl. BERNARD (M.).

[439] BOUYSSOU (F.), « L'introuvable notion d'affaires courantes : l'activité des gouvernements démissionnaires sous la Quatrième République », *Revue française de sciences politiques*, Vol. 20, n°4, 1970, pp. 645-680.

S'agissant de la nomination du nouveau Premier ministre la question est réglée en amont par les députés étant entendu que l'adoption de la motion de censure entraîne la désignation d'un nouveau Premier ministre dont la nomination s'impose au président, ce qui permet de se prémunir contre toute tentative de reconduction par le président du Premier ministre démissionnaire et désavoué par les députés. Toutefois, dans les autres Etats, aucune disposition constitutionnelle n'empêche le président de renouveler sa confiance au Premier ministre démissionnaire, en le reconduisant dans ses fonctions. L'article 34-6 de la Constitution camerounaise envisage expressément cette hypothèse en disposant que « *le Président de la République peut reconduire le Premier ministre dans ses fonctions* [censuré par les députés] *et lui demander de former un nouveau Gouvernement* ». Toutefois, s'il décide de reconduire le Premier ministre renversé par le Parlement, cela pourrait s'analyser en un véritable acte de défiance vis-à-vis de la majorité parlementaire, ce qui pourrait déclencher une crise institutionnelle. En principe, en reconduisant dans ses fonctions le Premier ministre censuré par le Parlement, l'acte portant nomination du Premier ministre devrait s'accompagner d'un autre portant dissolution de l'Assemblée nationale. Ce faisant, le chef de l'Etat userait des pouvoirs d'arbitrage institutionnel que lui confèrent les différentes Constitutions[440] comme ce qui s'est passé en France en 1962[441].

Dans le nouveau constitutionnalisme africain, c'est l'usage de la motion de censure au Niger au début de la IIIe République qui mérite d'être citée en exemple. Suite à des dissensions au sein de la coalition majoritaire favorable au président, ayant conduit au renversement du Premier ministre, le président Mahamane OUSMANE a fait appel au peuple pour trancher le conflit l'opposant aux députés, mais le résultat fut contrasté[442] par rapport au cas français de 1962, puisque les élections législatives anticipées de 1995[443] ont été remportées par la coalition de l'opposition[444] obligeant le chef de l'Etat à

---

[440] Article 58 de la Constitution togolaise ; Article 5 de la Constitution française, Article 29 de la Constitution malienne

[441] le Premier ministre Georges POMPIDOU renversé par l'Assemblée nationale a été reconduit par le général DE GAULLE qui a décidé par la m. S'en remettant au peuple pour trancher le conflit opposant l'Exécutif au législatif, il accepta enfin la démission du Premier ministre après les élections législatives qui lui donnèrent la majorité absolue, puis reconduisit POMPIDOU dans ses fonctions .

[442] Voir LISSOUCK (F.-F.), *Pluralisme politique et droit en Afrique noire francophone : essai sur les dimensions institutionnelles et administratives de la démocratisation en Afrique noire francophone*, Thèse de droit public et analyse politique, IEP Lyon Université de Lyon II, 2000, pp. 122-123

[443] ILLIASSOU (A.), TIDJANI (M-A.), « processus électoral et démocratisation au Niger », *Politique africaine*, n°53, 1994, pp. 128-132

[444] La coalition de l'opposition composée par le MNSD (29 sièges), le PNDS (12 sièges) et d'autres petits partis de l'opposition (2 sièges) obtient la majorité parlementaire absolue avec 43 sièges contre 40 à la coalition de l'AFC conduite par le président ISSOUFOU.

nommer un Premier ministre d'opposition inaugurant ainsi une période de cohabitation[445] fatale pour la troisième République nigérienne[446]. Au Togo, la motion de censure votée par les députés du RPT, parti présidentiel majoritaire à l'Assemblée nationale, contre le Premier ministre Eugène Koffi ADOBOLI le 24 août 2000 est la seule connue à ce jour sous la IVe République. Il est toutefois difficile aujourd'hui d'obtenir les informations nécessaires sur le déroulement de la procédure ayant abouti au renversement du Premier ministre par les députés de son propre camp un an après sa nomination, ce qui limite fortement l'analyse. D'ailleurs, en l'absence de documents officiels, les informations que nous sommes parvenus à trouver dans deux thèses différentes qui ont abordé la question sont contradictoires sur la procédure suivie[447] et ne reposent pas sur des sources officielles.

Somme toute, la parlementarisation du statut du Premier ministre est effective dans la Constitution togolaise de 1992 et dans certaines Constitutions qui s'en rapprochent en instaurant le monisme parlementaire. Cette Constitution a conçu le Premier ministre comme le contrepoids du chef de l'Etat, ce qui s'observe encore plus dans la répartition des compétences au sein de l'exécutif.

Paragraphe 2 : Le Premier ministre, contrepoids constitutionnel du chef de l'Etat

La nouvelle configuration de l'exécutif dans les Etats d'Afrique noire francophone répondait à un souci de rupture avec le monolithisme présidentiel des cycles constitutionnels précédents. En effet, « *la constitutionnalisation du poste de Premier ministre, chef du gouvernement, renvoie au souci*

---

[445] GREGOIRE (E.), « Cohabitation au Niger », *Afrique contemporaine*, n° 175, 3e trimestre 1995, pp. 43-51 ; TANKOANO (A.), « La cohabitation dans un régime semi-présidentiel africain : le cas du Niger », *Revue burkinabè de droits*, n°30, 1996, pp. 195-216.

[446] La cohabitation inaugurée en 1995 a été synonyme de crises à répétition entre le président ISSOUFOU et le Premier ministre Hama AMADOU. Une junte militaire conduite par le colonel Ibrahim Baré MAINASSARA s'en est servi de prétexte pour renverser le président et les institutions de la troisième République en janvier 1996. Voir SOTINEL (T.), « L'armée nigérienne a chassé du pouvoir le chef de l'Etat démocratiquement élu en 1993 », *Le Monde*, n°15865, du 30 janvier 1996, p. 3.

[447] Pour Koffi SOMALI, il s'agissait bel et bien d'une motion de censure sur la base de l'art. 98 de la Constitution déposée et votée par à l'unanimité des quatre-vingt-et-un (81) députés composant l'Assemblée nationale (*Le Parlement dans le nouveau constitutionnalisme africain*, op.cit., p. 365) alors que pour Elisée Tikonimbé KOUPOKPA, la démission du Premier ministre faisait suite à l'engagement de la responsabilité du Gouvernement par ce dernier sur une déclaration de politique générale sur le fondement de l'article 97 de la Constitution. L'auteur précise d'ailleurs que la question de confiance posée par le Premier ministre a été rejetée par cinquante-sept (57) députés, 1 pour et 1 abstention (*Le modèle constitutionnel des Etats d'Afrique noire francophone dans le cadre du renouveau constitutionnel : le cas du Bénin, du Niger et du Togo*, Thèse de droit public, Université de Gand & Université de Lomé, p. 129).

d'équilibrer, voire de limiter les pouvoirs du Président de la République, qui a toujours guidé les travaux des rédacteurs des nouvelles Constitutions [448]». Au Togo et dans la plupart des États, le Premier ministre a hérité du statut de « *chef du Gouvernement* [449]», ce qui a conduit à une redistribution des compétences au sein de l'exécutif guidée par une logique d'équilibre[450] permettant au Premier ministre de disposer de compétences autonomes vis-à-vis du chef de l'Etat (A). Cette logique d'équilibre a également conduit le constituant togolais à faire du Premier ministre un instrument de limitation du pouvoir présidentiel (B).

A. Le Premier ministre doté de compétences autonomes

La mise en retrait du chef de l'Etat au sein des exécutifs transitionnels au profit d'un « *Premier ministre à part entière*[451] », organisée par les chartes transitoires[452], a permis de « *jeter les bases d'un futur partage du pouvoir au sein de l'exécutif post-transitionnel*[453] ». En général, cet exécutif post-transitionnel, organisé par les nouvelles Constitutions, est marqué par la prééminence du Gouvernement, et de son chef, le Premier ministre. Si en vertu de la légitimité que lui confère l'élection au suffrage universel[454], le chef de l'Etat demeure incontournable dans la vie politique, les nouvelles Constitutions ont voulu juridiquement encadrer sa participation à l'exercice du pouvoir exécutif dans une logique de partage avec le chef du Gouvernement. La Constitution togolaise de 1992 et celles qui se sont inscrites dans la même logique ont fait du Premier ministre à la fois une autorité politique et une autorité administrative. Les compétences politiques du Premier ministre résultent notamment de l'organisation de ses relations avec les autres institutions de la République. En effet, dans un régime semi-présidentiel, le Premier ministre est un facteur d'équilibre, en ce sens qu'il doit collaborer à la fois avec le chef de l'Etat au sein de l'Exécutif et le pouvoir législatif, et surtout diriger l'action du Gouvernement dont il est le chef. Issu de la majorité parlementaire, le Premier ministre se présente également comme le chef de

---

448 BOURGI (A.), « L'évolution du constitutionnalisme africain : du formalisme à l'effectivité », op.cit.

449 Article 78 de la Constitution togolaise de 1992 ; article 55 de la Constitution malienne de 1992 ; article 63 de la Constitution burkinabè de 1991, etc.

450 JOBERT (M.), « Le partage du pouvoir exécutif », *Pouvoirs* n°4, janvier 1978, p p.7-15

451 BOURGI (A.), « Enfin des Premiers ministres à part entière », op.cit.

452 Voir notamment l'Acte n°7 de la CNS au Togo, confère supra, Titre 1er, chapitre 1er.

453 FALL (I-M.), *Le pouvoir exécutif dans le constitutionnalisme des Etats d'Afrique*, op.cit., p. 18

454 Dans toutes les Constitutions des Etats d'Afrique noire francophone, la désignation du chef de l'Etat se fait au suffrage universel direct, ce qui est une constante dans le constitutionnalisme africain depuis les indépendances. Toutefois, dans le nouveau constitutionnalisme, les règles électorales ont été démocratisées par rapport aux précédentes avec notamment la restauration du multipartisme et la limitation des mandats présidentiels.

cette majorité qui l'a investi, et sur laquelle il doit compter pour la détermination et la conduite de la politique de la nation.

L'article 78 al. 1er de la Constitution togolaise du 14 octobre 1992 attribue expressément le titre de « *chef du Gouvernement* » au Premier ministre. Ce titre lui confère des attributions gouvernementales, qu'il exerce sans l'intervention du président, qui est tenu hors du Gouvernement par l'article 76 al. 1er. En effet, cette dernière disposition énumère les membres du Gouvernement que sont « *le Premier ministre, les ministres, et, le cas échéant, les ministres d'Etat, les ministres délégués et secrétaires d'Etat* ». Il apparaît clairement dans la rédaction de l'article 76 al. 1er que le président ne fait pas partie du Gouvernement, même s'il préside le Conseil des ministres[455]. Il paraît donc surprenant que certains décrets portant composition du Gouvernement[456] depuis l'entrée en vigueur de la Constitution de 1992 mentionnent le président parmi les membres du Gouvernement. On peut également s'étonner du fait que le président se voit attribuer la charge d'un département ministériel dans un Gouvernement dont tous les ministres sont censés être sous l'autorité du Premier ministre. Cela a été le cas au Togo pendant plus d'une dizaine d'années où le président Faure GNASSINGBE s'est attribué portefeuille de ministre de la défense[457] les accusations de tentative d'atteinte à la sûreté de l'Etat[458] visant en son demi-frère Kpatcha GNASSINGBE titulaire de ce portefeuille au début du mandat de président.

Sur un plan exclusivement juridique, on peut considérer que la séparation entre le chef de l'Etat et le Gouvernement est nettement définie par la Constitution togolaise afin de conforter le statut de chef du Gouvernement du Premier ministre. En sa qualité de chef du Gouvernement, le Premier ministre, conformément à l'article 78 al. 1er « *dirige l'action du Gouvernement* » qui « *détermine et conduit la politique de la nation* » suivant les dispositions de l'article 77 al. 1er. Ces formulations, inspirées des articles 20 et 21 de la Constitution française, se retrouvent également aux articles 53 et 55 de la Constitution malienne. On retrouve cette séparation organique et fonctionnelle de l'Exécutif dans la majorité des Constitutions suivant des formulations

---

455 Pendant la transition, le président avait perdu au Togo la présidence du Conseil des ministres au profit du Premier ministre.

456 C'est notamment le cas du décret n°94-035/PR du 25 mai 1994 portant composition du Gouvernement, *JORT*, Année 39, n°15 bis, numéro spécial, 26 mai 1994, p.1

457 A partir du Gouvernement formé par le Premier ministre Komlan MALLY le 13 décembre 2007 jusqu'au Gouvernement actuel formé le 1er octobre 2020 par Madame Victoire TOMEGAH-DOGBE, le ministère de la défense a toujours été rattaché à la présidence de la République.

458 Voir LOIRET (G.), « Un frère du chef de l'État arrêté pour tentative de putsch », *France24*, 15 avril 2009, https://www.france24.com/fr/20090415-frere-chef-letat-arrete-tentative-putsch-, consulté le 21 juin 2020 ; N'PIENIKOUA (S.-F.), « Togo. Querelle de famille autour du fauteuil présidentiel », Courrier international, 22 février 2011, https://www.courrierinternational.com/article/2009/04/17/querelle-de-famille-autour-du-fauteuil-presidentiel, consulté le 21 juin 2020.

différentes. C'est le cas notamment de la Constitution burkinabè, dont l'article 61 dispose que « *le Gouvernement est un organe de l'exécutif* », en précisant ensuite qu'« *il conduit la politique de la nation* » alors que le président, suivant l'article 36, « *fixe les grandes orientations de la politique de l'Etat* ». Dans certains Etats, cette séparation dualiste s'accompagne d'une organisation hiérarchisée des rapports, ce qui permet d'éviter toute confusion dans la répartition des rôles et dans le fonctionnement de l'Exécutif. C'est dans ce sens que l'article 28 al. 1er de la Constitution gabonaise prévoit que « *le Gouvernement conduit la politique de la nation, sous l'autorité du Président de la République et en concertation avec lui* ». La formule utilisée par la Constitution gabonaise se rapproche de celle de l'article 11-1 de la Constitution camerounaise selon laquelle « *le Gouvernement est chargé de la mise en œuvre de la politique de la nation telle que définie par le Président de la République* ». La Constitution sénégalaise de 2001 s'inscrit également dans la même perspective[459]. Quoi qu'il en soit, que la répartition des compétences au sein de l'Exécutif repose sur une logique dyarchique ou hiérarchique, la survie politique du Premier ministre reste également conditionnée par les rapports que ce dernier entretient avec le pouvoir législatif. C'est la raison pour laquelle ces rapports sont strictement encadrés par la Constitution.

Dans un régime parlementaire, une collaboration étroite entre l'exécutif et le législatif est indispensable pour la mise en œuvre du programme du Gouvernement. Cette collaboration est organique et fonctionnelle. Si la collaboration organique résulte de l'intervention du Parlement dans la désignation du Premier ministre et des moyens de révocation mutuelle, la collaboration fonctionnelle, qui nous intéresse particulièrement ici, réside principalement dans la participation de l'exécutif à la fonction législative. On s'aperçoit alors que le Gouvernement, et par extension son chef, le Premier ministre, est « *la pièce essentielle du régime parlementaire car c'est par lui que s'établit la collaboration ou le concours entre l'exécutif et le Parlement* [460]». La collaboration fonctionnelle entre l'exécutif et le législatif est fondamentale pour la mise en œuvre de l'action gouvernementale. C'est à ce titre que les Constitutions qui ont consacré les instruments du parlementarisme moniste ou dualiste ont prévu les mécanismes de cette collaboration fonctionnelle, en consacrant généralement un titre aux rapports entre l'exécutif et le législatif[461].

---

459 Article 52 al. 2 « *Le Gouvernement conduit et coordonne la politique de la nation sous l'autorité du Président de la République* ».

460 GICQUEL (J.), GICQUEL (J.-E.), *Droit constitutionnel et institutions politiques 2016-2017*, op.cit., p. 170.

461 Titre V de la Constitution togolaise de 1992 (art. 81 et suiv.) ; Titre VI de la Constitution malienne de 1992 (art. 70 et suiv.) ; Titre VII de la Constitution burkinabè de 1991 (art. 109 et suiv.) ; etc.

C'est en ce sens que la Constitution attribue au Gouvernement l'initiative de la loi concurremment avec les députés[462]. Cette prérogative qui est prévue à l'article 83[463] permet au Premier ministre, d'intervenir dans la procédure législative[464], ce qui est une caractéristique du régime parlementaire rationalisé[465]. Cette intervention est encadrée par la Constitution. S'agissant de l'initiative, l'article 89 de la Constitution togolaise précise que les projets de loi présentés à l'Assemblée nationale par le Premier ministre sont délibérés en Conseil des ministres. Mais la question qui peut légitimement se poser à propos de l'initiative législative du Premier ministre est de savoir si les projets de loi délibérés en Conseil des ministres traduisent sa politique ou celle du chef de l'Etat ? A priori, l'on peut répondre que lorsque le chef du Gouvernement et le chef de l'Etat appartiennent au même courant politique, et que le Premier ministre n'est que l'exécutant de la politique présidentielle[466], la question ne se pose pas, dans la mesure où ils sont censés défendre et mettre en œuvre la même politique. Il en a toujours été ainsi au Togo avec la domination sans partage du parti du chef de l'Etat sous la IVe République[467]. Par contre, lorsqu'ils appartiennent à des majorités opposées[468], et que l'un et l'autre ont été désignés pour mener des politiques différentes, le Premier ministre récupère la plénitude de l'initiative législative[469] dans la mesure où il est le chef de la majorité parlementaire nécessaire pour faire passer les projets de loi. Dans cette hypothèse, qui reflète les périodes de cohabitation en France, et qui demeure à l'heure actuelle une hypothèse d'école au Togo[470], le Premier ministre exerce pleinement ses prérogatives exécutives de détermination et de conduite de la politique de la

---

462 BRAIBANT (G.), « Qui fait la loi ? », *Pouvoirs*, n°64, 1993, pp. 43-46 ; BENVENUTO (S.), « Les rôles respectifs du gouvernement et du parlement dans la création des textes de loi », *JCP*, n°170, 1995, pp. 128-136.

463 Elle est également prévue aux art. 75 de la Constitution malienne de 1992 ; 97 de la Constitution burkinabè de 1991 ; 53 de la Constitution gabonaise de 1991, etc.

464 GICQUEL (J.), « Comment la Constitution de 1958 met-elle en rapport le Parlement et le Gouvernement », in *La Constitution en 20 questions : question n°9, cinquantième anniversaire de la Constitution de 1958*, http://www.conseil-constitutionnel.fr/conseil-constitutionnel/francais/la-constitution/la-constitution-de-1958-en-20-questions/comment-la-constitution-de-1958-met-elle-en-rapport-parlement-et-gouvernement.25836.html consulté le 1er avril 2017.

465 FRANCOIS (B.), *Le régime politique de la Ve République*, op.cit., pp. 29 et suivants.

466 AVRIL (P.), « Diriger le Gouvernement », *Pouvoirs*, n°83, 1997, p. 32.

467 DEGLI (J.-Y.), *Togo : A quand l'alternance politique ?*, op.cit. ; ATTISO (F.-S.), *La problématique de l'alternance politique au Togo*, Paris, L'Harmattan, 2001, 175 p.

468 DUHAMEL (O.), « L'hypothèse de la contradiction des majorités », in DUVERGER (M.), (dir.), *Les régimes semi-présidentiels*, Paris, PUF, 1986, pp. 257-273.

469 FOURNIER (A.-X.), *La dynamique du pouvoir exécutif sous la Ve République : cohabitation et avenir des instituions*, Montréal, Presses de l'Université du Québec, 2008

470 Le Togo n'a pas connu de véritable cohabitation depuis 1992. La seule situation qui peut y être assimilée a été la nomination d'Edem KODJO en tant que Premier ministre en 1994, mais malgré qu'il soit issu de l'opposition, il ne disposait pas d'une majorité parlementaire pour pouvoir gouverner indépendamment du chef de l'Etat, ce qui n'est pas vraiment caractéristique d'une cohabitation.

nation indépendamment du chef de l'Etat obligé de se replier dans son rôle d'arbitre[471]. Les cohabitations sous la Ve République en France[472], devenues hypothétiques depuis la réforme de la durée du mandat présidentiel de 2000[473] système électoral en 2001[474], ont révélé « *un déplacement du centre de gravité du pouvoir exécutif de l'Élysée à Matignon* [475]».

Outre l'initiative de la loi, le Premier ministre, en tant que chef du Gouvernement, dispose d'autres prérogatives dans la procédure législative. Même s'il ne prévoit pas d'équivalents des articles 44 al.3 et 49 al.3 de la Constitution française qui instituent des mécanismes redoutables du parlementarisme rationalisé[476] du vote bloqué et de l'engagement de la responsabilité du Gouvernement sur le vote d'un texte, la Constitution togolaise dispose à l'article 82 al.2 que « *l'inscription, par priorité, à l'ordre du jour de l'Assemblée nationale, d'un projet ou d'une proposition de loi ou d'une déclaration de politique générale, est de droit si le Gouvernement en fait la demande* ». Cette disposition, qui assure au Gouvernement et à son chef la maîtrise de l'ordre du jour de l'Assemblée nationale est une caractéristique du parlementarisme rationalisé[477] car elle accorde d'importants pouvoirs au Premier ministre dans la procédure législative lui permettant d'influencer le travail parlementaire. A ce titre, l'article 118 de la Constitution burkinabè de 1991 s'est montré encore plus incisive, en assurant automatiquement au Gouvernement la détermination de l'ordre du jour de l'Assemblée et le vote

---

[471] MASSOT (J.), *L'arbitre et le capitaine : Essai sur la responsabilité présidentielle*, Paris, Flammarion, 1987

[472] La France a connu trois périodes de cohabitation sous la Ve République : 1986-1988 ; 1993-1995 ; 1997-2002. Pour une synthèse de ces différentes cohabitations, voir PEYREFITTE (A.), « Les trois cohabitations », *Pouvoirs*, n° 91, 1999, pp. 25-31.

[473] Il s'agit de la réduction du mandat présidentiel de sept à cinq ans, dite la réforme du quinquennat adoptée par référendum (Loi constitutionnelle n°2000-964 du 2 octobre 2000 relative à la durée du mandat du Président de la République, JORF, 132e année, n°229, 2-3 oct. 2000, p.15582). LUCHAIRE (F.), « Réformer la Constitution pour éviter la cohabitation ? C'est inutile », *Pouvoirs*, n° 91, 1999, pp. 119-127 ; MASSOT (J.), « Réformer la Constitution pour éviter la cohabitation ? C'est nécessaire et possible », *Pouvoirs*, n° 91, 1999, pp. 129-137.

[474] Il s'agit de réforme sur l'inversion du calendrier électoral. Elle dispose que « les pouvoirs de l'Assemblée nationale expirent le troisième mardi de juin de la cinquième année qui suit son élection », ce qui combiné au passage au quinquennat à partir de 2002, fait précéder les élections législatives de l'élection présidentielle qui se tiennent désormais la même année entre le printemps et l'été (Loi organique n° 2001-419 du 15 mai 2001 modifiant la date d'expiration des pouvoirs de l'Assemblée nationale, JORF, 133e année, n°113, 16 mai 2001).

[475] MELIN-SOUCRAMANIEN (F.), PACTET (P.), *Droit constitutionnel 2021*, 39e éd., Paris, Sirey, 2020, § 1212.

[476] Ces mécanismes permettent en France au Gouvernement de contourner les péripéties du débat parlementaire dans le cadre de la procédure législative. Sur l'utilisation du 49 al.3, confère supra. Sur le 44-3, Voir AVRIL (P.), « Le vote bloqué », *RDP*, 1965, p. 39.

[477] PORTELLI (H.), « Le temps parlementaire », *Pouvoirs*, n°146, 2013, pp. 71-82 ; TOULEMONDE (G.), « Le temps parlementaire », *Constitutions*, 2016, p. 40 ; MOYSAN (E.), « Une ambiguïté constitutionnelle : l'ordre du jour parlementaire », *LPA*, n°135, 9 juil. 2018, p. 60.

en priorité des projets de loi et en prévoyant un délai de deux mois pour la discussion et le vote des propositions de loi. Il n'est donc pas surprenant qu'on parle aujourd'hui, en France et dans les Etats qui se sont inspirés de la Constitution de 1958, d'un monopole gouvernemental de fait de l'initiative législative[478]. Les prérogatives du Gouvernement en matière législative sont également renforcées dans la procédure d'adoption de la loi des finances, notamment en cas d'enlisement du débat parlementaire[479]. L'article 91 al. 2 de la Constitution togolaise dispose que « *les dispositions du projet peuvent être mises en vigueur par ordonnance si l'Assemblée ne s'est pas prononcée dans un délai de quarante-cinq jours suivant le dépôt du projet et que l'année budgétaire vient à expirer* ». Le délai de 45 jours fixé par la Constitution togolaise paraît plus contraignant pour l'Assemblée[480] par rapport au délai de 70 jours prévu par l'article 47 al. 3 de la Constitution française et de 60 jours prévu au Burkina-Faso[481] notamment. Tout compte fait, il s'agit d'un moyen de pression du Gouvernement sur les députés qui renforce la prépondérance du Premier ministre dans ses rapports avec les députés.

Si la détermination de la politique de la nation passe par les projets de loi que le Premier ministre soumet au vote de l'Assemblée nationale, la conduite de cette politique nécessite également que des moyens juridiques soient mis à la disposition du chef du Gouvernement. Ces moyens sont prévus par l'article 77 de la Constitution togolaise qui dispose que « *le Gouvernement détermine et conduit la politique de la nation. Il dirige l'administration civile et militaire. A cet effet, il dispose de l'administration, de la force armée et des forces de sécurité* ». Ce texte confère ainsi au chef de Gouvernement un rôle administratif très important qui fait de lui le chef de l'administration. Il bénéficie ainsi d'un pouvoir règlementaire autonome, lui permettant à la fois d'être indépendant du chef de l'Etat dans la mise en œuvre de ses compétences administratives, et de prendre des mesures à caractère général et individuel. Le pouvoir réglementaire peut être défini comme « *le pouvoir de prendre un acte administratif unilatéral de caractère normatif à portée générale et impersonnelle*[482] ». Au plan national, le pouvoir réglementaire est exercé par les autorités habilitées par la Constitution, notamment le président de la République et le Premier ministre[483], et par les exécutifs locaux et les autorités déconcentrés à l'échelon local[484]. Le pouvoir réglementaire général[485], qui

---

[478] BACHSCHMIDT (P.), « Droit parlementaire. Le succès méconnu des lois d'initiative parlementaire », *RFDC* 2009/2 (n° 78), p. 343-365.
[479] Voir par exemple pour le cas français, CHINAUD (R.), « Loi de finances : quelle marge de manœuvre pour le parlement ? », *Pouvoirs* n° 64, 1993, p. 99.
[480] SOMALI (K.), *Le Parlement dans le nouveau constitutionnalisme africain*, op.cit., p. 314
[481] Article 113 de la Constitution burkinabè de 1991.
[482] VAN LANG (A.) et al., *Dictionnaire de droit administratif*, 8e éd., Paris, Sirey, 2021, p. 496.
[483] JAN (P.), *Institutions administratives*, Paris, LexisNexis, 2015, p.80
[484] FAURE (B.), *Le pouvoir réglementaire des collectivités locales*, Paris, LGDJ, 1998.
[485] DOUENCE (J-C.), *Recherches sur le pouvoir réglementaire de l'administration*, Paris, LGDJ, 1968.

s'applique à tout le territoire national résulte d'une part, de l'exécution des lois votées par le Parlement, et d'autre part du domaine des matières qui ne relèvent pas de la loi[486], en raison de la distinction des domaines de la loi et du règlement prévue aux articles 84 et 85 de la Constitution togolaise et dans la quasi-totalité des Constitutions africaines[487] qui se sont inspirées des articles 34 et 37 de la Constitution française[488].

Si le Président dispose toujours d'un pouvoir réglementaire en vertu de ses pouvoirs propres et de la présidence du Conseil des ministres en vertu de l'article 66 al.3, la Constitution togolaise de 1992 dans sa version originale a attribué le pouvoir réglementaire de droit commun au Premier ministre. En effet, la répartition du pouvoir réglementaire entre le Président et le Premier ministre au Togo résultait de la lecture combinée des articles 69, 70 et 79 de la Constitution de 1992. Dans un Premier temps, l'article 69 dispose que « *le Président de la République signe les décrets et les ordonnances délibérés en Conseil des ministres* », et dans un second temps l'article 70 énumère les postes auxquels il est pourvu par le Président en Conseil des ministres. Il en ressort que la Constitution limite le pouvoir réglementaire général et le pouvoir de nomination du Président au Conseil des ministres, d'autant plus que l'article 79 dispose que « *le Premier ministre assure l'exécution des lois* » et que « *sous réserve des dispositions de l'article 70, il nomme aux emplois civils et militaires* ». Cette répartition du pouvoir de nomination aux emplois civils et militaires entre le président et le Premier ministre est interprétée en France comme fondée sur le fait que « *les nominations qualitativement supérieures sont la prérogative du président de la République tandis que l'ensemble quantitativement important des autres nominations est le fait de la prérogative gouvernementale* [489]». De même, la limitation du pouvoir règlementaire du président au Conseil des ministres, signifie que c'est au Premier ministre que revient le pouvoir règlementaire de droit commun[490]. La Constitution malienne est encore plus claire en attribuant expressément le pouvoir règlementaire de droit commun au Premier ministre, en disposant en son article 55 al. 2 que « *sous réserve des dispositions de l'article 46, il exerce le pouvoir réglementaire* ». L'article 46 ainsi visé par la Constitution malienne

---

[486] FAVOREU (L.), *Le domaine de la loi et le règlement*, Paris, Economica, 1981, 283 p. ; MATHIEU (B.), « La part de la loi, la part du règlement. De la limitation de la compétence réglementaire à la limitation de la compétence législative », *Pouvoirs* 2005, n° 114, pp. 73-87.

[487] Articles 70 et 73 de la Constitution malienne de 1992 ; articles 101 et 108 de la Constitution burkinabè de 1991 ; articles 68 et 76 de la Constitution sénégalaise de 2001 ; etc.

[488]TALBOT (P.), « La hiérarchie des décrets règlementaires du président de la République et du Premier ministre », *La Revue administrative*, n°255, mai-juin 1990, pp.230-240

[489] MONTAY (B.), « Le pouvoir de nomination de l'Exécutif sous la Ve République », *Jus Politicum*, n° 11, déc. 2013, http://juspoliticum.com/article/Le-pouvoir-de-nomination-de-l-Executif-sous-la-Ve-Republique-817.html, consulté le 22 juin 2021.

[490] Sur le pouvoir règlementaire de droit commun du Premier ministre, voir JAN (P.), *Institutions administratives*, op.cit., pp.88 et suivants

est relatif au pouvoir règlementaire du président en Conseil des ministres et à son pouvoir de nomination.

Dans la pratique, le pouvoir règlementaire très étendu du Premier ministre n'a réellement été exercé dans toute son essence que par le Premier ministre Edem KODJO entre 1994 et 1996[491]. En effet, ce dernier a pris des mesures très importantes relatives notamment à la réorganisation de l'administration togolaise et des décrets de nomination lui permettant de mettre ses collaborateurs à la tête des administrations centrales. Par contre, les successeurs d'Edem KODJO se sont pratiquement abstenus d'exercer leur pouvoir règlementaire afin de ne pas concurrencer celui du président, ce qui a conduit à un net recul des décrets signés par le Premier ministre à partir de 1996. Grâce à ses compétences autonomes qui concurrencent le président et qui créent un équilibre institutionnel au sein de l'exécutif, le Premier ministre se révèle également être un facteur de limitation des pouvoirs du président.

B. Le Premier ministre, facteur de limitation des pouvoirs présidentiels

La Constitution togolaise de 1992 a prévu à côté des attributions autonomes du Premier ministre et des pouvoirs propres du président, des compétences partagées[492] dont l'exercice nécessite la collaboration du tandem exécutif. Ce faisant, le Premier ministre se présente comme un facteur de limitation des pouvoirs du président. Nous aborderons ici principalement le partage des prérogatives gouvernementales en ce qui concerne la nomination et la révocation des ministres et l'exigence du contreseing primo-ministériel sur certains actes réglementaires du président. L'article 66 al. 2 de la Constitution togolaise établit le régime juridique de la désignation et de la révocation des membres du Gouvernement en disposant que « *sur proposition du Premier ministre, il* [le Président de la République] *nomme les autres membres du Gouvernement et met fin à leurs fonctions* ». Ce texte pose deux règles fondamentales qu'il convient d'analyser : C'est le président qui nomme et révoque les membres du Gouvernement, mais ce pouvoir de nomination est conditionné par la proposition du Premier ministre. Le nouveau constitutionnalisme africain a considérablement réduit la marge de manœuvre du chef de l'Etat dans la désignation des membres du Gouvernement. La plupart des Etats qui ont institué le Premier ministre de la troisième génération ont fait de la proposition du Premier ministre une exigence constitutionnelle qui s'applique à la nomination et à la révocation des membres du

[491] Les journaux officiels recensés entre 1996 et 1998 ont presque toujours une rubrique intitulée « Primature » qui comportait les décrets signés par le Premier ministre.
[492] Sur la notion de pouvoirs partagées, voir JOBERT (M.), « Le partage du pouvoir exécutif », op.cit. ; FOURNIER (A-X.), « Le partage des pouvoirs entre le président et le premier ministre sous la Ve République », *Bulletin d'histoire politique*, Vol. 16, n°3, pp. 199-210.

Gouvernement[493] en s'inspirant ainsi de l'article 8 de la Constitution française de 1958. L'unique exception relevée concerne le Cameroun où, si la proposition du Premier ministre est requise pour la nomination des ministres, il n'en est pas ainsi pour leur révocation, puisque l'article 10-1 al. 3 dispose simplement qu'« *il* [le Président de la République] *met fin à leurs fonctions* ». La faculté laissée au président camerounais de révoquer discrétionnairement les membres du Gouvernement de leur fonction neutralise ainsi l'intervention du Premier ministre pour leur nomination.

La proposition du Premier ministre apparaît clairement comme une condition de forme de la nomination des membres du Gouvernement. Mais quelle que soit la formule retenue par les constituants pour prévoir l'intervention du Premier ministre dans la désignation des ministres, par le biais d'une proposition, il s'avère que cette intervention ne lie par le Président de la République[494]. Il ne s'agit que de propositions qui doivent être analysées comme telles. Le dernier mot reviendrait alors au Président de la République qui est libre d'accepter ou refuser les propositions du Premier ministre. Il s'avère que l'idée ici est de mettre en place une équipe gouvernementale qui serait le fruit d'un consensus entre les deux têtes de l'exécutif[495]. Il est clair que lorsque le Premier ministre procède du Président, c'est-à-dire lorsqu'il est choisi dans une majorité parlementaire contrôlée par le président, l'exercice de cette compétence conjointe s'annonce moins difficile que lorsqu'ils sont de bords politiques différents, en période de cohabitation notamment. Dans le premier cas, la proposition du Premier ministre n'est pas décisive, car c'est du président que procèdent le Premier ministre et les autres membres du Gouvernement[496]. Il en en est ainsi au Togo depuis 1996 où la permanence du fait majoritaire a permis au président d'avoir une mainmise sur la nomination des membres du Gouvernement, la proposition du Premier ministre dans cette situation n'étant plus que protocolaire ou formelle. Dans le second cas, la proposition du Premier ministre s'impose normalement au président qui ne peut le rejeter. Toutefois, la pratique a montré en France que même en période de cohabitation, le Premier ministre est obligé de s'entendre avec le chef de l'Etat pour définir la composition du Gouvernement[497] afin de ne pas entraver le fonctionnement du Gouvernement. Certains portefeuilles, relevant du

[493] Article 46 al. 2 (Burkina-Faso) ; Article 10-1 al. 2 et 3 (Cameroun) ; Article 15 al.3 (Gabon) ; Article 38 al.2 (Mali) ; etc.

[494] FALL (I.-M.), *Le pouvoir exécutif dans le constitutionnalisme des Etats d'Afrique*, op.cit., p. 135.

[495] FORMERY (S-L.), *La constitution commentée article par article…*, op.cit., p. 30.

[496] COLLIARD (J.-C.), « Un régime hésitant et déséquilibré », *Pouvoirs*, n° 4, 1978, pp.118-129.

[497] LUCHAIRE (F.), « Les vertus de la cohabitation », *Cahiers français*, n° 300, 2001, pp. 30-31 ; MASSOT (J.), « La cohabitation, quelles conséquences pour les institutions ? », *Cahiers français*, n° 300, 2001, pp. 28-32.

domaine dit réservé du chef de l'Etat[498], comme la défense et les affaires étrangères, sont généralement ainsi réservés aux personnalités moins clivantes[499], ou techniciens consensuellement choisis par le président et le Premier ministre[500]. Au Togo, il est difficile aujourd'hui de cerner avec exactitude les coulisses de la composition des différents Gouvernements sous la IVe République. On peut juste considérer que le président tient toujours compte de la proposition du Premier ministre, du moins formellement, puisque les différents décrets de composition du Gouvernement visent expressément la proposition du Premier ministre. Cette appréciation est confortée par le fait qu'il existe toujours un délai minimum raisonnable entre la nomination du Premier ministre et la signature du décret portant composition du Gouvernement, ce qui montre qu'il y a eu des discussions sur le choix des ministres.

Comme la cohabitation en France, la pratique togolaise et d'autres Etats africains a démontré qu'au-delà de l'exigence constitutionnelle de proposition du Premier ministre dans la composition du Gouvernement, des facteurs politiques ou extérieurs peuvent également influencer l'exercice partagé du pouvoir de nomination des membres du Gouvernement[501]. Il en est ainsi notamment dans les cas où, sans parler de cohabitation, le Président de la République est contraint de nommer un Premier ministre dans un parti politique autre que le sien, soit parce qu'il ne dispose pas d'une majorité absolue à l'Assemblée nationale, soit pour régler une crise politique. Trois situations politiques vécues par le Togo peuvent illustrer la limitation respective de la marge de manœuvre du président et/ou du Premier ministre. Le Gouvernement de coalition formé au début de la première législature de la IVe République au Togo[502] par le Premier ministre Edem KODJO, le Gouvernement d'union nationale constitué après l'accord politique de

---

[498] CARCASSONNE (G.) « Le premier ministre et le domaine dit réservé », *Pouvoirs*, n° 83,1997, pp. 65-74.

[499] Les pratiques divergent selon les cohabitations en France. En 1986, le président MITTERRAND s'est opposé à la nomination des personnalités choisies par le Premier ministre Jacques CHIRAC aux affaires étrangères et à la défense, ce qui a contraint le Premier ministre à s'entendre avec lui pour la nomination à ces postes. Toutefois, en 1993, le même président MITTERRAND a accepté les propositions présentées par le Premier ministre Edouard BALLADUR à ces postes, tout comme le président CHIRAC l'a fait avec le Premier ministre Lionel JOSPIN en 1997. Voir GICQUEL (J.), GICQUEL (J.-E.), *Droit constitutionnel et institutions politiques*, op.cit., p. 667.

[500] DOLEZ (B.), « La composition du gouvernement sous la Ve République », *RDP* 1999, n° 1, pp. 131-157.

[501] FALL (I.-M.), *Le pouvoir exécutif dans le constitutionnalisme des Etats d'Afrique*, op.cit., pp. 142 et suivants.

[502] Confère infra pour plus de détails (Titre II, chapitre 1er)

Ouagadougou de 2006[503] et le Gouvernement d'ouverture issu de l'accord RPT-UFC de 2010[504] illustrent l'influence des facteurs politiques sur la composition du Gouvernement. Ces Gouvernements, guidés par un esprit de répartition politique des postes ministériels sur la base d'un accord politique bilatéral ou multilatéral, amenuisent généralement le pouvoir de proposition du Premier ministre dans la répartition des portefeuilles ministériels et *de facto* son autorité sur le Gouvernement.

D'abord, le Gouvernement de coalition RPT-UTD formé en 1994 est le fruit d'un marchandage politique des postes ministériels. Théoriquement, lorsqu'un gouvernement de coalition est dominé par la majorité présidentielle, avec un Premier ministre issu d'un autre parti que celui du Président, la marge de manœuvre du Premier ministre s'amenuise au profit de celle du Président. Ce fut le cas au Togo en 1994 où le Premier ministre Edem KODJO et son parti l'UTD qui ne disposaient que de 6 députés contre 38 au RPT du président EYADEMA au sein de la majorité parlementaire[505]. Le parti du Premier ministre apparaît ici comme une force politique d'appoint et c'est le Président qui dirige les manœuvres pour la répartition des portefeuilles ministériels. Il ne fut donc pas surprenant que le RPT se soit adjugé la majorité des portefeuilles ministériels, surtout ceux de souveraineté[506]. C'est dans ce contexte qu'au final, le Premier ministre n'ayant aucune autorité sur le Gouvernement dont les principaux ministres se référaient directement au président à son insu, s'est complètement retrouvé marginalisé dans l'action gouvernementale[507].

Ensuite, on peut également évoquer le cas de la formation du Gouvernement dit « *d'union nationale* » au Togo après la signature de

---

[503] L'Accord politique global (APG) a été négocié et obtenu à Ouagadougou le 19 août 2006 et signé à Lomé le 20 août, soit le lendemain, par le RPT, parti présidentiel, cinq (05) partis de l'opposition (CAR, CDPA, CPP, UFC, PDR) et deux organisations de la société civile (GF2D, REFAMPT).

[504] L'Accord RPT-UFC a été signé le 26 mai 2010 à Lomé entre le RPT, parti présidentiel et l'Union des forces du changement (UFC), principal parti de l'opposition à l'époque à l'issue de négociations bilatérales entre le président de la République Faure GNASSINGBE et le président de l'UFC Gilchrist OLYMPIO. Cet accord a provoqué la scission de l'UFC, dont les démissionnaires, sous la houlette du secrétaire général Jean-Pierre FABRE ont créé l'Alliance nationale du changement (ANC) quelques mois plus tard.

[505] Confère supra.

[506] Décret n° 035/PR du 25 mai 1996 portant composition du Gouvernement, *JORT*, 39e année, n°15 bis, numéro spécial, p. 1

[507] Confère infra

l'accord politique global (APG) en 2006[508]. La signature de cet accord est intervenue le 20 août 2006 à l'issue du dialogue intertogolais ayant réuni le parti présidentiel, les principaux partis de l'opposition et la société civile[509]. Cet accord était destiné à satisfaire aux exigences démocratiques de l'Union européenne (UE) contenus dans les 22 engagements souscrits le 14 avril 2004 par le Gouvernement togolais pour la reprise de la coopération suspendue depuis 1993[510]. Il s'agissait également par la même occasion de résoudre la crise politique survenue après le décès du président EYADEMA le 5 février 2005 et les circonstances anticonstitutionnelles qui ont entouré sa succession[511] ayant occasionné des manifestations de l'opposition et la répression sanglante de l'armée[512]. Conformément au point IV dudit accord, le président Faure GNASSINGBE a consenti à la formation d'un « *Gouvernement d'Union Nationale ouvert aux partis politiques et aux organisations de la société civile, dans un esprit de réconciliation nationale et de confiance mutuelle pour la consolidation du processus d'apaisement* ». Après quelques jours de tractations[513], Me Yawovi AGBOYIBO, président du CAR, a été désigné comme Premier ministre[514]. Pour la formation du Gouvernement, et en application du point IV-1, la répartition des portefeuilles ministériels a été faite sur la base de calculs d'équilibre politique, ce qui a fortement amenuisé la marge de manœuvre du Premier ministre et du président dans le choix des ministres. Ainsi, le Gouvernement nommé le 20

---

508 La signature de l'APG est l'aboutissement du dialogue inter-togolais initié dans le cadre de la mise en œuvre des vingt-deux (22) engagements souscrits le 14 avril 2004 par le Gouvernement de la République Togolaise à l'issue des consultations avec l'Union Européenne et dans le but de consolider la démocratie, la réconciliation nationale et la paix sociale, pour la reprise de la coopération économique suspendue avec l'UE (ex-CEE) depuis 1993. Elle résulte également de l'appel au dialogue lancé par les organisations internationales au lendemain de l'élection d'avril 2005 émaillé par des violences perpétrées par l'armée à la suite de la contestation des résultats proclamant la victoire de Faure GNASSINGBE, fils du feu-président Gnassingbé EYADEMA, qui devrait succéder à son père défunt. Après plusieurs échecs, les parties prenantes au dialogue ont fait appel à la facilitation du président Blaise COMPAORE du Burkina-Faso. C'est dans ce cadre qu'ils se sont retrouvés autour d'une table-ronde à Ouagadougou du 7 au 19 août 2006, dont les négociations ont abouti à la signature de l'APG du 20 août 2006.

509 Voir THIVILLON (T.), *La France et l'Union européenne au Togo : Les aléas de la conditionnalité démocratique*, op.cit.

510 KOFFI (K.), « Togo : Les deux ruptures de coopération (1993 et 1998) », *Afrique contemporaine*, n°189, 1999, pp. 63-73.

511 ATTISSO (F.-S.), *Le Togo sous la dynastie des Gnassingbé*, Paris, L'Harmattan, 2012, pp. 23 et suivants.

512 SOUDAN (F.), « Togo, la déchirure », *Jeune Afrique*, mai 2005, n° 2313, pp. 30-34 ; TOULABOR (C.), « Élection à haut risque dans un Togo déchiré », *Le Monde diplomatique*, avril 2005, pp. 20-21.

513 CHEIKH (Y-S.), « Togo, les dessous d'un accord », *Jeune Afrique*, août-septembre 2006, n° 2381, pp. 59-61

514 Décret n° 2006-119/PR du 16 septembre 2006 portant nomination du Premier ministre, *JORT*, 51e année, n°26, n° spécial, 16 sept. 2006.

septembre 2006[515] n'est qu'un assemblage de personnalités politiques proches du président ou du Premier ministre et des leaders des autres partis signataires de l'accord à l'exception de l'Union des forces du changement (UFC) qui a décliné sa participation au Gouvernement pour protester contre la nomination du Premier ministre dans les rangs d'un autre parti politique que le sien[516].

Enfin, l'accord RPT-UFC du 26 mai 2010 a également donné lieu à un marchandage des portefeuilles ministériels entre le parti présidentiel et son ex-adversaire le plus radical devenu son allié. En effet, cet accord intervenu au lendemain de l'élection présidentielle du 4 mars 2010 remporté par le président Faure GNASSINGBE[517] et contesté par le candidat de l'UFC, Jean-Pierre FABRE[518], signé entre le président de la République et Gilchrist OLYMPIO, le président de l'UFC, a redessiné à la fois le paysage politique togolais[519] et la composition du nouveau Gouvernement à la tête de laquelle a été reconduit le Premier ministre Gilbert Fossoun HOUNGBO[520]. Le Premier ministre, présentant un profil plus technocrate que politique[521], pris dans la

---

[515] Décret n°2006-120/PR du 20 septembre 2006, portant composition du Gouvernement, *JORT*, 51e année, n°29, numéro spécial, 04 oct. 2006, p. 2.

[516] « Dilemme à propos de l'entrée au gouvernement de l'UFC », *Le Changement*, n° 45 du 18 octobre 2006.

[517] HUGUEUX (V.), «Togo : Réélection du président dans le doute », *L'Express*, 12 mars 2010, https://www.lexpress.fr/actualite/monde/afrique/reelection-du-president-dans-le-doute_854836.html, consulté le 14 avril 2021.

[518] VAMPOUILLE (T.), « Togo : l'opposition conteste la réélection de Gnassingbé », *Le Figaro*, 6 mars 2010, https://www.lefigaro.fr/international/2010/03/06/01003-20100306ARTFIG00506-montee-de-fievre-autour-de-l-election-au-togo-.php, consulté le 14 avril 2021.

[519] Le ralliement de l'UFC, principal parti de l'opposition qui disposait du contingent le plus important de députés à l'Assemblée nationale, et arrivé à chaque fois en deuxième position lors des élections présidentielles de 1998, 2003, 2005 et 2010 au RPT, parti présidentiel, a été vécu dans la classe politique togolaise comme un séisme politique ayant bouleversé les équilibres politiques. Cet accord n'a d'ailleurs pas fait l'unanimité au sein même de l'UFC, dont les dissidents, conduits par Jean Pierre FABRE, candidat du parti à l'élection présidentielle de 2010, ont créé dans la foulée l'Alliance nationale du changement (ANC). Cette dissidence, mal vécue par Gilchrist OLYMPIO, président de l'UFC, a provoqué plusieurs rebondissements politiques et institutionnels. A la demande du président de l'UFC, les députés élus sous la bannière de l'UFC lors des élections législatives de 2007 ayant rejoint l'ANC par dissidence de l'UFC, ont été exclus de l'Assemblée nationale par la Cour constitutionnelle (*Décision n° E-018/10 du 22 novembre 2010*). Ces derniers, dont Jean-Pierre FABRE, ont saisi la Cour de justice de la CEDEAO qui se prononcera pour le maintien des députés à l'Assemblée (tout en refusant de s'ériger en juge d'appel ou de cassation des décisions de la Cour constitutionnelle (*arrêt n°ECW/CCJ/JUG/06/12, 13 mars 2012, Madame Isabelle Ameganvi et autres c/ l'État togolais*), mais la Cour constitutionnelle du Togo s'est opposée leur réintégration (*Décision n°E-002-2011 du 22 juin 2011*) sur le fondement de l'autorité de la chose jugée des décisions de la Cour, malgré la décision de l'Union interparlementaire (IUP) dans ce sens lors de sa 113e session à Panama du 15 au 19 avril 2011.

[520] Décret n° 2010-035/PR du 07 mai 2010 portant nomination du Premier ministre. Il était en poste depuis 2008.

[521] Avant sa nomination, il n'était pas connu de la classe politique togolaise. Il était haut-fonctionnaire international en poste au PNUD. Il présentait ainsi le même profil qu'Eugène Koffi ADOBOLI, nommé Premier ministre une dizaine d'années plus tôt.

tenaille de cet accord politique dont il n'a pas participé aux négociations, n'a pas eu de marge de manœuvre suffisante sur la composition du Gouvernement[522], dont la répartition des portefeuilles a été négociée directement par le président et le leader de l'UFC[523]. Les deux partis se sont par exemple partagé les deux postes de ministre d'Etat attribués aux numéros 2 de chaque parti[524], ce qui a mis le Premier ministre dans une mauvaise posture politique dans le cadre de la coordination de l'action gouvernementale. Cette marginalisation du Premier ministre dans la composition du Gouvernement a d'ailleurs entamé son autorité dans le fonctionnement du Gouvernement, conduisant à sa démission quelques mois plus tard[525].

Si la désignation des ministres relève d'une prérogative partagée entre le Président et le Premier ministre au Togo avec une prépondérance du Président, il en est ainsi également de leur révocation. Le régime juridique de la révocation des ministres est lié à celui de leur nomination. Il relève du principe du parallélisme ou de la correspondance des formes en droit. La question de la révocation des ministres s'est vue encadrée par les nouvelles règles constitutionnelles dans la logique de la rationalisation du présidentialisme africain, ce qui permet d'affirmer que « *le nouveau droit constitutionnel, dans certains régimes, réhabilite au plan statutaire les membres du Gouvernement en les mettant à l'abri d'un pouvoir de révocation absolu et imprévisible* [526]». Certaines constitutions africaines, excluent juridiquement le pouvoir présidentiel discrétionnaire de révocation des ministres. C'est notamment le cas des Constitutions togolaise[527], malienne[528], burkinabè[529], etc. qui reprenne ainsi à l'identique l'article 8 al. 2 de la Constitution française de 1958. Il ressort des dispositions de l'article 66 al.2 de la Constitution togolaise et de certaines Constitutions africaines que l'initiative de révocation d'un membre du Gouvernement doit provenir du Premier ministre en sa qualité de chef du Gouvernement. Il s'agit des cas de révocation individuelle conduisant à un remaniement partiel de l'équipe gouvernementale. Il en résulte que tout

---

522 Décret n° 2010-036/PR du 28 mai 2010 portant composition du gouvernement

523 L'UFC a obtenu sept (7) portefeuilles ministériels sur 24, dont le ministère des affaires étrangères, un portefeuille de souveraineté.

524 Il s'agit du secrétaire général du RPT, Solitoki ESSO, nommé Ministre d'Etat, ministre de la fonction publique et de la réforme administrative et de Elliott OHIN, conseiller spécial du président de l'UFC, nommé Ministre d'Etat, Ministre des affaires étrangères et de la coopération.

525 ABALO (J.-C.), « Togo : démission du Premier ministre Gilbert Houngbo et de son gouvernement », *Jeune Afrique*, 12 juillet 2012, https://www.jeuneafrique.com/175207/politique/togo-d-mission-du-premier-ministre-gilbert-houngbo-et-de-son-gouvernement/, consulté le 14 avril 2021.

526 FALL (I.-M.*), Le pouvoir exécutif dans le constitutionnalisme des Etats d'Afrique*, op.cit., p. 226.

527 Article 66 al. 2 de la Constitution togolaise de 1992 (version originale).

528 Article 38 al. 2 de la Constitution malienne de 1992.

529 Article 46 al. 2 de la Constitution burkinabè de 1991.

comme la nomination, la révocation des ministres est une compétence partagée entre le chef de l'Etat et le chef du Gouvernement. La décision de révocation d'un ministre est donc généralement le fruit d'une concertation entre le Président et le Premier ministre. S'il est clair que l'idée des constituants c'est d'assurer la cohésion de l'exécutif en partageant la prérogative de révocation ministérielle entre le chef de l'Etat et le chef du Gouvernement, la question de la portée de la proposition du Premier ministre conserve tout son sens lorsque les deux têtes de l'exécutif relèvent de sensibilités politiques différentes. En période de concordance des majorités où le Premier ministre est généralement un fidèle collaborateur du chef de l'Etat[530], le pouvoir présidentiel de révocation discrétionnaire des ministres, constitutionnellement exclu, retrouverait son essence dans la pratique[531]. Il s'agit là d'une manifestation de la responsabilité politique de fait des ministres devant le chef de l'Etat, non prévue dans la Constitution togolaise, mais à laquelle conduit inévitablement le fait majoritaire dans le régime semi-présidentiel. Toutefois, pour sauver les apparences, les départs de ministres prennent le plus souvent la forme d'une démission lorsque ce départ est demandé par le président[532]. C'est ainsi qu'au Togo, en dehors des démissions collégiales du Gouvernement, les révocations individuelles assumées sont rares. On ne peut citer à titre illustratif que le cas du ministre Harry OLYMPIO en 2000, dont l'acte de révocation[533] vise la proposition du Premier ministre ADOBOLI, alors qu'en réalité il a été révoqué par le chef de l'Etat avec lequel il entretenait des rapports difficiles[534].

Au-delà du partage de la compétence de désignation et de révocation des membres du Gouvernement, le couple exécutif est obligé de collaborer par l'exigence de contreseing primo-ministériel de la majorité des actes du président. L'article 80 de la Constitution togolaise de 1992 dispose que *« les actes du président de la République autres que ceux prévus aux articles 4, 66, 68, 73, 74, 98, 100, 104, 139 de la présente Constitution, sont contresignés par le Premier ministre ou le cas échéant, par les ministres chargés de leur exécution »*. Cette disposition soumet au contreseing du Premier ministre et des ministres certains actes du président de la République relevant de son pouvoir règlementaire. Seul sera abordé ici le contreseing primo-ministériel

530 QUERMONNE (J-L.), « Le cas français : le Président dominant la majorité », in DUVERGER (M.), *Les régimes semi-présidentiels*, op.cit., pp. 183-207.

531 SAMUELS (D-J.), SHUGART (M.), « La nomination et la révocation du Premier ministre en régime semi-présidentiel … », op.cit.

532 MAUS (D.), « Démissions et révocations des ministres sous la Ve République », *Pouvoirs*, n°36, 1986, pp. 117-134 ; AMSON (D.), « La démission des ministres sous la IVe et la Ve République », *RDP*,1975, p.1653

533 Décret n°2000-45/PR du 16 juin 2000, mettant fin aux fonctions d'un membre du Gouvernement, JORT, 45e année, n°18, n° spécial, 30 juin 2000, p. 1.

534 Il était notamment impliqué dans une affaire d'escroquerie qui lui valut son arrestation quelques mois après avoir été évincé du Gouvernement et un séjour en prison.

dont il faut préciser le champ matériel et les implications politico-institutionnelles.

Sur le plan matériel, le contreseing primo-ministériel s'applique à majorité des actes règlementaires du président, exception faite de ceux qui relèvent de ses pouvoirs propres[535]. Cette compétence découle du partage du pouvoir exécutif entre le chef de l'Etat et le chef du Gouvernement dans le nouveau constitutionnalisme africain[536]. Considéré comme une conséquence de l'irresponsabilité politique du monarque[537], le contreseing ministériel fut ainsi consacré en France par l'article 3 de la loi constitutionnelle du 25 février 1875 sous la IIIe République, puis par l'article 38 de la Constitution du 27 octobre 1946 aux termes duquel « *chacun des actes du Président de la République doit être contresigné par le Président du Conseil des ministres et par un ministre* ». Le contreseing tel qu'il était conçu sous les IIIe et IVe Républiques françaises disposait d'un domaine élargi puisqu'il s'appliquait à tous les actes du Président, ce qui aboutit au fait que ces régimes aient complètement ignoré la notion de pouvoirs propres du Président[538]. Mais, la donne a changé avec la rédaction de l'article 19 de la Constitution de 1958 qui, en dispensant certains actes du Président du contreseing, en rétrécit considérablement le champ d'application[539]. L'exigence du contreseing primo-ministériel prévue par l'article 80 de la Constitution togolaise de 1992 est une reprise littérale de l'article 19 de la Constitution française de 1958. Cette formulation se retrouve dans la majorité des nouvelles Constitutions africaines[540]. Il s'agit d'une formalité obligatoire dont l'inobservation est susceptible d'entacher la légalité externe de l'acte du président. Sur le plan matériel, l'exigence du contreseing couvre la majorité des pouvoirs du président de la République, d'où le caractère exceptionnel des matières non couvertes. L'analyse du champ matériel du contreseing révèle qu'il s'applique à tous les décrets et les ordonnances signés en Conseil des ministres. Les actes soumis au contreseing, qui révèlent le caractère dyarchique de l'exécutif, sont soumis à la délibération

---

[535] Sur la notion de « pouvoirs propres du président », voir DUVERGER (M.), *La monarchie républicaine - ou comment les démocrates se donnent des rois*, Paris, Robert Laffont, 1974.

[536] MOYEN (G.), « L'Exécutif dans le nouveau constitutionnalisme africain : Les cas du Congo, du Bénin et du Togo », op.cit. ; MOMO (C.-F.), GATSI (E.-T.), « L'exécutif dualiste dans les régimes politiques des États d'Afrique noire francophone », *Les Annales de droit*, n°14, 2020, http://journals.openedition.org/add/1898

[537] ARDANT (P.), MATHIEU (B.), *Droit constitutionnel et institutions politiques*, op.cit., p. 218 ; BLANQUER (J-M.), « Les mutations du contreseing », in BEAUD (O.), BLANQUER (J-M.), *La responsabilité des gouvernants*, op.cit., pp. 235 et suivants

[538] JAN (P.), « La réelle mais fragile prééminence présidentielle sous la Ve République », *LPA*, n° 26, février 2015, p. 26.

[539] Voir BRANCHET (B.), *Contribution à l'étude de la Constitution de 1958. Le contreseing et le régime politique de la Ve République*, Paris, LGDJ, 1996 ; PIASTRA (R.), *Du contreseing sous la Ve République*, Thèse de droit public, Université Paris I, 1997.

[540] Article 51 al. 2 de la Constitution malienne de 1992 ; article 57 de la Constitution burkinabè de 1991 ; article 27 de la Constitution gabonaise de 1991 ; article 42 de la Constitution sénégalaise de 2001.

préalable du Conseil des ministres, afin d'aplanir, s'il le faut, les divergences. C'est notamment le cas des projets de loi, dont le Gouvernement doit être l'initiateur en vertu de l'article 83 de la Constitution togolaise. Si après délibération, c'est le président qui signe le projet final, le contreseing du Premier ministre lui permet d'être le véritable auteur de l'acte, dans la mesure c'est à lui qu'il revient de défendre le projet devant les députés dans le cadre de la procédure législative. Le contreseing primo-ministériel s'applique également aux actes réglementaires à portée générale notamment les décrets et ordonnances délibérés en Conseil des ministres et des actes individuels notamment les actes de nomination dont le champ est prédéterminé par la Constitution[541].

Le contreseing du Premier ministre est donc la règle et la dispense de contreseing l'exception. C'est la raison pour laquelle la Constitution togolaise prévoit cette disposition dans le Sous-titre relatif au Gouvernement[542] et non dans celui consacré au Président[543] contrairement aux autres Constitutions qui mentionnent la dispense du contreseing dans le titre réservé au Président, comme dans la Constitution française. Les pouvoirs propres du Président se déduisent *a contrario* de ceux soumis au contreseing gouvernemental, ce qui renforce l'idée selon laquelle, même si le Président intervient dans l'exercice pouvoir exécutif, il ne disposerait que de prérogatives subsidiaires qui ne lui permettent pas de gouverner, alors que le Premier ministre conserverait les prérogatives de droit commun en tant que chef du Gouvernement. Il ne s'agit tout de même que d'une analyse théorique qui ne reflète pas forcément la pratique.

Le contreseing du Premier ministre signifie qu'il endosse la responsabilité de l'acte pris, ce qui suppose au préalable qu'il approuve l'acte pris par le chef de l'Etat. En effet, le contreseing n'est pas un procédé mécanique, il marque l'adhésion du Premier ministre à l'acte présidentiel. Il n'est donc pas obligé de contresigner un acte du président qu'il n'approuve pas. Or, le contreseing est une condition de validité de l'acte, ce qui suppose que normalement la valeur juridique de l'acte dépend de la volonté du Premier ministre, en ce sens que le président ne peut exercer sa compétence sans l'aval du Premier ministre. Si cela n'est pas susceptible de poser des problèmes lorsque le Premier ministre émane du président, cela peut s'avérer problématique en période de cohabitation où « *le Gouvernement cherche à neutraliser la fonction présidentielle* [544]». Dans ce contexte, le contreseing change de dimension puisqu'il ne s'agit plus au Premier ministre de donner son adhésion au chef de l'Etat, mais de contrôler l'action du président et de s'assurer que

---

[541] Articles 69 et 70 de la Constitution togolaise de 1992.

[542] Sous-Titre II du Titre IV consacré au pouvoir exécutif

[543] Sous-Titre I du même Titre

[544] FOURNIER (A.-X.), *Analyse critique de la cohabitation sous la Ve République : Bilan et perspectives, Mémoire de maîtrise en science politique*, Montréal, Presses de l'Université du Québec, 2007, p.60, note 194.

les actes signés par le président correspondent effectivement à la vision du Gouvernement. La pratique a montré en France, que dans cette hypothèse, c'est le président qui rechigne souvent à signer les actes présentés par le Gouvernement et délibérés en Conseil des ministres pour s'opposer à la politique du Gouvernement[545].

Le contreseing du Premier ministre apparaît au final comme un instrument de rationalisation du présidentialisme dans la mesure où il permet de modérer la prééminence présidentielle. Les pouvoirs propres du président, qui se déduisent *a contrario* de la formulation de l'article 80 de la Constitution togolaise, ne concernent que des matières dans lesquelles le chef de l'Etat agit en tant que garant de la constitution et arbitre des institutions[546]. Par conséquent, ces pouvoirs ne remettent pas complètement en cause le parlementarisme et ne balisent pas la voie au pouvoir personnel. Considérée comme contraire à l'esprit du parlementarisme fondé sur la passivité du chef de l'Etat au profit de l'activité du chef du Gouvernement responsable devant le Parlement, la portée des pouvoirs propres du Président sous la Ve République a été relativisée en France par certains auteurs[547], qui estiment qu'il s'agit de compétences qui rentrent dans le cadre de son pouvoir arbitral de l'article 5 et qui ne sont d'ailleurs pas d'usage courant comparativement aux compétences soumises au contreseing[548] qui renforcent l'utilité du Premier ministre.

Si au Togo et dans les Etats étudiés dans ce chapitre le Premier ministre de la troisième génération apparaît comme un instrument d'équilibre institutionnel suivant des degrés différents, cette tendance n'est pas partagée par tous les Etats, qui malgré l'existence du poste de Premier ministre, n'ont pas voulu rompre avec le présidentialisme. Dans ces Etats, le Premier ministre apparaît comme instrument de déconcentration de l'exécutif.

---

545 C'est dans ce contexte qu'au cours de la première cohabitation de 1986 en France, le président MITTERRAND a refusé de signer certaines ordonnances présentées par le Gouvernement CHIRAC. Voir GAXIE (D.), « Jeux croisés. Droit et politique dans la polémique sur le refus de signature des ordonnances par le président de la République », in CURAPP, *Droit et politique*, Paris, PUF, 1993, p. 209-229.

546 Articles 4 (*recours au référendum*) ; 66 (*Nomination du Premier ministre*) ; 68 (*Dissolution de l'Assemblée nationale*) ; 73 (*Exercice du droit de grâce*) ; 74 (*Adresse à la Nation*) ; 98 (*Nomination d'un nouveau Premier ministre désigné dans le cadre d'une motion de censure*) ; 100 (*Nomination des membres de la Cour constitutionnelle*)) ; 104 (*Saisine de la Cour constitutionnelle pour le contrôle d'une loi*) ; 139 (*Saisine de la Cour constitutionnelle pour le contrôle d'un engagement international*).

547 CARCASSONNE (G.), *La Constitution introduite et commentée*, Paris Seuil, 2005, p. 122

548 GICQUEL (J.), GICQUEL (J-E.), *Droit constitutionnel et institutions politiques,* 29e éd.,Paris, LGDJ, 2015, p. 550

Section 2 : Le Premier ministre en Côte d'Ivoire, un instrument de déconcentration de l'Exécutif

Considéré dans le second cycle constitutionnel africain comme « *une technique de déconcentration du pouvoir gouvernemental ou d'autolimitation du pouvoir présidentiel* [549]», le Premier ministre présente les mêmes caractéristiques dans le nouveau constitutionnalisme africain dans certains Etats comme c'est le cas dans les Constitutions ivoiriennes de 2000[550] et 2016[551]. Ces textes inscrivent le Premier ministre dans une logique d'« *amoindrissement de la prééminence et du monopole dont bénéficiait le président de la République*[552] ». Ce faisant, loin d'inscrire le Premier ministre dans une logique d'équilibre institutionnelle, les Constitutions ivoiriennes l'ont mis sous la dépendance totale du président (Paragraphe 1er), hormis pendant la crise des années 2000 qui a conduit à la déprésidentialisation circonstancielle de la condition du Premier ministre ivoirien (Paragraphe 2)

Paragraphe 1er : Le Premier ministre dépendant du chef de l'Etat

La technique de déconcentration de l'Exécutif à travers le Premier ministre obéit presque à la même logique que la déconcentration administrative ou territoriale qui correspond à « *l'aménagement des structures administratives consistant pour une personne publique surtout l'Etat, à confier à ses agents ou représentants, dans des circonscriptions administratives, des pouvoirs qu'ils exerceront en son nom* [553]». C'est sous ce format que se présente le Premier ministre de déconcentration en Côte d'Ivoire, dans la Constitution

---

549 BOURGI (A.), CASTERAN (E.), *Le printemps de l'Afrique*, Paris, Hachette, 1991, p.34

550 La Constitution du 23 juillet 2000 instituant la IIe République ivoirienne a été adoptée pour mettre fin au régime militaire instauré par le coup d'Etat militaire du 24 décembre 1999 dirigé par le général Robert GUEÏ contre le président Henri KONAN-BEDIE. Loi n°2000-513 du 1er août 2000 portant Constitution de la Côte d'Ivoire, Texte intégral in *JORCI*, n°30, 3 août 2020, pp. 529-538 *; Constitutions of the Countries of the World*, n°6, sept. 2000, pp. 21-43

551 La Constitution du 8 novembre 2016 est la Constitution ivoirienne de la IIIe République actuellement en vigueur. Elle a été initiée par le président Alassane D. OUATTARA après sa réélection en 2015. Texte intégral in *JORCI*, n°16, n° spécial, 9 novembre 2016, pp. 129-144.

552 WODIE (F.-V.), *Institutions politiques et droit constitutionnel en Côte d'Ivoire*, op. cit., p. 348

553 VAN LANG (A.), et al., *Dictionnaire de droit administratif*, op ; cit., p. 180

nigérienne du 12 mai 1996[554], la Constitution guinéenne du 7 mai 2010[555] et la pratique institutionnelle béninoise. Relevant de l'autorité exclusive du président (A), le Premier ministre dans ces Etats évolue le cadre d'un bicéphalisme déséquilibré ou hiérarchisé (B).

A. Le Premier ministre au statut présidentialisé

L'article 41 de la Constitution ivoirienne de 2000 dispose que le président « *nomme le Premier Ministre, Chef du Gouvernement, qui est responsable devant lui. Il met fin à ses fonctions* ». Ces dispositions, que l'on retrouve également à l'article 46 de la Constitution nigérienne de 1996, synthétisent le statut du Premier ministre ivoirien. Ce statut du Premier ministre ivoirien relève entièrement du chef de l'Etat. Cette volonté de présidentialisation du statut du Premier ministre a été reprise par la Constitution de 2016 mais en deux temps. D'abord, l'article 70 al.1er dispose que « *le Président de la République nomme le Premier ministre, Chef du Gouvernement. Il met fin à ses fonctions* ». Ensuite, l'article 83 al. 1er précise que « *le Premier ministre et les ministres sont solidairement responsables devant le Président de la République* ». Il résulte de ces dispositions que la nomination du Premier ministre en Côte d'Ivoire relève de la compétence discrétionnaire du président qui est le seul organe devant lequel il est responsable.

La compétence discrétionnaire du chef de l'Etat ivoirien dans le choix du Premier ministre est une constante du régime politique ivoirien depuis l'instauration du poste de Premier ministre en 1990[556] jusqu'à nos jours telle que prévue aux articles 41 et 70 des Constitutions ivoiriennes de 2000 et 2016. Ces dispositions excluent par conséquent le Parlement ivoirien de la procédure de désignation du Premier ministre, en amont et en aval, ce qui fait du Premier ministre ivoirien, un Premier ministre présidentialisé. La nomination du Premier ministre est donc un pouvoir juridiquement inconditionné du président. Alors qu'au Togo, par exemple, le président devrait le choisir dans la majorité parlementaire, en Côte d'Ivoire, aucune condition juridique n'encadre le pouvoir présidentiel de nomination du Premier ministre. Il en a été également ainsi également dans la Constitution nigérienne du 12 mai 1996 à l'article 46 al.2[557]. Il est vrai que hormis au Togo et au Congo, aucune Constitution en Afrique noire francophone ne conditionnait expressément la

---

[554] Texte intégral reproduit in GAUDUSSON (J. du Bois de), et al., *Les Constitutions africaines publiées en langue française*, op.cit., Tome 2, p. 167. Abrogée par la Constitution du 18 juillet 1999.

[555] Décret D/ 068/PRG/CNDD/SGPRG/2010 promulguant la Constitution adoptée par le Conseil National de la Transition

[556] Loi n° 90-1529 du 6 novembre 1990 portant révision de la Constitution de la République de Côte d'Ivoire, op.cit.

[557] JACKOU (S.), *Affaires constitutionnelles et organisation des pouvoirs au Niger*, Vol. 1, Démocratie, 2000, p. 6.

nomination du Premier ministre à la majorité parlementaire. Même en France où la tradition parlementaire, pourtant malmenée par la Ve République[558], a toujours été revendiquée, l'article 8 de la Constitution de 1958 n'oblige pas expressément le président à choisir le Premier ministre dans la majorité parlementaire. En Côte d'Ivoire, le caractère discrétionnaire de la compétence présidentielle de désignation du Premier ministre relève à la fois de la lettre des dispositions constitutionnelles et de l'esprit du régime présidentiel fondé sur une logique de séparation stricte des pouvoirs. Si les différentes Constitutions ivoiriennes ne prévoient pas l'intervention de l'Assemblée nationale dans le choix du Premier ministre et n'obligent pas le président à tenir compte de la majorité parlementaire, l'on peut légitimement se demander si le président peut occulter cette majorité parlementaire lorsque celle-ci ne lui serait pas favorable ? Pour répondre à cette interrogation, on serait tenté de mener une analyse fondée sur des éléments théoriques, cette hypothèse demeurant à ce jour une hypothèse d'école. On peut donc considérer que le régime ivoirien, malgré son caractère présidentiel, faisant participer l'Exécutif à la procédure législative, et que le président a besoin de cette majorité pour gouverner, il tiendrait compte de cette majorité pour la composition de son Gouvernement afin d'éviter les éventuels blocages avec l'Assemblée[559].

Il aurait été atypique, voire contre-nature de prévoir les mécanismes du parlementarisme dans un régime présidentiel, mais la présence même du Premier ministre, dans ce type de régime pouvait déjà paraître « *curieux* [560]». On ne peut s'empêcher ici de faire un parallèle avec d'autres Etats africains qui ont fait le choix du régime présidentiel dans le nouveau constitutionnalisme africain, notamment les Etats anglophones[561], et les Etats francophones comme le Bénin[562] et la Guinée[563] sans prévoir un poste de Premier ministre, ce qui paraît plus conforme à la logique de ce régime. Mais l'on peut également entendre que la présence d'un Premier ministre n'est pas forcément incompatible avec la nature présidentielle d'un régime, comme l'a interprété le président SENGHOR au Sénégal dans les années 70[564] et la Cour

---

558 FRANCOIS (B.), *Le régime politique de la Ve République*, op.cit.

559 COULIBALY (A.-A.), « Les articles 41 et 50 de la Constitution ivoirienne : obstacles potentiels à la mise en œuvre d'une alternance démocratique », *RJPIC*, 2003/57, n°1, pp. 39-52.

560 MEL (A.-P.), « La réalité du bicéphalisme du pouvoir exécutif ivoirien… », op.cit.

561 Voir notamment la Constitution ghanéenne du 8 mai 1992 et la Constitution nigériane du 29 mai 1999. Sur le fonctionnement du régime présidentiel au Nigeria, voir ENGELSEN (C.) « Système institutionnel et exercice du pouvoir au Nigeria », *Afrique contemporaine*, 2011/3, n° 239, p. 136-139.

562 Constitution béninoise du 11 décembre 1990, op.cit. ; BOLLE (S.), *Le nouveau régime constitutionnel du Bénin…*, op.cit.

563 Constitution de la République de Guinée du 23 décembre 1990, op.cit.

564 DIOP (M-C.), *Le Sénégal sous Abdou Diouf : Etat et société*, op.cit., p.40 ; FALL (I-M.), *Le pouvoir exécutif dans le constitutionnalisme...*, op.cit., p.16

constitutionnelle du Bénin jugeant dans sa décision du 26 avril 1996[565] que la nature présidentielle du régime ne s'oppose pas à ce que le président KEREKOU, à qui la Constitution n'impose « *ni la structure du Gouvernement ni la dénomination et les attributions de ses membres* » de désigner un Premier ministre chargé de la coordination de l'action gouvernementale, à partir du moment où le titre de chef de Gouvernement ne lui a pas été attribué.. La pratique béninoise[566] dénote à la fois de la souplesse organisationnelle de l'exécutif béninois et de la soumission du poste de Premier ministre à la discrétion totale du président, ce qui renforce la prépondérance de ce dernier qui peut créer et supprimer le poste de Premier ministre en fonction de ses besoins. En Guinée, si la Constitution du 23 décembre 1990 n'avait pas institué de poste de Premier ministre, cela n'avait pas empêché le président Lansana KONTE, sous la pression des bailleurs de fonds internationaux de nommer en 1996 Sidya TOURE[567], un haut-fonctionnaire international au poste de Premier ministre pour réformer l'économie guinéenne en pleine déconfiture et apaiser les tensions sociopolitiques[568]. Il continua ainsi à nommer des Premiers ministres jusqu'à son décès en 2008. La nouvelle Constitution guinéenne adoptée le 7 mai 2010 a constitutionnalisé le poste de Premier ministre[569] sur la base de la pratique antérieure avec un statut identique à celui du Premier ministre ivoirien. Ces différents exemples résultant des textes constitutionnels ivoiriens et guinéens, des pratiques guinéennes et béninoises et de la jurisprudence de la Cour constitutionnelle béninoise confirment la compatibilité entre le régime présidentiel et la fonction de Premier ministre[570]. Si elle paraît a priori très étendue, la marge de manœuvre laissée par les Constitutions ivoiriennes de 2000 et 2016 au président pour le choix du Premier ministre n'est pas intangible. Elle peut être influencée, voire restreinte par les facteurs politiques résultant notamment des opérations électorales. Si les résultats de l'élection législative peuvent influencer ce choix lorsqu'ils sont favorables à un autre parti que le parti du président, ceci reste pour le moment une hypothèse d'école en Côte d'Ivoire[571]. Nous nous contenterons donc d'analyser l'influence des élections

---

565 Décision n° DCC 96-020 du 26 Avril 1996, *Recueil 1996*, pp. 101-105.

566 Depuis l'adoption de la Constitution du 11 décembre 1991, le Bénin a connu trois Premiers ministres : Adrien HOUNGBEDJI (1996-1998), nommé par le président Mathieu KEREKOU, Pascal Irénée KOUPAKI (2011-2013) et Lionel ZINSOU (2015-2016) nommés par le président Yayi BONI.

567 Décret n° D/93/098/PRG/SGG du 9 juillet 1996 portant nomination du Premier ministre.

568 FALL (I.-M.), *Le pouvoir exécutif dans le constitutionnalisme des Etats d'Afrique*, op.cit., p. 127.

569 TOGBA (Z.), « La Constitution guinéenne du 7 mai 1990 », *RJPEF*, n°2, 2013, pp. 195-214.

570 BADET (S.-G.), *Contrôle intra normatif et contrôle ultra normatif de constitutionnalité. Contribution à l'identification des sous catégories du modèle kelsénien de justice constitutionnelle à partir des systèmes belge et béninois*, Thèse de doctorat en droit, Université catholique du Louvain, 2012, p. 110.

571 MEL (A.-P.), « La réalité du bicéphalisme de l'exécutif en Côte d'Ivoire », op.cit.

présidentielles de 2010 et 2015 sur le choix du Premier ministre à partir de 2010.

Durant son premier mandat (2010-2015)[572], Alassane Dramane OUATTARA a nommé dans l'ordre chronologique Guillaume SORO, Jeannot KOUADIO-AHOUSSOU et Daniel KABLAN-DUNCAN, trois Premiers ministres ayant la particularité de ne pas être, du moins officiellement, membre du parti présidentiel[573] au moment de leur nomination. Si la nomination de SORO est la récompense de sa loyauté envers le président pendant la crise post-électorale de 2010[574], celle des deux derniers est le fruit d'une alliance électorale entre le parti présidentiel et le PDCI, ce qui démontre que le président OUATTARA n'a pas pu user de la marge de manœuvre importante que lui laissait l'article 41 de la Constitution du 23 juillet 2000 dans le choix de ses Premiers ministres.

Le choix de Guillaume SORO comme Premier ministre[575], Premier ministre démissionnaire du précédent gouvernement[576] qui a pris très tôt position en faveur du nouveau président[577] dans la crise post-électorale alors qu'il était encore Premier ministre du président sortant Laurent GBAGBO[578],

---

572 Déclaré élu à l'issue du second tour de l'élection présidentielle du 28 novembre 2010 face à Laurent GBAGBO, Alassane OUATTARA a dû attendre mars 2011 pour accéder officiellement au poste de président de la République de Côte d'Ivoire en raison du conflit post-électoral causé par le refus du président sortant de quitter le pouvoir. Voir NAUDE (P-F.), « Présidentielle : Ouattara vainqueur avec 54,1 % contre 45,9 % pour Gbagbo, selon la CEI », *Jeune Afrique*, 2 décembre 2010, http://www.jeuneafrique.com/183429/politique/pr-sidentielle-ouattara-vainqueur-avec-54-1-contre-45-9-pour-gbagbo-selon-la-cei/ consulté le 5 avril 2017 ; Pour un récit des soubresauts de cette période électorale ivoirienne voir ONANA (C.), *Côte d'Ivoire : Le coup d'état*, Paris, Duboiris, coll. « Secrets d'État », 26 novembre 2011, 416 p.

573 Guillaume SORO est le chef des Forces nouvelles de Côte d'Ivoire, mouvement rebelle à l'origine de la crise qui a secoué le pays tout au long des années 2000 ; Jeannot KOUADIO-AHOUSSOU et Daniel KABLAN-DUNCAN sont deux ténors du PDCI, l'ancien parti unique.

574 KOUASSI (K.-S.), « Regard rétrospectif sur les crises ivoiriennes de 1993 à la fin de la crise postélectorale de 2012 », in VITI (F.), (dir.), *La Côte d'Ivoire d'une crise à l'autre*, Paris, L'Harmattan, 2014, pp. 39-62.

575 Décret n° 2010-01 du 04 décembre 2010 portant nomination du Premier Ministre.

576 Guillaume SORO a été nommé Premier ministre par le président Laurent GBAGBO en 2007 après les accords de Ouagadougou du 4 mars 2007 entre les FNCI et le pouvoir ivoirien (Décret n° 2007-450 du 29 mars 2007 portant nomination du Premier ministre). Il a présenté sa démission au président OUATTARA après la proclamation des résultats du scrutin du 28 novembre 2010 en reconnaissant la victoire du nouveau président contrairement au président sortant Laurent GBAGBO.

577 BOSSELET (P.), « Ouattara vainqueur de l'élection présidentielle selon l'ONU, l'UE et Guillaume Soro », *Jeune Afrique*, 3 décembre 2010, http://www.jeuneafrique.com/183397/politique/ouattara-vainqueur-de-l-lection-pr-sidentielle-selon-l-onu-l-ue-et-guillaume-soro/ consulté le 5 avril 2017.

578 VIGNON (B.), et al., « La bataille de légitimité a commencé entre Laurent Gbagbo et Alassane Ouattara », *RFI*, 3 décembre 2010, http://www.rfi.fr/afrique/20101203-bataille-legitimite-commence-entre-laurent-gbagbo-alassane-ouattara, consulté le 5 avril 2017 ; GOUËSET (C.), « La chute de Gbagbo en huit actes », *L'Express*, 11 avril 2011, https://www.lexpress.fr/actualite/monde/afrique/la-chute-de-gbagbo-en-huit-actes_947063.html, consulté le 25 juin 2021.

est le fruit de l'alliance entre les deux hommes pour conquérir et d'exercer ensemble le pouvoir[579] confisqué par le président sortant qui refusait de reconnaître sa défaite[580]. Chef politique de la rébellion qui s'est déclenchée depuis le 19 septembre 2002[581] et qui contrôlait encore une grande partie du pays[582], SORO mit ses hommes à la disposition d'Alassane OUATTARA[583] et lui fit allégeance[584] pour combattre l'armée de GBAGBO[585]. Sa nomination s'est alors imposée au président dont le pouvoir de nomination du Premier ministre s'est trouvé influencé par la situation politique du pays.

Après le départ de Guillaume SORO en mars 2012[586] pour prendre la présidence de l'Assemblée nationale[587] on pouvait légitimement penser que le président OUATTARA pourrait profiter de l'occasion pour marquer le poste de Premier ministre de son empreinte. Or, il ne pouvait en être le cas, puisque, le moment était venu pour le président d'honorer un autre engagement, celui vis-à-vis de son allié électoral de 2010, l'ex-président Henri KONAN-BEDIE

---

[579] MIEU (B.), « Côte d'Ivoire : Ouattara et Soro, partenaires particuliers », *Jeune Afrique*, 6 décembre 2011, http://www.jeuneafrique.com/189136/politique/c-te-d-ivoire-ouattara-et-soro-partenaires-particuliers/ consulté le 5 avril 2017.

[580] HOFNUNG (T.), *La crise ivoirienne…*, op.cit., pp. 159 et suivants.

[581] BEUGRE (J.), *Côte d'ivoire 2002. Les dessous d'une rébellion, Paris, Karthala*, 2012, op.cit.

[582] PRYEN (D.), TOUHO (A.), *Rébellion ivoirienne : Chronologie d'une longue marche vers le pouvoir*, Paris, L'Harmattan, 2012, 105 p.

[583] VARENNE (L.), *Abobo-la-guerre Côte d'Ivoire : terrain de jeu de la France et de l'ONU*, Paris, Mille et une nuits, 2012, pp. 165 et suivants.

[584] ADJEHI (D-L.), *Côte d'Ivoire : Caught in cross fire, & Africa in dire straits*, Chicago, Trafford Publishing, 2012, p. 91.

[585] FOFANA (M.), « Des Forces nouvelles aux Forces républicaines de Côte d'Ivoire. Comment une rébellion devient républicaine », *Politique africaine*, 2011/2, n° 122, pp. 161-178.

[586] REMY (J-P.), « Démission du premier ministre Guillaume Soro », *Le Monde*, 16 mars 2012, http://www.lemonde.fr/afrique/article/2012/03/16/demission-du-premier-ministre-guillaume-soro_1655565_3212.html#JxA5OQJl94DiRvKF.99 , consulté le 5 avril 2017

[587] NAUDE (P-F.), « Côte d'Ivoire : Guillaume Soro élu président de l'Assemblée nationale à l'unanimité », *Jeune Afrique*, 12 mars 2012, http://www.jeuneafrique.com/177013/politique/c-te-d-ivoire-guillaume-soro-lu-pr-sident-de-l-assembl-e-nationale-l-unanimit/ consulté le 5 avril 2017

et son parti le PDCI[588]. L'alliance électorale entre le Rassemblement des républicains (RDR), le parti présidentiel, et le PDCI entre les deux tours de l'élection présidentielle de 2010[589] s'est opérée dans le cadre du Rassemblement des « *houphouëtistes* » pour la démocratie et la paix (RHDP). Il s'agit d'un mouvement politique créé en 2005[590] par les partis politiques ivoiriens se réclamant de l'héritage politique de Félix HOUPHOUËT-BOIGNY[591]. Le texte fondateur de ce mouvement[592] stipule qu'« *en cas de victoire à l'élection présidentielle, le Rassemblement des Houphouëtistes pour la Démocratie et la Paix (RHDP) engage ses membres à gouverner ensemble dans un esprit d'équité et de responsabilité* ». Conformément à ce texte, le candidat du PDCI à l'élection présidentielle de 2010 Henri KONAN-BEDIE s'est rallié à la cause du candidat du RDR, Alassane D. OUATTARA lors du second tour[593]. Le soutien de l'homme fort du PDCI, qui est arrivé troisième au premier tour avec plus de 25% des suffrages exprimés, a été déterminant pour la victoire finale du RDR en particulier, et du RHDP en général[594]. C'est dans ce cadre que le candidat OUATTARA fit une « *promesse personnelle* » au candidat KONAN-BEDIE entre les deux tours pour réserver le poste de

[588] L'alliance RDR-PDCI est bien antérieur au scrutin présidentiel de 2010. Elle résulte même du fondement historique de ces deux partis. En effet, le RDR, fondé par Alassane OUATTARA après son départ de la primature en 1993 à la suite de la succession du président HOUPHOUËT-BOIGNY par Henri KONAN-BEDIE est une branche dissidente du PDCI, créée à la suite des tensions entre OUATTARA et KONAN-BEDIE pour la succession du « vieux » et de l'utilisation politique par le président KONAN- BEDIE du concept de « l'ivoirité » pour exclure OUATTARA de la course à l'élection présidentielle de 1995. Toutefois, après le coup d'Etat de 1999 qui l'a évincé du pouvoir, KONAN-BEDIE en exil en France, et écarté de la course à l'élection présidentielle de 2000 tout comme OUATTARA s'est rapproché de son ex-adversaire devenu partenaire dans l'opposition pour reconstituer l'héritage du « vieux » dans le cadre d'une nouvelle coalition avec d'autres petits partis dénommée le Rassemblement des houphouëtistes pour la démocratie et la paix (RHDP) en 2005. Le nouveau rapprochement entre les deux hommes s'est matérialisé par des positions communes dans le cadre de la résolution de la crise. A l'élection présidentielle de 2010, le RDR et le PDCI ont présenté chacun un candidat au premier tour (OUATTARA et BEDIE) afin de s'opposer à la réélection du président GBAGBO, laissant entendre que l'un ou l'autre parti se rallierait à celui qui serait qualifié pour le second tour. C'est ainsi que KONAN-BEDIE, arrivé en troisième position au premier tour avec 25,24% a appelé à voter pour OUATTARA arrivé second avec 32, 07%, face au président sortant Laurent GBAGBO arrivé premier avec 38,04%. Ce ralliement s'est avéré politiquement fructueux puisque OUATTARA sera élu lors du scrutin du 28 novembre avec 54,10%.

[589] LABERTIT (G.), *Côte d'Ivoire, sur le sentier de la paix*, Autres Temps, 2010.

[590] BOUQUET (C.), *Côte d'Ivoire : le désespoir de Kourouma*, Paris, Armand Colin, 2011.

[591] COULIBALY (Z.), « L'héritage d'Houphouët-Boigny ou l'avenir du RHDP », *Géoéconomie* n°73, 2015, pp. 121-134

[592] « Plate-forme pour le Rassemblement des houphouëtistes pour la démocratie et la paix (RHDP) », http://medias.lemonde.fr/mmpub/edt/doc/20050518/651019_plateformerhdp.pdf consulté le 30 décembre 2016

[593] AFP, « Côte d'Ivoire : Bédié appelle à voter Ouattara », *Le Monde*, 7 novembre 2010, https://www.lemonde.fr/afrique/article/2010/11/07/cote-d-ivoire-bedie-appelle-a-voter-ouattara_1436820_3212.html, consulté le 17 avril 2021.

[594] DOZON (J-P.), *Les clefs de la crise ivoirienne*, op.cit., p. 121

Premier ministre et quelques portefeuilles ministériels importants aux membres du PDCI dans son Gouvernement. Les élections législatives de décembre 2011 qui ont vu le RDR et le PDCI s'allier dans le cadre du RHDP pour faire barrage aux candidats du FPI de l'ancien président, orphelins de leur leader incarcéré à La Haye mais disposant toujours d'un socle encore très solide, et qui ont finalement, suite au boycott du scrutin par le FPI[595], consacré la victoire sans adversité du RHDP[596] avec 198 sièges, dont 122 pour le RDR et 76 pour le PDCI sur 255. Alors que le RDR ne disposait à lui seul que d'une majorité relative insuffisante pour gouverner seul, l'appui du PDCI est devenu encore plus nécessaire, ce qui a renforcé la contrainte pesant sur le président de tenir sa promesse, en désignant un Premier ministre issu du PDCI. Après avoir récompensé la loyauté de SORO, le président OUATTARA honora finalement sa promesse envers son allié Henri KONAN-BEDIE[597], en désignant dans un premier temps Jeannot AHOUSSOU-KOUADIO[598], puis dans un second temps Daniel KABLAN-DUNCAN[599] au poste de Premier ministre. Par rapport à leur profil, il n'était pas étonnant de voir ces deux personnalités du PDCI se succéder à la primature dans le cadre de la mise en œuvre de l'accord OUATTARA-BEDIE. En effet, ils étaient déjà placés dans une position informelle de vice-Premier ministre dans le Gouvernement précédent SORO où ils étaient tous les deux ministres d'Etat. Il s'agit encore là d'une illustration de l'influence des facteurs politiques sur le pouvoir discrétionnaire constitutionnel de nomination du Premier ministre.

La nomination successive de ces figures du PDCI pendant le premier mandat du président montre que le poste de premier ministre peut être un outil de marchandage politique et un instrument de partage du pouvoir à la disposition du président. Il est également souvent utilisé par des chefs d'Etat comme « *appât* » pour débaucher et apprivoiser des opposants gênants ou ambitieux ou comme « *récompense* » pour le soutien politique lors des joutes électorales. Au Bénin, le poste de Premier ministre a été restauré et utilisé par le président KEREKOU à la fois pour récompenser son allié du second tour de l'élection présidentielle de 1996[600], Adrien HOUNGBEDJI, et pour

---

595 REUTERS, « Le FPI de Gbagbo participera aux législatives ivoiriennes », *L'Express*, 06 déc. 2011, https://www.lexpress.fr/actualites/2/monde/le-fpi-de-gbagbo-participera-aux-legislatives-ivoiriennes_1058536.html, consulté le 25 juin 2021.

596 GOUEGNON (T.), REUTERS, « Législatives en Côte d'Ivoire : l'absence du FPI a ouvert un boulevard au camp Ouattara », *RFI*, 14 déc. 2011, https://www.rfi.fr/fr/afrique/20111214-legislatives-cote-ivoire-le-boycott-fpi-boulevard-camp-ouattara-gbagbo, consulté le 25 juin 2021.

597 NOTIN (J-C.), *Le crocodile et le scorpion : La France et la Côte d'Ivoire (1999-2013)*, Monaco, Editions du Rocher, 2013.

598 Décret n° 2012-241 du 15 mars 2012 portant nomination du Premier Ministre, Chef du Gouvernement.

599 Décret n° 2012-1118 du 21 novembre 2012 portant nomination du Premier ministre, chef du Gouvernement.

600 FALL (I.-M.), *Le pouvoir exécutif dans le constitutionnalisme des Etats d'Afrique*, op.cit., pp 129-132.

contrôler politiquement celui qui pourrait être un opposant très gênant pour son régime[601]. En effet, l'alliance de circonstances entre ces deux hommes, qui ne s'appréciaient pas forcément[602], a permis à KEREKOU de battre le président SOGLO lors du second tour de la présidentielle de 1996[603] permettant à l'ancien dictateur de prendre sa revanche sur celui qui l'avait battu cinq ans plus tôt[604]. Le même procédé a été utilisé au Sénégal en 2001 lorsque Abdoulaye WADE, le nouveau président élu, a décidé de nommer comme Premier ministre Mustapha NIASSE[605], son ancien compère de l'opposition, arrivé en troisième position lors du premier tour, et qui l'avait soutenu lors du second tour de l'élection présidentielle. Ces manœuvres politiques entourant le choix du Premier ministre montrent à quel point ce choix peut être conditionné par des facteurs politiques et permettant au président d'en faire un outil de marchandage politique. L'utilisation politique du poste de Premier ministre en Côte d'Ivoire est ainsi facilitée par la responsabilité exclusive du Gouvernement devant le chef de l'Etat.

La responsabilité exclusive du Premier ministre devant le président ivoirien est prévue par les articles 83 al. 1er de la Constitution de 2016 et 41 de la Constitution de 2000. Il en est de même à l'article 53 al.3 de la Constitution guinéenne de 2010 comme ce fut le cas à l'article 46 al.3 de la Constitution nigérienne de 1996[606]. Il s'agit d'une suite logique du pouvoir discrétionnaire du chef de l'Etat dans le choix du Premier ministre et dont la conséquence est que le chef de l'Etat dispose également d'une totale discrétion pour mettre fin aux fonctions du Premier ministre. C'est ce qui explique la formule de l'article 70 al. 1er *in fine* de la Constitution de 2016 qui est restée

[601] Le parti de HOUNGBEDJI et ses alliés composaient la coalition majoritaire à l'Assemblée nationale après les élections législatives de 1995. Cette coalition qui avait imposé une sorte de cohabitation institutionnelle au président SOGLO a fortement contribué à la chute de son dernier dont elle avait paralysé l'action. KEREKOU, qui était élu sans parti politique et dont les partis qui l'ont soutenu au premier tour n'avait qu'une minorité de députés, ne pouvait pas se permettre de se mettre dans la même situation que son prédécesseur dès le début de son mandat.

[602] HOUNGBEDJI a été le plus farouche opposant de KEREKOU lorsqu'il était au pouvoir pendant les années de dictature. KEREKOU n'a pas hésité à mettre HOUNGBEDJI en prison et à le faire condamner à mort pour atteinte à la sûreté de l'Etat avant que ce dernier, dans l'attente de son exécution, ne s'évadât.

[603] Voir ADJOVI (E.), *Une élection libre en Afrique : La présidentielle du Bénin de 1996*, Paris, Karthala, 1998.

[604] DISSOU (M.), *Le Bénin et l'épreuve démocratique : leçons des élections de 1991 à 2001*, Paris, L'Harmattan, 2002.

[605] NDIAYE (B.), NDIAYE (W.), *Présidents et ministres de la République du Sénégal*, 2e éd., ANS, Dakar, 2006 ; DIOP (C.), *Le Sénégal sous Abdoulaye Wade : Le Sopi à l'épreuve du pouvoir*, Paris, Karthala, 2013.

[606] La Constitution nigérienne du 12 mai 1996 a remplacé celle du 26 décembre 1992 après le coup d'Etat du 27 janvier 1996 (Texte intégral in GAUDUSSON (J. du Bois de), et al., (dir.), *Les Constitutions africaines publiées en langue française*, Tome 2, op.cit., pp. 162-177). Elle a été abrogée et remplacée par la Constitution du 18 juillet 1999 après un nouveau coup d'Etat le 9 avril 1999.

fidèle à celle de l'article 41 de la Constitution de 2000. Il en résulte que si le président dispose du pouvoir de révocation des hauts-fonctionnaires nommés par décret, il peut en faire de même avec le Premier ministre qui se retrouve ici dans la même situation que celle d'un haut-fonctionnaire ordinaire. C'est déjà ce que pensait Guillaume P. TCHIVOUNDA à propos du Premier ministre de la deuxième génération que l'auteur a désigné comme « *le premier haut-fonctionnaire* [607]» de l'Etat, ce qui renforce les similitudes entre le Premier ministre ivoirien et le Premier ministre de la deuxième génération.

Dans la pratique, la fin des fonctions de Premier ministre en Côte d'Ivoire est le plus souvent officiellement liée à une démission. Même dans les cas où plusieurs éléments montrent que le départ du Premier ministre relève beaucoup plus d'une volonté du chef de l'Etat de changer de Premier ministre que d'un départ volontaire du Premier ministre, il est rarement fait cas d'une révocation du Premier ministre par le chef de l'Etat. Il paraît évident qu'il n'est souvent politiquement pas dans l'intérêt, ni du président, ni du Premier ministre sortant d'étaler sur la place publique les raisons du divorce. Dans ce cas, pour garder *« les petits secrets du palais »*, la formule de la démission du Premier ministre ou du Gouvernement arrangerait les deux parties. On parle souvent de « *révocation déguisée* » du président ou de « *démission provoquée* » du Premier ministre dans le cas où les vrais motifs du changement de Premier ministre ne sont pas communiqués. L'unique épisode marquant de la révocation d'un Premier ministre en Côte d'ivoire reste lié au départ de Jeannot AHOUSSOU-KOUADIO en novembre 2012 six mois après sa nomination. En effet, pour la première fois, il est fait cas officiellement des motifs ayant présidé à la révocation discrétionnaire du Premier ministre par le président. En effet, le Premier ministre et son Gouvernement ont été sanctionnés par le président OUATTARA[608] à la suite de dissensions au sein de la coalition gouvernementale et parlementaire du RHDP dont certains députés ont voté contre un projet de loi présenté par le Gouvernement[609].

Si le président ivoirien peut révoquer discrétionnairement le Premier ministre, ce pouvoir lui est exclusif et irrévocable puisque, si dans les autres Etats le Premier ministre peut s'appuyer sur la majorité parlementaire pour garder ses fonctions ou être démis de ses fonctions par celle-ci contre la volonté du président, il en est autrement en Côte d'Ivoire où la responsabilité du Gouvernement devant l'Assemblée n'est pas prévue par les textes. Les

[607] TCHIVOUNDA (G-P.), « Essai de synthèse sur le Premier ministre africain… », op.cit.

[608] Décret n° 2012-1110 du 14 novembre 2012 mettant fin aux fonctions des membres du Gouvernement, op.cit.

[609] RFI, « Dissolution du gouvernement ivoirien: les dissensions de la majorité en cause », https://www.rfi.fr/fr/afrique/20121115-cote-ivoire-ouattara-dissolution-gouvernement-ivoirien-dissensions-majorite-cause-ahoussou-kouadio , consulté le 19 avril 2021, MIEU (B.), « Côte d'Ivoire : les dessous de la dissolution du gouvernement », *Jeune Afrique*, 14 novembre 2012, https://www.jeuneafrique.com/173428/politique/c-te-d-ivoire-les-dessous-de-la-dissolution-du-gouvernement/, consulté le 19 avril 2021.

différentes Constitutions ivoiriennes n'ont à cet effet établi aucun lien juridique entre le Premier ministre et le Parlement, faisant de ce dernier un spectateur passif de l'action du Gouvernement. Toutefois, dans la pratique, on peut noter un certain rapprochement entre les deux institutions nécessaires au fonctionnement des pouvoirs publics, qui ne remet pas en cause la responsabilité exclusive du Premier ministre devant le président. S'il est vrai que dans le régime présidentiel classique les pouvoirs exécutif et législatif ne s'interfèrent pas au nom du principe de la séparation stricte et de l'équilibre des pouvoirs[610], malgré quelques nuances[611], il en est autrement en Côte d'Ivoire, où il existe une immixtion, voire une emprise de l'exécutif sur l'action du législatif, mais sans contrepartie[612]. Le régime présidentiel ivoirien n'est donc en réalité que le « *cache-sexe du présidentialisme* [613]» car fondé sur « *la prééminence constitutionnelle du président de la République*[614] ». L'Assemblée nationale ivoirienne a donc tout d'une « *chambre d'applaudissement et d'enregistrement des projets de loi de l'Exécutif*[615]».

La Constitution ivoirienne n'établit donc en principe aucun lien formel entre le Premier ministre et l'Assemblée nationale ivoirienne et ce, malgré un titre consacré aux rapports entre le pouvoir exécutif et le pouvoir législatif[616], ce qui est d'ailleurs surprenant dans un régime présidentiel. Mais en réalité, ces titres ne traitent que des rapports entre le président et le Parlement et n'évoquent presque pas le Gouvernement et encore moins le Premier ministre, ce qui justifie le fait que la Constitution guinéenne de 2010 ait intitulé ce titre « *Des rapports entre le président de la République et l'Assemblée nationale* [617]». Toutefois, si c'est le chef de l'Etat qui entretient directement les rapports avec le Parlement, il faut relever que ces rapports s'inscrivent dans une logique de domination et de déséquilibre et non de contrôle mutuel[618]. Toutefois, la Constitution ivoirienne prévoit des dispositions relatives au contrôle du Gouvernement[619] par l'Assemblée nationale, mais il s'agit en

---

610 BOURDON (J.), « La séparation des pouvoirs aux États-Unis », *Pouvoirs*, 2012/4, n° 143, pp. 113-122.

611 FELDMAN (J.-P.), « La séparation des pouvoirs et le constitutionnalisme. Mythes et réalités d'une doctrine et de ses critiques », *RFDC*, n° 83, 2010, pp. 483-49

612 SOGLOHOUN (P.), « Les fonctions législatives du président de la République. Étude de droit comparé », *Revue Béninoise des sciences Juridiques et Administratives*, n°33, 2014, pp. 83-121.

613 BOLLE (S.), « Le régime présidentiel : cache-sexe du présidentialisme ? », 2 octobre 2007, http://la-constitution-en-afrique.over-blog.com/article-12777017.html, consulté le 19 avril 2021.

614 NANDJUI-DANHO (P.), *La prééminence constitutionnelle du Président de la République en Côte d'Ivoire*, op.cit.

615 BALDE (S.), *La convergence des modèles constitutionnels…*, op.cit., p. 56

616 Titre V de la Constitution de 2016 ; Titre V de la Constitution de 2000 ; Titre IV de la Constitution de 1960

617 Titre V de la Constitution guinéenne de 2010.

618 NANDJUI-DANHO (P.), *La prééminence constitutionnelle du Président de la République en Côte d'Ivoire*, op.cit.

619 Chapitre IV du Titre V de la Constitution ivoirienne de 2016

réalité d'un contrôle passif, qui n'a pas d'influence sur le statut du Premier ministre. Ce lien juridique entre le Premier ministre ivoirien est renforcé par un lien de fait résultant de la pratique institutionnelle qui voit le Premier ministre faire une déclaration de politique générale devant les députés après sa nomination alors que celle-ci n'est pas prévue par la Constitution[620]. Il apparaît ainsi que « *le discours du premier ministre devant les députés ne présente aucun enjeu politique. Si par extraordinaire, les députés n'étaient pas d'accord avec le premier des ministres, celui-ci ne court aucun risque de dissolution du gouvernement*[621] ».

Le contrôle de l'action du Gouvernement par le Parlement ivoirien n'a qu'un aspect informatif[622]. L'article 117 al. 1er de la Constitution de 2016 dispose à cet effet que « *les moyens d'information du Parlement à l'égard de l'action gouvernementale sont la question orale, la question écrite et la commission d'enquête* ». Le second alinéa précise que « *pendant la durée de la session ordinaire, une séance par mois est réservée en priorité aux questions des membres de chaque chambre du Parlement et aux réponses du Président de la République* ». Les mêmes modalités sont prévues aux articles 71 et 113 de la Constitution béninoise de 1991. Ce contrôle s'adresse donc en principe au président de la République, qui peut déléguer au Premier ministre ou à d'autres membres du Gouvernement, le pouvoir de répondre aux questions des députés, conformément à l'article 117 al. 3 de la Constitution de 2016. Il en résulte que lorsque les députés veulent remettre en cause l'action du Gouvernement, ils doivent se référer au président, à qui il appartient d'en tirer les conséquences pour éventuellement décider de mettre fin ou non aux fonctions du Premier ministre et du Gouvernement. La révocation du Premier Ministre Jeannot AHOUSSOU-KOUADIO motivée par la fronde de certains députés de la majorité parlementaire en 2012 en est une illustration[623]. On comprend alors que si les députés ivoiriens ne peuvent pas contraindre directement le Premier ministre à quitter ses fonctions, ils peuvent obtenir indirectement son départ en influençant le pouvoir de révocation du chef de l'Etat. Enfin, l'article 117 al.4 de la Constitution de 2016 dispose qu'« *en la circonstance, le Parlement peut prendre une résolution pour faire des recommandations au Gouvernement* ». La même disposition est prévue à l'article 71 al. 3 de la Constitution béninoise. Il résulte de ces dispositions que

---

620 Voir à cet effet par exemple, la déclaration de politique générale présentée par le Premier ministre Jeannot KOUADIO-AHOUSSOU, le 16 juillet 2012 devant l'Assemblée nationale, http://news.abidjan.net/documents/docs/D%C3%A9clarationPM.pdf, consulté le 19 avril 2017.

621 KOUAO (G.-J.), « Contribution : Le régime parlementaire et l'émergence politique en Côte d'Ivoire », *L'intelligent d'Abidjan* n° 3650 du 13 mai 2016, http://news.abidjan.net/h/590922.html, consulté le 20 avril 2017.

622 N'GUESSAN (K.), « Les moyens parlementaires de contrôle de l'action gouvernementale dont les moyens d'interpellation dans l'espace francophone », op.cit.

623 Confère supra, § 668.

les moyens d'action du Parlement vis-à-vis du Gouvernement sont très limités et surtout non coercitifs, contrairement à ce qui se passe dans les régimes de type parlementaire où « *le parlement contrôle le gouvernement d'abord en désignant son chef, en le maintenant au pouvoir ou en le remplaçant par un autre* [624]». Les résolutions que le Parlement ivoirien est limité à adresser au Gouvernement témoignent du caractère inoffensif de son contrôle en raison du caractère non contraignant des résolutions parlementaires[625] qui ne peuvent avoir pour objet de mettre en cause la responsabilité du Gouvernement ou d'adresser des injonctions à son égard comme le précise l'article 34-1 al. 2 de la Constitution française[626]. Aucune sanction n'est prévue dans le cas où le Gouvernement ne tiendrait pas compte des résolutions du Parlement, ce qui montre qu'il s'agit d'actes parlementaires de droit souple[627].

Eu égard à son statut, le Premier ministre ivoirien reste dépendant du chef de l'Etat tout au long de son existence. Cette dépendance, qui déséquilibre le bicéphalisme ivoirien, et qui repose sur le caractère présidentiel du régime, se révèle également à travers les compétences du Premier ministre.

B. Le Premier ministre aux compétences dépendantes du chef de l'Etat

Dans le système politique ivoirien, le Premier ministre n'est qu'un collaborateur du Président[628] par ce qu'« *il n'est pas dans l'intention du constituant ivoirien de rechercher un quelconque équilibre entre le Président et le Premier ministre d'autant que la logique du régime politique ivoirien impose le Président comme le seul organe d'État au sein de l'exécutif* [629]». C'est dans cette optique que la répartition des compétences au sein de l'Exécutif ivoirien révèle le déséquilibre du bicéphalisme ivoirien. Il en est ainsi parce que les différentes Constitutions ivoiriennes désignent le chef de l'Etat comme le « *détenteur exclusif du pouvoir exécutif* [630]». Malgré le bicéphalisme formel, il ne peut donc pas avoir de dyarchie au sein de l'Exécutif ivoirien parce que les compétences du Premier ministre sont

---

624 LE DIVELLEC (A.), « Des effets du contrôle parlementaire », *Pouvoirs*, n° 134, 2010, pp. 123-139.

625 NIQUEGUE (S.), « Les résolutions parlementaires de l'article 34-1 de la Constitution », *RFDC*, 2010/4, n° 84, pp. 865-890

626 LEVADE (A.), « La révision du 23 juillet 2008. Temps et contretemps », *RFDC*, 2009, n°78, pp. 299-316.

627 BOUDET (F.), « La force juridique des résolutions parlementaires », *RDP*, 1958, p. 271.

628 Pour paraphraser Nicolas SARKOZY qui déclarait en 2007 que « le Premier ministre c'est un collaborateur, le patron c'est moi » dans un entretien accordé au journal Sud-Ouest le 22 août 2007.

629 MEL (A.-P.), « La réalité du bicéphalisme de l'exécutif ivoirien », op.cit.

630 Article 12 al.1er (1960) ; Article 41 al.1er (2000) ; Article 63 al.1er (2016).

dépendantes du président. Ses attributions constitutionnelles se résument à son leadership gouvernemental sous l'autorité du président.

L'article 81 al.2 de la Constitution ivoirienne de 2016 dispose que « *le Gouvernement est chargé de la mise en œuvre de la politique de la Nation telle que définie par le Président de la République* ». Cette disposition met en lumière la logique de déconcentration administrative du pouvoir qui réside dans la mise en œuvre par l'autorité déconcentrée de certaines compétences définies par l'autorité centrale mais au nom et pour le compte de l'autorité centrale en suivant ses instructions[631]. C'est dans ce sens que les Constitutions ivoiriennes n'ont pas doté le Premier ministre d'un pouvoir décisionnel autonome, le rendant dépendant du chef de l'Etat, à qui il revient de juger de l'opportunité ou non de lui déléguer ses compétences. Le Premier ministre ivoirien ne peut exercer le pouvoir exécutif qu'en vertu d'une délégation expresse du président. Il s'agit d'une délégation de compétence qui est un procédé administratif[632] par lequel « *l'autorité administrative compétente transfère son pouvoir de décision à l'autorité subordonnée désignée impersonnellement* [633]». La délégation de compétences se distingue de la délégation de signature, procédé *intuitu personae* qui autorise seulement une autorité administrative, le délégataire, nommément désignée à signer en lieu en place du délégant qui conserve son pouvoir de signature[634]. La pratique de la délégation de compétences dans l'administration est considérée comme motivée par « *le souci de rapprocher les centres de décision des administrés, de faciliter les responsabilités, bref un souci de rationalisation et d'efficacité de l'action administrative* [635]». Ces raisons peuvent être transposées à la nécessité de délégation du président au Premier ministre dans le régime ivoirien.

L'article 53 de la Constitution de 2000 dispose que « *le Président de la République peut, par décret, déléguer certains de ses pouvoirs aux membres du Gouvernement* » permettant ainsi au président de déléguer ses pouvoirs à l'ensemble des membres du Gouvernement. Cette disposition réaffirme au demeurant l'autorité du président sur le Gouvernement, ce qui reste conforme à l'esprit du présidentialisme. Au cas où le président viendrait à déléguer ses compétences à un ministre, la coordination de l'action gouvernementale dont est chargé le Premier ministre[636] pourrait malgré tout lui permettre de contrôler l'action du ministre concerné, sans toutefois être en mesure de lui adresser des

---

[631] WALINE (J.), *Droit administratif*, op.cit., p. 50.

[632] GROSHENS (J.-C.), « La délégation administrative de compétence », *Recueil Dalloz*, 1958, chron. 197.

[633] WALINE (J.), *Droit administratif*, op.cit., p. 465.

[634] DELVOLVE (P.), « Le nouveau statut des délégations de signature », in *Mélanges en l'honneur de Louis Favoreu. Renouveau du droit constitutionnel*, Dalloz, 2007, p. 1173.

[635] DE VILLIERS (M.), DE BERRANGER (T.), (dir.), *Droit public général*, 7e éd., Paris, Leixinexis, 2017, p. 671.

[636] Article 41 al.3 de la Constitution ivoirienne de 2000.

instructions, car cela relève de l'autorité délégante, qu'est le président, ce qui dénote des limites institutionnelles de cette disposition. Sans remettre en cause l'esprit même de la délégation de compétences présidentielles aux membres du Gouvernement prévue dans les Constitutions précédentes, la Constitution du 8 novembre 2016 a apporté quelques innovations. Elle dispose en son article 76 que « *le Président de la République peut, par décret, déléguer certains de ses pouvoirs au vice-président de la République, au Premier ministre et aux autres membres du Gouvernement* ». L'innovation introduite pas cette disposition est marquante sous plusieurs angles. Si elle redéfinit une hiérarchie dans la chaîne de délégation, elle semble d'une part remettre le Premier ministre au premier plan vis-à-vis des autres membres du Gouvernement et d'autre part, la possibilité donnée au président de déléguer ses compétences au vice-président, poste créé en 2016, effrite considérablement la possibilité pour le Premier ministre de se voir déléguer des compétences présidentielles[637].

Les Constitutions de 2000 et 2016 prévoient également les conditions de forme et de fond pour la délégation des compétences du président au Premier ministre. Sur la forme, la délégation est consentie par un décret présidentiel relevant de l'exercice du pouvoir règlementaire du président.[638] Les articles 53 de la Constitution de 2000 et 77 de la Constitution de 2016 prévoient également la limitation de la délégation dans le temps. Il en résulte que la délégation ne peut être accordée pour une durée indéterminée et le décret portant délégation doit préciser la date de la fin de cette délégation. Toutefois, aucune durée minimale ou maximale n'est prévue par les différents textes constitutionnels, ce qui suppose que la détermination de la durée de la délégation relève du pouvoir discrétionnaire du président. L'exigence de la limitation de la délégation dans le temps, étant motivée par le fait que « *la délégation ne doit, par sa trop longue durée masquer ou voiler l'impossibilité pour le président de la République d'assumer sa charge* [639]», le professeur Obou OURAGA avait proposé lors de la rédaction de la Constitution de 2000 que « *le chef de l'Etat ne doit pas faire plus de quarante-cinq (45) jours à l'étranger, et pas plus de quatre-vingt-dix (90) jours en cas d'empêchement temporaire* [640]», ce qui supposerait que la délégation consentie au Premier ministre ou à un membre du Gouvernement ne devrait pas dépasser ces délais. Pour lui, « *au-delà de ces délais, le chef de l'Etat est réputé définitivement empêché et la procédure de vacance est engagée* [641]». Si cette proposition

[637] Sur l'influence de la création du poste de vice-président sur le statut et les compétences du Premier ministre, confère infra (2e partie).
[638] Articles 65 et 71 de la Constitution de 2016.
[639] MEL (A.-P.), *Les enjeux de la deuxième République ivoirienne*, Thèse de droit public, Université de Bourgogne, 2007, Tome 2, p. 294.
[640] *Notre voie* n°544 du 2 mars 2000, cité par MEL (A.-P.), *Les enjeux de la deuxième République ivoirienne*, Tome 2, p. 294, note 928.
[641] Ibid.

ambitieuse et originale, inspirée par le précédent de la maladie du président HOUPHOUËT-BOIGNY et ses nombreuses absences, elle n'a pas été finalement retenue par la commission de rédaction de la Constitution que présidait son auteur. Sur le fond, la Constitution exige que la délégation doive « *porter sur une matière ou un objet précis* ». Il en résulte que la délégation ne peut être générale et doit viser une compétence précise du président. Lorsque le président décide de déléguer plusieurs de ses compétences à la fois au Premier ministre, il est tenu de prendre autant de décrets que de compétences déléguées. Mais la question qui se pose concerne les matières pouvant être déléguées et celles ne pouvant pas faire l'objet de délégations. Les Constitutions de 2000 et 2016 manquent de précision sur la question des compétences pouvant être déléguées et se contentent de viser « *certaines compétences* » du président. Si cette formulation très générale a pour but d'accorder une grande marge de manœuvre au président, elle sous-entend également que toutes les compétences du président ne peuvent être déléguées au Premier ministre.

Dans la pratique, les actes de délégation formels des pouvoirs du président au Premier ministre ivoirien sont rares. Généralement, il est attribué au Premier ministre un portefeuille ministériel dans un domaine précis[642]. L'attribution de ce portefeuille figure dans le décret portant composition du Gouvernement et vient s'ajouter à son rôle de chef du Gouvernement. Les décrets portant attribution des membres du Gouvernement viennent préciser l'étendue des compétences du Premier ministre dans la matière dont il a la charge[643]. On estime souvent que le portefeuille ministériel attribué au Premier ministre est le plus souvent lié son profil personnel et reflète l'axe prioritaire sur lequel le président voudrait orienter l'action du Gouvernement. Cette appréciation est corroborée en Côte d'ivoire notamment quand on se rappelle qu'en 1990, le Premier ministre Alassane D. OUATTARA, économiste de formation et technicien avéré des finances internationale, s'est vu attribuer le portefeuille de ministre de l'économie et des finances pour gérer la crise économique dont la Côte d'Ivoire était victime à l'époque et mettre en place la réforme des finances publiques ivoiriennes[644]. De même, l'attribution du portefeuille de la défense nationale au Premier ministre Guillaume SORO en 2011 était liée à l'impératif de sécurisation du pays et de désarmement qui

[642] Cette pratique a débuté dès 1990 avec Alassane OUATTARA qui s'est vu confié le portefeuille de l'économie et des finances. Elle s'est perpétuée jusqu'aujourd'hui.

[643] Les décrets portant attribution des membres du Gouvernement sont pris après la nomination de chaque Gouvernement pour tenir compte notamment de la nouvelle nomenclature des portefeuilles ministériels. Quelques exemples : Décret n°2019-755 du 18 septembre 2019 pris après le décret n°2019-726 du 4 septembre 2019 portant nomination des membres du Gouvernement Décret n° 2013-506 du 25 juillet 2013 ; décret n°2016-21 du 27 janvier 2016 pris après le décret n° 2016-04 du 12 janvier 2016 portant nomination des membres du gouvernement ; etc.

[644] GRAH-MEL (F.), *Félix Houphouët-Boigny : la fin et la suite*, op.cit., p. 332

sortait d'une guerre civile[645], dont le Premier ministre était d'ailleurs l'un des protagonistes[646].

Les délégations du président permettent finalement au Premier ministre ivoirien de justifier son utilité en palliant l'inexistence à son profit d'attributions constitutionnelles autonomes, ce qui dénote de sa totale dépendance vis-à-vis du chef de l'Etat dans la mesure où l'étendue des délégations dépend de la marge de manœuvre que le chef de l'Etat voudrait lui laisser. Ainsi la plupart du temps, le Premier ministre doit demeurer dans l'ombre de la prééminence présidentielle et se contenter de le suppléer conformément aux articles 53 et 81 al. 3 respectivement des Constitutions de 2000 et 2016. Sur la forme, l'article 53 de la Constitution de 2000 traite indifféremment de la délégation et de la suppléance dans les compétences du président. L'article 82 al. 3 de la Constitution de 2016 quant à lui sépare les deux prérogatives en distinguant l'institution à laquelle elles se rapportent. Cet article figure dans le chapitre réservé au Gouvernement, plus précisément dans la disposition qui énonce les compétences du Premier ministre, alors que la délégation est traitée plus haut aux articles 76 et 77 dans le chapitre réservé au président. Cette distinction démontre que contrairement à la délégation qui relève de la faculté et du pouvoir discrétionnaire du président, la suppléance est une prérogative constitutionnelle du Premier ministre. Il en résulte que contrairement à la délégation qui relève d'un acte formel du président, la suppléance est automatiquement déclenchée lorsque les conditions fixées par la Constitution sont remplies, à savoir l'absence du territoire national du président, suivant la Constitution de 2000, mais aussi du vice-président suivant la Constitution de 2016. Contrairement à la délégation qui s'exerce même en présence du président, la suppléance par le Premier ministre s'effectue en l'absence de ce dernier. C'est ce qui ressort des dispositions de l'article 53 précité : « *le Premier Ministre supplée le Président de la République lorsque celui-ci est hors du territoire national* ». Dans d'autres Etats, l'absence du territoire national du président n'est pas forcément requise pour sa suppléance par le Premier ministre. Celle-ci peut s'effectuer par exemple en France, selon l'article 21 al.3 et 4 à titre exceptionnel dans des domaines précis[647]. Il s'agit de la présidence de certains comités prévus par la Constitution ou du Conseil des ministres. Pour la doctrine, il s'agit des « *cas d'empêchement momentané* [648]» du président.

---

[645] FOFANA (M.), « Des Forces nouvelles aux Forces républicaines de Côte d'Ivoire. Comment une rébellion devient républicaine », op.cit.

[646] Il était le chef politique de la rébellion qui a déclenché la crise en 2002 et dont les hommes ont contribué à la prise du pouvoir d'Alassane OUATTARA après le refus du président GBAGBO de quitter le pouvoir après les élections de 2010.

[647] GODFRIN (Ph.), « La suppléance au Président de la République : échec ou succès », *Recueil Dalloz* 1969, chroniques, pp.167-169.

[648] GICQUEL (J.), GICQUEL (J-E.), *Droit constitutionnelle et institutions politiques*, op.cit., p. 705

Sur le fond, lorsqu'il est emmené à suppléer le président, le Premier ministre ne peut exercer certaines compétences que sur délégation expresse du président. L'article 24 de la Constitution de 1960 modifiée en 1990 n'avait pas jugé nécessaire de faire cette précision, ce qui avait laissé toute l'étendue du pouvoir exécutif à Alassane OUATTARA qui s'était complètement mué en « *chef de l'Etat bis* » dans l'exercice de la suppléance en disposant de l'ensemble du pouvoir exécutif dont le chef de l'Etat a l'exclusivité. Tirant les leçons de cette pratique abusive de la suppléance, les Constitutions suivantes ont ainsi entendu apporter des limites. Celles-ci visent notamment la présidence du Conseil des ministres qui, suivant les dispositions de l'article 53 de la Constitution de 2000 ne peut revenir au Premier ministre, même lorsqu'il supplée le chef de l'Etat, que sur une délégation expresse de ce dernier. En d'autres termes, sans délégation du président, le Premier ministre ne saurait présider le Conseil des ministres en son absence. Cette disposition qui combine la suppléance et la délégation a été reprise par l'article 79 de la Constitution de 2016, qui bien que visant expressément le vice-président, s'applique également au Premier ministre conformément à l'article 81 al. 2 qui lui permet de suppléer le vice-président, lorsqu'il est également absent du territoire.

Si c'est seulement en vertu des délégations ou en cas de suppléance le Premier ministre peut disposer de compétences effectives dans le régime ivoirien, les Constitutions de 2000 et de 2016 ont compensé l'encadrement de la délégation et de la suppléance par la reconnaissance au profit du Premier ministre d'un leadership gouvernemental en lui confiant l'animation et la coordination de l'action gouvernementale conformément aux articles 41 et 82 respectivement des Constitutions de 2000 et 2016. En chargeant le Premier ministre de l'animation et de la coordination de l'action gouvernementale, les Constitutions de 2000 et 2016 semblent combler l'absence de prérogatives règlementaires du Premier ministre par son autorité sur les autres membres du Gouvernement. Le leadership gouvernemental du Premier ministre relève de sa participation à la formation du Gouvernement telle que prévue par les articles 41 et 70 al. 2 des Constitutions de 2000 et 2016. L'animation et la coordination du Gouvernement sont des prérogatives classiques du chef du Gouvernement[649]. Lorsque l'exécutif est monocéphale, le président délègue le plus souvent cette prérogative à l'un des membres du Gouvernement ou de son cabinet, qui, sur le fondement de l'autorité que lui confère le chef de l'Etat, est chargé de relayer les instructions du président auprès des autres ministres et de rendre compte en retour au chef de l'Etat de la mise en œuvre de son action par les autres ministres. Dans certains cas, il est expressément chargé de l'animation et/ou de la coordination de l'action gouvernementale en complément d'un portefeuille ministériel important et très influant sur l'action

---

649 LAURENT (D.), SANSON (M.), *Le travail gouvernemental*, Paris, La Documentation française, 1996

du Gouvernement comme c'est le cas au Bénin[650] également où le président dispose de la faculté de nommer un Premier ministre non prévu par la Constitution ou confier la coordination de l'action gouvernementale à un ministre, ce qui hiérarchise les rapports au sein même du Gouvernement[651]. A titre d'exemple, le Gouvernement de la République du Bénin nommé en 2007 par le président Yayi BONI comportait un « *ministre d'État chargé de la Prospective, du Développement, de l'Évaluation des politiques publiques et de la coordination de l'action gouvernementale* [652]». Ce fut déjà le cas en 2001, lorsque Bruno AMOUSSOU, un leader politique de l'opposition a fait son entrée au Gouvernement, non plus en qualité de Premier ministre comme ce fut le cas en 1996 pour Adrien HOUNGBEDJI dans les mêmes conditions, mais en tant que ministre d'Etat chargé de la coordination de l'action gouvernementale[653].

Si l'animation et la coordination de l'action gouvernementale justifient *a minima* l'existence du Premier ministre dans le régime ivoirien marqué par la prépondérance du chef de l'Etat, la Constitution du 8 novembre 2016 a apporté quelques innovations dans le sens du renforcement des compétences primo-ministérielles. En effet, contrairement aux Constitutions précédentes, elle innove en en créant un chapitre consacré spécifiquement au Gouvernement. Elle crée un nouveau Titre III intitulé « *le pouvoir exécutif* », dans lequel il distingue les différentes composantes de l'exécutif que sont le Président, le vice-président et le Gouvernement. L'article 81 ôte toute ambigüité dans la composition du Gouvernement, en énumérant, comme l'article 76 de la Constitution togolaise de 1992, les différents membres du Gouvernement. Il dispose que « *le Gouvernement comprend le Premier ministre, Chef du Gouvernement, et les autres ministres* ». Cette disposition réaffirme le statut de chef du Gouvernement du Premier ministre. Cette réaffirmation paraît nécessaire dans la mesure où il doit coordonner l'action du Gouvernement dans la mise en œuvre de la politique de la nation et est chargé de la présidence du Conseil de Gouvernement. Cet aspect sera développé dans la deuxième partie.

Au final, on s'aperçoit que le statut et ses compétences le rendent dépendant du Chef de l'Etat en raison de la nature présidentielle du régime. Toutefois, le Premier ministre ivoirien a bénéficié d'une réhabilitation conjoncturelle pendant la longue crise politique des années 2000 grâce à la déprésidentialisation du régime opéré par les différents instruments de sortie de crise, ce qui est souvent le cas dans les Etats en conflit.

---

650 Constitution du 11 décembre 1990, op.cit.

651 Sur la hiérarchie au sein du Gouvernement, voir par exemple OBERDOFF (H.), KADA (N.), *Institutions administratives,* Paris, Sirey, 2016

652 Décret n°2008-634 du 27 octobre 2007 portant composition du Gouvernement.

653 Décret n° 2001-170 du 7 mai 2001 portant composition du Gouvernement.

Paragraphe 2 : Le Premier ministre de crise, une exception à la présidentialisation du Premier ministre ivoirien

S'il éprouve des difficultés à s'affirmer sur l'échiquier politique des Etats d'Afrique noire francophone en temps normal, le Premier ministre parvient néanmoins en fonction de la conjoncture politique à s'ériger en maillon essentiel de l'architecture institutionnelle. Il en a été ainsi notamment pendant la longue période de crise politico-militaire traversée par la Côte d'Ivoire pendant les années 2000[654], où *« ne bénéficiant que de pouvoirs insignifiants, le Premier ministre se donne comme métamorphosé, transfiguré[655] »* par les différents instruments juridiques et politiques de sortie de crise[656] qui ont conjoncturellement tenté de déprésidentialiser son statut (A) et revaloriser ses compétences (B).

A. Le Premier ministre de crise, une émanation des instruments de sortie de crise

En Côte d'Ivoire, le Premier ministre n'est en principe qu'*« un gestionnaire des décisions prises par le chef de l'Etat* [657]». Cette perception

[654] Si elle a des origines lointaines (Voir BRAECKMANN (C.), « Aux sources de la crise ivoirienne », *Manière de voir*, n° 79, février-mars 2005, p. 81), la crise politico-ivoirienne, objet de notre étude, a démarré le 19 septembre 2002 par l'attaque d'Abidjan, la capitale économique ivoirienne par un groupe de rebelles venus du nord, qui ont réussi à prendre les principales villes du pays. Cependant, les rebelles échouèrent dans leur tentative de prise d'Abidjan face à la riposte des forces armées ivoiriennes. Occupant la moitié nord du pays désormais coupé en deux, ils exigèrent le départ du président Laurent GBAGBO élu en 2000 qui s'est accroché à sa légitimité constitutionnelle pour rejeter les exigences des rebelles organisés sous l'acronyme des FANCI (Forces armées nationales de Côte d'Ivoire) dirigés par Guillaume SORO. S'en sont suivies plusieurs années de négociations politiques sous les auspices de la Communauté internationale (CEDEAO, ONU, UA, France, etc.) à rebondissements couronnées par l'élection présidentielle de 2010 qui a vu la victoire d'Alassane Dramane OUATTARA et le refus de son adversaire, le président sortant Laurent GBAGBO de quitter le pouvoir. Une autre crise post-électorale s'est alors déclenchée jusqu'à l'arrestation de Laurent GBAGBO en mars 2011. Voir la bibliographie abondante sur la crise ivoirienne notamment BEUGRE (J.), Côte d'Ivoire : *Les dessous d'une rébellion*, op.cit. ; HOFNUNG (T.), *La crise ivoirienne : De Félix Houphouët-Boigny à la chute de Laurent Gbagbo*, op.cit. ; DOZON (J.-P.), *Les clefs de la crise ivoirienne*, op.cit., etc.

[655] DOSSO (K.), « Le Premier ministre dans la crise ivoirienne », op.cit.

[656] Il s'agit des différents accords politiques et résolutions adoptés par le Conseil de sécurité de l'ONU.

[657] AROMATARIO (S.), « La dérive des institutions vers le régime présidentiel », *RDP*, 2007, n°3, p. 731-751.

dévalorisante du Premier ministre, « *chef d'Etat-major du président* [658]» ou du *« primus inter pares* [659]» change complètement en période de crise, où le Premier ministre est érigé en *alter ego* du président. L'incapacité des acteurs politiques à trouver une solution constitutionnelle aux conflits politiques[660] entraîne la mise en veille partielle ou totale de la Constitution au profit des accords politiques[661] et d'autres instruments originaux de résolution des conflits[662]. Ces accords, dont « *la conclusion survient généralement à la suite d'un différend entre le pouvoir et l'opposition qui ne trouve pas de solution ou à la suite d'un conflit interne qui paralyse les institutions politiques* [663]», réservent systématiquement une place prépondérante au Premier ministre comme palliatif à la remise en cause de la légitimité présidentielle. Il en a été ainsi au Togo avec l'accord politique global (APG) du 20 août 2006[664] et surtout en Côte d'Ivoire avec la kyrielle d'accords politiques, notamment l'accord de Linas-Marcoussis (ALN) du 24 janvier 2003[665] qui « *fixe à la fois le statut du Premier ministre et ses rapports avec le Président de la*

---

[658] CONAC (G.), « Quelques réflexions sur le nouveau constitutionnalisme africain », *Actes de la deuxième réunion préparatoire au symposium de Bamako : Les institutions de la démocratie et de l'Etat de droit*, mars 2000.

[659] Expression empruntée à POMPIDOU (G.), *Le nœud gordien*, Paris, Plon, 1974, p.63.

[660] GAUDUSSON (J. du Bois de), « Les solutions constitutionnelles des conflits politiques », *Afrique Contemporaine,* n° spécial, 4e trimestre, 1996, p. 252

[661] EHEUNI-MANZAN (I.), *Les accords politiques dans la résolution des conflits armés internes en Afrique*, Thèse de droit public, Université de La Rochelle, 2011 ; MAMBO (P.), « Les rapports entre la constitution et les accords politiques dans les États africains : Réflexion sur la légalité constitutionnelle en période de crise », *McGill Law Journal / Revue de droit de McGill*, Volume 57, n°4, juin 2012, pp. 921–952.

[662] BITIE (A.-K.), *L'approche contemporaine de la prévention des conflits en Afrique*, Thèse de droit public, Université de Bordeaux, 2016.

[663] ATANGANA-AMOUGOU (J-L.), « Les accords de paix dans l'ordre juridique interne en Afrique », *Revue de la Recherche juridique, Droit prospectif,* n° 123, vol. 33, 2008, pp. 1723-1746.

[664] Le cas togolais n'est pas assez significatif pour étudier la situation du Premier ministre de crise par rapport au cas ivoirien qui se présente comme le véritable archétype du Premier ministre de crise en Afrique noire francophone, d'où notre choix de mettre en avant ce cas.

[665] L'accord de Linas-Marcoussis (ALN) a été signé le 24 janvier 2003 dans cette petite ville du département de l'Essonne en France par les principaux protagonistes de la crise ivoirienne déclenchée le 19 septembre 2002 à la suite de la tentative avortée de prise de pouvoir par les rebelles. Cet accord résulte des pourparlers organisés « *à l'invitation du Président de la République française, une Table Ronde des forces politiques ivoiriennes s'est réunie à Linas-Marcoussis du 15 au 23 janvier 2003. Elle a rassemblé les parties suivantes FPI, MFA, MJP, MPCI, MPIGO, PDCI-RDA, PIT, RDR, UDCY, UDPCI. Les travaux ont été présidés par M. Pierre MAZEAUD, assisté du juge Keba Mbaye et de l'ancien Premier ministre Seydou Diarra et de facilitateurs désignés par l'ONU, l'Union Africaine et la CEDEAO* », point 1 de l'Accord.

République [666]». Ce statut a été ensuite précisé par les différentes résolutions du Conseil de sécurité de l'ONU[667].

Les nominations de Seydou Elimane DIARRA en 2003 puis de Charles KONAN-BANNY en 2005 ont démontré à quel point l'ALN et les différentes résolutions du Conseil de sécurité de l'ONU ont neutralisé le pouvoir discrétionnaire de nomination du Premier ministre que le chef de l'Etat ivoirien détenait de l'article 41 de la Constitution ivoirienne de 2000. En effet, en Côte d'Ivoire, le Premier ministre a toujours procédé du chef de l'Etat. Il s'agit d'une caractéristique essentielle du présidentialisme ivoirien[668]. Or, en stipulant qu'il soit un « *Premier ministre de consensus* [669]» ou « *un Premier ministre acceptable par toutes les parties* [670]», l'ALN et la Résolution 1633 de l'ONU ont semblé avoir ignoré ce fondement du présidentialisme ivoirien. Si le Premier ministre de consensus et le Premier ministre acceptable procèdent tous les deux de la volonté de déprésidentialisation de l'exécutif ivoirien, ils procèdent d'instruments juridiques différents qui ont façonné leur statut en marge de la Constitution ivoirienne de 2002.

Le Point 3-c de l'accord de Linas-Marcoussis prévoit que « *le gouvernement de réconciliation nationale sera dirigé par un Premier ministre de consensus* ». Cette disposition prévoyant la nomination d'un Premier ministre de consensus, vient préciser et renforcer celle du point 3-a prévoyant qu'« *un Gouvernement de réconciliation nationale sera mis en place dès la clôture de la Conférence de Paris pour assurer le retour à la paix et à la stabilité ...* ». En insistant sur la désignation d'un Premier ministre de consensus, l'ALN restreint la marge de manœuvre du président, tout en rassurant les acteurs sur l'effectivité de la constitution d'un véritable gouvernement de réconciliation nationale après les assises, ce qui démontre que le Premier ministre de crise est une émanation du consensus politique conjoncturel en période de crise[671]. C'est la raison pour laquelle la question de la désignation consensuelle du Premier ministre est toujours mise en avant dans les accords politiques[672]. Il en est ainsi parce que la plupart des crises ont pour origine la remise en cause de la légitimité du président de la République. Par conséquent, le bicéphalisme profite en ce moment au Premier ministre

---

[666] DOSSO (K.), « Les pratiques constitutionnelles dans les pays d'Afrique noire francophone : cohérences et incohérences », *RFDC*, 2012/2 n° 90, pp. 57-85

[667] On peut citer notamment les résolutions 1464 du 4 février 2003 ; 1633 du 21 octobre 2005 ; 1721 du 1er novembre 2006 ; etc.

[668] BOGNON (R-D.), « La situation en Côte d'Ivoire : présidentialisme et représentation nationale », op.cit.

[669] Point 3-c de l'ALN.

[670] Paragraphe V de la Résolution 1633 du Conseil de sécurité de l'ONU du 21 octobre 2005.

[671] CROUZATIER (J.-M.), « La gestion des crises politiques et militaires dans l'espace francophone », in LARRIEU (J.), *Crises et droits*, Presses de l'Université Toulouse 1 Capitole, 2012, pp. 91-109.

[672] Voir notamment l'Accord politique pour la gestion consensuelle de la transition en République démocratique du Congo signé à Sun-City (Afrique du Sud) le 19 avril 2002.

dans la mesure où d'une part, il est l'élément mobile de l'exécutif, ce qui permet de l'adapter aux circonstances, et d'autre part, parce que si l'autorité du président de la République est contestée, il faudrait malgré tout permettre à l'exécutif d'assurer la continuité de l'Etat.

Le consensus se définit de manière générale comme « *une méthode d'adoption des décisions consistant dans la recherche d'un accord mutuel sans que l'on procède à un vote formel* [673]» et spécifiquement en droit constitutionnel comme une « *un accord général ... qui a pour effet de modérer les antagonismes politiques* [674]». Ces définitions semblent opposer fondamentalement la notion de consensus au vote[675]. Cette distinction permet d'opérer une différence entre le Premier ministre de consensus tel qu'il est désigné après la signature des accords politiques et le Premier ministre de transition tel qu'il a été désigné après les Conférences nationales où les Premiers ministres de transition ont été élus par les délégués présents à la Conférence[676]. Par contre, le Premier ministre de consensus provient d'un accord entre toutes les parties, incluant même le chef de l'Etat, sans qu'il ait été recouru à un vote. En instituant le Premier ministre de consensus, l'ALN n'a pas donné d'autres indications sur son mode de désignation. Toutefois, si l'on se réfère à la définition de la notion de consensus, on peut en déduire que non seulement la désignation du Premier ministre n'est pas laissée à la discrétion du chef de l'Etat comme cela est prévu par la Constitution, mais aussi n'est-elle pas soumise au vote des délégués des partis présents à la Table Ronde. En cela, l'ALN paraît souple quant au choix du Premier ministre, ce qui ne fut par exemple pas le cas de l'accord politique pour la gestion consensuelle de la transition en République démocratique du Congo[677] censé mettre fin à la deuxième guerre du Congo[678]. Cet accord signé entre les belligérants, qui a attribué formellement le poste de Premier ministre à Jean-Pierre BEMBA, principal rival du président KABILA. En Côte d'Ivoire, la recherche du consensus pour la désignation du Premier ministre est intervenue à la clôture des assises de Linas-Marcoussis, lors de nouvelles assises exclusivement consacrées à la mise en œuvre du point 3 de l'ALN relatif à la mise en place du Gouvernement de réconciliation nationale.

---

[673] Ibid

[674] GUINCHARD (S.), DEBARD (T.), (dir.), *Lexique des termes juridiques*, 23e éd., 2015-2016, Paris, 2015, p. 262

[675] Voir RIVERO (J.), « Consensus et légitimité », *Pouvoirs*, n°05, Le consensus, avril 1978, pp.57-64

[676] Voir notamment les Actes n°7 et 10 de la CNS du Togo qui ont défini les modalités de l'élection du Premier ministre par la CNS au Togo. Confère supra, §150 et suivants.

[677] Accord signé le 19 avril 2002 à Suncity en Afrique du Sud après la médiation du président sudafricain Thabo MBEKI lors du dialogue intercongolais qui a duré dix-neuf mois.

[678] Il s'agit de la grande guerre qu'a connue la République démocratique du Congo entre 1998 et 2003, impliquant plusieurs groupes armés nationaux et d'autres Etats. La première guerre du Congo fut celle, déclenchée en 1996 et ayant menée à la chute du Maréchal Mobutu en 1997 face aux forces rebelles de Laurent Désiré Kabila.

Après la signature de l'ALN qui était en soi un succès pour la médiation internationale notamment onusienne[679], africaine[680] et française[681], les acteurs politiques ivoiriens devraient désormais matérialiser leur entente par la désignation du Premier ministre de consensus, clé de voûte de la mise en œuvre de l'ALN. C'est la raison pour laquelle une fois les assises de Linas-Marcoussis achevées, la médiation française s'est également engagée à accompagner les acteurs politiques français dans le choix du Premier ministre de consensus[682]. Cette désignation permettrait de convaincre les sceptiques quant à l'application dudit accord quand on se rappelle qu'en RDC à la même époque, les accords de sortie de crise n'étaient pas forcément appliqués[683]. La Table Ronde pour la désignation du Premier ministre de consensus constituait l'acte II des pourparlers de Paris pour la résolution de la crise ivoirienne. C'est une seconde phase de négociations cruciales qui s'est ouverte entre les signataires de l'ALN et le chef de l'Etat ivoirien, toujours sous l'égide de la médiation française soutenue par la Conférence des chefs d'Etat africains qui s'est tenue à Paris du 25 au 26 janvier 2003 pour entériner l'ALN[684]. S'il s'est révélé à la fin comme l'homme de consensus tant recherché, Seydou DIARRA ne figurait pas parmi les potentiels Premiers ministres évoqués lors de la première phase de négociations qui fut très politisée. Cela s'expliquait par le fait qu'au cours de cette phase, les noms proposés par les protagonistes étaient des personnalités à très fort ancrage politique. Or, Seydou DIARRA était jusqu'alors considéré comme une personnalité apolitique, même s'il a déjà eu de très hautes responsabilités politiques[685], notamment celle de Premier

---

[679] BERGAMASCHI (I.), DEZALAY (S.), « Dilemmes et ambiguïtés de la sortie de crise par la voie multilatérale en Afrique : le cas de l'Organisation des Nations unies en Côte-d'Ivoire », *Les Champs de Mars*, 2005/1, n° 17, pp. 53-73.

[680] SADA (H.), « Le conflit ivoirien : enjeux régionaux et maintien de la paix en Afrique », *Politique étrangère*, n°2, 2003, 68ᵉ année, pp. 321-334 ; METOU (B.-M.), « La médiation de l'union africaine dans la résolution des crises internes de ses états membres », *Revue québécoise de droit international*, n°31.2, 2018, pp. 39-69 ; BAPIDI-MBON (D.-P.), *La CEDEAO dans la crise ivoirienne : 2002- 2007*, Mémoire de Master 2 en science politique, Université Jean Moulin Lyon III, 2010.

[681] D'ERSU (L.), « La crise ivoirienne, une intrigue franco-française », *Politique africaine*, n°105, 2007, pp. 85-114 ; GOHOUROU (F.), « De la crise politico-militaire ivoirienne à la crise franco-ivoirienne : Déconstruction et recomposition des territoires français de Côte d'Ivoire », *Territoires d'Afrique*, Université Cheick Anta Diop, Département de géographie, 2016, pp.89-98.

[682] OKIEMY (B.), « L'accord de Linas-Marcoussis : La France de retour », *RJPIC*, n°4, 2003, pp. 467-490.

[683] NGUELE-ABADA (M.), « Du constitutionnalisme de transition en Afrique : Réflexion sur l'évolution constitutionnelle en République démocratique du Congo », *RRJ*, 2008-1, n°33, pp. 499-536.

[684] GAUDUSSON (J. du Bois de), « L'accord de Marcoussis, entre droit et politique », *Afrique contemporaine*, 2003/2, n° 206, pp. 41-55.

[685] Il fut notamment plusieurs fois nommé ambassadeur de la Côte d'Ivoire à l'étranger pendant les années 70 et 80.

ministre de la transition après le coup d'Etat du 24 décembre 1999[686]. Trois facteurs principaux expliquent ce choix : D'abord géopolitique, puisqu'originaire du nord de la Côte d'Ivoire[687] contrôlé par les forces rebelles à l'issue du déclenchement de la crise le 19 septembre 2002[688] ; ensuite politique eu égard au parcours de Seydou DIARRA, plusieurs fois ambassadeur sous Félix HOUPHOUËT-BOIGNY[689], mais qui n'a jamais clamé son appartenance à l'un des partis politiques ivoiriens[690] présents à la table des négociations, ce qui lui permit d'ailleurs d'être appelé par la junte du général Robert GUEI pour diriger le gouvernement de transition après le coup d'Etat de 1999[691] ; et enfin technique eu égard à son bilan jugé satisfaisant à la tête du gouvernement de transition de 1999 et du Forum de réconciliation nationale initié en 2001 par le Président de GBAGBO, ce qui lui valait le respect de tous les acteurs politiques[692]. Au regard de la très forte implication d'acteurs extérieurs, voire concurrents dans le choix du Premier ministre de consensus, on se rend compte que ce Premier ministre n'émane pas du chef de l'Etat, comme le voudrait la Constitution ivoirienne.

La perte du monopole du président ivoirien dans le choix du Premier ministre s'est également vérifiée lors de la désignation du « *Premier ministre acceptable par toutes les parties* » en 2005. C'est le paragraphe 5 de la Résolution 1633 de l'ONU du 21 octobre 2005 demandant *« instamment le Président de l'Union africaine, le Président de la CEDEAO et le Médiateur de l'Union africaine de consulter immédiatement toutes les parties ivoiriennes en vue de la nomination, d'ici au 31 octobre 2005, d'un nouveau premier ministre acceptable pour toutes les parties ivoiriennes signataires de l'accord de Linas-Marcoussis…* » qui définit le statut de ce Premier ministre. Il convient de préciser le contexte dans lequel ce texte a été adopté afin de mieux comprendre les changements qu'il a introduits dans l'ordonnancement

686 Nommé par le chef de la junte militaire le général Robert GUEI par le décret n° 2000-02 portant nomination des membres du Gouvernement de transition.

687 « Seydou Elimane Diarra », https://www.jeuneafrique.com/221617/archives-thematique/seydou-elimane-diarra/ , consulté le 29 juillet 2019

688 Sur la partition de la Côte d'Ivoire entre le Nord occupé par les rebelles et le sud contrôlé par l'armée ivoirienne loyaliste, voir BOUQUET (C.), « La crise ivoirienne par les cartes », *Géoconfluences*, 2007, http://geoconfluences.ens-lyon.fr/doc/etpays/Afsubsah/AfsubsahDoc5.htm, consulté le 30 avril 2021 ; « La partition de la Côte d'Ivoire, conséquence des migrations de la période coloniale ? », *Outre-Terre*, 2006/4, n°17, pp. 333-341.

689 Il fut notamment ambassadeur de la République de Côte d'Ivoire au Brésil de 1970 à 1977 et dans d'autres Etats dans les années 1980.

690 Il n'a jamais participé à un gouvernement partisan, refusant notamment un portefeuille ministériel qui lui était proposé par le président HOUPHOUËT-BOIGNY à la fin de ses missions diplomatiques, préférant rejoindre le secteur privé.

691 Décret n° 2000-02 du 4 janvier 2000, portant nomination des membres du Gouvernement de transition, *JORCI*, n°1, 13 janvier 2020.

692 « Seydou Diarra, caméléon politique », *Le Monde*, 27 janvier 2003, https://www.lemonde.fr/archives/article/2003/01/27/seydou-diarra-cameleon-politique_306969_1819218.html, consulté le 29 juillet 2019.

politico-juridique ivoirien. La résolution 1633 a été votée par l'organe onusien pour éviter que le processus de paix ne tombât dans l'impasse à la fin du mandat constitutionnel du président GBAGBO en 2005[693], alors que le Gouvernement de réconciliation nationale mis en place en 2003 par le Premier ministre de consensus Seydou DIARRA, confronté à plusieurs obstacles, n'a pas réussi à mettre en œuvre totalement la feuille de route de l'ALN[694]. Cette résolution devenait ainsi le cadre juridique de référence dans lequel s'inscrivait la période de transition qui devrait s'ouvrir au lendemain de la fin du mandat présidentiel. Toutefois, pour éviter que les récriminations de mise sous tutelle de la Côte d'Ivoire par l'ONU et la Communauté internationale[695] ne prennent plus d'ampleur, le préambule de la résolution réaffirme « *que les accords de Linas-Marcoussis, d'Accra III et de Pretoria demeurent le cadre approprié pour le règlement pacifique et durable de la crise en Côte d'Ivoire* ». En visant ces accords conclus par les protagonistes de la crise, l'ONU réhabilite non seulement ces instruments internes, menacés de caducité par la fin du mandat présidentiel[696], mais aussi entérine l'organisation institutionnelle résultant de ces accords. Il ne s'agirait que d'une appréciation de façade car en réalité, la Résolution 1633 du 21 octobre 2005 est un véritable acte normatif produisant des effets institutionnels très importants[697].

La Résolution 1633 peut être considérée comme ouvrant l'Acte II du processus de règlement de la crise ivoirienne à travers les bouleversements institutionnels qu'elle a produits[698]. En effet, elle a réaffirmé « *l'impossibilité d'organiser des élections présidentielles à la date prévue,* » et décidé que *« le Président Gbagbo demeurera chef de l'État à partir du 31 octobre 2005 pour une période n'excédant pas 12 mois* [699]». Elle a ouvert une période de transition au cours de laquelle non seulement a-t-elle décidé de la prorogation

[693] Elu en 2000 pour un mandat de cinq ans, le président GBAGBO dont le pouvoir a dû faire face à rébellion dès septembre 2002, a vu son mandat constitutionnel se terminer le 31 octobre 2005 conformément à l'article 35 de la Constitution ivoirienne de 2000, sans qu'il ne soit possible d'organiser de nouvelles élections à cette date.

[694] La Résolution 1633 reprend en fait la décision du Conseil de paix et de sécurité de l'Union africaine adoptée à Addis-Abeba le 6 octobre 2005 avalisant les recommandations faites par le sommet des chefs d'Etat et de Gouvernement de la CEDEAO du 30 septembre 2005.

[695] GALY (M.), « Qui gouverne la Côte-d'Ivoire ? Internalisation et internationalisation d'une crise politico-militaire », *Politique étrangère*, 2005, n°4 (Hiver), p. 793-807 ; SMITH (S.), « La politique d'engagement de la France à l'épreuve de la Côte d'Ivoire », *Politique africaine*, 2003/1, n°89, pp. 112-126 ; MANTORO (S-C.), *Le Conseil de sécurité et la crise ivoirienne*, Mémoire de Master 2 en Relations internationales, Université du Sahel, 2012, etc.

[696] La plupart de ces accords ont notamment conforté le maintien au pouvoir du président contesté jusqu'à la fin de son mandat constitutionnel.

[697] CAHIN (G.), « Limitation du pouvoir constituant : le point de vue de l'internationaliste », *Civitas Europa*, 2014/1, n° 32, pp. 55-79.

[698] ASSOUMAN (K-A.), *Le rôle des Nations Unies dans la résolution de la crise ivoirienne*, Tome 1 « Soutien aux initiatives françaises et africaines », Paris, L'Harmattan, 2011, pp.138-139.

[699] Paragraphe 3 de la Résolution 1633 du 21 octobre 2005.

du mandat présidentiel pour la durée de la transition, mais aussi mis fin au mandat du Premier ministre de consensus en demandant la désignation d'un nouveau Premier ministre acceptable par toutes les parties, conformément au paragraphe 5 précité. La référence faite par le paragraphe 5 de la Résolution 1633 à l'ALN a pour effet de prolonger les effets de cet accord notamment en ce qui concerne le statut du Premier ministre. Elle introduit de nouveaux acteurs dans le processus de désignation du Premier ministre acceptable par toutes les parties. Elle restreint tout autant la marge de manœuvre du chef de l'Etat, mais dans un degré moindre que le prévoyait l'ALN. La suppression de la notion de « *consensus* » dans le texte onusien n'est en aucun cas le fruit du hasard, mais un acte délibéré permettant de contourner les antagonismes inhérents à la recherche du consensus. On constate alors que ce texte a dessaisi les acteurs politiques ivoiriens du choix du Premier ministre et habilite ainsi les facilitateurs désignés à choisir autoritairement le Premier ministre au cas où les parties ne s'accorderaient pas. Le droit d'ingérence[700] ainsi poussé au paroxysme n'est pas sans remettre en cause la souveraineté de l'Etat ivoirien et de ses institutions[701]. Le mode opératoire choisi par les facilitateurs, qui disposaient d'une totale liberté d'action, a été de procéder par élimination sur une liste élargie préétablie de personnalités[702]. Composée au départ de 16 personnalités, cette liste a été successivement, au fil des consultations, réduite à quatre (4) puis à deux (2) candidats et en fin de compte[703], le nom de Charles KONAN-BANNY est retenu par les consultants comme Premier ministre acceptable par toutes les parties[704]. Ce choix avait de quoi surprendre car, contrairement à Seydou DIARRA qui était classé apolitique avant sa nomination, Charles KONAN-BANNY est un homme politique avéré, membre actif du PDCI, l'ex-parti présidentiel. Il était d'ailleurs considéré comme l'un des hommes les plus influents de ce grand parti politique ivoirien, notamment lorsqu'il a dévoilé ses ambitions personnelles pour l'élection présidentielle de 2005 qui n'a finalement pas pu avoir lieu[705]. Avant sa

---

[700] KEUTCHEU (J.), « L'ingérence démocratique en Afrique comme institution, dispositif et scène », *Études internationales*, Vol. 45. n°3, 2014, p.430.

[701] IBANDA-KABAKA (P.), AMOUZOU (V.*), La souveraineté des Etats aux prises du droit d'ingérence internationale. Etude de la portée de la responsabilité de protéger en droit international des droits de l'homme*, 2020, https://hal.archives-ouvertes.fr/hal-02508823, consulté le 30 avril 2021 ; KONADJE (J-J.), *L'intervention de l'ONU dans la résolution du conflit intraétatique ivoirien*, Thèse de Science Politique, Université de Toulouse 1, 2010.

[702] DOSSO (K.), « Le Premier ministre dans la crise ivoirienne », op.cit. ; PRIVAT-MEL (A.), « La réalité du bicéphalisme de l'Exécutif ivoirien », op.cit.

[703] Les noms de figures du PDCI tels que Charles KONAN-BANNY, Emile-Constant BOMBET ou Gaston Ouassénam KONE et du FPI de Laurent GBAGBO tel que René AMANI, furent notamment invoqués.

[704] Pour le détail des consultations, voir « Les trois jours qui ont changé la Côte d'Ivoire », *Jeune Afrique l'Intelligent*, n°2344, 11 décembre 2005, p.13, https://www.jeuneafrique.com/218490/archives-thematique/trois-jours-qui-ont-chang-la-c-te-d-ivoire/ consulté le 29 juillet 2019.

[705] Ibid.

nomination, il était gouverneur de la Banque centrale des Etats de l'Afrique de l'Ouest (BCEAO)[706].

Il ressort de ce qui précède que le président ivoirien a perdu son monopole dans le choix du Premier ministre en Côte d'Ivoire du fait de l'ALN et de la Résolution 1633 de l'ONU[707]. Ces deux textes ont mis en mal cette prérogative constitutionnelle du président au point de ne reconnaître au chef de l'Etat ivoirien aucune marge de manœuvre dans le choix du Premier ministre. Désormais soumis à l'influence d'autres acteurs politiques nationaux et internationaux[708], le chef de l'Etat ivoirien s'est vu dénier le pouvoir discrétionnaire qu'il détient de la Constitution ivoirienne pour la nomination du Premier ministre[709]. Toutefois, le chef de l'Etat ivoirien n'a pas perdu toutes ses prérogatives en matière de nomination du Premier ministre. Il a conservé un pouvoir de nomination résiduel ou formel qui découle directement de l'article 41 de la Constitution du 1er août 2000. Si ce pouvoir de nomination résiduel lui a permis de sauver la face et d'éviter d'être complètement marginalisé dans le choix du Premier ministre, il est tout aussi vrai qu'il ne s'agit que d'une compétence très fortement liée, ce qui en réduit considérablement la portée. Les dispositions du point 3-c de l'ALN et du paragraphe 5 de la Résolution 1633 du Conseil de sécurité de l'ONU semblent avoir vidé l'article 41 de sa substance en introduisant des acteurs concurrents au président dans la désignation du Premier ministre, ce qui participe à la volonté de déprésidentialisation du statut de Premier ministre de crise. Toutefois, il est primordial de signaler que ni l'ALN, ni les différentes résolutions de l'ONU n'ont suspendu l'application de la Constitution ivoirienne. Il en ressort que la seule autorité habilitée à signer l'acte de nomination du Premier ministre est le président de la République ivoirienne conformément à l'article 41 de la Constitution.

Eu égard à ce qui précède, il est difficile de comprendre la démarche des chefs d'Etats africains chargés par le Résolution 1633 d'opérer les consultations pour la nomination du Premier ministre acceptable par toutes les parties signataires de l'ALN. En effet, ces derniers se sont empressés d'annoncer le choix du Premier ministre Charles KONAN-BANNY alors même que le décret portant nomination du Premier ministre n'a pas encore été officiellement signé par le président. Plus grave encore, voire humiliant pour

---

706 Il a été nommé à ce poste par intérim en 1990 pendant que le gouverneur Alassane Dramane OUATTARA occupait le poste de Premier ministre en Côte d'Ivoire. Il devint gouverneur à part entière confirmé par le président KONAN-BEDIE à partir de 1994 lorsque ADO, démissionnaire du poste de Premier ministre, après le décès du président HOUPHOUËT, a choisi de retourner au FMI.

707 DOSSO (K.), « Le Premier ministre dans la crise ivoirienne », op.cit.

708 MELEDJE (D.-F.), « Le système politique ivoirien dans la géopolitique ouest-africaine », *RDP* 2006, n°3, pp. 701-714.

709 GAUDUSSON (J. du Bois de), « L'accord de Linas-Marcoussis, entre droit et politique », op.cit.

le président ivoirien, l'acte des chefs d'Etat africain a été publié au journal officiel avant la signature du décret du président, qui n'est en fin de compte qu'un acte secondaire. Cette démarche paraît très maladroite et porte atteinte à l'article 41 de la Constitution ivoirienne. Toutefois, cette décision du groupe de chef d'Etat, dont la publication au journal officiel de la République ivoirienne était prévue, ne vaut pas juridiquement un acte portant nomination du Premier ministre. Que ce soit après les négociations de Paris consécutives à la signature de l'ALN pour la désignation du Premier ministre de consensus ou les consultations menées par les chefs d'Etat africains pour le choix du Premier ministre acceptable par toutes les parties, seule la formalisation des décisions par le chef de l'Etat ivoirien a donné une valeur juridique à la nomination du Premier ministre. C'est ainsi qu'aussitôt après les négociations du Centre international de l'Avenue Kléber, le chef de l'Etat ivoirien s'est rendu à l'Ambassade de Côte d'Ivoire pour signer le décret portant nomination du Premier ministre Seydou DIARRA[710]. De même, après que les chefs d'Etat aient annoncé la désignation de Charles KONAN-BANNY à l'issue des consultations prévues par la Résolution 1633, un décret du président de la République[711] est venu entériner la nomination du Premier ministre.

Si le chef de l'Etat ivoirien pouvait toujours revendiquer l'exercice *a minima* du pouvoir de nomination du Premier ministre qu'il détenait de l'article 41 de la Constitution ivoirienne, il n'en demeure pas moins que ce pouvoir a perdu toute sa valeur du fait de l'ALN et de la Résolution 1633 du Conseil de sécurité de l'ONU. En effet, la valeur de ce pouvoir résidait dans son caractère discrétionnaire. Pour mettre évidence la portée de ce pouvoir, Francis WODIE affirme que « *le propre du pouvoir discrétionnaire, c'est de laisser à son détenteur, ici le président de la République, la libre appréciation de l'opportunité de son exercice* [712]». Il découle de cette définition que l'exercice du pouvoir discrétionnaire requiert deux aspects fondamentaux : la liberté d'appréciation de son titulaire et l'opportunité de la décision. L'absence de ces deux éléments dévitalise ce pouvoir qui se transforme en compétence liée. La liberté d'appréciation du président ivoirien dans la nomination du Premier ministre de crise était complètement inexistante. En effet, à partir du moment où son comportement est dicté par des textes[713] ou par d'autres acteurs[714], le président ne peut plus librement apprécier le choix du Premier ministre. Avec l'ALN et la Résolution 1633, le président ne pouvait non plus juger de l'opportunité de nommer telle ou telle personnalité

---

[710] Décret n° 2003-44 du 25 janvier 2003 portant nomination du Premier ministre, *JORCI*, 45e année, n°5, 30 janvier 2005.

[711] Décret n° 2005-558 du 5 décembre 2005 portant nomination du Premier ministre

[712] WODIE (F.), « L'esprit et la lettre de l'Accord de Linas-Marcoussis », *contribution au colloque international Accord de Linas-Marcoussis : paix et stabilité en Côte d'Ivoire*, p.5, cité par DOSSO (K.), « Le Premier ministre dans la crise ivoirienne », op.cit.

[713] L'ALN et la Résolution 1633.

[714] L'ONU, la France, l'Union africaine, la CEDEAO, etc.

au poste de Premier ministre. Le ton impératif employé par les points 3-a et 3-e de l'ALN et le paragraphe 5 de la Résolution 1633 montre qu'à chaque fois le président a été mis devant le fait accompli. Il a une obligation de faire, ce qui est confirmé par la déclaration des chefs d'Etat en 2005 lors de la nomination de Charles KONAN-BANNY. Le chef de l'Etat ivoirien n'a fait qu'entériner la décision des chefs d'Etat, alors même que celle-ci avait déjà été rendue publique et publiée au journal officiel de la République ivoirienne.

Si le Premier ministre de crise procède des accords politiques, il en tire également une protection face aux autres institutions surtout le chef de l'Etat. En effet bien que les règles constitutionnelles le rendissent responsable uniquement devant le chef de l'Etat ou à la fois devant le chef de l'Etat et le Parlement, le Premier ministre de crise jouissait d'une irresponsabilité politique le rendant inamovible. En disposant que « *le gouvernement de réconciliation nationale sera dirigé par un Premier ministre de consensus qui restera en place jusqu'à la prochaine élection présidentielle à laquelle il ne pourra se présenter* », le point 3-c de l'ALN a rendu le Premier ministre de consensus, désigné en janvier 2003 intouchable jusqu'à la fin de son mandat qui se trouvait être la prochaine élection présidentielle, soit en octobre 2005. Il en a été de même pour le Premier ministre acceptable par tous désigné en octobre 2005 à qui le paragraphe 3 de la Résolution 1633 de l'ONU a garanti le maintien en fonction pendant la période transitoire d'un an, soit jusqu'en octobre 2006. Ce faisant, ces dispositions peuvent être interprétées comme « *retirant ou déniant au président de la République le pouvoir discrétionnaire qu'il détient en la matière* [715]». La conséquence en est que pendant son mandat, le Premier ministre et le Gouvernement ne sont pas responsables devant le président, contrairement à la lettre et à l'esprit de la Constitution de 2000. Ce faisant, l'implication très forte d'autres acteurs dans la, résolution de la crise et surtout dans la désignation du Premier ministre a fait émerger une responsabilité extra-constitutionnelle du Premier ministre.

Eu égard à la protection qui a été accordée au Premier ministre de crise par l'ALN et les Résolutions de l'ONU, il a été considéré qu'il « *bénéficie d'une onction d'intouchable* [716]». En effet, que ce soit dans un régime présidentiel ou dans un régime parlementaire, le Premier ministre n'a en principe pas son destin entre les mains. La responsabilité politique du Gouvernement qu'il dirige est ainsi soit prévue devant le Parlement ou devant le président, ou devant les deux organes. Or, n'étant responsable que devant le président conformément à la Constitution ivoirienne de 2000, le Premier ministre ivoirien soustrait à cette responsabilité par l'ALN et les Résolutions de l'ONU devenait ainsi politiquement irresponsable, ce qui le rendait inamovible.

---

[715] WODIE (F.), *Le conflit ivoirien : Solution juridique ou solution politique ?*, Abidjan, Les Editions du CERAP, 2005, p. 8

[716] GNAHOUA (A.-R.), *La crise du système ivoirien, aspects politiques et juridiques*, op.cit., p. 172

L'inamovibilité du Premier ministre a théoriquement rééquilibré les rapports au sein de l'Exécutif ivoirien constitutionnellement fondés sur la subordination du Premier ministre et du Gouvernement au président. Elle « *tend à effacer les rapports de subordination prévus par la Constitution, entre le président de la République et le Premier ministre* [717]». En conclusion, nous constatons avec Karim DOSSO que « *le Premier ministre, aux termes de l'Accord de Linas-Marcoussis et des différentes Résolutions des Nations Unies, parait désormais, en situation d'autonomie politique à l'égard du chef de l'Etat, devant lequel il n'est plus politiquement responsable* [718]».

B. Le Premier ministre de crise aux compétences revalorisées

Si son statut déprésidentialisé pendant la crise lui a permis de changer de dimension, la métamorphose du Premier ministre ivoirien pendant la période de crise provient surtout de la revalorisation de ses compétences qui faisait de lui « *l'alter ego du président de la République*[719] ». Il s'agit d'une véritable révolution dans le paysage institutionnel ivoirien fondé sur la prééminence du chef de l'Etat. Ce fondement n'a pas été remis en cause par la création du poste de Premier ministre en 1990 puisque ce dernier ne disposait pas de pouvoirs constitutionnels « *par l'effet desquels se trouveraient partagées les compétences avec le président de la République, encore détenteur exclusif du pouvoir exécutif*[720]». Avec les instruments de sortie de crise, « *le bicéphalisme de façade de l'exécutif est devenu réel* [721]».

Conscient du fait que le Premier ministre a besoin de disposer de prérogatives pour exécuter le programme de Gouvernement annexé à l'ALN, le point 3-e a prévu de le doter de compétences exécutives. Il prévoit que le Premier ministre « *disposera, pour l'accomplissement de sa mission, des prérogatives de l'exécutif en application des délégations prévues par la Constitution* ». Ce faisant, le Premier ministre de crise disposait d'un domaine de compétences bien défini par l'ALN qui le rendait autonome par rapport au chef de l'Etat. Malgré l'étendue des compétences attribuées au Premier ministre par l'ALN, il lui fallait disposer des prérogatives de l'exécutif pour décider. C'est en ce sens que l'ALN a ordonné au président de lui déléguer les pouvoirs nécessaires pour la mise en œuvre du programme du Gouvernement de réconciliation nationale annexé à l'ALN[722]. La détermination du

[717] DOSSO (K.), Le Premier ministre dans la crise ivoirienne », op.cit.

[718] Ibid.

[719] OURAGA (O.), « Constitution et autonomie politique », in XXIe session de l'Académie internationale de droit constitutionnel, *La Constitution aujourd'hui*, 7-24 juillet 2005, p. 155.

[720] WODIE (F.), *Institutions politiques et droit constitutionnel en Côte d'Ivoire*, op.cit., p. 349.

[721] DOSSO (K.), « Le Premier ministre dans la crise ivoirienne », op.cit.

[722] Voir pages 3 à 6 de l'Accord de Linas-Marcoussis du 24 janvier 2003.

programme du Gouvernement par l'ALN et non par le président a créé en Côte d'Ivoire une situation dyarchique inédite qui a été comparée par certains auteurs à une situation de cohabitation à la française[723] avec un président élu sur un autre programme et un Premier ministre, chef du Gouvernement, qui n'a pas été désigné par le président devant lequel il n'est pas responsable, chargé d'exécuter un programme parallèle, voire contradictoire. Si cette appréciation conforte l'autonomie du Premier ministre de crise, dont la situation est également comparée à celle des Premiers ministres de transition du début de renouveau démocratique, elle est atténuée par deux facteurs politiques non négligeables : d'une part, le Premier ministre de crise, contrairement au Premier ministre de cohabitation ne disposait pas d'une majorité parlementaire sur laquelle il pourrait s'appuyer pour gouverner, ; et d'autre part, il ne disposait pas de pouvoirs décisionnels propres, d'où la nécessité qu'il obtienne des délégations du président, ce qui le rendait encore un peu plus dépendant de ce dernier.

Le domaine de compétence du Gouvernement de réconciliation nationale couvrait plusieurs matières relevant à la fois du domaine de la loi et du domaine du règlement. Le point 3-f de l'ALN fixe l'axe prioritaire du Gouvernement qui est la refondation de l'armée ivoirienne. L'exercice de cette compétence s'avérait crucial et indispensable à la réussite des autres missions du Premier ministre puisqu'elle devrait permettre de pacifier le pays pour permettre la tenue des élections présidentielle et législatives qui s'approchaient à grands pas[724]. Ce n'est d'ailleurs pas pour rien que la question de la définition du régime électoral apparaît dans le programme du Gouvernement juste après la question de la refondation de l'armée. A cet effet, les questions électorales et sécuritaires ont toujours été reliées en Côte d'Ivoire[725] dans la mesure il est considéré que la crise politique ivoirienne a pour origine spécifique les réformes électorales opérées par le président KONAN-BEDIE en 1994[726] pour empêcher à la fois la candidature de son rival Alassane OUATTARA et le vote des étrangers sur le fondement du

---

[723] DOSSO (K.), « Le Premier ministre dans la crise ivoirienne », op.cit.

[724]. Les élections présidentielle et législatives devraient se tenir en 2005.

[725] HOFNUNG (T.), *La crise ivoirienne de Félix Houphouët-Boigny à la chute de Laurent Gbgabo*, op. cit. ; DOZON (J.-P.), *Les clefs de la crise ivoirienne ;* op.it. ; GNAHOUA (A.-R.), *La crise du système ivoirien : Aspects politiques et juridiques*, op.cit

[726] Loi n° 94-642 du 13 décembre 1994 portant Code électoral, *JORCI*, n°53, 29 décembre 1994, pp. 1027-1036 et Décret no 94-662 du 21 décembre 1994 déterminant les modalités d'établissement, de révision et de refonte de la liste électorale, *JORCI*, n°03, 19 janvier 1995, pp. 56-60.

concept nationaliste de « *l'ivoirité* »[727]. Il s'agissait donc de réformer le régime électoral, notamment de l'élection présidentielle, par la suppression aussi bien dans le code électoral que dans la Constitution des conditions restrictives de nationalité et de résidence permanente sur le territoire ivoirien[728]. A ce titre, le Gouvernement s'est vu conféré par l'ALN un pouvoir d'initiative législative et de révision constitutionnelle qui venait concurrencer les compétences constitutionnelles que le président détenait toujours dans ces matières[729] d'autant plus que le point 3-e a prévu que le Premier ministre soit doté des pouvoirs du président en vertu des délégations prévues par la Constitution pour l'accomplissement des missions du Gouvernement de réconciliation nationale. Le principe des délégations du président au Premier ministre est prévu par l'article 53 de la Constitution ivoirienne de 2000. Si les considérations théoriques de ce principe ont été abordées en amont dans ce chapitre[730], il s'agit ici d'analyser l'effectivité de la mise en œuvre de l'article 53 pendant la crise, ce qui a permis à la fois de dépouiller le président ivoirien d'une partie de ses pouvoirs, et de rendre réel le bicéphalisme ivoirien, par la

---

[727] La réforme du code électorale introduite par Henri KONAN-BEDIE en 1994 a durci les conditions de candidature à l'élection présidentielle et du droit de vote des étrangers en Côte d'Ivoire. Cette réforme a été considérée comme taillée sur mesure contre Alassane OUATTARA, l'ex-Premier ministre, qui s'est révélé comme le principal rival du tout nouveau président ivoirien, dans la guerre de succession qui a opposé les deux hommes après le décès du « vieux ». Cela s'est vérifié dès l'élection présidentielle de 1995 à laquelle OUATTARA n'a pas été autorisé à candidater pour s'être prévalu de la nationalité burkinabè notamment pendant sa carrière internationale. Il lui était également reproché les origines de son père, originaire d'une localité du nord de la Côte d'Ivoire qui a appartenu au Burkina-Faso. Voir BRAECKMAN, « Aux sources de la crise ivoirienne », op.cit. ; GAULME (F.), « L'ivoirité », recette de guerre civile », *Études*, n° 3, 2001, pp. 292-304 ; BOA-THIEMELE (R.-L.), *L'ivoirité : entre culture et politique*, Paris, L'Harmattan, coll. « Points de vue », Paris, 2003, etc.

[728] Ces réformes concernent l'article 35 de la Constitution ivoirienne de 2000 fixant les conditions de dépôt de candidature à l'élection présidentielle, notamment les conditions de nationalité et de résidence. Il était prévu que le candidat doit « *...être ivoirien d'origine, né de père et de mère eux-mêmes ivoiriens d'origine. Il doit n'avoir jamais renoncé à la nationalité ivoirienne. Il ne doit s'être jamais prévalu d'une autre nationalité. Il doit avoir résidé en Côte d'Ivoire de façon continue pendant cinq années précédant la date des élections et avoir totalisé dix ans de présence effective* ». L'ALN a prévu que Le gouvernement de réconciliation nationale proposera donc que les conditions d'éligibilité du Président de la République soient ainsi fixées : « *Le Président de la République est élu pour cinq ans au suffrage universel direct. Il n 'est rééligible qu'une fois. Le candidat doit jouir de ses droits civils et politiques et être âgé de trente-cinq ans au moins. Il doit être exclusivement de nationalité ivoirienne né de père ou de mère ivoirien d'origine* ». Il s'agit donc d'assouplir les conditions pour permettre aussi bien à Alassane OUATTARA, écarté des deux élections présidentielles précédentes pour n'avoir pas satisfait à la condition de nationalité, et à l'ex-président Henri KONAN-BEDIE, en exil en France depuis son renversement en décembre 1999, de se présenter à l'élection présidentielle de 2005.

[729] Voir articles 42 et 124 de la Constitution ivoirienne de 2000.

[730] Confère supra, § 699 et suivants

revalorisation des compétences du Premier ministre[731]. C'est dans cette optique que le président ivoirien a pris deux décrets, l'un du 10 mars 2003 et l'autre du 11 avril 2003 dont il convient d'analyser le contenu.

Le décret n° 2003-62 du 11 mars 2003[732] porte « *délégation de compétences* » au Premier ministre. Ce décret dispose en son article 1er que « *le Président de la République délègue au Premier Ministre, Chef du Gouvernement les compétences en ce qui concerne l'initiative des actions, l'élaboration des avant-projets et projets de textes réglementaires, législatifs et constitutionnels à soumettre au Conseil des ministres...* » et énumère les matières concernées par cette délégation. Ce décret couvre au total 16 matières limitativement énumérées par l'article 1er. Ces matières reprennent pour l'essentiel les différents axes du programme du Gouvernement de réconciliation nationale défini par l'ALN. L'article 2 limite la validité du décret à une période 6 mois et précise que « *le Premier ministre rend compte régulièrement au Président de la République, des avancements réalisés dans l'exécution de la mission à lui confiée* ». Ces deux dispositions appellent quelques observations. L'article 1er du décret du 11 mars 2003 doit être analysé en rapport avec l'intitulé même du décret. En effet, en intitulant ce décret « *délégation de compétences* » et « *non délégation de pouvoirs* », le président GBAGBO n'a pas fait qu'un jeu de mots, mais a opéré un véritable choix politique et juridique puisque les compétences ne visent que des domaines d'intervention et non un pouvoir de décision. C'est la raison pour laquelle l'article 1er reprend les domaines de compétences déjà prévus par l'ALN, ce qui en soit paraît superfétatoire mais permet en réalité au président de donner sa caution au programme du Gouvernement. Il convient également de souligner que dans les matières visées, le Premier ministre ne s'est vu déléguer que *« l'initiative »* et « *l'élaboration* », les décisions devant être prises par le Conseil des ministres, présidé par le chef de l'Etat. Si cette configuration permet au président de sauvegarder son pouvoir de décision, dans la mesure où c'est lui qui signe les actes délibérés en Conseil des ministres, elle tempère l'influence du Premier ministre de crise, qui, dépourvu de pouvoir normatif[733], se retrouve au final dans la même situation que le Premier ministre ordinaire. La tentative de restauration de l'autorité présidentielle par ce décret est confortée par l'article 2. En limitant la durée de la délégation à 6 mois et en demandant au Premier ministre de rendre des comptes au président, l'article 2 du décret du 10 mars 2003 crée une situation

---

[731] KPODAR (A.), « Politique et ordre juridique : les problèmes constitutionnels posés par l'accord de Linas-Marcoussis du 23 janvier 2003 », *RRJ* n° 4, vol. 2, 2005, pp. 2503-2526

[732] Décret n° 2003-62 du 10 mars 2003 portant délégation de compétences au Premier Ministre, *JORCI*, 45e année, n°11, 13 mars 2003, p. 167.

[733] DOSSO (K.), « Le Premier ministre dans la crise ivoirienne », op.cit.

de subordination en hiérarchisant les rapports au sein de l'exécutif[734]. C'est donc en application de l'article 53 de la Constitution de 2000 qui dispose que la « *délégation de pouvoirs doit être limitée dans le temps et porter sur une matière ou un objet précis* » que le président GBAGBO a limité la durée de la délégation à 6 mois et a énuméré limitativement les matières relevant de la compétence du Premier ministre. En se fondant sur les dispositions constitutionnelles régissant la délégation, le président ivoirien a volontairement occulté l'esprit et la lettre de l'ALN. Cette situation risquait de compliquer les relations au sein de l'exécutif. Très tôt, le Premier ministre DIARRA a été confronté à des difficultés dans l'application du décret du 10 mars 2003, ce qui a nécessité l'intervention d'un autre décret le 11 avril 2003, pour rectifier les imperfections du premier décret.

Le décret n° 2003-90 du 11 avril 2003 [735]« *« modifiant et complétant le décret n° 2003-62 du 10 mars 2003 portant délégation de compétences au Premier ministre* » a été pris par le président GBAGBO près d'un mois après le décret initial du 10 mars 2003. Comme l'indique son intitulé, ce décret est destiné à corriger le décret du 10 mars 2003 eu égard aux difficultés rencontrées par le Premier ministre dans son application. Sur la forme, le nouveau décret n'a pas abrogé le précédent mais s'est contenté de le modifier et de la compléter, ce qui permet de voir que le président GBAGBO n'a pas voulu se déjuger. Sur le fond, l'article 1er modifie d'abord le titre du décret du 10 mars. Il dispose que « *le titre du décret n°2003-62 du 10 mars 2003... est modifié comme suit : Décret n° 2003-62 du 10 mars 2003 portant délégation de pouvoirs au Premier Ministre* ». Cette modification n'est pas anecdotique puisqu'en substituant le terme « *pouvoirs* » à celui de « *compétences* », le décret du 11 avril s'est conformé, sur la forme, au point 3-e de l'ALN et à l'article 53 de la Constitution. Tirant les conséquences de la modification de l'intitulé du décret, l'article 1er nouveau reprend ensuite les mêmes termes que le précédent en reprenant la liste des matières dans lesquelles le Premier ministre est compétent, mais en disposant cette fois-ci que le président délègue « *les pouvoirs* » et non « *les compétences* ». Quant aux dernières dispositions du décret du 10 mars visant notamment la durée de la délégation et l'obligation pour le Premier ministre de rendre régulièrement compte au président, elles n'ont pas été modifiées par le décret du 11 avril. Cela signifie d'une part qu'il revenait au président à l'expiration de la durée de 6 mois prévue de renouveler cette délégation et d'autre part que le Premier ministre de crise demeurait résiduellement responsable devant le président. C'est en ce sens qu'ont été

---

[734] BLEOU (M.), « L'accord de Linas-Marcoussis et la délégation de pouvoir du président de la République au Premier ministre », *Communication au colloque international « Accord de Linas Marcoussis : Paix et stabilité en Côte d'Ivoire »*, 29, 30, 31 août 2003.

[735] Décret n° 2003-90 du 11 avril 2003 modifiant et complétant le décret n° 2003-62 du 10 mars 2003 portant délégation de compétences au Premier ministre, *Le Patriote*, n°1088 du 16 avril 2003.

pris les décrets des 11 septembre 2003[736] et du 4 mai 2004[737], qui, sans modifier le décret initial du 10 mars 2003 modifié par le décret du 11 avril 2003, se sont contentés de signifier au Premier ministre le renouvellement de la délégation des pouvoirs conformément au décret initial.

Si la répartition des compétences au sein de l'exécutif ivoirien a fonctionné sur cette base pendant toute la durée du mandat de Seydou Elimane DIARRA, la donne a changé à partir de la nomination de Charles KONAN-BANNY en novembre 2005 du fait de l'intervention des Résolutions 1633 et 1721 du Conseil de sécurité de l'ONU. Les différentes Résolutions adoptées par le Conseil de sécurité de l'ONU pour trouver des solutions à la crise ivoirienne[738] ont introduit des changements importants dans les rapports entre le président et le Premier ministre en Côte d'Ivoire. Dans cette galaxie d'actes onusiens, les Résolutions 1633 du 21 octobre 2005 et 1721 du 1er novembre 2006 se sont révélés comme de véritables actes constituants en organisant, en marge de la Constitution, les rapports entre le président et le Premier ministre dans la perspective de la revalorisation des compétences du Premier ministre et de l'affaiblissement de son lien de subordination au président. C'est donc à juste titre que ces deux textes ont été considérés comme créant « *un dualisme juridique* » en Côte d'Ivoire[739] illustrant ainsi la « *crise de normativité de la Constitution en Afrique* [740]». Alors que l'application de l'ALN se trouvait dans l'impasse[741] du fait des dysfonctionnements du Gouvernement et des rapports conflictuels entre le président et le Premier ministre, ces deux textes sont intervenus pour apporter des solutions aux difficultés rencontrées par le Premier ministre à des degrés différents. Tout en identifiant l'insuffisance des pouvoirs du Premier ministre comme principale cause des dysfonctionnements du Gouvernement, la Résolution 1633 qui a ouvert la période de transition à la fin du mandat constitutionnel du président GBAGBO, a maintenu le statu quo pour les raisons qu'il convient d'éluder. Mais face à l'inefficacité de ce texte, la Résolution 1721 est intervenue pour opérer une véritable révolution dans la configuration de l'exécutif ivoirien.

---

736 Décret n° 2003-345 du 11 septembre 2003 portant renouvellement de la délégation de pouvoirs au Premier Ministre, *JORCI*, 45e année, n°37, 11 septembre 2003.

737 Décret n° 2004-304 du 4 mai 2004 portant renouvellement de la délégation de pouvoirs au Premier Ministre, *JORCI*, 46e année, n°37, 9 septembre 2004, p. 583.

738 Voir KONADJE (J.-J.), *L'ONU et le conflit ivoirien : Les enjeux géopolitiques de l'intervention 2002-2010*, op.cit. ; MANTORO (C.), *Le conseil de sécurité et la crise ivoirienne*, op.cit.

739 NDJIMBA (K.-F.), *L'internationalisation des Constitutions des Etats en crise : réflexions sur les rapports entre Droit international et Droit constitutionnel*, Thèse de droit public, Université Nancy 2, 2011, p. 582.

740 AÏVO (F.-J.), « La crise de normativité de la Constitution en Afrique », *RDP*, n°1, 2012, p. 141-180.

741 DANSKI (J.), « La Côte d'Ivoire dans l'impasse », *Diplomatie*, n° 9, juin-juillet 2004, pp. 21-22, 24.

Le paragraphe 8 de la Résolution 1633 de 2005 dispose que : « *le Premier ministre doit disposer de tous les pouvoirs nécessaires, conformément à l'accord de Linas-Marcoussis, ainsi que de toutes les ressources financières, matérielles et humaines voulues ...* ». L'organe onusien est resté mesuré dans sa volonté de revalorisation des compétences du Premier ministre en reprenant d'une part les domaines de compétence prévus par l'ALN tout en mettant particulièrement l'accent sur les axes prioritaires de la sécurité et des élections, et en se contentant de mentionner la nécessité pour le Premier ministre de disposer des pouvoirs, semblant s'en référer une nouvelle fois au président pour les lui déléguer. Or, les délégations déjà faites au Premier ministre par le président ne lui reconnaissaient qu'un pouvoir d'initiative et non de décision provoquant le blocage des activités du Gouvernement de réconciliation nationale en s'abstenant de signer les textes présentés par le Premier ministre. Ce faisant, la Résolution 1633 n'a pas eu plus de succès que l'ALN, la Côte d'Ivoire se retrouvant dans la même situation au 31 octobre 2006 que celle dans laquelle elle était au 31 octobre 2005, nécessitant la prolongation de la transition et des mesures coercitives par la Résolution 1721 du 1er novembre 2006 qui tenta de corriger les insuffisances de la Résolution 1633.

Le paragraphe 8 de la Résolution 1721 précise que « *le Premier ministre, ..., doit disposer de tous les pouvoirs nécessaires, ... et d'une autorité totale et sans entraves, ... et ... doit pouvoir prendre toutes les décisions nécessaires, en toutes matières, en Conseil des ministres ou en Conseil de gouvernement, par ordonnance ou décret-loi* ». On note rapidement le changement de ton de ce texte par rapport à son prédécesseur en octroyant directement un pouvoir de décision indépendamment de la délégation du président en s'affranchissant ainsi de la Constitution ivoirienne de 2000. Il s'agissait d'un véritable bouleversement au sein de l'exécutif ivoirien que le Premier ministre disposât d'un pouvoir de décision concurrent à celui du président dérogeant ainsi au principe de l'exclusivité présidentielle du pouvoir exécutif. Il convient d'analyser les tenants et les aboutissants de cette révolution institutionnelle.

Il faut replacer ce texte dans son contexte pour mieux cerner sa portée. La Résolution 1721 a été présentée par la France et adoptée à l'unanimité des quinze (15) membres du Conseil de sécurité à sa 5561e session du 1er novembre 2006[742]. Elle a été adoptée au lendemain de la fin de la période de transition d'une année ouverte par la Résolution 1633 du 21 octobre 2005 à compter du 1er novembre 2006 pour assurer le fonctionnement des institutions ivoiriennes après la fin du mandat constitutionnel du président GBAGBO le 31 octobre 2005. Eu égard aux rebondissements de la crise ivoirienne, cette Résolution apparaissait comme celle de la dernière chance. Face à l'échec de la Résolution 1633 qui n'a pas permis de tenir la feuille de route du

---

[742] Voir le document ci-après : « Le conseil de sécurité proroge pour un an la période de transition en Côte d'ivoire jusqu'à la tenue des élections », *Communiqué de presse CS/8861* du 1er novembre 2006, https://www.un.org/press/fr/2006/CS8861.doc.htm, consulté le 7 juillet 2021.

Gouvernement de la transition, la Résolution 1721 a apporté des innovations quant aux pouvoirs du Premier ministre de crise, dont elle a prolongé le mandat d'une année supplémentaire, soit jusqu'au 31 octobre 2007[743].

Si elle reprend les axes prioritaires du programme du Gouvernement, la Résolution 1721 a dépassé le cadre constitutionnel ivoirien en dotant directement le Premier ministre d'un pouvoir de décision. D'abord, en disposant que *« le Premier ministre doit pouvoir prendre toutes les décisions, en toutes les matières »*, la Résolution 1721 décloisonne le domaine de compétence du Premier ministre par rapport à l'ALN. Ce texte habilite également le Premier ministre à prendre des « *décisions* » alors que suivant les délégations du président, le Premier ministre ne disposait que de « *l'initiative* », ce qui constitue une véritable évolution dans l'exécutif de crise ivoirien. Ensuite, ce texte fixe le cadre dans lequel le pouvoir décisionnel du Premier ministre s'applique. Il s'agit du « *Conseil des ministres* » ou du « *Conseil de Gouvernement* ». On peut alors se demander comment cela se fait-il que le Premier ministre puisse prendre des décisions en Conseil des ministres alors que la présidence de cette instance gouvernementale relève du président conformément à l'article 51 de la Constitution ? La prise de décisions par le Premier ministre en Conseil des ministres n'est pas inédite en Afrique puisqu'il en a été ainsi pour certains Premiers ministres de transition issus des CNS au début des années quatre-vingt-dix. Toutefois, contrairement au Premier ministre ivoirien de crise, les Premiers ministres de transition, notamment au Togo, présidaient le Conseil des ministres auquel ne participait pas le président, ce qui correspondait à la logique de déprésidentialisation des exécutifs transitionnels. Mais en Côte d'Ivoire, la présidence du Conseil de ministres par le président rendait hypothétique la possibilité pour le Premier ministre de décider au sein de cette instance. C'est donc pour contourner ces blocages éventuels du président, que le texte onusien a prévu l'alternative du Conseil de Gouvernement. Si contrairement au Conseil des ministres, le Conseil de Gouvernement est présidé par le Premier ministre et que le président n'y participe pas, il paraissait également surprenant d'habiliter le Premier ministre à y prendre des décisions alors qu'en principe, il ne s'agissait que d'un organe informel. S'il a été constitutionnalisé par la Constitution du 8 novembre 2016, le Conseil de Gouvernement n'était prévu par aucun texte législatif ou constitutionnel en Côte d'Ivoire à cette époque et ne disposait d'aucune attribution formelle. En permettant au Premier ministre de prendre des décisions en Conseil de Gouvernement, la Résolution 1721 a institué un organe extraconstitutionnel concurrent au Conseil des ministres, ce qui n'est pas sans soulever des problèmes juridiques quant à la nature des décisions qui y seraient prises par le Premier ministre. Enfin, le paragraphe 8 précise la nature des décisions du Premier ministre : il s'agit d'« *ordonnances* » et de

---

[743] COTTEREAU (G.), « Côte d'Ivoire : l'impossible alternance pacifique », *AFDI*, vol. 57, 2011. pp. 23-55.

« *décret-lois* ». Juridiquement ces deux types d'actes désignent la même chose, ce qui fait qu'on retrouve dans les Constitutions l'un ou l'autre et pas les deux en même temps comme l'a prévu le texte onusien. L'article 75 de la Constitution ivoirienne de 2000 inspiré de l'article 38 de la Constitution française de 1958 a prévu la compétence du président pour signer les ordonnances en Conseil des ministres sur des matières relevant du domaine de la loi énumérées à l'article 71 de la Constitution. En habilitant le Premier ministre à prendre des ordonnances, la Résolution 1721 semblait avoir ignoré les dispositions constitutionnelles ivoiriennes précitées et permis au Premier ministre de cumuler les pouvoirs règlementaire et législatif[744], ce qui paraît problématique du point de vue de la théorie de la séparation des pouvoirs.

En définitive, il s'avère que la Résolution 1721 est *« la manifestation la plus tangible* [745]» de « *l'ambition clairement affichée de donner au Premier ministre la prééminence au sein de l'exécutif*[746]» depuis le déclenchement de la crise ivoirienne.

Conclusion 1ère partie

Au terme de ces développements politico-juridiques sur la fonction de Premier ministre dans le nouveau constitutionnalisme africain, on peut tenter à partir de nos Etats archétypes de dégager une typologie générale du Premier ministre en Afrique noire francophone. Il s'avère que le Premier ministre de la troisième génération ne peut être analysée que dans sa double dimension temporelle : Le Premier ministre de transition et le Premier ministre post-transition

Au Togo et dans les Etats ayant organisé une CNS, « *on passe d'un exécutif traditionnellement dominé par le président de la République à un exécutif dominé par le Premier ministre, ce qui constitue, dans une certaine mesure, une rupture avec l'évolution des régimes politiques africains traditionnellement caractérisés par une suprématie présidentielle* [747]». Les CNS ont exalté la fonction primo-ministérielle en lui permettant, d'une part d'être élu, et non nommé, ce qui est une source de légitimité importante, et d'exercer les pouvoirs relevant traditionnellement du président de la République. Si la création de la fonction de Premier ministre dans le cadre du renouveau démocratique n'est pas exclusive aux Etats ayant organisé une CNS, la Côte d'Ivoire et les Etats qui n'en ont organisé n'ont pas retenu la même configuration de l'Exécutif que les Etats théâtres de CNS. Dans ces

[744] MELEDJE (D.-F.), « Faire, défaire et refaire la Constitution en Côte d'Ivoire : un exemple d'instabilité chronique », op.cit.
[745] DOSSO (K.), « Le Premier ministre dans la crise ivoirienne », op. cit.
[746] MEL (A.-P.), « La réalité du bicéphalisme du pouvoir exécutif ivoirien », op.cit.
[747] FALL (I.-M.), *Le pouvoir exécutif dans le constitutionnalisme des Etats d'Afrique*, op.cit., p. 18.

Etats, la volonté de rupture est restée modérée, car les réformes opérées ont été initiées et contrôlées par les chefs d'Etat en place en inscrivant le Premier ministre dans la continuité du présidentialisme. En définitive, on peut affirmer que le Premier ministre de la transition en général, dans les Etats qui ont organisé de CNS et qui n'en ont pas organisé, a permis aux Etats africains de mettre fin au cycle constitutionnel précédent, qui a connu le Premier ministre de la deuxième génération, et de poser les bases du nouveau constitutionnalisme africain, qui a permis de consolider le Premier ministre de la troisième génération.

La renaissance du poste de Premier ministre est considérée comme l'une des « *tendances positives* [748]» du nouveau constitutionnalisme africain. Tous les Etats d'Afrique noire francophone ont connu le poste de Premier ministre dans le nouveau constitutionnalisme africain, qu'il soit prévu par la Constitution ou institué par décret. Cependant, s'il procède dans tous ces Etats d'un objectif de rationalisation du présidentialisme, le Premier ministre de la troisième génération présente des profils variables[749] dépendant du degré de rationalisation. A partir des archétypes, nous avons pu distinguer le Premier ministre d'équilibre du Premier ministre de déséquilibre. La Constitution togolaise du 14 octobre 1992 a conçu le Premier ministre comme un instrument d'équilibrage des institutions et de limitation du pouvoir présidentiel. Cette tendance a été également celle de la majorité des Etats d'Afrique noire francophone, notamment ceux qui ont organisé une CNS, ce qui permet d'affirmer que cette conception de l'exécutif découle directement de la démythification de fonction présidentielle opérée par les CNS. Cette approche théorique, qui se fonde particulièrement sur la période 1992-2002 au Togo pour les raisons indiquées dans l'introduction et qui peut paraître anachronique, voire fastidieuse, est complètement assumée et relève de notre volonté de mettre en avant les tentatives de rationalisation du présidentialisme africain par le Premier ministre.

L'exemple du Premier ministre ivoirien offre une autre facette du Premier ministre africain. Cet archétype du Premier ministre comme un instrument de déconcentration de l'exécutif permet de se rendre compte que le Premier ministre est « *une fonction à géométrie variable dans les différents pays* [750]» et qu'il est difficile pour le chercheur d'en dégager une théorie universelle. Néanmoins, les développements qui précèdent nous permettent de dégager les caractéristiques essentielles du Premier ministre ivoirien dont certaines s'appliquent également aux Premiers ministres de la IIIe République nigérienne (1996-1999), des IVe et Ve République guinéenne (2010-2020, puis

[748] ONDO (T.), « Réflexions sur les tendances (positives) du Néo-constitutionnalisme africain : morceaux choisis », *RFDC*, n°4, 2016, pp. 365-396.

[749] NGWE (L.), « Le Premier ministre dans les mutations politiques des Etats d'Afrique noire francophone », op.cit.

[750] NGWE (L.), « Le Premier ministre dans les mutations politiques des Etats d'Afrique noire francophone », op.cit.

à partir de 2020) et aux Premiers ministres non constitutionnalisés de la IIIe République guinéenne (1996-2008) et de la VIIe République béninoise (1996-1998, 2011-2013 et 2015-2016). Néanmoins, les différentes caractéristiques du Premier ministre ivoirien, décrivant sa situation dépendante du président en temps normal, ont été renversées pendant la période de crise par la logique de déprésidentialisation de l'exécutif portée par les différents instruments juridiques de sortie de crise. Cette période a été particulièrement étudiée ici car, elle a non seulement marqué une grande partie de la IIe République ivoirienne, mais aussi révélé une autre facette du Premier ministre ivoirien. Elle illustre également la capacité d'adaptation du Premier ministre africain en général et du Premier ministre ivoirien en particulier. En définitive, le Premier ministre ivoirien demeure un instrument de déconcentration de l'exécutif qui ne peut prétendre concurrencer le président dont il dépend en raison de la permanence de la nature présidentielle ou présidentialiste du régime ivoirien depuis l'indépendance. Il illustre parfaitement la situation du Premier ministre dans les régimes présidentiels ou présidentialistes africain.

Il apparait au regard des développements qui précèdent le Premier ministre de la troisième génération est réellement ancré dans l'ordonnancement juridico-politique des Etats d'Afrique noire francophone. Mais confronté à des difficultés relatives à son statut et à ses rapports avec le président de la République et aux vicissitudes du nouveau constitutionnalisme africain[751], le Premier ministre africain est toujours en quête de reconnaissance de son rôle et de sa place au sein de l'exécutif. Au-delà des considérations textuelles qui illustrent les tentatives de rationalisation du présidentialisme, il est important d'analyser la pratique institutionnelle[752] et l'évolution du nouveau constitutionnalisme africain[753] pour déterminer les tenants et les aboutissants de l'échec du Premier ministre africain.

---

751 KPODAR (A.), « Bilan d'un demi-siècle de constitutionnalisme en Afrique noire francophone », op.cit.

752 DOSSO (K.), « Les pratiques constitutionnelles dans les pays d'Afrique noire francophone : cohérences et incohérences », op.cit.

753 CABANIS (A.), MARTIN (M.-L.), « L'évolution des normes constitutionnelles dans les pays francophones du sud », in KRYNEN (J.), HECQUARD-THERON (M.), (dir.), *Regards critiques sur quelques (r)évolutions récentes du droit*, Toulouse, Presses de l'Université Toulouse 1 Capitole, 2015, pp. 639-650.

2E PARTIE :

LE PREMIER MINISTRE, UN ECHEC DANS LA RATIONALISATION DU PRESIDENTIALISME AFRICAIN

« La fonction ainsi que l'ordre démocratique qu'il annonçait ont connu des fortunes différentes. Ces trajectoires différenciées tiennent à une combinaison de plusieurs facteurs opérant différemment dans chaque pays [754] *».*

Luc NGWE

[754] NGWE (L.), « Le Premier ministre dans les mutations politiques des Etats d'Afrique francophone… », op.cit.

Les vicissitudes du processus de démocratisation dans les Etats africains ont dévoyé la fonction de Premier ministre. L'application des nouvelles règles constitutionnelles posées dans le cadre du renouveau démocratique réhabilitant le bicéphalisme de l'Exécutif a posé de nombreux problèmes ayant conduit à l'échec de l'objectif de rationalisation du présidentialisme africain porté par la réintroduction du poste de Premier ministre. Cela résulte premièrement de l'échec des tentatives de déprésidentialisation de l'Exécutif notamment pendant les périodes de transition ou de crise (Chapitre 1er).

Impuissant face à la prépondérance consubstantielle de la figure présidentielle dans les régimes politiques africains[755], le Premier ministre s'est également vu malmené par l'inefficacité des outils constitutionnels mis à sa disposition et l'adoption de nouvelles règles taillées sur mesure pour le président[756]. La fonction primo-ministérielle a été ainsi affaiblie par la pratique et les réformes constitutionnelles opérées dans l'évolution du nouveau constitutionnalisme africain (Chapitre 2).

---

755 HOURQUEBIE (F.), « Quel statut constitutionnel pour le Chef de l'Etat africain ? », *Afrique contemporaine*, n° 242, 2012, p. 73.

756 OUEDRAOGO (S.-M.), *La lutte contre la fraude à la Constitution en Afrique francophone, Thèse de droit public*, Thèse de droit public, Université Montesquieu de Bordeaux, 2011

CHAPITRE 1ER :

LE PREMIER MINISTRE DE TRANSITION OU DE CRISE MALMENÉ

« Dans certains Etats africains, les dirigeants en place ont ouvert les portes à la discussion (...) mais très vite, sentant la maîtrise du processus leur échapper, ces derniers ont amorcé la reprise en mains d'un changement dont ils n'avaient, à aucun moment, envisagé de sortir perdants [757] *».*

Christophe EUZET

Longtemps considéré comme incompatible avec les réalités africaines[758], le bicéphalisme exécutif a été restauré avec exaltation[759] en Afrique noire francophone dans le cadre du renouveau démocratique. Toutefois, l'enchantement de la fonction primo-ministérielle[760] a rapidement cédé la place au désenchantement[761]. Confrontés aux velléités de restauration de restauration du présidentialisme, les Premiers ministres de transition ont été martyrisés dans les Etats où ils émanaient de CNS comme au Togo (Section 1ère). Il en résulte que la déprésidentialisation de l'exécutif dans les Etats africains relève d'une mission impossible comme l'illustre également l'échec du Premier ministre de crise en Côte d'Ivoire[762] (Section 2).

Section 1ère : Le Premier ministre de transition martyrisé au Togo

Présentée comme le principal instrument de démythification de la fonction présidentielle au Togo et dans les Etats qui ont organisé une CNS, la fonction

757 EUZET (C.), « Les chefs d'Etats face aux exigences démocratiques », in BLANC (P.), et al. (dir.), *Le chef de l'Etat en Afrique... Entre traditions, état de droit et transition démocratique*, op.cit., pp. 507-519

758 Voir notamment BUCHMANN (J.), « La tendance au présidentialisme dans les nouvelles Constitutions négro-africaines », op.cit. ; DUBOUIS (L.), « Le régime présidentiel dans les nouvelles constitutions des Etats africains d'expression française », op.cit., etc.

759 BOURGI (A.), « Enfin des Premiers ministres à part entière », op.cit.

760 AHADZI-NONOU (K.), « Le Premier ministre en Afrique noire francophone : étude de quelques exemples récents », op.cit. ; NCHOUWAT (A.), « La nouvelle génération des Premiers ministres en Afrique noire francophone ».

761 MOYEN (G.), « L'exécutif dans le nouveau constitutionnalisme africain », op. cit.

762 Voir DJEHOURY (A.), *Marcoussis : les raisons d'un échec. Recommandations pour une bonne médiation*, Paris, L'Harmattan, 2005.

primo-ministérielle n'a pas résisté aux velléités de la « *représidentialisation* » des institutions. L'échec du Premier ministre de transition est lié à la personnalité des chefs d'Etat comme celle du président EYADEMA au Togo dont *« le fait de n'avoir pas entériné certains actes et décisions de la Conférence nationale souveraine (CNS) constituait un signe « prémonitoire » négligé, semble-t-il par le gouvernement de transition dirigé par Joseph Kokou Koffigoh* [763]*»*. Le Premier ministre de transition a ainsi été rapidement mis à l'épreuve de la restauration autoritaire de la prééminence présidentielle (paragraphe 1er) qui a neutralisé son statut et ses compétences (paragraphe 2).

Paragraphe 1er : Le Premier ministre de transition à l'épreuve de la restauration autoritaire de la prééminence présidentielle

Rares ont été les Etats qui ont connu une transition démocratique apaisée[764]. La transition s'est révélée périlleuse[765] en raison des rapports conflictuels au sein de l'Exécutif entre des présidents marginalisés et la nouvelle génération de Premiers ministres célébrée par les CNS[766]. Ce fut le cas au Togo où le Premier ministre KOFFIGOH a été très tôt confronté à la revanche du clan présidentiel dont l'objectif était de restaurer de manière autoritaire la prééminence du chef de l'Etat[767]. En effet, *« alors qu'on le disait fini, petit à petit, il a fini par recouvrer l'essentiel des prérogatives dont l'avait dépossédé, il y a moins de deux ans, la conférence nationale souveraine* [768]*»*. Il en a été ainsi parce que la transition fragilisée dès le départ (A), a été militarisée par le chef de l'Etat (B).

A. Le Premier ministre de transition fragilisé par la CNS

Les insuffisances originelles de la CNS ont fragilisé la transition et par conséquent le Premier ministre dans l'exercice de ses prérogatives

---

763 AKINDES (F.), *Les mirages de la démocratie en Afrique francophone subsaharienne*, op. cit., p. 69

764 Les auteurs comparatistes qui ont étudié cette période citent généralement le cas du Bénin comme la seule transition réussie issue d'une conférence nationale en Afrique. Voir notamment, BESSE (M.), *Les transitions constitutionnelles démocratisantes*..., op.cit. ; BANEGAS (R.), « Action collective et transition politique en Afrique. La conférence nationale du Bénin », op.cit. ; etc., BOURMAUD (D.), QUANTIN (P.), « Le modèle et ses doubles. Les conférences nationales en Afrique noire », op.cit., etc.

765 GAZIBO (M.), *Les paradoxes de la démocratisation en Afrique subsaharienne*, op.cit.

766 Actes n°10 et 15 de la CNS, op.cit.

767 THIRIOT (C.), « La place des militaires dans les régimes post-transition d'Afrique subsaharienne : la difficile resectorisation », *RIPC*, 2008/1, Vol. 15, pp. 15-34.

768 KPATINDE (F.), « Le système Eyadema », *Jeune Afrique*, 4 au 10 janvier 1993, p. 22.

constitutionnelles. La CNS n'a pas mis à sa disposition les moyens nécessaires pour l'exercice des compétences importantes qui lui ont été attribuées par l'Acte constitutionnel transitoire. Dès les premiers jours du gouvernement de transition, la contestation véhémente de certaines mesures, jugées imprudentes, prises par le Premier ministre mettant directement en cause le chef de l'Etat en particulier et le camp présidentiel en général a mis l'autorité du Premier ministre en grande difficulté.

En proclamant la souveraineté de la Conférence nationale[769] contre l'avis du président de la République[770], la CNS s'est positionnée dès le départ contre l'autorité du président. En effet, chaque camp interprétant à sa manière l'accord du 12 juin 1991 avait sa conception de la Conférence nationale[771] eu égard aux précédents béninois[772] et gabonais[773]. C'est en se fondant sur l'Acte n°1 de la CNS proclamant la souveraineté que la CNS s'est transformée en assemblée constituante[774] pour suspendre la Constitution et les institutions de la IIIe République et adopter l'Acte n°7 portant loi constitutionnelle. Cependant le régime primo-ministériel issu de l'Acte n°7 est rapidement apparu non viable eu égard à ses imperfections. Elu par la Conférence nationale, qui a décidé en amont, après des débats houleux, de maintenir le président EYADEMA dans ses fonctions, le Premier ministre KOFFIGOH disposait d'un statut entièrement déprésidentialisé en ce sens que l'Acte constitutionnel n'a pas prévu de liens de dépendance entre lui et le président. Toutefois, en retenant la formule du bicéphalisme à l'allemande contre la position de ceux qui voudraient instaurer un régime primo-ministériel monocéphale sur le modèle du régime parlementaire de la période de décolonisation, la CNS devrait clarifier les rapports entre le président et le

---

769 Acte n°1 d la CNS du 15 juillet 1991, op.cit.

770 Confère l'extrait de la déclaration du Gouvernement suite à l'adoption de l'Acte n°1 de la CNS reproduit par DAVID (P.), *Togo 1990-1994 : Le droit maladr*oit, op.cit., pp. 106-107.

771 Voir DAVID (P.*), Togo 1990-1994 : Le droit maladroit*, op.cit., pp. 47 et suivants.

772 Pionnier de l'organisation des Conférences nationales dans le renouveau démocratique africain, le Bénin avait tenu sa Conférence nationale du 18 au 27 février 1990 et celle-ci s'est déclarée souveraine dès l'ouverture des travaux. Cette souveraineté a été acté par le président Mathieu KEREKOU, ce qui pour certains auteurs a conditionné la réussite de la transition béninoise souvent citée en modèle. Voir BESSE (M.), *Les transitions constitutionnelles démocratisantes...*, op.cit. ; RAYNAL (J.-J.), « Le renouveau démocratique béninois : modèle ou mirage ? », *Afrique contemporaine*, n° 160, 4e trimestre 1991, pp. 3-25.

773 Suivant l'exemple béninois sur la forme, le Gabon a été tenu sa Conférence nationale du 23 mars au 19 avril 1990, mais sans aller au bout du modèle béninois. La Conférence nationale, organisée et contrôlée par le président Omar BONGO, n'a pas été souveraine, ce qui a permis au président de contrôler la transition en interprétant à sa manière les orientations de la Conférence nationale qui sont demeurées de simples propositions d'un forum de discussion. Voir NDOMBET (W.-A.), *Renouveau démocratique et pouvoir au Gabon (1990-1993)*, Paris, Karthala, 2009 ; M'BA (C.), « La « Conférence nationale » gabonaise : du congrès constitutif du Rassemblement social-démocrate gabonais (RSDG) aux assises pour la démocratie pluraliste », *Afrique 2000*, n°7, 1991, pp. 75-90.

774 Sur le pouvoir constituant des Conférences nationales, voir KAMTO (M.), « La Conférence nationale ou la création révolutionnaire des Constitutions », op.cit.

Premier ministre qui doivent cohabiter. Mais cela n'a pas été le cas dans l'Acte constitutionnel transitoire adopté par la CNS qui s'est révélé lacunaire dans l'organisation des rapports au sein de l'exécutif.

Dès le départ, le divorce entre la CNS et le président semblait consommé avec l'auto-proclamation de la souveraineté de la CNS que le président avait qualifié de « *coup d'état civil* [775]». Les dispositions de l'Acte n°7 objets de la discorde, dont il ne s'agit pas de faire l'inventaire ici, sont répertoriées par Philippe DAVID dans son ouvrage[776]. Nous nous contenterons d'analyser les plus marquantes qui sont des dispositions relatives la présidence du Conseil des ministres par le Premier ministre[777], à la destitution du président et du Premier ministre par le HCR[778] et surtout à l'article 61 qui dispose que « *les membres de l'Exécutif de la période de transition, garants du déroulement impartial de toutes les élections, ne peuvent être candidats aux élections présidentielles suivant immédiatement la période transitoire* ».

En confiant la présidence du Conseil des ministres au Premier ministre avec toutes les prérogatives que cela comporte, la CNS a entériné la marginalisation du président qui devrait se contenter d'observer de loin les travaux du Gouvernement de transition sans pouvoir s'immiscer. Alors qu'au Bénin, son homologue Mathieu KEREKOU, bien que mis à l'écart par la CNS pendant ses travaux a été intégré au processus de décision du Gouvernement de transition par l'Acte constitutionnel transitoire, le président EYADEMA devrait se contenter d'être informé par le Premier ministre des actions du Gouvernement tel « *un roi qui règne mais ne gouverne pas* [779]». Il s'agit d'un coup dur pour celui qui avait monopolisé la totalité des pouvoirs depuis son arrivée au pouvoir en 1967, qui non seulement s'est vu dépossédé de ses pouvoirs, mais aussi soumis à la surveillance du HCR qui peut le destituer à tout moment, « *en cas de haute trahison* » conformément à l'article 59. Déjà remonté contre les dispositions des articles 35 et 59, le président EYADEMA l'a encore été plus par celles de l'article 61 qui lui interdisent de se présenter à l'élection présidentielle post-transition. Pour justifier cette disposition, on peut évoquer la méfiance vis-à-vis du président EYADEMA qui malgré sa marginalisation par l'Acte n°7 disposait toujours de certains leviers du pouvoir et la volonté d'empêcher le Premier ministre de se servir des instruments du pouvoir pour organiser sa propre élection. Toutefois, il s'agit d'une méfiance excessive puisque conformément à l'article 4 de l'Acte n°7, seul le peuple souverain peut choisir ses dirigeants. C'est ainsi qu'au Bénin, le président KEREKOU, affaibli par la CNS, mais autorisé à se présenter à

---

[775] KAIROUZ (M), « Ce jour-là : le 8 juillet 1991, les togolais placent leur espoir dans une Conférence nationale », *Jeune Afrique*, op.cit.

[776] DAVID (P.), *Togo 1990-1994 ou le droit maladroit*, op.cit., p. 166.

[777] Art. 35 de l'Acte n°7 CNS

[778] Art. 59 de l'Acte n°7 CNS

[779] Expression attribuée à Adolphe THIERS en 1830 et souvent utilisée pour caractériser les souverains de monarchie constitutionnelles.

l'élection présidentielle, n'a pas pu convaincre le peuple, qui a choisi de confier les rênes de l'Etat au Premier ministre Nicéphore SOGLO. Comme on pouvait s'y attendre, ces dispositions le visant plus ou moins personnellement n'ont pas reçu l'adhésion du président EYADEMA qui s'est immédiatement opposé à leur entrée en vigueur. Philippe DAVID affirme dans ce sens que « *mécontent de l'Acte n°7 qui, selon lui, ne fait qu'aggraver la dérive politique et juridique de la CNS entamée dès le premier jour, Eyadema a commencé à se fâcher dès le lendemain…* [780]».

Le second tournant s'est déroulé au tout début de la transition avec la mise en position de non-activité du président EYADEMA décidée par le Premier ministre KOFFIGOH. Cette décision relevant du pouvoir règlementaire du Premier ministre est formalisée par un décret du 26 septembre 1991[781]. L'article 1er de ce décret primo-ministériel dispose que « *le général d'armée Gnassingbé Eyadema est mis à compter du 27 septembre 1991, avec les conséquences de droit en position de non-activité* ». Cette décision trouve son fondement juridique dans les dispositions de l'article 31 de l'Acte constitutionnel selon lesquelles « *les fonctions de président de la République sont incompatibles avec toute fonction ... tout emploi privé ou public, civil ou militaire ou toute autre activité professionnelle* ». En l'espèce, cette disposition pose un principe d'incompatibilité des fonctions de président de la République avec les fonctions militaires qui s'inscrit dans un principe général d'incompatibilité entre les mandats politiques notamment nationaux et les fonctions militaires que l'on retrouve dans les grandes démocraties occidentales[782]. L'idée de la CNS, en inscrivant cette disposition, était de démilitariser le pouvoir exécutif au Togo[783], afin d'opérer une transition impartiale et apaisée. La volonté de démilitarisation des régimes politiques africains pendant la transition démocratique[784] n'est pas seulement l'apanage de la CNS togolaise, car il s'agissait partout d'un gage du renouveau démocratique prôné au début des années quatre-vingt-dix[785]. Juridiquement fondé, ce décret était pourtant générateur de problèmes politiques car perçu

---

[780] DAVID (P.), *Togo 1990-1994 ou le droit maladroit*, op.cit., p. 167.

[781] Décret n° 91-11 du 26 septembre 1991 mettant en position de non-activité le Général d'Armée Gnassingbé Eyadema, in *JORT*, n°34, numéro spécial, 6e année, 9 octobre 1991, p.1

[782] PAPAZIAN (P.), *La séparation des pouvoirs civil et militaire en droit comparé*, Thèse de doctorat en droit public, Université Panthéon-Assas, 2012. Ce principe a été récemment assoupli pour les élections locales en France, voir VIDELIN (J.-C.), « L'incompatibilité des fonctions de militaire avec le mandat de conseiller municipal jugée inconstitutionnelle : note sous Cons. const., 28 nov. 2014, déc. n° 2014-432 QPC, Dominique de L. », *Juris Data* n° 2014-029305, *Droit administratif, LexisNexis*, 2015, p.15.

[783] Depuis 1967, le Togo est dirigé par un régime militaire et les militaires occupaient les postes les plus importants au sein du gouvernement et même dans l'administration publique.

[784] THIRIOT (C.), « La place des militaires dans les régimes post-transition d'Afrique subsaharienne », op.cit.

[785] THIRIOT (C.), *Démocratisation et démilitarisation du pouvoir : Etude comparative à partir du Burkina-Faso, Congo, Gabon, Mali et Togo*, Thèse de science politique, Université de Bordeaux IV, 1999

comme provocateur et imprudent vis-à-vis du président[786]. Il remet ainsi en cause la cohésion entre le président et les institutions transitionnelles, notamment le Premier ministre, dans la mesure où il est intervenu au moment même où le président, opposé au départ à la mise en œuvre de l'Acte constitutionnel et à la collaboration avec les institutions transitionnelles, était en passe de revoir sa position[787]. On a également mis en cause l'improvisation de la CNS qui n'a pas mis à la disposition du Premier ministre des moyens coercitifs pour contraindre le président à exécuter la décision contestée[788]. Pour le chef de l'Etat et certains hauts dignitaires de l'armée, le décret du 26 septembre 1991 était jugé comme un affront du Premier ministre, auquel il fallait riposter par la force. C'est le début de l'épreuve de force entre les institutions transitionnelles d'un côté et le président et l'armée de l'autre. Cette épreuve de force orchestrée par l'armée togolaise loyale au président Eyadema a tourné à l'avantage de ce dernier contre le Premier ministre qui a pâti de la militarisation de la transition.

B. Le Premier ministre de transition soumis à l'épreuve de force de l'armée et du président

N'ayant réussi ni à mettre fin aux travaux de la CNS, ni à invalider ses actes qui ne lui plaisaient pas, le président EYADEMA échaudé par la tentative du Premier ministre de le dépouiller de ses attributions militaires a choisi la voie de la force pour se restaurer. Son mode opératoire, savamment orchestré a été le suivant :

> *« Il a excellé dans le recours au stratagème du pompier pyromane [...] ... tel un chef d'orchestre clandestin, le « timonier national » a inspiré les différents coups de force qui ont déstabilisé ses adversaires, tout en se tenant en retrait. Au mieux, il apparaît aux yeux de la communauté internationale comme une victime. Au pire, comme un arbitre, tiraillé entre une armée réfractaire à toute démocratisation et une opposition « irresponsable ». Il a lui-même organisé le désordre, pour démontrer qu'il est finalement le seul à pouvoir maintenir l'ordre ; au besoin,*

---

786 TETE (T.), *Démocratisation à la togolaise*, op. cit., pp.76 et suivants

787 DAVID (P.), *Togo 1990-1994 ou le droit maladroit*, op. cit., pp. 201 et suivants. L'auteur fait cas d'une rencontre entre le Premier ministre KOFFIGOH et le président EYADEMA, le 26 septembre, soit le jour même de la signature du décret contesté. A cette occasion, le tandem exécutif se serait convenu de la mise en application de l'Acte n°7 portant loi constitutionnelle.

788 Ibid, p. 77

dans un environnement démocratique ; une technique de la mise en scène parfaitement rodée [789] ».

Le refus de la transition[790] par le président EYADEMA au Togo a enrayé la dynamique démocratisante que la CNS a voulu insuffler aux institutions transitionnelles. Alors qu'il a tenté à plusieurs reprises sans succès de mettre fin autoritairement aux travaux de la CNS pour protester contre sa marginalisation, le président a presque aussitôt après la fin de la CNS, remis en cause l'autorité du Premier ministre avec lequel il devrait cohabiter, en se servant de l'appui de l'armée dont il est demeuré « *le chef suprême*[791] », « *une armée « tribale et familiale » aux ordres d'Eyadema qui fait peur* [792]». Prenant prétexte du mauvais traitement infligé par la CNS et les institutions transitoires à leur chef et à son parti le RPT, les militaires togolais, discrètement encouragés par le président, qui avaient déjà refusé de siéger à la CNS pour les mêmes motifs[793], s'en sont pris à plusieurs reprises au Premier ministre et au HCR pour favoriser le « *grand retour du général* »[794].

La définition des prérogatives du Premier ministre vis-à-vis de l'armée n'a pas été opérée de manière claire par l'Acte constitutionnel, notamment dans l'articulation de ces prérogatives avec celles du président. Ce manquement juridique a eu des conséquences politiques puisqu'il fut exploité par le chef de l'Etat à son profit. Trois dispositions de l'Acte constitutionnel prêtaient à confusion. En effet, alors que le Premier ministre « *dispose de l'armée* » selon l'article 35 al. 2, le président de la République est désigné comme « *le chef suprême des armées* » par l'article 26 al. 2 alors même que l'article 31 posait le principe d'incompatibilité entre la fonction présidentielle et les emplois militaires. Or, même s'il peut être mis en réserve de l'armée par le Premier ministre en vertu de son pouvoir règlementaire, le général-président conserve son titre militaire et ses prérogatives de chef suprême de l'armée, qui ne sont au demeurant pas définies par l'Acte constitutionnel. A cet effet, on peut considérer que les prérogatives militaires du président EYADEMA, résultant de l'article 26 al.2 de l'Acte n°7/CNS et son statut de militaire ont neutralisé l'autorité militaire du Premier ministre résultant de l'article 35 al.2. On pourrait alors s'interroger sur comment pouvaient s'articuler les prérogatives du Premier ministre à l'égard de cette armée « *composée majoritairement de*

---

[789] KPATINDE (F.), « Le système Eyadéma », op.cit.

[790] ESPLUGAS-LABATUT (P.), « Les obstacles à la démocratie : le refus de la transition », in ROUSSILLON (H.), (dir.), *Les nouvelles Constitutions africaines…*, op.cit., pp. 37-40.

[791] Article 26 al. 2 de l'Acte n°7/CNS du 23 août 1997.

[792] DAVID (P.), *Togo 1990-1994 ou le droit maladroit*, op.cit., p. 102.

[793] L'armée, qui disposait de seize (16) sièges à la CNS a boycotté les assises après la proclamation de la souveraineté et pour protester contre les accusations dont elle faisait l'objet de la part des conférenciers. Elle s'est signalée par quelques apparitions sporadiques pendant les travaux.

[794] TETE (T.), *Démocratisation à la togolaise*, op.cit.

Kabyés, l'ethnie du président Eyadema [795]» et dont le président demeure constitutionnellement le chef. Il est fait état du fait que le Premier ministre KOFFIGOH ne disposait dans la pratique d'aucune autorité sur cette armée tribale vouée à la cause de son chef suprême[796]. Ce dernier s'en est alors servi pour neutraliser militairement le Premier ministre.

Pour riposter contre le décret du 26 septembre 1991, les militaires se sont livrés à des attaques répétées contre les institutions transitoires, dont nous ferons le récit de quelques-unes visant le Premier ministre. Le 1er octobre 1991, un groupe de militaires a pris d'assaut, les locaux de la radio et de la télévision nationale pour exiger la dissolution des institutions transitionnelles[797]. Au départ, le chef de l'Etat s'est mis en retrait des agissements de l'armée[798], prétextant qu'ils n'étaient que l'œuvre d'éléments « *incontrôlés* ». Face au tollé provoqué par ce coup de force aussi bien au plan national qu'international, le président, chef suprême des armées, a voulu sauver la face en appelant timidement les militaires insurgés à regagner les casernes[799]. Après avoir échoué à faire dissoudre les institutions transitoires à partir de cet épisode, les militaires insurgés ont récidivé quelques jours plus tard, cette fois-ci, pour attenter directement à la vie du Premier ministre[800].

Ces attaques répétées des insurgés de l'armée démontrent l'impuissance militaire du Premier ministre de la transition. Cette impuissance se révèle à travers son incapacité à prendre les mesures nécessaires, notamment des sanctions disciplinaires à l'encontre des militaires récalcitrants. Pourtant, l'Acte n°7 a attribué aux Premier ministre les compétences nécessaires pour mettre fin aux exactions des militaires. S'il a démontré son impuissance à maîtriser l'armée togolaise déterminée à réhabiliter son chef déchu par la CNS, le Premier ministre n'avait d'autre alternative que d'user de ses compétences en matière de politique internationale pour solliciter l'aide militaire des Etats voisins et des puissances étrangères impliquées dans l'organisation de la transition. Il sollicita en premier lieu l'intervention de

---

[795] ESSONO-EVONO (A.), « Armée et démocratie en Afrique, une relation ambivalente à normaliser », *Afrique contemporaine*, 2012/2 n° 242, p. 120-121

[796] TOULABOR (C.), « Violence militaire, démocratisation et ethnicité au Togo », op.cit.

[797] DAVID (P.), *Togo 1990-1994 ou le droit maladroit*, op.cit., pp. 210 et suivants

[798] AFP, « Brève rébellion militaire au Togo », *Le Monde*, 2 octobre 1991, https://www.lemonde.fr/archives/article/1991/10/02/breve-rebellion-militaire-au-togo_4039503_1819218.html, consulté le 21 juillet 2021 ; « Après s'être emparés de la radio et de la télévision Des militaires remettent en cause le processus de démocratisation au Togo », Le Monde, 2 octobre 1991, https://www.lemonde.fr/archives/article/1991/10/02/apres-s-etre-empares-de-la-radio-et-de-la-television-des-militaires-remettent-en-cause-le-processus-de-democratisation-au-togo_4038953_1819218.html, consulté le 21 juillet 2021.

[799] TETE (T.), *Démocratisation à la togolaise*, op.cit., p.78. L'auteur affirme que le chef de l'Etat aurait affirmé n'être au courant de rien de ces gesticulations militaires et exigé des militaires « *de ne plus quitter les casernes sans l'autorisation de leurs supérieurs* ».

[800] Ibid.

l'armée française stationnée au Bénin voisin[801] en décidant de faire jouer l'accord militaire de défense signé entre les deux Etats depuis 1963[802] et révisé dans les années 70[803]. Cependant, le Président MITTERRAND refusant de « *faire jouer par son pays le rôle de gendarme des démocraties africaines* [804]» lui adressa une fin de non-recevoir. Le chef de l'Etat français a préféré intensifier sa pression sur le président EYADEMA sur les plans politique et économique par des rappels à l'ordre et des menaces de rupture de la coopération franco-togolaise. Roland DUMAS, ministre français des affaires étrangères, expliquait la position du Gouvernement français comme un refus de la France de se « *transformer en gendarmes de l'Afrique (...)* » mais précise que la « *coopération peut être arrêtée du jour au lendemain* [805]». Certains auteurs ont révélé plus tard que la raison principale de la fin de non-recevoir adressée au Premier ministre togolais résidait dans une conversation entre les présidents EYADEMA et MITTERRAND après la demande du Premier ministre. Le Président français aurait alors répondu au Premier ministre togolais « *qu'il ne peut faire fonctionner les accords de défense militaire liant les deux pays qu'à la demande expresse de son homologue togolais* [806]». Si cet argument reste soutenable juridiquement en ce que le président EYADEMA demeurait le garant de l'intégrité du territoire togolais conformément à l'Acte constitutionnel, la demande d'intervention militaire française du Premier ministre était tout autant justifiée, puisqu'elle reposait sur l'article 68 de l'Acte constitutionnel qui dispose qu' « *en cas de coup d'Etat, d'agression par des mercenaires ou de coup de force quelconque, tout membre d'un organe constitutionnel a le droit et le devoir de faire appel à tous les moyens pour rétablir la légitimité constitutionnelle y compris le*

---

[801] TETE (T.), *Démocratisation à la togolaise*, op.cit., p. 188 ; GUILLEREZ (B.), « Afrique - Au Togo, les ratés du processus démocratique », *Revue Défense nationale*, n°528, février 1992, pp. 200-203 ; « TOGO : menacé par l'armée Le premier ministre a demandé l'envoi d'" urgence " de troupes françaises », *Le Monde*, 30 novembre 1991, https://www.lemonde.fr/archives/article/1991/11/30/togo-menace-par-l-armee-le-premier-ministre-a-demande-l-envoi-d-urgence-de-troupes-francaises_4033307_1819218.html, consulté le 21 juillet 2021.

[802] Accord de défense entre la République française et la République togolaise, signé à Paris le 10 juillet 1963. Ratification autorisée en France par la loi n° 63-1253 du 21 février 1963, publiée au *JORF* le 22 février 1963 et au Togo par la loi n°63-10 du 6 novembre 1963, autorisant le Gouvernement à ratifier les accords conclus entre la République togolaise et la République française, *JORT*, 1er décembre 1963, pp.728-729.

[803] POSSIO (T-S.), *Les évolutions récentes de la coopération militaire française en Afrique*, Publibook, 2007, 452 p. ; FEUER (G.), « La révision des accords de coopération franco-africains et franco-malgaches », *AFDI*, 1973, Vol. 19, n°1, pp. 720-739

[804] CONAC (G.), « Le processus de démocratisation en Afrique », in CONAC (G.), (dir.), *L'Afrique en transition vers le pluralisme politique*, Paris, Economica, pp. 11-42

[805] « TOGO "Notre coopération peut être arrêtée du jour au lendemain " affirme M. Roland Dumas », *Le Monde*, https://www.lemonde.fr/archives/article/1993/02/02/togo-notre-cooperation-peut-etre-arretee-du-jour-au-lendemain-affirme-m-roland-dumas_3928186_1819218.html, consulté le 21 juillet 2021

[806] TOULABOR (C.), HEILBRUM (C.), « Une si petite démocratisation pour le Togo », op. cit

recours aux accords de coopération militaire ou de défense existants ». Cette disposition constitutionnelle donne une base légale à la demande du Premier ministre et décrédibilise par la même occasion la position du président français.

Le refus de l'intervention militaire française, largement critiqué par la doctrine[807], est un échec diplomatique pour le Premier ministre de la transition qui venait s'ajouter à son échec militaire au plan interne. La tentative de coup d'Etat du 3 décembre 1991 a confirmé la fragilité de l'autorité du Premier ministre. Malmené par l'armée et en échec sur le plan diplomatique depuis sa prise de fonction, le Premier ministre de la transition a fait l'objet d'une tentative de coup d'Etat opérée par des militaires insurgés se réclamant cette fois-ci ouvertement du président de la République le 3 décembre 1991[808]. Pourtant, la CNS semblait avoir accordé des garanties sécuritaires aux institutions transitionnelles à travers la mise en garde de l'article 67 de l'Acte constitutionnel, qui dispose que « *toute tentative de renversement du régime constitutionnel mis en place par le présent acte par les personnels des forces armées ou de sécurité publique sera considérée comme un crime contre la nation et sanctionnée conformément aux lois de la République* ». Tout semble faire croire au final que cette mesure voulue dissuasive par la CNS vis-à-vis de l'armée n'a pas eu l'effet escompté, car elle n'a pas pu empêcher les militaires insurgés de prendre en otage le Premier ministre au siège du Gouvernement, après des heures de scènes de guerre sur les lieux faisant des victimes[809], et le conduire *manu militari* chez le chef de l'Etat[810]. L'enlèvement de celui qui était censé être l'homme fort de la transition démontre toute la fragilité de l'institution primo-ministérielle pendant la transition. Reprochant à l'opposition d'avoir opéré « *un coup d'Etat civil* » contre son chef[811], en proclamant unilatéralement la souveraineté de la Conférence nationale, le camp présidentiel tenait ainsi sa revanche.

---

[807] Voir notamment la « Lettre ouverte à François Mitterrand, président de la République française. Mourir pour La Baule », *Politique africaine*, n°44, décembre 1991, p. 3.

[808] Sur les causes des évènements du 3 décembre 1991, voir TCHATCHIBARA (Y.), *1990-1994 : le Togo face à lui-même,* Lomé, Editogo, 1994, pp.132 et suivants

[809] Pour plus de détail, voir DEGLI (J-Y.), *Togo, la tragédie africaine*, Éditions Nouvelles du Sud, 1996, 262 p. ; TETE (T.), op. cit. pp.76 et suivants ; DAVID (P.), op. cit., pp. 218 et suivants ; TOULABOR (C.), HEILBRUM (C.), « Une si petite démocratisation pour le Togo », op. cit., etc.

[810] « TOGO : le général- président Eyadéma ayant refusés de les condamner, les militaires ont arrêté le premier ministre de la "transition démocratique », *Le Monde*, 4 décembre 1991, https://www.lemonde.fr/archives/article/1991/12/04/togo-le-general-president-eyadema-ayant-refuses-de-les-condamnes-les-militaires-ont-arrete-le-premier-ministre-de-la-transition-democratique_4026715_1819218.html, consulté le 7 mai 1991.

[811] BAKARY (T.), « Des militaires aux avocats : une autre forme de coup d'Etat, la Conférence nationale souveraine », *Géopolitique africaine*, n°15, sept.-oct. 1992

Ces attentats de l'armée togolaise contre le processus démocratique se rapprochent de celles opérées dans d'autres Etats africains[812] ayant connu une CNS, comme au Niger[813], au Congo[814] et au Zaïre[815]. Dans ces Etats, le Premier ministre de transition a également été malmené par des armées favorables aux présidents, bloquant la mise en œuvre des orientations de la CNS par le Gouvernement de transition. La militarisation de la transition[816] dans la moitié des Etats qui ont organisé une CNS peut remettre ainsi en question la CNS comme instrument de démocratisation[817]. Ce constat de militarisation des transitions mettant en cause la réputation des armées africaines[818] peut être nuancé par l'exemple malien[819] où l'armée a joué un grand rôle dans le processus de démocratisation[820] en neutralisant le président Moussa TRAORE[821] réfractaire à ce processus et en prenant la direction de la

---

[812] LEYMARIE (P.), « Les militaires africains face à l'explosion démocratique », *Le Monde diplomatique*, mars 1993, pp. 18-19.

[813] LAOUEL (K-M.), DODO (A-M.), « Les lacunes juridiques de l'Acte fondamental n° 21 portant organisation des pouvoirs publics au Niger », *RJPIC* n° 47, janv.-mars 93, pp. 109-119.

[814] MENGA (G.), *Congo : la transition escamotée*, Paris, L'Harmattan, 1993, 217 p. ; BRETON (J-M.), « La transition vers la démocratie au Congo », *Revue congolaise de droit*, juil.-déc. 91, pp. 13-40 ; PHILIPPE (C.), « La démocratie au Congo : la transition difficile », *Défense nationale* n°48, mai 92, pp. 43-56.

[815] NZUZI (L.), « Zaïre : quatre années de " transition ", bilan provisoire », in *Afrique politique*, 1995, pp. 253-265

[816] GUEYE (B.), « La démocratie en Afrique : Succès et résistances », op.cit.

[817] EDDY (A.), « La Conférence nationale est-elle une solution », *Parlements et Francophonie*, n°85, avril-juin 1992, pp. 47-53

[818] AYISSI (A.), « Ordre militaire et désordre politique en Afrique », *Le Monde Diplomatique*, janvier 2003, pp. 20-21, https://www.monde-diplomatique.fr/2003/01/AYISSI/9857, consulté le 7 mai 2021.

[819] BOILLEY (P.), « La démocratisation au Mali : un processus exemplaire », *Relations internationales et stratégiques,* n° 14, 1994, pp. 119-121.

[820] DIARRA (A.), *Démocratie et droit constitutionnel dans les pays francophones d'Afrique noire. Le cas du Mali depuis 1960*, Paris, Karthala, 2010, 372 p.

[821] Coup d'Etat militaire du 26 mars 1991 dirigé par le Colonel TOURE contre le président Moussa TRAORE qui refusait d'engager son pays dans la voie de la démocratisation. Voir COQUERY-VIDROVITCH (C.), « Les convulsions de la chute de la dictature malienne », *Le Monde diplomatique*, n°445, avril 1991, p.27.

transition[822] par l'intermédiaire du Colonel Amadou Toumani TOURE[823]. Grâce à l'armée qui a organisé et dirigé les travaux de la Conférence nationale du Mali, la transition malienne[824] est régulièrement citée comme le seul exemple de réussite avec le modèle béninois[825]. Albert BOURGI considère à cet effet que « *parmi tous les pays d'Afrique subsaharienne, le Mali est sans contexte l'un de ceux qui ont le mieux réussi leur entrée en démocratie* [826] ». Le Mali est le prototype même de la démocratisation par les armes selon la typologie des voies d'accès à la démocratie en Afrique noire francophone[827]. L'exemple malien démontre au demeurant l'ambivalence des armées africaines dans le processus de démocratisation[828].

Comme on pouvait s'y attendre, la physionomie de la transition togolaise a fortement changé au lendemain de l'assaut de la primature. Ne pouvant compter sur le HCR lui-même neutralisé par l'armée[829], le Premier ministre togolais paraissait très isolé politiquement[830], et livré à lui-même face au chef de l'Etat, dont l'objectif n'était rien d'autre que de l'affaiblir et de le retourner en sa faveur pour s'affirmer comme le véritable chef de l'Exécutif togolais. Il apparaît ainsi que *« les nombreuses incursions des militaires dans la vie*

---

822 NZOUANKEU (J.-M.), « La transition démocratique au Mali », *Alternative démocratique dans le Tiers Monde (3-4-5),* janv. 91-juin 92, pp. 123-136 ; BERTRAND (M.), « Mali, un an de transition politique : de la révolte à la troisième République », *Politique africaine* n°47, oct. 9, pp. 9-22.

823 Dès sa prise de pouvoir, le Colonel Amadou Toumani TOURE s'engagea à ne pas s'éterniser au pouvoir comme c'est le cas des putschistes africains. Il déclara notamment : « *Etre soldat et démocrate n'est pas contradictoire. En occident, l'armée est un des remparts de la démocratie. De plus, il existe aujourd'hui en Afrique une nouvelle génération de militaires qui, eux, savent ce que la démocratie veut dire. Après les changements en Europe de l'Est et surtout après la lutte que notre peuple a menée pour la démocratie, la mission de notre armée était connue : renverser le régime et instaurer la démocratie* ». Il mit en place un Comité de réconciliation nationale (CNR) composé de civils et de militaires, qu'il présidât. Le CNR organisa la Conférence nationale au terme de laquelle le Colonel ATT se retira du pouvoir, comme il l'avait promis, laissant s'installer les institutions de la IIIe République malienne.

824 BERTRAND (M.), « Mali, un an de transition politique : de la révolte à la IIIe République », op.cit.

825 NZOUNAKEU (J-M.), « The Role of the National Conference in the Transition to the Democracy in Africa : The case of Benin and Mali », *Journal of opinion*, 21, n°1-2, 1993, pp.44-50

826 BOURGI (A.), *Mali : la démocratie à l'épreuve des réalités et sociales,* Centre d'étude rémois des relations internationales, Faculté de droit et de science politique, Reims, CERI, avril 1998, P.2

827 AKINDES (F.), *Les mirages de la démocratie en Afrique subsaharienne francophone*, op.cit.,

828 ESSONO-EVONO (A.), « Armée et démocratie en Afrique, une relation ambivalente à normaliser », op.cit. ; BANGOURA (D.), « Armées et défis démocratiques en Afrique », *Afrique 2000*, février 1993, n° 12, pp. 111-122.

829 Voir TETE (T.), *Démocratisation à la togolaise*, op.cit., pp. 124 et suivants.

830 FALL (E.), « Koffigoh : la plus haute des solitudes », *Jeune Afrique*, n°1615, 11 au 17 décembre 1991, p. 15.

politique ont permis le retour en force du Président Eyadema ...[831]». Reconduit dans ses fonctions par le président, qui venait de prendre la direction effective de la transition[832] en violation de l'Acte constitutionnel, le Premier ministre devrait se résoudre à partager les pouvoirs qu'il détenait de la CNS avec le chef de l'Etat. C'était le prix à payer par les institutions transitionnelles[833] pour que le « *président-général* » demandât à ses hommes de ne plus quitter les casernes et se livrer à des exactions contre le Premier ministre et les membres du HCR. Le retour aux affaires du général EYADEMA a donc mis fin au régime primo-ministériel voulu par le CNS[834]. Alors que son enlèvement par les militaires a suscité beaucoup d'inquiétudes chez les togolais et au plan international, le Premier ministre est subitement apparu aux écrans de la télévision nationale en compagnie du chef de l'Etat. Ce dernier annonça à la surprise générale qu'il reconduit le Premier ministre dans ses fonctions afin de former « *un gouvernement provisoire d'union nationale* ». Il s'agissait d'un acte symbolique du chef de l'Etat destiné à montrer à l'opposition et à l'opinion nationale et internationale que le Premier ministre s'est rangé désormais de son côté. Les observateurs considèrent qu'à partir de cet instant, « *Koffigoh ne sera plus le Premier ministre de la transition, il devient l'homme du général Eyadema* [835]».

La décision du président de reconduire le Premier ministre dans ses fonctions a de quoi surprendre politiquement. En décidant de reconduire KOFFIGOH dans ses fonctions, le Chef de l'Etat togolais voulait envoyer un message précis en direction du HCR : Il a retourné la situation en sa faveur et KOFFIGOH, qui était l'homme HCR, qui lui a été imposé par la CNS, dépend désormais de lui. Ce message n'a pas été bien reçu par le HCR décidé à reprendre le contrôle de la transition qui semblait lui échapper. Le couple « *PM-HCR* » destiné à conduire le Togo vers le renouveau démocratique va ainsi montrer des signes de friction favorisant ainsi la présidentialisation de l'Acte II de la transition. Les prises de position favorables du Premier ministre vis-à-vis du chef de l'Etat et contradictoires par rapport à celles du HCR qui ont suivi les évènements du 3 décembre 1991 ont précipité le divorce entre les deux institutions transitionnelles. Les hauts-conseillers ont ainsi reproché au Premier ministre sa passivité face aux exactions répétées des militaires contre

---

[831] SOGLO (C-K.), « Les hésitations au Togo : Les obstacles de la transition », in ROUSSILLON (H.), (dir), *Les nouvelles Constitutions africaines : la transition démocratique*, op.cit. pp. 163-172.

[832] FAES (G.), « Comment Eyadema a reconquis le pouvoir », *Jeune Afrique* n° 1665, p.19

[833] ALIDJINOU (A.-D.), « Droit constitutionnel et changement politique au Bénin et au Togo. Les paradoxes de la doxa juridique », *Communication à la 11e Assemblée générale du CODESRIA*, www.codesria.org/IMG/pdf/alidjinou.pdf?1494/

[834] ALOU (M-T.), « Les modalités de la transition démocratique et les processus d'élaboration des constitutions », in LOADA (A.) et WHEATLEY (J.), (dir.), *Transitions démocratiques en Afrique de l'Ouest : Processus constitutionnels, société civile et institutions démocratiques*, op. cit, 2014, p.9

[835] TETE (T.), *Démocratisation à la togolaise*, op.cit., p. 86.

les membres du HCR[836]. Après avoir réussi à rallier le Premier ministre à la cause du président, les militaires ont alors changé de cible, forçant même certains hauts-conseillers à l'exil. Le « *calvaire des Haut-conseillers* [837]» a complètement paralysé les travaux de cet organe central de la transition[838]. En soupçonnant le Premier ministre de faire son jeu personnel et celui du président plutôt que celui de la transition, le HCR s'est rapidement rendu compte « *de l'erreur commise sur la personne de Joseph KOFFIGOH*[839] » et s'est désolidarisé de l'action de son Gouvernement. Vivant mal le changement d'orientation politique du Premier ministre, les principaux leaders politiques membres du HCR ont institué « *un Comité de défense de la transition* » dirigé par Me Yaovi AGBOYIBO, et réclamé en vain la démission du Premier ministre[840]. Juridiquement, le HCR disposait de la compétence de mettre fin aux fonctions du président et du Premier ministre, conformément à l'article 59 de l'Acte n°7 de la CNS, qui dispose que *« le Président de la République et le Premier ministre peuvent être destitués en cas de haute trahison, par le Haut Conseil de la République statuant à la majorité des 2/3 de ses membres* ». Cette disposition n'a pu être appliquée par le HCR surtout par peur de représailles de l'armée dont le Premier ministre est devenu un allié de circonstance depuis le putsch du 3 décembre 1991.

Ces frictions avec le HCR à cause de ses ambitions personnelles ont donc favorisé la phagocytose du Premier ministre par le président. En témoigne, la manière dont son autorité a été malmenée au sein du Gouvernement par les protégés du président, qui lui-même, ne ratait aucune occasion pour neutraliser davantage l'autorité politique du Premier ministre.

Paragraphe 2 : Le Premier ministre de transition neutralisé

Le basculement de la transition togolaise entre les mains du chef de l'Etat après le coup d'Etat militaire du 3 décembre 1991 contre le Premier ministre a ressuscité les éléments du présidentialisme autoritaire au Togo quelques mois après la mise en place des institutions transitoires car « *depuis le 3 décembre 1991, les leaders de l'opposition cèdent régulièrement à ce chantage de la terreur [...] par peur ou par calcul [...] et à trop céder,*

---

[836] DEGLI (J.-Y.), *Togo : la tragédie africaine*, op.cit., pp. 166 et suivants.
[837] TETE (T.), *Démocratisation à la togolaise*, op.cit., p. 124.
[838] BESSE (M.), *Les transitions constitutionnelles démocratisantes*…, op.cit., p. 659.
[839] BESSE (M.), *Les transitions constitutionnelles démocratisantes*…, op.cit., p. 328.
[840] « TOGO : contraint au compromis avec le président Eyadema et les putschistes Le premier ministre Me Koffigoh est lâché par ses amis politiques », *Le Monde*, 7 décembre 1991, https://www.lemonde.fr/archives/article/1991/12/07/togo-contraint-au-compromis-avec-le-president-eyadema-et-les-putschistes-le-premier-ministre-me-koffigoh-est-lache-par-ses-amis-politiques_4028609_1819218.html, consulté le 21 juillet 2021.

l'opposition a perdu tout ce que la Conférence nationale souveraine avait obtenu en août 1991 [841]»

Auréolé de sa victoire politique et profitant de l'affaiblissement des institutions transitoires, le président EYADEMA exigea le partage du pouvoir en contrepartie de la sécurisation des institutions transitoires, ce qui a contraint le HCR à réviser en sa faveur l'Acte n°7 marquant ainsi l'affaiblissement structurel (A) et politique (B) du Premier ministre.

A. Le Premier ministre de transition structurellement affaibli

L'affaiblissement constitutionnel du Premier ministre de la transition résulte de la réforme de l'Acte n°7 de la CNS par le HCR le 27 août 1992. Cette réforme est intervenue à la veille de la fin de la durée constitutionnelle de la transition d'un an fixée par l'article 66 al. 2 de l'Acte n°7 originel. Elle a consacré la fin du régime primo-ministériel et entériné la réhabilitation du président EYADEMA au cœur du processus de démocratisation[842]. Le régime primo-ministériel de transition n'a pas résisté aux attaques des militaires et à la personnalité autoritaire du président EYADEMA. Le président togolais, qui a réussi à revenir au-devant de la scène par la force, a tout fait pour retarder la mise en œuvre des orientations de la CNS avant la fin de la durée fixée par l'Acte constitutionnel. Dans l'impasse[843], les institutions transitoires ont dû se résoudre à négocier avec le président. Des pourparlers entre les partis politiques représentés au HCR et le camp présidentiel ont été organisés en vue de donner une nouvelle direction à la transition. Ces pourparlers ont abouti d'abord à la conclusion d'un accord politique servant ensuite de base à la révision de l'Acte constitutionnel.

L'accord mixte paritaire (AMP) signé entre le camp présidentiel et les partis de l'opposition le 28 juillet 1992[844] a servi de mouture à la loi constitutionnelle adoptée par le HCR. L'objectif de l'armée, en se livrant aux attaques contre le Premier ministre et le HCR, était de contraindre par la terreur les institutions transitionnelles à négocier avec le chef de l'Etat, afin de permettre à ce dernier de retrouver une partie des pouvoirs dont il avait été dépossédé par la CNS au profit du Premier ministre. La stratégie mise en place par le chef de l'Etat togolais est élucidée par un auteur qui considère qu'« *après*

---

841 FAES (G.), « Comment Eyadéma a reconquis le pouvoir », op.cit.

842 « Togo : à l'issue d'un long débat parlementaire Le président Eyadéma remis en selle », *Le Monde*, 28 août 1992, https://www.lemonde.fr/archives/article/1992/08/28/togo-a-l-issue-d-un-long-debat-parlementaire-le-president-eyadema-remis-en-selle_3902484_1819218.html, consulté le 24 juillet 2021.

843 PILON (M.), « La transition togolaise dans l'impasse », *Politique africaine*, n°049, 1992, pp. 136-139.

844 Sur le déroulement des négociations voir TETE (T.), *Démocratisation à la togolaise*, op.cit., pp. 111 et suivants.

un bref passage à vide, il a, avec une habileté consommée, admirablement joué de la terreur que certains militaires suscitent et entretiennent[845]». L'auteur poursuit la description du mode opératoire du président EYADEMA en affirmant que *« le climat permanent de tension qui règne au Togo fait partie d'un scénario minutieusement élaboré depuis l'assaut contre la primature le 3 décembre 1991* [846]». L'insécurité grandissante autour des membres du HCR et de certains membres du Gouvernement de transition n'a pas permis au Gouvernement de transition d'exécuter son programme : Adoption d'une nouvelle Constitution, rédaction d'un nouveau code électoral, organisations d'élections présidentielles, législatives et locales pluralistes ... rien n'y fit ! De son côté, le chef de l'Etat n'attendait que la fin programmée de la transition pour recouvrer l'intégralité de ses pouvoirs. A cet effet, une polémique éclata entre l'opposition et la mouvance présidentielle à propos de la fin de la période transitoire, quant à l'interprétation des dispositions de l'article 66 de l'Acte constitutionnel. Pour l'opposition, c'est l'al. 1er qui dispose selon lequel « *la mission des organes de la transition prend fin à la date de la mise en place des nouvelles institutions* » qui doit s'appliquer face à cette situation, ce qui devrait automatiquement prolonger la mission des institutions transitoires. Pour la mouvance présidentielle, la transition ouverte par la CNS prend fin automatiquement *de jure* le 28 août 1992, soit un an jour pour jour après la clôture de la CNS conformément à l'al.2 de l'article qui dispose qu'« *en tout état de cause, cette mission ne saurait dépasser un (1) an à compter de la date de clôture de la Conférence Nationale Souveraine* ».

Face à cette bataille d'alinéas autour de l'article 66, il convenait de faire appel à l'esprit de la CNS pour mieux comprendre les dispositions de l'article 66 de l'Acte constitutionnel qui doit être interprété dans son ensemble et non par alinéa. En effet, la CNS n'a pas entendu enfermer la transition dans une durée prédéfinie mais son objectif était d'éviter qu'elle s'enlise. Le plus important résidait donc dans la mise en place rapide des nouvelles institutions et non dans l'obligation pour les institutions transitoires de se démettre après 1 an si cette mission n'a pas été accomplie. Tout compte fait, l'Acte constitutionnel n'ayant pas prévu ce qui devrait se passer après le 28 août 1992, il revenait au pouvoir constituant transitoire dérivé de prendre les mesures qui s'imposent en tenant compte du contexte politique et des rapports de force du moment. Sous la pression de la Communauté européenne[847], le président EYADEMA accepta l'idée d'une table-ronde avec l'opposition dans le cadre d'un dialogue inter-togolais, réfutant les propositions de médiation étrangère[848]. Il débuta donc des pourparlers avec l'opposition le 28 juillet 1992 dans le cadre d'une « *Commission mixte paritaire* », composée de délégations

---

[845] FAES (G.), « Comment Eyadema a reconquis le pouvoir », op.cit.

[846] Ibid.

[847] PILON (M.), « La transition togolaise dans l'impasse », op.cit.

[848] Ces propositions émanaient des chefs d'Etat des pays voisins, notamment le Ghana, le Burkina Faso et le Bénin, où la situation politique était relativement stable à cette époque.

des partis de l'opposition[849] et du RPT, parti présidentiel. A noter l'absence du Premier ministre lors des négociations, justifiée par le fait que seuls les partis politiques étaient représentés aux assises alors qu'à cette époque le Premier n'était officiellement membre d'aucun parti politique[850].

Les assises de la Commission mixte paritaire (CMP) ont débouché sur un accord qui entérine la restauration du pouvoir présidentiel et la fin du régime primo-ministériel transitoire. En contrepartie de la prorogation consensuelle de la durée de la transition jusqu'au 31 décembre 1992 et de promesses de garanties sécuritaires, l'opposition a consenti au chef de l'Etat la réhabilitation de certaines de ses prérogatives, perdues au profit du Premier ministre dans le cadre de la transition[851]. Dans une course contre-la-montre[852], les recommandations formulées par la CMP, visant à la modification de certaines dispositions de la loi constitutionnelle, sont transmises au Gouvernement qui « *en prend acte*[853] » lors du Conseil des ministres du 26 août 1991 puis au HCR pour adoption. Ce dernier vota sans grand débat les modifications nécessaires, qui concernent en tout 6 articles[854] de la loi constitutionnelle. Il faut préciser que l'organe législatif transitoire se retrouvait sur ce point investi d'un mandat impératif. Aussitôt promulguée par le Chef de l'Etat[855], cette révision de la loi constitutionnelle transitoire mit juridiquement fin à l'hégémonie primo-ministérielle instaurée par le CNS. Le Président obtint les droits d'intervenir dans la formation du gouvernement, de présider le Conseil des ministres « *en fonction de l'importance des sujets inscrits à l'ordre du jour* », de représenter le Togo à l'extérieur, de signer les décrets de nomination conjointement avec le Premier ministre, etc. ; en bref, il retrouva l'exercice du pouvoir exécutif. Pour couronner le tout, il obtient, tout comme le Premier ministre, la levée de l'interdiction de se présenter à la prochaine élection présidentielle. Eu égard à l'ampleur des modifications effectuées, l'on peut alors s'accorder sur le fait qu'à l'issue de la Commission mixte paritaire, « *sans*

---

849 Vingt-quatre (24) personnalités représentants les huit (8) principaux partis de l'opposition.

850 Avant son élection par la CNS, le Premier ministre KOFFIGOH était président de la Ligue togolaise des droits de l'Homme (LTDH), une association de la société civile. Il créa plus tard son parti politique, la Convention des forces nouvelles (CFN), dans la perspective des échéances électorales post-transition.

851 « Togo : la période de transition prolongée de quatre mois », *Le Monde*, 18 août 1992, https://www.lemonde.fr/archives/article/1992/08/18/togo-la-periode-de-transition-prolongee-de-quatre-mois_3899686_1819218.html, consulté le 24 juillet 2021.

852 Les parties, surtout l'opposition, voulaient à tout prix trouver un accord avant la date butoir du 28 août 1992, craignant les scenarii possibles.

853 DAVID (P.), *Togo 1990-1994 ou le droit maladroit*, op.cit. p. 288

854 Il s'agit des articles 19, 26, 34, 35, 39 et 66.

855 Loi n°92-001/PR du 27 août 1991 portant modification de l'Acte 7 de la Conférence nationale souveraine du 23 août 1991 portant loi constitutionnelle organisant les pouvoirs durant la période de transition, *JORT*, 37ème année, n° 29 (numéro spécial), 28 août 1992, pp. 2-3 ; AKPATCHA (Z.-D.), *Recueil des textes constitutionnels…*, op.cit., pp. 175-178.

être complètement dénaturée, la transition issue de la CNS ... a terriblement changé de visage sinon de contenu[856] ».

Les nombreuses concessions faites par les parties prenantes à la CMP au Chef de l'Etat n'ont pas fait l'unanimité au sein de la classe politique. L'aile radicale de l'opposition, qui s'était déjà faite manifester à la CNS en prônant la destitution pure et simple du Chef de l'Etat, n'a pas manqué l'occasion de monter une nouvelle au créneau, critiquant de manière très véhémente ce qu'elle considère comme « *une trahison* »[857]. Cette frange de l'opposition fustigeait notamment l'anéantissement des prérogatives du Premier ministre de transition. Au nom du Collectif de l'opposition démocratique (COD) regroupant les principaux partis de l'opposition ayant pris part à la CMP, Edem KODJO[858], s'en était défendu sans réellement convaincre en affirmant que « *les attributions du Premier ministre n'ont pas été substantiellement réduites. Le Premier ministre continue de présider le conseil des ministres (...). Je crois qu'il vaut mieux que le chef de l'Etat ait son mot à dire et puisse garantir la sécurité actuellement, puisque la sécurité est la préoccupation n°1 des togolais* [859]». Le pragmatisme politique l'a emporté sur les objectifs de transition qui prit alors une nouvelle tournure à partir du 29 août 1992.

La révision de la loi constitutionnelle mit juridiquement fin à l'hégémonie primo-ministérielle instaurée par le CNS. La modification des articles 19 et 34 de l'Acte n°7 permit au président de « *donner son avis sur le Gouvernement formé par le Premier ministre* » et oblige le Premier ministre de former « *le Gouvernement en entente avec le président* ... » faisant de la composition du Gouvernement, une compétence partagée entre le président et le Premier ministre d'autant plus que le dernier alinéa de l'article 34 dispose que « *les décrets de nomination des membres du Gouvernement sont signés par le président de la République et le Premier ministre* ». En réalité, il en était ainsi depuis la reconduction du Premier ministre dans ses fonctions par le président après le putsch du 3 décembre 1991[860]. L'affaiblissement gouvernemental du Premier ministre est amplifié par la modification des articles 26 et 35 qui ont respectivement donné au président la compétence de présider « *les conseils des ministres en fonction de l'importance des sujets inscrits à l'ordre du jour* » et contraint le Premier ministre à présider le Conseil des ministres « *en tenant compte des dispositions de l'article 26 al.6* ». A travers ces dispositions, le

---

[856] DAVID (P.), *Togo 1990-1994 ou le droit maladroit*, op.cit., p.282

[857] Ibid, p. 289 ; TETE (T.), *Démocratisation à la togolaise*, op.cit.

[858] Président de l'Union togolaise pour la démocratie (UTD), il fut membre fondateur du RPT, l'ancien parti unique et plusieurs fois ministres du général Eyadema. C'est d'ailleurs ce dernier qui l'aida à devenir Secrétaire général de l'Organisation de l'Union Africaine (1979-1983), l'ancêtre de l'Union africaine (UA).

[859] Cité par TETE (T.), *Démocratisation à la togolaise*, op.cit., p. 119 ;

[860] Voir notamment le décret n°92-001 du 2 janvier 1992 portant composition du Gouvernement d'union nationale de la République togolaise, *JORT*, n°2, numéro spécial, 37e année, 3 janvier 1992, p. 1

Premier ministre perdit sa compétence exclusive de présidence du Conseil des ministres. Il en résulte que lorsque le président décide de se présenter au Conseil des ministres, le Premier ministre est dessaisi de cette compétence, ce qui revient à considérer que la présidence du Conseil des ministres par le Premier ministre dépendrait désormais de la volonté du président. Le partage de la présidence du Conseil des ministres emporte également celle de l'exercice du pouvoir règlementaire. Le Premier ministre perdit alors le monopole du pouvoir règlementaire qui s'exerce dans le Conseil des ministres, notamment en matière de nomination, puisqu'un nouvel alinéa inséré à l'article 36 dispose que « *…toutes les nominations en Conseil des ministres font l'objet de décrets signés par le Premier ministre et le président de la République* ». On comprend à travers cette réforme du texte constitutionnel transitoire que le président est devenu de *jure* l'homme fort de la transition non seulement au plan national mais aussi international puisqu' il récupère la compétence de représenter l'Etat togolais à l'étranger. Le Premier ministre ne pouvait alors représenter le Togo à l'étranger que si le président lui délègue cette compétence, ce qui est problématique dans le contexte de la transition[861].

Si toutes ces réformes susmentionnées ont affaibli considérablement le Premier ministre sur le plan constitutionnel, la réhabilitation du président EYADEMA et le retour aux affaires de ses collaborateurs conjugués à la neutralisation du HCR l'ont également beaucoup affaibli politiquement.

B. Le Premier ministre de transition contrarié sur le plan politique

A partir du 29 août 1991, la transition démocratique togolaise a changé de cadre constitutionnel, notamment en ce qui concerne la répartition des compétences au sein de l'Exécutif. Le régime primo-ministériel instauré par l'Acte n°7 de la CNS a été dénaturé, voire anéanti par la Loi constitutionnelle du 27 août 1991. La répartition des compétences au sein de l'exécutif révélait un bicéphalisme à dominance présidentielle. Ce déséquilibre institutionnel imposé par les armes, puis constitutionnalisé par le HCR sous pression, a complètement affaibli le Premier ministre, notamment dans l'exercice de son autorité gouvernementale. Comme l'on pouvait s'y attendre, l'application du nouvel Acte constitutionnel issu de la réforme du 27 août 1992 a révélé les difficultés éprouvées par le Premier ministre dans la direction du Gouvernement dit « *d'union nationale* » et dans ses rapports avec les autres institutions. Ces difficultés ont d'abord été perçues dans la composition du nouveau Gouvernement. Perdant toute marge de manœuvre dans ce domaine, le Premier ministre s'est retrouvé, du fait des diverses influences, à la tête

[861] Voir par exemple les décrets de nomination publiés dans le *JORT*, n°35, 37e année, 16 octobre 1992, pp.792 et suivants.

d'une équipe ministérielle hétéroclite. Pris en étau, le Premier ministre a vu son leadership affecté par des crises gouvernementales, dont celle de novembre 1992.

Le Premier ministre KOFFIGOH est maintenu dans ses fonctions et investi par le HCR[862] en vertu des recommandations de la CMP. La formation du nouveau gouvernement, dit d' « *union nationale* » n'a pas été une mission facile pour le Premier ministre en raison d'une part des discussions interminables autour de la répartition des portefeuilles. Au final, c'est le président EYADEMA qui a affirmé sa suprématie, en imposant ses hommes à la majorité des postes ministériels et aux portefeuilles clés[863]. La moitié des portefeuilles a échu aux collaborateurs du président, soit 10 sur 19, notamment les portefeuilles dits de souveraineté[864]. Aussitôt la composition du nouveau Gouvernement dévoilée, les contestations ont fait jour de la part des partis signataires de l'AMP qui ont reproché au Premier ministre son apathie face au chef de l'Etat. Un communiqué conjoint de ces partis a dénoncé l'interprétation abusive de l'AMP par le président, dans la mesure où il apparaît clairement que la composition du Gouvernement est politiquement déséquilibrée à son profit, ce qui suppose que le Premier ministre n'a pas pu faire le contrepoids dans les négociations sur la répartition des portefeuilles. Les partis signataires se sont adressés « *au Premier ministre et au chef de l'Etat, concernant l'interprétation abusive par la partie présidentielle, des accords du 24 août 1992, ... ce qui transforme la gestion consensuelle des affaires de l'Etat décidée par la commission mixte paritaire en une gestion unilatérale, partisane et arbitraire...* [865]». Nonobstant les récriminations de l'opposition, la composition du Gouvernement a été entérinée par le couple exécutif. Dès lors, la seule voie de blocage dont disposaient les contestataires était le HCR, maintenu dans sa composition originelle issue de la CNS par l'AMP[866]. Le Gouvernement conjointement formé par le Premier ministre et le président de la République devrait donc recevoir l'investiture du HCR pour être effectif, conformément à l'article 34 al. 2 de l'Acte constitutionnel. Mais dans l'atmosphère de terreur dans lequel la formation du Gouvernement est intervenue, le reliquat du HCR, qui avait auparavant entériné malgré lui l'AMP, a approuvé la composition du gouvernement[867]« *les baïonnettes dans*

---

862 Loi n° 92-004 du 27 août 1992 portant maintien du Premier ministre dans ses fonctions, *JORT*, n°29, numéro spécial, 37e année, p.3

863 AFP, « Togo : Retour en force de l'ancien parti unique », *Le Monde*, 16 septembre 1992, https://www.lemonde.fr/archives/article/1992/09/16/togo-retour-en-force-de-l-ancien-parti-unique_3900595_1819218.html, consulté le 31 juillet 2021.

864 Affaires étrangères (Ouattara F. NATCHABA), Défense (Inoussa BOUREIMA), Administration territoriale et sécurité (Agbéyomé KODJO), Justice (Aregba POLO), etc.

865 Extrait de la déclaration du 13 septembre 1992, cité par TETE (T.), *Démocratisation à la togolaise*, op. cit., p.121

866 Loi n° 92-003 du 27 août 1992 portant maintien du Haut Conseil de la République dans sa composition actuelle, *JORT*, n°29, numéro spécial, 37e année, p.2

867 Lors du vote, la composition du gouvernement fut approuvée par 36 voix contre 24.

le dos [868]». Défenseur de premières heures de l'AMP, Edem KODJO fini par reconnaître, sous forme d'un aveu d'échec, que « *le gouvernement actuel, même s'il a reçu l'aval du HCR (...) ne saurait constituer le gouvernement dont nous rêvions*[869] ». Cet épisode relatif à la composition du Gouvernement démontre à quel point l'autorité du Premier ministre s'est amenuisée face au chef de l'Etat.

Un autre épisode, viendra cette fois-ci illustrer la faiblesse du Premier ministre vis-à-vis des ministres dans la direction du Gouvernement dont il est censé être le chef. Faisant leur entrée dans le Gouvernement, plusieurs personnalités, prises pour cibles par les délégués, qui avaient profité de la libération de la parole pour faire leur procès public à la CNS, n'attendaient que cette occasion pour faire payer au Premier ministre et aux membres du HCR leur indélicatesse. Une crise gouvernementale éclata à cet effet en novembre 1992 entre le Premier ministre et deux ministres d'obédience présidentielle[870], celui de l'intérieur, Agbeyomé KODJO, qui aurait tenu des propos désobligeants à l'encontre du Premier ministre sur des médias internationaux[871] et le second, celui de la communication, Komlan AGBEKA qui aurait privé le Premier ministre de droit de réponse aux propos du ministre de l'intérieur, en censurant son intervention sur les médias publics nationaux et internationaux[872]. Voulant manifester son autorité sur le Gouvernement dont il était encore constitutionnellement le chef, le Premier ministre KOFFIGOH a décidé de mettre fin aux fonctions des deux ministres réfractaires[873], en se fondant sur l'article 44 de l'Acte constitutionnel transitoire qui dispose que « *le Premier ministre pourvoit, en cas de besoin, au remplacement d'un ministre* ». Cette disposition, qui apparaît subitement comme une bouée de sauvetage pour l'autorité du Premier ministre malmenée depuis les évènements du 3 décembre 1991, n'a pas été retouchée par la révision constitutionnelle du 27 août 1992 redéfinissant les compétences du Premier ministre et du président. La nomination des membres du Gouvernement étant devenue une compétence partagée entre le Premier ministre et le président, l'on aurait pu imaginer qu'il en aurait été de même pour leur révocation et leur remplacement.

La décision du Premier ministre révoquant les deux ministres RPT du Gouvernement, qui aurait pu permettre de rétablir, ne serait-ce que

---

[868] Expression utilisée par la déclaration conjointe des partis de l'opposition du 13 septembre 1992

[869] Cité par *Jeune Afrique* n°1658, 15-21 octobre 1992.

[870] « Togo : Le limogeage de deux ministres provoque une nouvelle crise institutionnelle », *Le Monde*, 12 novembre 1992, https://www.lemonde.fr/archives/article/1992/11/12/togo-le-limogeage-de-deux-ministres-provoque-une-nouvelle-crise-institutionnelle_3934793_1819218.html, consulté le 23 juillet 2021.

[871] TETE (T.), *Démocratisation à la togolaise*, op.cit., p. 127

[872] Ibid.

[873] Décrets n°92-227 et 92-228/PMRT du 9 novembre 1992 non publiés au JORT

partiellement son autorité, a été immédiatement remise en cause par le chef de l'Etat. Si le Premier ministre a les dispositions de l'article 44 en sa faveur, le chef de l'Etat fonde son opposition sur l'article 34 de l'Acte constitutionnel, qui exige son avis pour la composition du Gouvernement. La position du chef de l'Etat est exprimée dans un communiqué produit par la présidence à cet effet, qui stipule notamment que « *le président de la République déclare anticonstitutionnelle la décision du Premier ministre (et) ... renouvelle sa confiance aux deux ministres et les maintient dans leurs fonctions*[874]». Face à l'opposition du chef de l'Etat au Premier ministre vis-à-vis des ministres révoqués, le Premier ministre, qui s'est rendu compte de son incapacité à gagner cette bataille sur le plan politique, a tenté de trouver une issue juridique. Fort d'un soudain regain de popularité recouvrée grâce à cet acte d'autorité qu'attendait la population depuis l'après 3 décembre 1991[875], il saisit la Cour suprême pour trancher le conflit de compétence né entre lui et le président sur l'interprétation des articles 34 et 44 de l'Acte constitutionnel[876]. Malheureusement, l'avis tant attendu de la chambre constitutionnelle n'a jamais été rendu puisque sous la pression de l'armée[877], la Cour suprême a ignoré la saisine du Premier ministre. Même s'ils n'ont pas été publiés au journal officiel, les deux décrets du Premier ministre n'ont jamais été rapportés. Les deux ministres ont été maintenus dans leurs fonctions par un simple communiqué de la présidence de la République[878], qui n'engage pas en principe le Premier ministre. La voix prépondérante du chef de l'Etat dans cette crise gouvernementale témoigne de la perte par le Premier ministre de son leadership gouvernemental. Confortés par l'issue politique de cette crise gouvernementale, les ministres proches du chef de l'Etat ont sans cesse remis en cause l'autorité du Premier ministre. On peut citer à titre d'illustration l'exemple du ministre de l'intérieur[879] qui a menacé pendant la crise de procéder à l'arrestation du Premier ministre et celui des affaires étrangères qui « *va multiplier aussitôt des voyages à l'étranger sans daigner en rendre compte au PM ...*[880] ».

Le dénouement politique de cette crise a scellé la fin du leadership gouvernemental du Premier ministre. Confronté à l'autoritarisme du chef de

---

[874] Extrait du Communiqué de la Présidence de la République, *Togo-Presse* du 10 novembre 1992, cité par DAVID (P.), op.cit., p. 308

[875] « Togo : des milliers de personnes ont manifesté leur soutien au premier ministre », *Le Monde*, 13 novembre 1992, https://www.lemonde.fr/archives/article/1992/11/13/togo-des-milliers-de-personnes-ont-manifeste-leur-soutien-au-premier-ministre_3934837_1819218.html, consulté le 24 juillet 2021.

[876] TETE (T.), *Démocratisation à la togolaise*, op.cit., p. 127

[877] TETE (T.), *Démocratisation à la togolaise*, op.cit., p. 127. L'auteur affirme qu'après être saisi par le Premier ministre de la crise gouvernementale, le président de la Cour suprême, Jacques APALOO « *recevra des menaces de mort* ».

[878] Communiqué publié dans le quotidien national Togo-Presse du 10 novembre 1992.

[879] TETE (T.), *Démocratisation à la togolaise*, op.cit., p. 127

[880] DAVID (P.), *Togo 1990-1994 ou le droit maladroit*, op.cit., p. 294

l'Etat et à l'insoumission de certains membres du Gouvernement, le Premier ministre ne pouvait non plus compter sur le HCR qui s'est désolidarisé de son action depuis la composition du Gouvernement faisant la part belle aux proches du chef de l'Etat. Le rapprochement du Premier ministre avec le chef de l'Etat observé après les évènements dramatiques du 3 décembre 1991, et entériné par la révision constitutionnelle du 27 août 1992 instituant l'exercice conjoint du pouvoir exécutif par les deux hommes est complètement assumé à partir du 1er janvier 1993, avec la position commune des deux hommes sur la fin de la transition. Le HCR, en suivant les recommandations de l'AMP, a prorogé la transition jusqu'au 31 décembre 1992 au détriment de l'article 66 de l'Acte constitutionnel et de l'article 152 de la Constitution du 14 octobre 1992[881] qui prévoyaient que la mission des institutions transitoires prendra « *fin à la date de la mise en place des nouvelles institutions* ». Ce faisant, il s'est fait prendre au piège tendu par le président qui dès le 1er janvier 1993, décréta la fin de la transition, et estime avoir recouvré tous les pouvoirs qu'il possédait avant la CNS.

Suivant le président dans sa dérive anticonstitutionnelle, le Premier ministre KOFFIGOH lui présenta aussitôt sa démission[882], alors même que sa mission est censée continuer jusqu'aux nouvelles élections prévues par la nouvelle Constitution et que, conformément à l'article 44 al. 1er de l'Acte constitutionnel transitoire, il appartenait à au HCR de pourvoir à son remplacement. Malgré les protestations du HCR et des leaders de l'opposition, le président EYADEMA a non seulement accepté la démission du Premier ministre, mais l'a reconduit dans ses fonctions[883]. Chose rare, le visa du décret du 18 janvier 1993 portant nomination du Premier ministre[884] tenta de motiver l'acte du président en deux temps :

> *« Constatant que le fonctionnement régulier des pouvoirs publics est interrompu » et « constatant qu'il appartient au président de la République d'assurer la continuité de l'Etat et de prendre toutes les mesures exigées par les circonstances... ».*

---

[881] Adopté par référendum le 27 septembre 1992 (99% de « oui ») et promulgué par le chef de l'Etat le 14 octobre 1992.

[882] AFP, REUTER, « Togo : le président Eyadéma a dissout le gouvernement de Me Koffigoh », *Le Monde*, 15 janvier 1993, https://www.lemonde.fr/archives/article/1993/01/15/togo-le-president-eyadema-a-dissout-le-gouvernement-de-me-koffigoh_3930700_1819218.html, consulté le 24 juillet 2021.

[883] AFP, « Togo : l'Assemblée dénonce la confirmation de M. Koffigoh à la tête du gouvernement », *Le Monde*, 21 janvier 1993, https://www.lemonde.fr/archives/article/1993/01/21/togo-l-assemblee-denonce-la-confirmation-de-m-koffigoh-a-la-tete-du-gouvernement_3933929_1819218.html, consulté le 31 juillet 2021.

[884] Décret n°93-001/PR du 18 janvier 1993, portant nomination du Premier ministre, *JORT*, n°5, numéro spécial, 38e année, 18 février 1993, p.1

D'abord, conformément à l'article 44 al.1er l'Acte n°7, il appartient au HCR d'élire un nouveau Premier ministre à la majorité des 2/3 de ses membres en cas de vacance. Ensuite, le fait de motiver ce décret par des considérations politiques dénote de toutes les difficultés éprouvées par le camp présidentiel pour le fonder juridiquement. Si le président « *incarne la continuité de l'Etat* » conformément à l'article 26 de l'Acte n°7, le fait d'arguer de l'interruption du fonctionnement des pouvoirs publics par la seule démission du Premier ministre, pour justifier ce qui ressemblait à une mesure exceptionnelle, n'est pas fondé, dans la mesure où cette éventualité est régie par la Constitution. Il n'y avait donc pas de vide juridique pouvant justifier des mesures d'exception. La question qui se posait alors était de savoir si le Premier ministre reconduit dans ses fonctions par le président allait solliciter l'investiture du HCR. Devenu le Premier ministre du président, KOFFIGOH ne sollicite plus l'investiture du HCR. Se sentant marginalisé par le duo EYADEMA-KOFFIGOH, le HCR dénonça « *un coup d'Etat constitutionnel* » opéré par le chef de l'Etat et le Premier ministre[885]. Toutefois, elle s'est également rendu compte de son incapacité politique et juridique à s'opposer à ce duo. Politiquement isolé, le HCR s'en est remis à faire appel à la Communauté internationale[886], pour tenter de trouver une issue consensuelle à l'impasse. Les différentes tentatives de négociation entreprises pour contraindre le duo au respect des règles constitutionnelles sont restées sans succès[887]. Ce duo aura donc méprisé les dispositions constitutionnelles jusqu'au bout, ce qui a plus desservi le Premier ministre sous l'emprise du président.

L'échec du Premier ministre de transition au Togo et par extension dans la majorité des Etats ayant organisé une CNS dénote de l'impossible de présidentialisation des exécutifs africains. Ce constat est renforcé par l'échec des Premiers ministres de crise en Côte d'Ivoire, juridiquement valorisés mais politiquement impuissants.

Section II : Le Premier ministre de crise mis en échec en Côte d'Ivoire

La tentative de réhabilitation du Premier ministre ivoirien par les accords politiques et les différentes résolutions de l'ONU s'est heurtée dans la pratique

[885] PILON (M.), « La transition togolaise dans l'impasse », op. cit.

[886] On peut citer les pourparlers de Colmar entre le clan présidentiel et l'opposition à Colmar (France) en février 1993, sous la médiation franco-allemande

[887] HEILBRUNN (J-R.), TOULABOR (C.), « Une si petite démocratisation pour le Togo... », op.cit. Les auteurs considèrent que l'échec des pourparlers de Colmar « est essentiellement dû à l'intransigeance et l'arrogance affichées du ministre des Affaires étrangères et ancien collaborateur d'Eyadéma, représentant les (faucons) du RPT, Ouattara F. Natchaba. Il rejeta dès son ouverture les modalités de la rencontre, bloquant intentionnellement toute recherche de solution à la crise

à plusieurs facteurs d'ordre juridique et politique qui ont conduit à l'échec du Premier ministre de consensus (2003-2005) et du Premier ministre acceptable par toutes les parties (2005-2007). L'échec du Premier ministre de crise en Côte d'Ivoire est avant tout relatif à la contestation de sa légitimité en raison des interférences extérieures[888] dans sa désignation et dans la détermination de ses compétences (paragraphe 1er). Le statut conféré au Premier ministre par les différents instruments de sortie de crise n'a pas été accepté par tous les acteurs politiques avec lesquels il doit composer, d'où des résistances qui ont eu des conséquences néfastes à la fois sur son ancrage institutionnel et sur l'accomplissement de sa mission (paragraphe 2).

Paragraphe 1er : Le Premier ministre de crise contesté

Malgré la revalorisation de leurs statuts et compétences, les Premiers ministres de crise ivoiriens Seydou DIARRA et Charles KONAN-BANNY souffraient d'une faiblesse congénitale liée à leur mode de désignation dont ils n'ont pas pu se défaire pour s'imposer au sein de l'exécutif ivoirien[889]. Ces interférences extérieures dans la désignation du Premier ministre qui ont été considérées comme étant de l'ingérence extérieure dans les affaires internes de la Côte d'Ivoire ont été vivement contestées par la doctrine et une partie de la classe politique et la société ivoirienne (A). Sur le terrain, les deux Premiers ministres se sont heurtés, dans la mise en œuvre de la politique du Gouvernement de réconciliation nationale, à des résistances multiformes qui ont freiné la mise œuvre de l'ALN et conduit à leur échec (B).

A. Le Premier ministre de crise confronté à la remise en cause de sa légitimité

Les Premiers ministres de crise ont dû payer le tribut de la trop forte implication de la communauté internationale en général, et de la France en particulier dans la résolution de la crise ivoirienne. Les critiques étaient dirigées contre la médiation française jugée partiale, et les différentes

---

888 DJEHOURY (A.), *Marcoussis : les raisons d'un échec. Recommandations pour une bonne médiation,* op.cit. ; COTTEREAU (G.), « Côte d'Ivoire : l'impossible alternance pacifique », op.cit. ; N'GUESSAN (M.-B.), « Les accords de sortie de crise en Côte d'Ivoire : De Lomé à Marcoussis (2002-2003) », *Revue d'histoire et d'archéologie africaines*, n°25, 2014, pp. 106-119.;

889 MARSHALL (R.), « La France en Côte d'Ivoire : l'interventionnisme à l'épreuve des faits », *Politique africaine*, n° 2, 2005, pp. 21-41 ; D'ERSU (L.), « La crise ivoirienne, une intrigue franco-française », op.cit. ; etc.

Résolutions de l'ONU le plus souvent initiées par la diplomatie française[890]. Désigné en France au lendemain de la signature de l'ALN, Seydou DIARRA est dénoncé comme ayant été « *choisi et imposé* [891]» par le Gouvernement français. Son successeur Charles KONAN-BANNY a également souffert de cette accusation rédhibitoire.

Opposés à l'influence tutélaire de la France dans le règlement de la crise ivoirienne, les jeunes proches du président ivoirien n'ont pas hésité à traiter Seydou DIARRA de « *Premier ministre par la volonté de la France* [892]». Le film du déroulement des négociations post-Marcoussis à Paris pour la désignation du Premier ministre de consensus prévu par le point 3-c de l'ALN semble donner raison aux partisans du président ivoirien. Absent à Linas-Marcoussis dans la mesure où seuls les partis politiques y étaient invités, le président GBAGBO, présent à Paris pour participer à la Conférence des chefs d'Etat, s'est joint aux délégations présentes à Linas-Marcoussis pour décider de la désignation du Premier ministre de consensus sous les auspices du président français Jacques CHIRAC. Ces négociations n'ont réellement concerné que les acteurs de premier plan impliqués dans la crise ivoirienne. Il s'agit en plus du président Laurent GBAGBO, du chef politique de la rébellion Guillaume SORO, de l'ancien président Henri KONAN-BEDIE et de l'ancien Premier ministre Alassane Dramane OUATTARA, qui *« l'un après l'autre, ... proposent leurs candidats [...]* [893]*»*. Chacune de ces personnalités dont l'implication directe dans la crise ivoirienne n'était plus à démontrer[894], estimait légitime voire indispensable que le Premier ministre de consensus soit issu de leur parti[895]. Face à l'inflexibilité des protagonistes, cette première phase de négociations fut un mini-échec. C'est alors que le président français Jacques CHIRAC, assisté du Secrétaire général de l'ONU Kofi ANNAN et du président gabonais Omar BONGO présents à Paris, a décidé de prendre

---

[890] Beaucoup d'auteurs ont relevé le soutien du Gouvernement français et du médiateur aux revendications des rebelles au cours de ces assises. Voir ONANA (C.), *Côte d'Ivoire, le coup d'Etat*, op.cit., pp. 115 et suivants ; HOFNUNG (T.), *La crise ivoirienne*..., op.cit., pp. 77 et suivants, etc.

[891] KOBY (A.-B.), « Démocratie et gouvernance politique », in KIMOU (J.-C.-A.), et al., *État de la gouvernance en Afrique de l'Ouest : Côte d'Ivoire*, Dakar, CODESRIA, 2011, pp. 19-49.

[892] BANEGAS (R.), « Côte d'Ivoire : les jeunes « se lèvent en hommes » Anticolonialisme et ultranationalisme chez les Jeunes patriotes d'Abidjan », *Les Etudes du CERI*, n° 137, juillet 2007.

[893] Pour en savoir plus sur le déroulement des négociations, voir BEN YAHMED (M.), « Accords de Linas-Marcoussis : la vraie histoire du « oui » de Gbagbo à Chirac », *Jeune Afrique l'Intelligent*, n°2199, 4 mars 2003, https://www.jeuneafrique.com/132087/politique/accords-de-linas-marcoussis-la-vraie-histoire-du-oui-de-gbagbo-chirac/, consulté le 29 juillet 2019.

[894] Voir BAYLE (B.), *Côte d'Ivoire 1993-2003 : Autopsie d'une déchirure,* Presses universitaires de la Méditerranée, 2007

[895] Henri Konan Bédié cite son ancien Premier ministre Daniel Kablan Duncan ; Alassane Ouattara, le numéro deux du RDR Henriette Diabaté. Laurent Gbagbo, lui, choisit Amara Essy, le président intérimaire de la Commission de l'Union africaine. Guillaume Soro... estime que ce choix doit revenir au MPCI...

personnellement les choses en main. Il récusa immédiatement Amara ESSY, le choix du président GBAGBO[896] tout en se montrant favorable aux personnalités proposées par les autres partis avec une préférence pour Henriette DIABATE, la candidate d'Alassane D. OUATTARA. Le président GBAGBO récusa à son tour cette proposition, mais « *en guise de compromis, Jacques Chirac avance le nom de Seydou Diarra, qui était le deuxième choix de Laurent Gbagbo (après Amara Essy)* [897]» afin d'éviter l'impasse dans laquelle se dirigeaient les discussions. Acculé par le président français, qui le prit à part pour l'obliger à accepter ce choix ultime, GBAGBO accepta finalement cette solution de compromis, ce que le président CHIRAC s'empressa d'annoncer aux autres leaders, puis à l'ensemble des participants à la Conférence des chefs d'Etat africain[898]. Cette façon de faire du président français a paru trop intrusive aux yeux des partisans du président ivoirien dans la mesure où « *il était politiquement très délicat que ces pourparlers aient lieu en France, d'autant plus que J. Chirac a cru bon de présenter lui-même le nouveau Premier ministre de la Côte d'Ivoire aux diplomates étrangers réunis…* [899] ».

Si elle s'est révélée en fin de compte efficace, la méthode CHIRAC dans le cadre de ces négociations a été très fortement critiquée. Il est notamment avancé qu'« *en obligeant le président Laurent Gbagbo à nommer, dans la foulée de ces accords, un Premier ministre en France et non en Côte d'Ivoire, est confirmée cette volonté de la France de parachever la tentative de coup d'Etat de la rébellion ivoirienne* [900]». Dans cette même optique, l'anthropologue ivoirien Jean-Pierre DOZON, releva que « *les autorités françaises ... se mêlèrent directement ... de la composition du Gouvernement de réconciliation nationale et des pouvoirs renforcés du Premier ministre, affaiblissant ainsi très fortement la fonction présidentielle de Laurent Gbagbo* [901]». La méthode chiraquienne fut contestée même au sein de la classe politique française, notamment par le socialiste Guy LABERTIT, proche du président ivoirien, qui, non sans parti pris politique, s'en est pris au président CHIRAC dont il considère que la méthode a uniquement pour objectif de « *bouter hors de son fauteuil un Président africain élu, issu de la famille*

---

[896] PIGEAUD (F.), *France Côte d'Ivoire : une histoire tronquée*, La Roque d'Anthéron, Vents d'ailleurs, 2015, p. 53

[897] SMITH (S.), « Comment Laurent Gbagbo, acculé au sommet de Paris, a réussi à se rétablir au pouvoir à Abidjan... », *Le Monde*, 30 janvier 2003, https://www.lemonde.fr/archives/article/2003/01/30/comment-laurent-gbagbo-accule-au-sommet-de-paris-a-reussi-a-se-retablir-au-pouvoir-a-abidjan_307347_1819218.html, consulté le 27 août 2021.

[898] BEN YAHMED (M.), « Accords de Linas-Marcoussis : la vraie histoire du « oui » de Gbagbo à Chirac », op.cit.

[899] MARSHALL (R.), « La France en Côte d'Ivoire : l'interventionnisme à l'épreuve des faits », op.cit.

[900] GBALLOU (R.), *Côte d'Ivoire : Le crépuscule d'une démocratie orpheline*, Paris, L'Harmattan, 2011, p. 40.

[901] DOZON (J.-P.), *Les clefs de la crise ivoirienne*, op.cit., p.60.

socialiste et qui a l'outrecuidance de revendiquer de nouveaux rapports entre les Etats d'Afrique et la France [902]». Cette prétendue aversion du Gouvernement français pour le président ivoirien est corroborée par Francis WODIE, constitutionnaliste et homme politique ivoirien, membre de l'opposition ivoirienne et présent à la table des négociations parisiennes qui a relaté et déploré les nombreuses scènes d'humiliation dont a été victime Laurent GBAGBO de la part du président français et du ministre des affaires étrangères Dominique de VILLEPIN[903]. Enfin, si DIARRA coche toutes les cases du profil du Premier ministre de consensus recherché par rapport à sa personnalité et à son parcours politique[904], il lui est également reproché d'être au service de la France, car s'il était présent à Paris pour les négociations de Marcoussis, c'est parce que *« l'ambassade de France à Abidjan a fait appel à lui comme conseiller* [905]». C'est ainsi que « *venu en facilitateur à Paris, il en repartira Premier ministre* [906]», ce qui aux dires de ses détracteurs montre qu'il était déjà pressenti par la France pour occuper ce poste. Alors que l'image très francisée de l'ALN et du Premier ministre de consensus posait problème sur le terrain, force est de constater que « *la France s'est octroyé un droit de regard politique et de veille* » sur le fonctionnement du Gouvernement de réconciliation nationale et l'application de l'ALN. C'est ainsi que « *pour sa première visite de travail en France après les accords de Marcoussis, le Président français a demandé au Premier ministre Seydou Diarra d'appliquer totalement « l'esprit et la lettre de Marcoussis »* [907]» alors que cet accord posait des problèmes juridiques et politiques[908]. Cette influence française trop manifeste sur la signature de l'ALN et la nomination de Seydou DIARRA a constitué un sérieux handicap à la réussite de la mission du Premier ministre de consensus et du Gouvernement de réconciliation nationale jusqu'au départ du Premier ministre. Son successeur Charles KONAN-BANNY fut également victime de cette faiblesse rédhibitoire.

---

902 LABERTIT (G.), *Adieu Abidjan-sur-seine : Les coulisses du conflit ivoirien*, Paris, Autres Temps, 2008, 305 p.193

903 Voir notamment WODIE (F.), *Mon combat pour la Côte d'Ivoire*, Abidjan, NEI-CEDA, 2010, p. 217

904 Voir SMITH (S.), « Seydou Diarra, caméléon politique », *Le Monde*, 27 janvier 2003, https://www.lemonde.fr/archives/article/2003/01/27/seydou-diarra-cameleon-politique_306969_1819218.html, consulté le 27 août 2021.

905 ROUX (B.), *La France et la crise ivoirienne : le processus des décisions françaises d'engagement militaire et de conclusion de l'Accord de Linas-Marcoussis (septembre 2002 - février 2003)*, Thèse de doctorat en Histoire contemporaine, Université Bretagne-Loire, 2017, p. 428.

906 Ibid.

907 N'GUESSAN (M.-B.), « Les accords de sortie de crise en Côte d'Ivoire : De Lomé à Marcoussis (2002-2003) », op.cit.

908 KPODAR (A.), « « Politique et ordre juridique : les problèmes constitutionnels posés par l'accord de Linas-Marcoussis du 23 janvier 2003 », op.cit. ; GAUDUSSON (J. du Bois de), « L'Accord de Marcoussis : entre droit et politique », op.cit.

La désignation de Charles KONAN-BANNY faisait suite à la démission de Seydou DIARRA au terme de son mandat fixé par l'ALN, face à l'impossibilité du Gouvernement de réconciliation nationale d'organiser l'élection présidentielle avant le 31 octobre 2005, date de la fin du mandat constitutionnel de Laurent GBAGBO. Le procédé utilisé a été le suivant : Sur la base d'une liste élargie de 16 personnalités ivoiriennes, les médiateurs ont procédé par élimination au fil des consultations menées par le président nigérian et président en exercice de l'Union Africaine, Olusegun OBANSAJO[909], pour aboutir à la désignation de Charles KONAN-BANNY suivant des méthodes autoritaires qui ont été également très contestées. En effet, l'implication des acteurs internationaux, notamment des facilitateurs désignés par la Résolution 1633 a été jugée trop forte au point de mettre en péril la souveraineté de l'Etat ivoirien et de ses institutions[910]. Alors qu'en temps normal la nomination d'un Premier ministre provient d'un décret présidentiel publié au journal officiel et rendu public par les organes d'information de la présidence, la désignation de Charles KONAN-BANNY a été annoncée par une décision des médiateurs internationaux. Cet acte stipule :

> *« Nous, chefs d'État... se basant sur la résolution 1633 du Conseil de sécurité de l'ONU et après larges consultations, décidons de ce qui suit : le Premier ministre de la période de transition, dont la fin est fixée au 31 octobre 2006, est Monsieur Charles Konan Banny*[911] *».*

Le ton catégorique, voire autoritaire, emprunté par cet acte dépasse le simple cadre d'un acte consultatif d'autant plus qu'il stipule *in fine* que « *cette décision sera publiée au journal officiel de la République de Côte d'Ivoire* ». S'il a pu peser sur la désignation du Premier ministre de consensus en revendiquant la légitimité qu'il détient de son élection au suffrage universel direct et de son mandat constitutionnel, le président ne disposait plus des mêmes armes pour faire face aux médiateurs internationaux puisque son mandat a expiré au moment des consultations. On s'est alors rendu compte que pour le président GBAGBO, dont on connaît la ténacité par rapport à l'exercice de ses prérogatives constitutionnelles[912], accepter un Premier ministre qui lui est imposé de l'extérieur ne serait en réalité qu'une contrepartie à son maintien au poste de président pendant la période de

---

909 EHUENI-MANZAN (I.), *Les accords politiques dans la résolution des conflits armés internes en Afrique*, Thèse de droit public, Université de La Rochelle, 2011, p. 88.

910 GALY (M.), « Qui gouverne la Côte d'Ivoire ? Internalisation et internationalisation d'une crise politico-militaire », op.cit.

911 Extrait cité par Jeune Afrique l'Intelligent, « Les trois jours qui ont changé la Côte d'Ivoire », op.cit.

912 KPODAR (A.), « Politique et ordre juridique : les problèmes constitutionnels posés par l'accord de Linas-Marcoussis du 23 janvier 2003 », op.cit.

transition comme l'a précisé le paragraphe 3 de la Résolution 1633. Le président ne disposait finalement d'aucune marge de manœuvre dans le choix du Premier ministre au contraire de ce qu'a pu laisser croire l'éviction de la notion de « *consensus* » dans la résolution 1633.

Déjà critiquée pour son rôle trop interventionniste dans la désignation de Seydou DIARRA en 2003, la France est encore mise en cause dans la désignation de son successeur selon plusieurs sources[913]. Ainsi, malgré la mise en avant du rôle des médiateurs africains, il est révélé que Charles KONAN-BANNY « *est propulsé au poste de Premier ministre sur l'insistance de Jacques Chirac* [914]» lors du 23e sommet France-Afrique de Bamako du 4 décembre 2005. Cette assertion, confirmée par plusieurs auteurs[915], montre qu'en fin de compte « *l'élu des présidents africains, (...) est en fait* [encore une fois] *celui de la France* [916]». La coïncidence entre la tenue de ce sommet et l'annonce par les médiateurs de l'identité du Premier ministre permet de corroborer l'influence exercée par le président français sur cette décision. Désigné suite à la Résolution 1633 de l'ONU par des chefs d'Etat africains sous le regard directif de la France, KONAN-BANNY porta les stigmates de la mise sous tutelle de l'Etat ivoirien par la Communauté internationale. Sa désignation et la mise à sa disposition de compétences en marge des règles constitutionnelles ivoiriennes furent notamment mises en exergue et critiquées car « *lorsqu'il... fut nommé le 4 décembre, après des semaines de consultation, c'est au nom des résolutions du Conseil de sécurité et non de la Constitution de Côte d'Ivoire que celui-ci se vit confier ses prérogatives* [917]». L'inscription du Premier ministre en marge de la Constitution se révèle également à travers le fait que « *la résolution 1633 opère un renversement des prérogatives, en confiant l'essentiel de tous les pouvoirs et de toutes les ressources au premier ministre internationalement choisi et en confinant le Président de la République dans un rôle presqu'honorifique* [918]». Eu égard aux mesures institutionnelles contenues dans ce texte, notamment en ce qui concerne la répartition des prérogatives au sein de l'exécutif, il a été reproché à juste titre à l'ONU de « *s'immiscer dans la politique intérieure*

---

913 TUQUOI (J.-P.), « Le nouveau premier ministre ivoirien est nommé avec l'appui de la France », *Le Monde Afrique*, 7 décembre 2005, https://www.lemonde.fr/afrique/article/2005/12/07/le-nouveau-premier-ministre-ivoirien-est-nomme-avec-l-appui-de-la-france_717515_3212.html, consulté le 20 août 2021.

914 D'ERSU (L.), « La crise ivoirienne, une intrigue franco-française », op.cit.

915 PIGEAUD (F.), *France-Côte d'Ivoire : une histoire tronquée*, op.cit., p. 72

916 D'ERSU (L.), « La crise ivoirienne, une intrigue franco-française », op.cit.

917 BANEGAS (R.), « Côte d'Ivoire : les jeunes « se lèvent en hommes » Anticolonialisme et ultranationalisme chez les Jeunes patriotes d'Abidjan », op.cit.

918 NDJIMBA (K.-F.), *L'internationalisation des Constitutions des Etats en crise : réflexions sur les rapports entre Droit international et Droit constitutionnel*, Thèse de droit, Université Nancy 2, 2011, pp. 166-167.

ivoirienne[919]». Allant plus loin dans « *l'internationalisation du droit constitutionnel ivoirien*[920]», la Résolution 1721 du 1er novembre 2006[921] a attribué directement des compétences au Premier ministre Charles KONAN-BANNY au mépris des compétences que la Constitution ivoirienne de 2000 reconnaît au président ivoirien. Dès lors, « *les partisans de Laurent Gbagbo auront ... le sentiment que leur pays est mis sous la tutelle de la Communauté internationale*[922]», ce qui provoqua des résistances multiformes en Côte d'Ivoire contre l'application de ces instruments[923]. Face aux résistances internes, ces « *nouveaux arrangements institutionnels et de gouvernance (...) supprimant les ambiguïtés et renforçant de manière décisive l'exercice des pouvoirs attribués au Premier ministre*[924]» ont une nouvelle fois échoué marquant ainsi l'échec du Premier ministre de crise en Côte d'Ivoire.

B. Le Premier ministre de crise à l'épreuve de résistances internes

Souffrant de faiblesses originelles liées à l'internationalisation de leurs conditions de désignation et de leurs compétences, les Premiers ministres DIARRA et KONAN-BANNY ont dû composer sur le terrain avec les résistances multiformes des acteurs politiques ivoiriens et des partisans du président ivoirien décidés à empêcher le fonctionnement du Gouvernement de crise. Les motifs de ces résistances résidaient dans le fait que « *la formation d'un Gouvernement de réconciliation nationale et la désignation d'un Premier ministre inamovible exerçant les fonctions de président constituent, en soi, ... un mécanisme politique dont l'objectif est de dépouiller Gbagbo de ses pouvoirs*[925]». Ce dernier, était en première ligne de cette résistance dans la mesure où il devrait cohabiter avec des Premiers ministres qu'il n'a pas choisis et avec lesquels il doit partager les compétences dont il a l'exclusivité. Il réussit ainsi par une habilité minutieuse à entraver

---

[919] ZEEBROEK (X.), *Côte d'Ivoire : La paix malgré l'ONU, Bruxelles*, Groupe de recherche et d'information sur la paix et la sécurité (GRIP), 2008, p.9.

[920] BASTAT (H.), *Constitutions et transitions démocratiques en Côte d'Ivoire de 1990 à 2012*, op.cit., p. 137

[921] BIVILLE (S.), « Résolution 1721 : Une nouvelle phase dans la transition politique », *RFI*, 02 novembre 2006, http://www1.rfi.fr/actufr/articles/083/article_47196.asp, consulté le 28 août 2021.

[922] BOUQUET (C.), *Géopolitique de la Côte d'Ivoire*, Paris, Armand Colin, 2005, p. 9

[923] TOH (A.), BANEGAS (R.), « La France et l'Onu devant le « parlement » de Yopougon. Paroles de « jeunes patriotes » et régimes de vérité à Abidjan » », *Politique africaine*, n° 4, 2006, pp. 141-158.

[924] Extrait du Communiqué final de la Xe réunion ministérielle du Groupe de Travail International (GTI) sur la Côte d'Ivoire, cité par BANEGAS (R.), « Côte d'Ivoire : les jeunes « se lèvent en hommes » Anticolonialisme et ultranationalisme chez les Jeunes patriotes d'Abidjan », op.cit.

[925] BLE-KESSE (A.), *La Côte d'Ivoire en guerre : Le sens de l'imposture française*, Paris, L'Harmattan, 2005, pp. 165-166

l'action des Premiers ministres de crise et à restaurer progressivement son autorité et ses prérogatives. Alors que certains de ses partisans les plus radicaux lui reprochaient d'avoir trop facilement accepté de se soumettre à l'ALN, le président ivoirien s'en est défendu en ces termes : « *si j'avais gagné la guerre, il n'y aurait pas eu Paris (...). La stabilité de la Côte d'Ivoire d'aujourd'hui et de demain commande qu'on comprenne l'esprit du texte de l'accord*[926] ». Alors qu'il faisait mine d'accepter le verdict de Marcoussis lui enjoignant d'abandonner la direction de l'exécutif au Premier ministre, le président ivoirien livra une appréciation présidentialiste de la situation dès son retour de Paris, en affirmant vouloir préserver l'autorité de la Constitution ivoirienne face à l'ALN en cas de contradiction entre les deux textes[927]. Déjà dès la fin des assises de Paris, Mohamadou SAVANE, un délégué du mouvement rebelle MPCI se montrait sceptique sur la volonté réelle du président de partager son pouvoir avec le Premier ministre en affirmant qu'« *il accepte la désignation de Seydou Diarra à condition qu'il fasse le boulot tel que lui l'entend et non pas tel que les accords de Marcoussis l'ont défini* [928]».

Les ennuis de Seydou DIARRA ont commencé avec le président GBAGBO à partir de la formation du Gouvernement de réconciliation nationale prévu par le point 3-a de l'ALN et dont la composition est prévue par le point 3-d. Les points d'achoppement entre le président et le Premier ministre résidaient dans l'attribution aux rebelles des portefeuilles de la défense et de l'intérieur qui ont été négociées en même temps que la désignation du Premier ministre au Centre Kléber. Ainsi, le chef rebelle Guillaume SORO, qui réclamait au départ que le poste de Premier ministre revienne aux rebelles ou à Henriette DIABATE a renoncé finalement à cette demande et a accepté la désignation de Seydou DIARRA contre la garantie de disposer de ces deux portefeuilles de souveraineté[929]. Toutefois, dès son retour au pays, le président GBAGBO, qui a accepté cette attribution à Paris, s'est ravisé en s'opposant à ce que les ministres issus des mouvements rebelles obtiennent ces portefeuilles[930]. C'est dans cette impasse sur la composition du Gouvernement qu'un autre point de résistance a surgi. Il s'agit de la question délégations de compétences que le président doit consentir au Premier ministre conformément au point 3-e de l'ALN. Cette question était cruciale dans ma mesure où le Premier ministre ne disposant pas d'attributions constitutionnelles autonomes, seules les délégations consenties par le

---

[926] Cité par N'GUESSAN (M.), « Les accords de sortie de crise en Côte d'Ivoire : De Lomé à Marcoussis (2002-2003) », op.cit.

[927] Ibid.

[928] Cité par COMARIN (E.), « Gbagbo : « j'accepte l'esprit de Marcoussis, mais… » », *RFI*, 8 février 2003, http://www1.rfi.fr/actufr/articles/038/article_19764.asp, consulté le 27 août 2021.

[929] BEN YAHMED (M.), « Accords de Linas-Marcoussis : la vraie histoire du « oui » de Gbagbo à Chirac », op.cit.

[930] SAMSON (D.), « Côte d'Ivoire : Un Premier ministre sans Gouvernement », *RFI*, 26 février 2003, http://www1.rfi.fr/actufr/articles/038/article_20245.asp, consulté le 39 août 2021.

président pourraient lui permettre de mettre en œuvre le programme du Gouvernement de réconciliation nationale annexé à l'ALN. Mais le président GBAGBO n'était pas disposé à céder quelques parcelles de pouvoir au Premier ministre qui lui a été imposé. C'est ainsi que plus d'un mois après la signature de l'ALN et la nomination du Premier ministre, il n'y avait ni Gouvernement, ni de délégations de compétences au Premier ministre, ce qui a conduit la médiation internationale à offrir une nouvelle fois ses bons offices aux protagonistes ivoiriens pour trouver une issue à l'impasse.

Les protagonistes s'étaient retrouvés à Accra au Ghana voisin les 6 & 7 mars 2003 sur l'invitation du président ghanéen John KUFFUOR, président en exercice de la CEDEAO, afin d'éradiquer les résistances du président ivoirien et débloquer par la même occasion la mise en place et le fonctionnement du Gouvernement de réconciliation nationale[931]. L'accord conclu entre les différents protagonistes le 7 mars 2003 à la fin de ces assises, dit « *Accra II* », se présentait ainsi comme le nouveau cadre de la répartition des compétences au sein de l'exécutif ivoirien pendant le mandat du Gouvernement de réconciliation nationale. Le point 5 de ce texte stipule que « *la Table Ronde réaffirme ... l'autorité du Président Laurent GBAGBO, en sa qualité de Chef de l'Etat, Chef suprême des Armées, garant de la Constitution et des institutions républicaines* et le point 6 « *salue la volonté du Chef de l'Etat d'appliquer l'Accord de Marcoussis...* » en indiquant la date butoir du 14 mars 2003 pour la formation du Gouvernement et la délégation des compétences au Premier ministre équivalant à un délai de 7 jours. C'est ainsi que tout s'est accéléré au retour en Côte d'Ivoire avec la délégation des compétences au Premier ministre le 10 mars[932] et la formation du Gouvernement le 13 mars[933]. La formation du Gouvernement et les délégations au Premier ministre ont permis de débloquer l'action du Gouvernement de réconciliation nationale mais c'était sans compter avec la détermination du président ivoirien à restaurer ses prérogatives et à freiner à tout prix l'application de l'ALN[934]. C'est ainsi qu'après plus de deux ans de tergiversations, le gouvernement de réconciliation nationale n'a pas pu réaliser sa feuille de route, ce qui provoqua l'échec de l'ALN et par conséquent celui du Premier ministre DIARRA[935].

S'il n'a pas ménagé Seydou DIARRA à qui il a opposé une résistance acharnée jusqu'au bout de son mandat fin octobre 2005, le président

---

[931] BAPIDI-MBOM (D.-F.), *La CEDEAO dans la crise ivoirienne (2002-2007)*, op.cit.

[932] Décret n°2003-62 du 10 mars 2003, portant délégation de compétences au Premier ministre, *JORCI*, n°12, 20 mars 2003.

[933] Décret n°2003-65 du 13 mars 2003, portant nomination des membres du Gouvernement, *JORCI*, n°11, 13 mars 2003, p. 167

[934] HOFNUNG (T.), « Le président ivoirien freine les accords de Marcoussis », *Libération*, 17 juin 2003, https://www.liberation.fr/planete/2003/06/17/le-president-ivoirien-freine-les-accords-de-marcoussis_436976/, consulté le 30 août 2021.

[935] Voir DJEHOURY (A.-M.), *Marcoussis : les raisons d'un échec...*, op.cit.

GBAGBO a réitéré cette résistance contre Charles KONAN-BANNY, désigné suite à l'adoption de la Résolution 1633 de l'ONU, puis reconduit par la Résolution 1721. Laurent GBAGBO ne comptait toutefois pas laisser les clefs du pouvoir exécutif à KONAN-BANNY comme le prescrivaient les Résolutions 1633 et 1721 en « *s'appuyant sur une lecture strictement présidentialiste de la Constitution et sur ses partisans mobilisés pour « défendre les institutions de la République…*[936] ». Si les relations entre le couple exécutif ont paru apaisées au départ, ce qui a favorisé la formation plus rapide du Gouvernement de transition, dont tous les acteurs se sont félicités[937], elles sont devenues tendues au fil de la cohabitation et quelques épisodes de ces tensions méritent d'être relevés. C'est surtout « *la Résolution 1721 va accroître les tensions entre Gbagbo et banny, dont les rapports sont déjà difficiles*[938] ». Sur le plan juridique, l'articulation des dispositions onusiennes élargissant les compétences du Premier ministre avec les dispositions de la Constitution du 23 juillet 2000 désignant le président comme le seul organe de l'exécutif a posé a été à l'origine de tensions au sein de l'exécutif. En effet, en permettant au Premier ministre de « *prendre toutes les décisions nécessaires, en toutes matières, en Conseil des ministres ou en Conseil de gouvernement, par ordonnance ou décret-loi* [939] », la Résolution 1721 a créé un conflit juridique avec les dispositions de l'article 50 de la Constitution ivoirienne, ce qui fut habilement exploité par le président GBAGBO pour s'opposer au Premier ministre. Dans cette situation, « *pour le président Gbagbo et ses partisans n'ayant guère apprécié cette résolution, et n'étant pas davantage disposés à lui laisser quelques parcelles de pouvoir, Charles Konan-Banny dut, d'abord, se tailler un périmètre d'intervention*[940] ». C'est ainsi que le président mit tout en œuvre pour empêcher l'application des dispositions de la Résolution 1721 comme il l'avait fait pour la Résolution 1633 et l'ALN auparavant en s'accrochant à la légalité constitutionnelle. Dans ce contexte, « *Charles Konan Banny, qui ne parvint jamais à imposer son autorité face au Chef de l'État* [941] » jusqu'à la conclusion le 4 mars 2007 de l'accord de Ouagadougou[942] lors d'un dialogue direct entre le président et les

---

936 BANEGAS (R.), « Côte d'Ivoire : les jeunes « se lèvent en hommes » Anticolonialisme et ultranationalisme chez les Jeunes patriotes d'Abidjan », op.cit.

937 Le Monde & AFP, « La Côte d'Ivoire se dote d'un gouvernement de transition », *Le Monde Afrique*, 28 décembre 2005, https://www.lemonde.fr/afrique/article/2005/12/28/la-cote-d-ivoire-se-dote-d-un-gouvernement-de-transition_725392_3212.html, consulté le 30 août 2021.

938 PIGEAUD (F.), *France-Côte d'Ivoire : une histoire tronquée*, op.cit., p. 75

939 Paragraphe 8 de la Résolution 1721 du 1er novembre 2006 du Conseil de sécurité de l'ONU

940 KONADJE (J.-J.), *L'ONU et le conflit ivoirien : Les enjeux géopolitiques de l'intervention 2002-2010*, op.cit., p. 276

941 BOUQUET (C.), « La crise ivoirienne par les cartes », *Geoconfluences*, 4 juin 2007, http://geoconfluences.ens-lyon.fr/doc/etpays/Afsubsah/AfsubsahDoc5.htm, consulté le 30 août 2021.

942 Voir ASSOUMAN (K.-A.), *Le rôle des Nations Unies dans la résolution de la crise ivoirienne, Tome 2 : Soutien à l'accord politique de Ouagadougou*, Paris, L'Harmattan, 2011, pp. 25 et suivants.

rebelles provoquant l'éviction de Charles KONAN-BANNY[943] et son remplacement par le chef rebelle Guillaume SORO[944], ce qui permit au président GBAGBO de reprendre la main sur la Communauté internationale dans la résolution de la crise[945].

Si la résistance du président GBAGBO face aux Premiers ministres désignés sous l'égide de la Communauté internationale a fini par payer, c'est aussi grâce à l'appui d'autres personnalités proches de lui qui ont monté un front de résistance contre le Premier ministre au Parlement ivoirien Pour ce faire, ils ont fait du Parlement ivoirien une caisse de résonance du soutien au président profitant de la majorité parlementaire qu'ils constituaient. En principe, la Constitution ivoirienne n'a pas prévu de rapports entre le Gouvernement et le Parlement, ce qui se traduit par l'irresponsabilité du Premier ministre devant l'Assemblée nationale. C'est l'ALN qui a introduit dans le régime ivoirien les rapports entre le Premier ministre et le Parlement. Ces rapports sont prévus par le point 3-e qui stipule que « *les partis politiques représentés à l'Assemblée Nationale et qui ont participé à la Table Ronde s'engagent à garantir le soutien de leurs députés à la mise en œuvre du programme gouvernemental* ». Le Gouvernement ne dispose pas de l'initiative législative dans la Constitution ivoirienne de 2000, celle-ci relevant concurremment du président et des députés. Toutefois, à travers la mise en œuvre du programme annexé à l'ALN, le Gouvernement s'est vu doté d'une initiative législative particulière sans laquelle certaines de ses actions ne pourraient être réalisées. C'est dans ce cadre que le Premier ministre est emmené à collaborer avec le Parlement pour la présentation de projets de lois.

Les sorties médiatiques de certaines personnalités influentes du parti présidentiel à l'Assemblée nationale ont lancé le ton sur la relation qui s'annonçait houleuse entre le Premier ministre et la majorité parlementaire, dont il a besoin pour la réussite de sa mission. En première ligne de la fronde parlementaire, se trouvaient le président de l'Assemblée nationale Mamadou KOULIBALY et la présidente du groupe parlementaire du FPI à l'Assemblée et épouse du chef de l'Etat, Simone EHIVET-GBAGBO. Le président de l'Assemblée, présent à la table de négociations à Marcoussis, s'est déjà signalé par un coup d'éclat en claquant la poste lors des discussions, indiquant qu'il avait « *constaté que M. Pierre Mazeaud était en train de faire un coup d'Etat*

---

[943] Le Monde & AFP, « Un accord est intervenu pour désigner Guillaume Soro premier ministre de Côte d'Ivoire », *Le Monde Afrique*, 27 mars 2007, https://www.lemonde.fr/afrique/article/2007/03/27/accord-en-cote-d-ivoire-pour-designer-guillaume-soro-premier-ministre_888230_3212.html, consulté le 30 août 2021.

[944] ALAIN-HANDY (S. P.), CHARLES (T.), « L'Accord politique de Ouagadougou : vers une sortie de crise en Côte d'Ivoire », *AFRI*, 2008, Vol. IX, pp. 653- 667

[945] TUQUOI (J.-P.), « Le président ivoirien Gbagbo reprend la main face à Paris », *Le Monde Afrique*, 15 janvier 2007, https://www.lemonde.fr/afrique/article/2007/01/15/le-president-ivoirien-gbagbo-reprend-la-main-face-a-paris_855479_3212.html, consulté le 30 août 2021

constitutionnel[946]». Ces propos remettant en cause l'impartialité du médiateur français ont été relayés par Paul YAO-N'DRE, une autre personnalité du FPI présent à la table des négociations qui a repris, tel un leitmotiv des proches du président ivoirien, l'expression de « *coup d'Etat constitutionnel* » et considérant l'attribution des ministères de la défense et de l'intérieur aux rebelles dans le futur Gouvernement de réconciliation nationale comme « *un acte d'humiliation nationale pour le président et les forces armées nationales de Côte d'Ivoire*[947]». De son côté, Mme GBAGBO ne comptait pas non plus baisser les bras en voyant son mari-président être dépossédé de ses prérogatives par l'ALN au profit du Premier ministre. Membre très influente du parti présidentiel, elle s'en est également prise aux accords parisiens en s'attaquant à la diplomatie française, indiquant que la France a placé les rebelles « *au gouvernement, en imposant au Président les accords de Marcoussis*[948]». Dès lors, elle s'est attelée à tout mettre en œuvre pour remettre son mari au cœur du pouvoir[949] en s'appuyant notamment sur le groupe FPI qu'elle contrôle à l'Assemblée nationale pour bloquer ou ralentir le vote des projets de loi déposés par le Gouvernement, retardant ainsi la mise en œuvre de l'ALN et des différentes Résolutions de l'ONU en s'élevant contre la lettre et l'esprit du point 3-e de l'ALN. Jean du Bois de GAUDUSSON, analysant cette disposition, conclut que le « *Parlement ... se trouve en quelque sorte investi d'un mandant impératif condamné par la Constitution*[950] ». Décidés à exercer leurs prérogatives constitutionnelles, les députés de la majorité parlementaire n'attendaient pas accorder un blanc-seing au Gouvernement. Dès lors, les projets de loi déposés par le Gouvernement ont fait l'objet de discussions interminables retardant leur vote, et surtout leur exécution par le Gouvernement pour aboutir à l'organisation de l'élection présidentielle. Face aux blocages parlementaires retardant l'évolution du processus de paix, et après un dernier rappel de l'accord de Pretoria du 6 avril 2005 à l'endroit des députés pour soutenir les projets de loi du Gouvernement, le président sud-africain Thabo MBEKI suggéra à son homologue ivoirien Laurent GBAGBO d'utiliser les prérogatives que lui confère l'article 48 de la Constitution. Cette disposition qui confère au président des pouvoirs exceptionnels en période de crise lui a permis de se mettre au-dessus des rivalités entre l'Assemblée et le Gouvernement pour prendre plusieurs

---

946 Cité par DJEHOURY (A.-M.), *Marcoussis : Les raison d'un échec. Recommandations pour une bonne médiation*, op.cit., p. 59 et PIGEAUD (F.), *France-Côte d'Ivoire : une histoire tronquée*, op.cit., pp. 50-51.

947 Cité par L'Obs, « Les accords de Marcoussis de plus en plus rejetés », *L'obs-Monde*, 30 janvier 2003, https://www.nouvelobs.com/monde/20030127.OBS5888/les-accords-de-marcoussis-de-plus-en-plus-rejettes.html, consulté le 27 août 2021.

948 Ibid.

949 TOURE (M.), « Côte d'Ivoire : Simone Gbagbo prend le pouvoir », *Politique africaine*, n° 3, 2004, pp. 32-36.

950 GAUDUSSON (J. du Bois de), « L'accord de Marcoussis, entre droit et politique », op.cit.

mesures importantes. L'utilisation de cette disposition jusqu'ici non évoquée par les différents instruments de crise est révélatrice des blocages du Parlement ivoirien, « *qui s'expliquent notamment par les clivages au sein du Front populaire ivoirien (au pouvoir), majoritaire au parlement* [951]».

Le dernier évènement qui a provoqué l'ire des parlementaires ivoiriens est relatif à l'abstention par l'ONU de proroger expressément le mandat constitutionnel des députés qui prenait fin le 15 décembre 2005 alors qu'il l'a fait pour celui du président qui s'expirait au 31 octobre 2005. Considérant avoir été mis hors-jeu de la période transitoire qui s'ouvrait à partir du 1er novembre 2005 sur le fondement de la Résolution 1633 de l'ONU, les parlementaires ivoiriens étaient décidés à rester en fonction jusqu'aux prochaines élections, ce que le Conseil constitutionnel ivoirien, saisie d'une demande d'avis par le président, a confirmé, en interprétant l'article 59 de la Constitution ivoirienne de 2000[952]. Pour l'ONU, « *l'occasion était parfaite pour « liquider » juridiquement la représentation nationale, qui de par son activisme, s'est imposée comme un obstacle à l'application des Accords* [953]». Il n'est alors pas étonnant que le paragraphe VIII de la Résolution 1721 habilitât le Premier ministre à prendre « *des ordonnances ou des décrets-lois* », exerçant ainsi une compétence dévolue à l'Assemblée nationale et donnant la possibilité au Premier ministre de légiférer. C'est dans cette atmosphère d'incertitudes pour les parlementaires ivoiriens que Pierre SCHORI, le président du Groupe de travail international (GTI) a choisi d'annoncer la dissolution de l'Assemblée[954] alors qu'aucune disposition de la Résolution 1721 n'a attribué cette compétence au GTI. Cette annonce maladroite du président du GTI provoqua des manifestations dans les rues d'Abidjan[955]. Elle détériora davantage les relations entre la Communauté internationale et le Parlement ivoirien, ce qui entraîna une nouvelle paralysie des institutions. Pour apaiser la tension et relancer le processus de transition, il a fallu que le président nigérian Olusegun OBASANJO fasse machine

---

951 BANGRE (H.), « Côte d'Ivoire : Marcoussis promulgué sans les députés », *Le NouvelAfirk.com*, 18 juillet 2005, https://www.afrik.com/cote-d-ivoire-marcoussis-promulgue-sans-les-deputes, consulté le 27 août 2021.

952 Avis n°2005-013/CC/SG du 15 Décembre 2005, demandé par le Président de la République.

953 KPRI (A.-K.), *Le Conseil constitutionnel ivoirien et la suprématie de la Constitution : étude à la lumière des décisions et avis*, Thèse de droit public, Université Bourgogne Franche-Comté & Université Félix Houphouët-Boigny (Abidjan, Côte d'Ivoire), 2018, p. 208.

954 MAS (M.), « Côte d'Ivoire : Députés sans mandats », *RFI*, 16 janvier 2006, http://www1.rfi.fr/actufr/articles/073/article_41135.asp, consulté le 30 août 2021 ; Le Monde, « Côte d'Ivoire : L'Assemblée nationale est dissoute », *Le Monde*, 16 janvier 2006, https://www.lemonde.fr/afrique/article/2006/01/16/l-assemblee-ivoirienne-est-dissoute_731079_3212.html, consulté le 30 août 2021.

955 BERNIER-OULLET (S.), « La Côte d'Ivoire plonge à nouveau dans la crise », *Perspective du Monde*, 29 janvier 2006, https://perspective7.usherbrooke.ca/bilan/servlet/BMAnalyse?codeAnalyse=111, consulté le 30 août 2021 ; BASSOMPIERRE, (K.), « Les patriotes de Gbagbo paralysent Abidjan », *Le Figaro*, n°19115, 17 janvier 2006, p.3.

arrière en précisant que « *le GTI n'a pas le pouvoir de dissoudre l'Assemblée nationale* [956]».

Pris en tenaille par le président et les députés qui par leur résistance constituaient un obstacle majeur à la réussite de sa mission, le Premier ministre de crise ivoirien devrait également se battre sur le front gouvernemental pour empêcher que son autorité ne soit remise en cause.

Paragraphe 2 : Le Premier ministre de crise paralysé par les crises gouvernementales

L'autorité gouvernementale du Premier ministre relève d'abord de son influence sur la composition du Gouvernement. Or, la répartition préalable des portefeuilles ministériels aux parties prenantes dans les Gouvernements de crise[957] ne permet pas au Premier ministre d'exercer une véritable influence sur leur composition. C'est ce qui s'est passé à Paris, et tout au long de la crise ivoirienne, où les Premiers ministres DIARRA et KONAN-BANNY se sont trouvés à la tête de Gouvernements hétéroclites dont il est difficile d'assurer la coordination (A). Dans ce type de Gouvernement, il n'est pas rare que surviennent plusieurs crises, qu'il appartient au Premier ministre de gérer presque quotidiennement pour sauvegarder son autorité et assurer la cohérence de l'action gouvernementale. Les Gouvernements de réconciliation nationale ou de transition ivoiriens n'ont pas échappé à cet aspect avec des crises récurrentes paralysant l'action gouvernementale et mettant en cause l'autorité du Premier ministre (B).

A. Le Premier ministre de crise affaibli par la formation laborieuse du Gouvernement

La structure du Gouvernement de réconciliation nationale est définie au point 3-d de l'ALN qui stipule que « *ce gouvernement sera composé de représentants désignés par chacune des délégations ivoiriennes ayant participé à la Table Ronde. L'attribution des ministères sera faite de manière équilibrée entre les parties pendant toute la durée du gouvernement*[958] ». Toutefois, beaucoup de questions restaient encore en suspens et étaient relatives notamment à la répartition quantitative et qualitative des portefeuilles ministériels entre les différents partis et au sens de l'équilibre voulu par l'ALN. S'agit-il d'un équilibre numérique ou politique ? A la lecture des stipulations du point 3-d on croirait que toute la faculté était laissée au Premier

[956] PIGEAUD (F.), *France-Côte d'Ivoire : une histoire tronquée*, op.cit., p. 73
[957] Voir EHUENI-MANZAN (C.), *Les accords politiques dans la résolution des conflits armés internes en Afrique*, op.cit., pp. 195 et suivants.
[958] Point 3-d de l'Accord de Linas-Marcoussis du 24 janvier 2003.

ministre pour résoudre ces questions eu égard à son statut de chef du Gouvernement, de concert avec le président comme le prévoit l'article 41 de la Constitution, mais certains accords informels postérieurs sur la répartition des portefeuilles ont « *créé un réel blocage dans la formation du gouvernement du Premier ministre Seydou ELIMANE DIARRA ... dont la composition butait notamment sur l'attribution des portefeuilles de la Défense et de l'Intérieur, que le MPCI affirmait avoir obtenu au cours de négociations en marge du sommet des chefs d'Etat africains organisé à Paris les 25 et 26 janvier 2003* [959]».

C'est donc en marge des négociations pour la désignation du Premier ministre que la répartition des postes au sein du Gouvernement a également été négociée. Chaque parti a tenté de faire peser de tout son poids sur cette répartition car c'est un véritable enjeu de pouvoir. Après de longues discussions à rebondissements sous l'égide du président français, les différents protagonistes ont fini par se mettre d'accord sur les critères du partage suivant ce principe : « *deux ministères d'État et cinq ministères pour chacune des quatre principales formations (FPI, PDCI, RDR et MPCI). Un dernier ministère d'État sera attribué pour l'ensemble des autres formations politiques* [960]». L'obstacle initial auquel le Premier ministre fut confronté pour la formation du Gouvernement résidait dans le duel ayant opposé le président aux chefs rebelles à propos des ministères de la défense et de l'intérieur. Aussitôt la désignation du Premier ministre annoncée à Paris, les rebelles ont également annoncé de leur côté avoir obtenu les portefeuilles de la défense et de l'intérieur, deux portefeuilles très stratégiques dans ce contexte de guerre qui devrait leur permettre de prendre la direction des forces armées et de sécurité ivoiriennes.

L'annonce des rebelles a provoqué un véritable tollé auprès du parti au pouvoir qui prit cela comme une ultime humiliation orchestrée par la France à l'endroit du président, des forces armées et de la société ivoirienne toute entière. C'est ainsi qu'il eut spontanément à Abidjan un soulèvement populaire contre la diplomatie française[961]. Ce soulèvement a été défendu par le président lui-même qui considéra qu'« *il était insoutenable de voir un rebelle apparaitre à la télévision et dire qu'il est ministre de la défense et son ami ministre de l'intérieur. C'est ce qui a mis le feu aux poudres* [962]». Pour

---

959 EHUENI-MANZAN (C.), *Les accords politiques dans la résolution des conflits armés internes en Afrique*, op.cit., pp. 191-192

960 BEN YAHMED (M.), « Accords de Linas-Marcoussis : la vraie histoire du « oui » de Gbagbo à Chirac », op.cit.

961 Voir BAYLE (B.), *Côte d'Ivoire 1993-2003 : Autopsie d'une déchirure*, Publications de Montpellier III, 2007, pp. 201 et suivants ; Le Monde, « Côte d'Ivoire : la diplomatie française critiquée », *Le Monde*, 30 janvier 2003, https://www.lemonde.fr/archives/article/2003/01/30/cote-d-ivoire-la-diplomatie-francaise-critiquee_307469_1819218.html, consulté le 27 août 2021.

962 Soir Info n°2538 du lundi 10 et mardi 11 février 2003, p.8., cité par N'GUESSAN (M.-B.), « Les accords de sortie de crise en Côte d'Ivoire : De Lomé à Marcoussis (2002-2003) », op.cit.

aller au bout de sa logique, le président a fait savoir au Premier ministre qu'il n'était pas favorable à l'entrée des rebelles au Gouvernement[963], ce qui sonnait comme un rejet pur et simple de l'ALN. Cette position tranchée du président n'allait pas arranger les choses pour le Premier ministre pris en tenaille entre les deux principaux protagonistes au conflit dont il « *ne parvient pas à rapprocher les positions* [964]». Pour éviter que l'ALN soit aussitôt enterré sans être appliqué et une reprise de la guerre, la pression internationale s'est alors intensifiée sur le président ivoirien afin de l'obliger à appliquer les compromis de Paris. Dans le même temps, confronté à l'impasse de sa mission, le Premier ministre Seydou DIARRA envisagea de démissionner[965], ce qui aurait constitué un échec pour la communauté internationale qui l'a désigné, et un gros risque pour le président GBAGBO face à la menace de reprise des armes par les rebelles. Face à cette pression, la position présidentielle s'adoucit alors progressivement. Après avoir dans un premier temps refusé que les chefs rebelles fassent partie du Gouvernement[966], le président GBAGBO a dans un second temps accepté leur présence à condition qu'ils renoncent aux ministères de la défense et de l'intérieur[967]. Mais c'était sans compter avec la ténacité des rebelles qui ont à leur tour posé un ultimatum au président pour la mise en œuvre des accords de Paris sous peine de reprise des combats[968].

Face à ces blocages retardant la formation du Gouvernement et la mise en œuvre de l'ALN, c'est la CEDEAO, l'organisation sous-régionale qui a pris les devants d'une nouvelle phase de médiation entre les protagonistes[969] avec l'appui de la diplomatie française, qui cette fois-ci, est restée en retrait eu égard aux velléités anti-françaises en Côte d'Ivoire depuis les accords parisiens. La Table Ronde des forces politiques ivoiriennes signataires de l'accord de Linas- Marcoussis qui s'est réunie à Accra du 6 au 7 mars 2003 s'inscrivait dans un contexte post-Marcoussis délicat avec un Premier ministre sans Gouvernement, ni pouvoirs depuis sa nomination le 25 janvier 2003. C'est à ce titre que le point 6 de l'accord signé à l'issue de cette table ronde a

---

963 TUQUOI (J.-P.), « Le président Gbagbo ne veut aucun ministre issu de la rébellion », *Le Monde*, 11 février 2003, https://www.lemonde.fr/archives/article/2003/02/11/le-president-gbagbo-ne-veut-aucun-ministre-issu-de-la-rebellion_308805_1819218.html, consulté le 6 septembre 2021.

964 BAYLE (B.), *Côte d'Ivoire 1993-2003 : Autopsie d'une déchirure,* op.cit., p. 206.

965 AFP, « Le premier ministre ivoirien menace de démissionner », *Le Monde*, 5 mars 2003, https://www.lemonde.fr/archives/article/2003/03/05/le-premier-ministre-ivoirien-menace-de-demissionner_4269470_1819218.html, consulté le 7 septembre 2021.

966 TUQUOI (J.-P.), « Laurent Gbagbo accepterait l'accord de paix sans chefs rebelles au gouvernement », *Le Monde*, 5 février 2003, p.3

967 TUQUOI (J.-P.), « Le premier ministre ivoirien obtient un début de compromis de Laurent Gbagbo », Le Monde, 13 février 2003, https://www.lemonde.fr/international/article/2003/02/13/le-premier-ministre-ivoirien-obtient-un-debut-de-compromis-de-laurent-gbagbo_309091_3210.html, consulté le 6 septembre 2021.

968 AFP, Reuters, « L'ultimatum des rebelles ivoiriens expire sans reprise des hostilités », Le Monde, 18 février 2003, https://www.lemonde.fr/archives/article/2003/02/18/l-ultimatum-des-rebelles-ivoiriens-expire-sans-reprise-des-hostilites_4269946_1819218.html, consulté le 7 septembre 2021.

969 BAPIDI-MBOM (D.-F.), *La CEDEAO dans la crise ivoirienne (2002-2007),* op.cit.

fixé un délai de 7 jours au président pour la formation du Gouvernement et la délégation des compétences au Premier ministre. En obtenant l'engagement du président ivoirien pour débloquer la formation du Gouvernement, l'accord d'Accra II a également réglé la question cruciale de l'entrée au Gouvernement des rebelles et à l'attribution des portefeuilles de la défense et de l'intérieur[970]. Grâce à la médiation ghanéenne, les rebelles ont accepté de renoncer à ces portefeuilles et reçu en retour les Ministères de l'Administration du Territoire et de la Communication. Ils obtiennent également la garantie que les ministères de la défense et de l'intérieur ne seraient pas attribués aux proches du président. Dans cette optique, le point 7-a de l'accord recommande « *la création d'urgence d'un Conseil National de Sécurité de quinze (15) membres [...]. Sur proposition de ce Conseil, le Premier Ministre soumettra, dans les plus brefs délais, au Président de la République, en vue de leur nomination aux postes de Ministre de la Défense et de Ministre de la Sécurité, des personnalités choisies sur une base consensuelle* ».

La publication rapide de la liste des membres du Gouvernement après l'accord d'Accra est rendue possible à la fois par l'échéance de 7 jours prévu dans l'accord et la stipulation du point 7-c qui exige du président « *le respect des choix faits par les forces politiques de leurs représentants au gouvernement* ». Cette stipulation, qui se présente comme la contrepartie de l'abandon par les rebelles des portefeuilles de la défense et de l'intérieur, a favorisé au demeurant l'entrée au Gouvernement de Guillaume SORO et d'autres chefs rebelles, mettant ainsi en échec l'opposition initiale du président GBAGBO. Mais la composition hétéroclite du Gouvernement a joué de mauvais tours au Premier ministre. Les rebelles et les partis politiques dont les membres sont présents au Gouvernement ont par des actions ou des prises de position entraver le fonctionnement du Gouvernement soumis à des crises récurrentes. C'est une nouvelle épreuve pour le Premier ministre de crise.

B. Le Premier ministre de crise à l'épreuve des crises gouvernementales récurrentes

La formation laborieuse du Gouvernement de réconciliation nationale due aux multiples tergiversations des protagonistes a affaibli dès le départ l'autorité gouvernementale du Premier ministre. Celle-ci sera davantage affaiblie dans le fonctionnement même du Gouvernement eu égard aux nombreuses crises politiques qui ont provoqué une instabilité gouvernementale rédhibitoire à la réussite de la mission du Premier ministre. Certaines crises méritent d'être particulièrement scrutées.

---

970 TUQUOI (J.-P.), JACQUENS (A.), « Accord à l'arraché pour un gouvernement d'union nationale en Côte d'Ivoire », *Le Monde*, 10 mars 2003, https://www.lemonde.fr/archives/article/2003/03/10/accord-a-l-arrache-pour-un-gouvernement-d-union-nationale-en-cote-d-ivoire_312270_1819218.html, consulté le 7 septembre 2021.

La première crise à laquelle fut confronté le Premier ministre DIARRA est intervenue juste après la formation du Gouvernement de réconciliation nationale après le sommet d'Accra. Le premier Conseil des ministres convoqué à Yamoussoukro le 13 mars 2003 a été boycotté par les ministres issus des mouvements rebelles et ceux du RDR d'Alassane OUATTARA et d'autres partis[971]. C'est amputé de la moitié des membres du Gouvernement que s'est tenu ce premier conseil qui devrait constituer le lancement solennel des activités du Gouvernement sous la présidence du chef de l'Etat Laurent GBAGBO assisté du Premier ministre Seydou DIARRA. Pour justifier l'absence de leurs ministres, les différents partis politiques et mouvements rebelles ont mis en avant des mobiles sécuritaires[972]. En effet, Yamoussoukro, la capitale administrative de la Côte d'Ivoire où se tenait le Conseil des ministres se trouve en zone gouvernementale du fait de la partition de l'Etat ivoirien en deux zones, la moitié sud contrôlée par le Gouvernement et l'autre moitié nord contrôlée par les mouvements rebelles. Certains ministres, notamment du RDR, se trouvaient même toujours en exil en ce moment[973]. C'est dans ce contexte particulier que Seydou DIARRA a lancé les travaux du Gouvernement en l'absence de la moitié des ministres. Malheureusement, cet épisode ne resta pas isolé puisque les ministres issus des mouvements rebelles ont décidé de boycotter le second Conseil des ministres du 20 mars pour d'autres motifs. En effet, ils reprochent cette fois-ci au président GBAGBO d'avoir violé l'ALN et l'accord d'Accra en ne déléguant pas les pouvoirs qu'il fallait au Premier ministre et en nommant unilatéralement des ministres intérimaires de la défense et de la sécurité[974]. Finalement, l'accalmie du début du mois d'avril 2003 a permis au Premier ministre de réunir pour la première fois le Gouvernement au complet lors du Conseil des ministres du 3 avril 2003 à Yamoussoukro[975]. La délégation de pouvoirs complémentaires par le président au Premier ministre le 11 avril et la tenue d'un Conseil des ministres à Bouaké, le fief des rebelles, le 23 mai ont définitivement permis de conforter et rassurer le Premier ministre sur l'effectivité de sa mission. Il est ainsi apparu que « *le mode de désignation des membres du Gouvernement de réconciliation nationale est un facteur de blocage de la solution Linas-*

---

[971] SAMSON (D.), « Côte d'Ivoire : La transition est mal partie », RFI, 9 avril 2003, http://www1.rfi.fr/actufr/articles/040/article_21094.asp, consulté le 10 septembre 2021.

[972] AFP, Reuters, « Premier conseil des ministres en Côte d'Ivoire sans les rebelles ni le principal parti d'opposition », *Le Monde*, 13 décembre 2003, https://www.lemonde.fr/archives/article/2003/03/13/premier-conseil-des-ministres-en-cote-d-ivoire-sans-les-rebelles-ni-le-principal-parti-d-opposition_312830_1819218.html, consulté le 7 septembre 2021.

[973] TUQUOI (J.-P.), « En Côte d'Ivoire, l'opposition a boycotté le conseil des ministres », *Le Monde*, 14 mars 2003, https://www.lemonde.fr/archives/article/2003/03/14/en-cote-d-ivoire-l-opposition-a-boycotte-le-conseil-des-ministres_312878_1819218.html, consulté le 7 septembre 2021.

[974] AFP, Reuters, « Les rebelles se disent prêts à siéger dans le gouvernement ivoirien », *Le Monde*, 2 avril 2003, https://www.lemonde.fr/archives/article/2003/04/02/les-rebelles-se-disent-prets-a-sieger-dans-le-gouvernement-ivoirien_315174_1819218.html, consulté le 7 septembre 2021.

[975] BAYLE (B.), *Côte d'Ivoire 1993-2003 : Autopsie d'une déchirure*, op.cit., p. 211

Marcoussis (...), la participation des ministres de la rébellion et des partis d'opposition aux conseils des ministres dépend des humeurs de leurs leaders...[976] ». L'instabilité chronique du Gouvernement de réconciliation nationale provenait le plus souvent des mouvements d'humeur des ministres issus de la rébellion qui à plusieurs reprises ont déserté les rangs du Conseil des ministres. La désertion la plus retentissante est celle qui a eu lieu de septembre 2003 à janvier 2004 où pour protester contre les blocages du processus de paix qu'ils imputaient au président GBAGBO[977], le MPCI et les autres mouvements rebelles ont décidé de suspendre la participation de leurs ministres au Conseil de Gouvernement et au Conseil des ministres. Cette désertion des rebelles a pendant plus de trois (3) mois paralysé l'action gouvernementale notamment les actions de désarmement et de démobilisation qui sont restées léthargiques.

En mars 2004, c'est autour du PDCI de KONAN-BEDIE de provoquer un duel avec le chef de l'Etat portant atteinte au fonctionnement du Gouvernement. En effet, « *en signe de protestation contre le refus du chef de l'Etat de nommer un membre issu de ses rangs à la direction du port autonome d'Abidjan, qui relève du Ministère des Infrastructures économiques, département qui lui a été attribué, le PDCI-RDA a suspendu, le 5 mars 2004, la participation de ses sept ministres au gouvernement* [978]». En réalité, ce qui ressemblait un mouvement d'humeur politique est en réalité le reflet du manque de cohésion d'une équipe gouvernementale hétéroclite sur laquelle le Premier ministre ne disposait d'aucune autorité. En effet, une autre version révèle qu'à l'origine de cette crise se trouvait un duel entre deux ministres, celui de l'économie d'obédience présidentielle et celui des infrastructures maritimes issu du PDCI, à propos de la concession du port autonome d'Abidjan au Groupe français Bolloré[979]. Le ministre des infrastructures reprochait à son collègue de l'économie d'avoir géré unilatéralement le dossier avec le chef de l'Etat sans l'associer. Ce conflit n'a pu être arbitré par le Premier ministre, lui-même tenu à l'écart du dossier personnellement géré par le président à qui le ministre de l'économie rendait directement compte.

Une autre crise paralysante pour le fonctionnement du Gouvernement est celle résultant des évènements dramatiques du 25 mars 2004 où une marche des militants de l'opposition, bravant un décret du président interdisant les

---

[976] BLE-KESSE (A.), *La Côte d'Ivoire en guerre : Le sens de l'imposture française*, op.cit., p. 172.

[977] LELOUP (C.), « Chronologie africaine 2002-2005 », *Outre-Terre*, n° 2, 2005, pp. 545-564.

[978] *Rapport du président de la Commission de l'Union africaine (UA) sur la situation en Côte d'Ivoire*, Cinquième session du Conseil de paix et de sécurité, Addis-Abeba, 13 avril 2004, p. 2

[979] HOFNUNG (T.), « Bolloré jette l'ancre à Abidjan », *Libération*, 8 mars 2003, https://www.liberation.fr/futurs/2004/03/08/bollore-jette-l-ancre-a-abidjan_471601/, consulté le 10 septembre 2021.

manifestations[980], a été violemment réprimée par les forces de l'ordre[981]. Pour protester contre la répression sanglante de leurs militants dont ils attribuaient la responsabilité au chef de l'Etat, tous les partis politiques et mouvements rebelles ont décidé de suspendre leur participation au Gouvernement[982]. Le Premier ministre Seydou DIARRA, incapable de concilier les différents protagonistes pour relancer le Gouvernement et le processus de paix, s'est ainsi retrouvé marginalisé à la tête d'un Gouvernement qui n'existait plus que de nom. Pour ne pas arranger les choses, c'est le moment choisi par le président GBAGBO mettre fin aux fonctions de trois ministres[983] réfractaires à ses yeux, dont le ministre de la communication, Guillaume SORO, le chef politique de la rébellion et un de son compagnon Youssouf SOUMAHORO, ministre de l'enseignement professionnel[984]. Le ministre des infrastructures économiques, Patrick ACHI qui avait critiqué ouvertement la décision présidentielle de concession du port autonome d'Abidjan au Groupe Bolloré et provoqué le boycott des ministres de son parti politique, complète la liste des ministres révoqués. L'intérim des ministres révoqués est confié à trois membres du Gouvernement membres du parti présidentiel[985]. Dans une lettre adressée au président, le Premier ministre Seydou DIARRA s'est positionné contre les décrets présidentiels de révocation des ministres et de nomination de leurs remplaçants sur la forme et sur le fond[986]. Sur la forme, le Premier ministre reprochait au président de ne pas avoir été consulté avant la signature desdits décrets dont il n'a découvert la teneur en même temps que tous les ivoiriens à la télévision nationale. Or, l'article 41 al.3 de la Constitution de 2000 subordonne la nomination et la révocation des ministres à la proposition du Premier ministre. C'est à ce titre que les deux décrets visent la proposition

---

980 HOFNUNG (T.), « La Côte d'Ivoire toujours sous-tension : Le processus de paix de plus en plus menacé », *Libération*, 27 mars 2004, https://www.liberation.fr/planete/2004/03/27/la-cote-d-ivoire-toujours-sous-tension_473973/, consulté le 10 septembre 2021.

981 HOFNUNG (T.), « Chasse à l'homme à Abidjan », *Libération,* 29 mars 2004, https://www.liberation.fr/planete/2004/03/29/chasse-a-l-homme-a-abidjan_474217/, consulté le 10 septembre 2021.

982 DANSKI (J.), « La Côte d'Ivoire dans l'impasse », *Diplomatie*, n°9, juin-juillet 2004, pp. 21-22, 24.

983 Décret n° 2004-318 du 18 mai 2004 mettant fin aux fonctions des ministres d'Etat, Guillaume Kigbafori Soro, Patrick Achi et du ministre Youssouf Soumahoro, *JORCI*, 46e année, n°27, 1er juillet 2004, p. 402

984 DUVAL (P.), « Gbagbo limoge le chef de la rébellion », *Le Parisien*, 20 mai 2004, https://www.leparisien.fr/politique/gbagbo-limoge-le-chef-de-la-rebellion-20-05-2004-2004996999.php, consulté le 11 septembre 2021.

985 Décret n° 2004-319 du 19 mai 2004 portant intérim du ministère d'Etat, ministère de l'a Communication ; décret n° 2004-319 du 19 mai 2004 portant intérim du ministère d'Etat, ministère de la Communication ; décret n° 2004-321 du 19 mai 2004 portant intérim du ministère de l'Enseignement technique de la Formation professionnelle, tous publiés au *JORCI*, 46e année, n°27, 1er juillet 2004, p. 403.

986 SAMSON (D.), « Côte d'Ivoire : Le blocage politique », *RFI*, 25 mai 2004, http://www1.rfi.fr/actufr/articles/053/article_28273.asp, consulté le 11 septembre 2021.

du Premier ministre, mais ce dernier, dans sa lettre, estime n'avoir jamais fait de telles propositions. Sur le fond, le Premier ministre a relevé que ces décisions sont contraires à l'ALN et à l'accord d'Accra II eu égard à la nomination de trois membres du parti présidentiel en remplacement des ministres révoqués, dont deux sont issus de la rébellion et un du PDCI, rompant ainsi l'équilibre prévu par ces textes. Il est également fait état de la volonté du Premier ministre de démissionner suite à ces évènements[987] avant d'en être dissuadé par la Communauté internationale qui s'est attelé à trouver des solutions à cette série de crises gouvernementales.

Les différents protagonistes ont été conviés une nouvelle fois à Accra au Ghana par le président John KUFUOR où « *les forces politiques ivoiriennes ont examiné les différents obstacles qui se posent à la mise en œuvre totale des accords de Linas Marcoussis et d'Accra II* [988]». Cette rencontre, présentée comme celle la « *dernière chance* » avait notamment pour triple enjeu de ressusciter le Gouvernement de réconciliation nationale qui n'existait plus que de nom, de conforter le Premier ministre Seydou DIARRA et de lui donner les garanties nécessaires. L'accord signé par les protagonistes le 30 juillet 2004, dit « *Accra III* » a tenté de résoudre ces difficultés[989]. Sur la question de la reprise des activités du Gouvernement, le point 12 de l'accord précise la volonté des acteurs d'œuvrer au « *retour à un ordre normal dans le pays et d'assurer une mise en œuvre durable de l'Accord de Linas Marcoussis* » et « *de convoquer une réunion du Conseil des Ministres une semaine après la signature de cet accord* ». Si ces stipulations sont pleines de bon sens et d'espoir pour la reprise de l'action gouvernementale, la question qui pourrait se poser est de savoir avec quels ministres le Gouvernement reprendrait-elle ses activités ? Sans doute abordée au cours des discussions, la question des trois ministres révoqués par le président en mai 2004 n'a pas été expressément inscrite dans l'accord, ce qui n'est pas fait pour rassurer les sceptiques. Le Conseil des ministres prévu par Accra III a eu lieu le 9 août 2004 avec une équipe gouvernementale au complet y compris les trois révoqués que le président annonça à l'issue du conseil avoir réintégré grâce à l'engagement pris à Accra[990]. C'est donc dans sa configuration initiale issue d'Accra II que le Gouvernement de réconciliation nationale a repris ses activités à partir de ce 9 août 2004 mais avec quelles garanties pour le Premier ministre ?

Après s'être confronté au président puis avoir envisagé de démissionner suite aux derniers évènements et décisions, le Premier ministre Seydou DIARRA est finalement maintenu à son poste par la Communauté

---

987 Ibid.

988 Point 2 de l'Accord d'Accra du 30 juillet 2004

989 DAOUDI (M.), « Accra III : Un accord a été signé », *RFI*, 10 août 2004, http://www1.rfi.fr/actufr/articles/055/article_29608.asp, consulté le 13 septembre 2021.

990 HOFNUNG (T.), « Côte d'Ivoire : Gbagbo réintègre l'opposition », *Libération*, 10 août 2004, https://www.liberation.fr/planete/2004/08/10/cote-d-ivoire-gbagbo-reintegre-l-opposition_488772/, consulté le 13 septembre 2021.

internationale malgré la pression des partisans du président qui réclamaient sa démission pour avoir contrarié l'autorité du président. Sa position a été confortée par Accra III dont le point 11 préconise qu'il reçoive de nouvelles délégations de pouvoirs de la part du président pour « *mettre en œuvre toutes les dispositions de l'Accord de Linas Marcoussis jusqu'à la tenue des élections prévues en octobre* ». Toutefois, le décret portant délégation de pouvoirs n'a jamais vu le jour, d'autant plus que l'application de l'accord d'Accra III, qui a suscité de grands espoirs à ses débuts[991], s'est heurtée à une nouvelle crise politique née du bombardement de Bouaké visant les positions rebelles et celles de la force d'interposition française « *Licorne* » par l'armée loyaliste[992]. Cet assaut a créé de nouveaux blocages gouvernementaux et des incidents diplomatiques entre le France et la Côte d'Ivoire[993] retardant le processus de paix.

Les pourparlers de Pretoria du 3 au 6 avril 2005 convoqués par le président sud-africain Thabo MBEKI, médiateur de l'Union africaine (UA) ont pour objectif de lever les derniers obstacles auxquels le Gouvernement de réconciliation nationale est confronté depuis l'échec de l'application d'Accra III à la suite des velléités de reprise de la guerre par les forces loyalistes, qui ont causé une nouvelle impasse gouvernementale à partir de novembre 2004[994]. Ils marquent la prise de contrôle de la médiation de l'Union africaine[995] qui a pris le relai de la CEDEAO dont les deux derniers accords signés sous son égide à Accra ont échoué dans leur application. L'accord signé le 6 avril 2005[996] constatant que « *le Premier Ministre du Gouvernement de réconciliation nationale a besoin d'une autorité exécutive nécessaire pour accomplir convenablement sa mission (...) réaffirme l'autorité du Premier Ministre* ». Plein de bon sens, cet accord ne permit toutefois pas de lever les blocages toujours ayant été persistants jusqu'au départ de Seydou DIARRA en novembre 2005.

L'autorité du Premier ministre ne connut guère d'amélioration avec Charles KONAN-BANNY et la mise sous tutelle de l'Etat ivoirien par l'ONU.

---

991 SECK (C.-Y.), « Que vont-ils faire d'Accra III », *Jeune Afrique*, 10 août 2004, https://www.jeuneafrique.com/121735/archives-thematique/que-vont-ils-faire-d-accra-iii/, consulté le 13 septembre 2021.

992 D'ERSU (L.), « La crise ivoirienne, une intrigue franco-française », op.cit.

993 N'GUESSAN (K.), « La crise franco-ivoirienne de novembre 2004 », *Africa LXI*, n°1, 2006, p. 66-93, MARSHALL (R.), « La France en Côte d'Ivoire : l'interventionnisme à l'épreuve des faits », op.cit.

994 RUEFF (J.), « Gbagbo relance le processus de guerre en Côte d'Ivoire », *Libération*, 6 novembre 2004, https://www.liberation.fr/planete/2004/11/06/gbagbo-relance-le-processus-de-guerre-en-cote-d-ivoire_498539/, consulté le 15 septembre 2021, GRAMIZZI (C.), « La paix s'éloigne de Côte d'Ivoire », *GRIP*, 10 novembre 2004, Note d'analyse.

995 METOU (B.-M.), « La médiation de l'Union africaine dans la résolution des crises internes de ses Etats membres », *RQDI*, n°31, 2018, pp. 39-69.

996 THIJS (V.), « Accord à Pretoria sur la crise ivoirienne », *Libération*, 7 avril 2005, https://www.liberation.fr/planete/2005/04/07/accord-a-pretoria-sur-la-crise-ivoirienne_515589/, consulté le 15 septembre 2021.

Si on note un changement de ton au plan normatif avec les Résolutions 1633 du 21 octobre 2005 et 1721 du 1er novembre 2006 qui ont dépassé le ton déclaratoire des accords, la pratique est demeurée décevante avec des résistances et blocages persistants. Tirant les leçons de l'échec de Seydou DIARRA qui ne disposait pas de véritables moyens pour imposer son autorité sur l'équipe gouvernementale en raison du refus du président GBAGBO de lui déléguer des pouvoirs décisionnels, la Résolution 1633 marque un tournant juridique en attribuant expressément au Premier ministre les moyens d'action nécessaires en considérant au paragraphe VII « *si un ministre ne participe pas pleinement audit gouvernement, son portefeuille doit être repris par le Premier Ministre…* ». Ce pouvoir disciplinaire attribué au Premier ministre est destiné à régir les situations intempestives d'absentéisme ou de boycott du Conseil des ministres pour les motifs politiques de toute part auxquelles le Premier ministre DIARRA a été confronté. Le premier test du Premier ministre KONAN-BANNY marqué par le retrait des ministres du parti présidentiel le FPI qui dénonçaient la dissolution de l'Assemblée nationale comme « *un coup d'Etat international*[997]» a montré les limites politiques de la revalorisation juridique de l'autorité du Premier ministre de crise. C'est dans cette optique que la Résolution 1721 a durci le ton en réaffirmant non seulement le paragraphe VII de la Résolution 1633 mais en y ajoutant au paragraphe X que « *le Premier Ministre exercera sa pleine autorité sur le gouvernement qu'il constituera* ». Finalement, l'accord politique de Ouagadougou signé le 4 mars 2007[998] a écourté l'application de la Résolution 1721, ce qui ne permet pas de juger de son impact sur le fonctionnement du Gouvernement et sur le statut du Premier ministre de crise, dont l'image gardée est celle du Premier ministre le plus valorisé par les textes et dont l'autorité a été la plus affaiblie par la pratique.

Les exemples togolais et ivoiriens révèlent les tentatives de déprésidentialisation de l'exécutif de fait ou de droit pendant les périodes de transition politique ont échoué, ce qui dénote de l'inefficacité du Premier ministre comme un instrument de rationalisation du présidentialisme africain. Ainsi lorsque le Premier ministre ne procède pas du chef de l'Etat et lui est imposé par d'autres acteurs, les rapports au sein de l'exécutif ont souvent été conflictuels comme ce fut le cas pendant la période de transition au Togo et dans la majorité des Etats ayant organisé une CNS et pendant la crise ivoirienne. Ce constat d'échec du Premier ministre n'est cependant pas

---

[997] MAS (M.), « Côte d'Ivoire : Bras de fer international », *RFI*, 18 janvier 2006, http://www1.rfi.fr/actufr/articles/073/article_41193.asp, consulté le 27 août 2021.

[998] Voir ALAIN HANDY (S. P.), CHARLES (T.), « L'Accord politique de Ouagadougou : vers une sortie de crise en Côte d'Ivoire », *AFRI*, 2008, pp. 653- 667.

l'apanage uniquement des périodes de transition du Premier ministre de crise. C'est aussi le cas en période de normale où il apparaît juridiquement et politiquement déprécié.

CHAPITRE 2 :

LE PREMIER MINISTRE DÉPRÉCIÉ

> *« Une Constitution, c'est un esprit, des institutions et une pratique[999] ».*
>
> Charles de GAULLE

La pratique des institutions[1000] a perverti l'esprit des Constitutions africaines. Face à l'incapacité des acteurs politiques à trouver des solutions constitutionnelles aux situations politiques, de nombreux blocages résultant de la confrontation entre le chef de l'Etat et le Premier ministre[1001] ont porté atteinte à la stabilité des nouveaux régimes entraînant une « *représidentialisation* » de fait ou de droit des institutions. Il en a été ainsi au Togo où le régime semi-présidentiel mis en place par la Constitution du 14 octobre 1992 a été confronté dans la pratique à une situation conflictuelle entre le président et le Premier ministre issu des premières élections législatives. Ce conflit ayant été remporté par le président, la fonction de Premier ministre s'est trouvée affaiblie par la présidentialisation de fait puis de droit de l'exécutif (Section 1ère).

Lorsque le Premier ministre est dépendant du président comme en Côte d'Ivoire et dans les régimes de type présidentiel qui ont parfois recours au poste de Premier ministre, la pratique semble beaucoup plus conforme aux textes constitutionnels soumettant le Premier ministre à l'autorité du président. Si dans ces régimes, la création du poste de Premier ministre est beaucoup plus motivée par l'idée de modération du présidentialisme que par celle de contrepoids au chef de l'Etat, la volonté de sauvegarder à tout prix la tradition présidentialiste à la fois dans la pratique et dans les réformes constitutionnelles entraîne la phagocytose du Premier ministre (Section 2).

---

999 Charles De GAULLE, Conférence de presse du 31 janvier 1964

1000 DOSSO (K.), « Les pratiques constitutionnelles dans les pays d'Afrique noire francophone : cohérences et incohérences », op.cit.

1001 MOMO (C.-F.), GATSI (E.-T.), « L'exécutif dualiste dans les régimes politiques des États d'Afrique noire francophone », op.cit.

Section 1ère : Le Premier ministre phagocyté par la présidentialisation des institutions au Togo

L'esprit d'équilibre institutionnel découlant de la réhabilitation des instruments du parlementarisme rationalisé[1002] à la française qui a guidé les travaux des constituants togolais, gabonais, nigérien, etc. n'a pas pu servir de boussole à la pratique institutionnelle qui s'est instaurée dès les premières élections. Ce faisant, « *les régimes parlementaires n'ont pas survécu à la vague du présidentialisme* [1003]». Beaucoup d'auteurs ont critiqué dès le départ l'attrait des Etats africains pour le régime français car favorisant la cohabitation et les crises institutionnelles[1004]. Ces critiques se sont avérées très tôt lorsque « *les cohabitations togolaise et nigérienne... ont montré la fragilité des principes du parlementarisme dualiste et l'intransposabilité textuelle du modèle parlementaire français dans des régimes favorables à l'unification et à la centralisation du pouvoir* [1005]». Au Togo, la pratique présidentialiste du régime a affaibli le Premier ministre (paragraphe 1er) dont la condition a été présidentialisée par la révision constitutionnelle du 31décembre 2002 (paragraphe 2).

Paragraphe 1er : Le Premier ministre marginalisé par la pratique présidentialiste de la Constitution au Togo

Les Constitutions africaines instaurant un équilibre institutionnel se sont avérées inapplicables dans la pratique. Profitant d'une légitimité recouvrée grâce à leur élection au suffrage universel souvent litigieuse, les chefs d'Etat auparavant démythifiés par les CNS ont imposé une pratique présidentialiste des institutions dont le grand perdant est le Premier ministre. Cette situation s'explique au Togo sur le plan politique par la faiblesse du présidentialisme qui fragilise le Premier ministre (A) et sur le plan juridique par la prévalence de l'interprétation présidentialiste de la Constitution (B).

1002 SOMALI (K.), *Le Parlement dans le nouveau constitutionnalisme africain*, op.cit.

1003 DARGENT (F.), « Les échecs du mimétisme constitutionnel en Afrique noire francophone », *RDP*, n°5, 2017, pp. 1347-1374.

1004 BADIE (B.), *L'État importé. Essai sur l'occidentalisation de l'ordre politique*, Paris, Fayard, 1992 ; DARBON (D.), « A qui profite le mime ? Le mimétisme institutionnel confronté à se représentations en Afrique », op.cit. ; etc.

1005 ONDO (T.), « splendeurs et misères du parlementarisme… », op.cit.

A. Le Premier ministre fragilisé par la faiblesse du parlementarisme

Si le parlementarisme est souvent présenté comme un gage d'équilibre institutionnel à travers la collaboration entre les pouvoirs exécutif et législatif et leurs moyens de révocabilité mutuelle, il s'avère aussi que sa rationalisation parfois à l'excès par le droit et la pratique, comme dans les régimes semi-présidentiels, peut déboucher sur une présidentialisation des institutions. En effet, le parlementarisme rationalisé à la française qui a inspiré les constituants africains rend illusoire la responsabilité politique du Premier ministre devant le Parlement en raison non seulement de la rigidité des mécanismes d'engagement de la responsabilité du Gouvernement, mais aussi de la prégnance de la discipline partisane résultant de la permanence du fait majoritaire.

Le fait majoritaire désigne un phénomène politique né en France à partir de l'introduction de l'élection du président de la République au suffrage universel direct en 1962 qui se manifeste par « *l'existence d'une majorité parlementaire stable et disciplinée qui, la plupart du temps, est de la même couleur politique que le président de la République* [1006]». Il résulte de « *la conjonction de deux éléments indissociables que sont le présidentialisme politique et le parlementarisme rationalisé* [1007]». Suivant cette approche, le présidentialisme politique, qui a pour origine l'élection au suffrage universel direct du président, anéantit les effets du parlementarisme rationalisé, en renforçant les prérogatives du président de la République et en affaiblissant par la même occasion celles du Parlement en ce qui concerne notamment le Premier ministre. La condition du Premier ministre dans les régimes semi-présidentiels, comme celui instauré par la Constitution togolaise de 1992, dépend très fortement de la couleur politique de la majorité parlementaire. Lorsque cette majorité est favorable au président, comme cela a toujours été le cas au Togo, le Premier ministre émane, non pas de la majorité parlementaire comme prévu par la Constitution, mais du chef de l'Etat, qui contrôle cette majorité parlementaire. Cette permanence du fait majoritaire, qui est un facteur politique explicatif de l'échec du Premier ministre africain, s'explique elle-même au Togo par un système électoral aléatoire et par l'absence d'alternance politique.

Dans le régime semi-présidentiel qui consacre deux élections au suffrage universel direct au plan national, le calendrier de l'élection présidentielle et

---

[1006] FRANÇOIS (B.), « La Ve République confrontée au « fait majoritaire » », in CHEVRIER (M.), GUSSE (I.), (dir.), *La France depuis De Gaulle : La Ve République en perspective*, Presses de l'Université de Montréal, 2010, pp. 23-46.

[1007] KERLEO (J.-F.), « Le fait majoritaire, chronique d'une mort annoncée ? », *Jus Politicum*, n° 18, juillet 2017, http://juspoliticum.com/article/Le-fait-majoritaire-chronique-d-une-mort-annoncee-1172.html, consulté le 2 août 2021.

des élections législatives est déterminant pour la configuration politique de l'exécutif. Au Togo et dans certains Etats africains, le calendrier électoral demeure toujours aléatoire, car dépendant de la volonté du chef de l'Etat, ce qui a pour conséquence de lui permettre de contrôler le déroulement des élections. En effet, si les élections présidentielles sont souvent tenues conformément au calendrier électoral établi, en raison de la volonté des chefs d'Etat, souvent assurés d'être réélus, il n'en est rien pour les élections législatives, qu'on a souvent beaucoup plus de mal à organiser. Il en résulte une désorganisation du calendrier électoral parfois illisible. Après le boycott par l'opposition des élections législatives de 1999 et les différents pourparlers qui s'en sont suivis[1008], les élections législatives ont toujours été, soit anticipées[1009], soit décalées[1010], ce qui ne permet pas d'en mesurer les enjeux et d'en dégager les conséquences sur la vie politique notamment sur le choix du Premier ministre. Il s'avère toutefois que tout est toujours mis en œuvre par le pouvoir togolais pour désorganiser les élections législatives afin d'anéantir toute velléité de cohabitation au sein de l'exécutif. Si cette désorganisation du calendrier électoral favorise le fait majoritaire, il en est de même de l'absence d'alternance politique au Togo et dans beaucoup d'Etats africains depuis l'amorce du processus démocratique[1011].

La faiblesse du parlementarisme togolais résulte de l'absence ou du « *refus d'alternance*[1012] » dans beaucoup d'Etats d'Afrique noire francophone, dont le Togo est une illustration. Il n'y a pas eu d'alternance politique, ni présidentiel, ni parlementaire au Togo sous la IVe République[1013]. Hormis la parenthèse du début de la première législature (1994-1996) ou la victoire de l'opposition a empêché le RPT de disposer à lui seul de la majorité

1008 FRITSCHER (F.), « Le Togo sort de la crise politique », *Le Monde*, 31 juillet 1999, https://www.lemonde.fr/archives/article/1999/07/31/le-togo-sort-de-la-crise-politique_3582743_1819218.html, consulté le 31 juillet 2021

1009 Il en a été ainsi des élections législatives de 2002 organisées deux ans avant la fin du mandat des députés à la suite de la dissolution de l'Assemblée par le chef de l'Etat conformément à l'Accord-cadre de Lomé (ACL) signé en juillet 1999 entre le pouvoir et l'opposition.

1010 Les élections législatives de 2007 initialement prévues le 24 juin ont été reportés pour être finalement tenues le 14 octobre. Celles de 2013, initialement prévues pour octobre 2012 conformément à l'article 52 de la Constitution qui fixe à 5 ans la durée du mandat des députés, a été reporté une première fois au 21 juillet 2013 avant d'avoir finalement eu lieu le 25 juillet 2013, prorogeant de près d'une année le mandat des députés. Celles de décembre 2018 ont également eu lieu après plusieurs reports prorogeant de trois mois le mandat des députés.

1011 ETEKOU (B.-Y.-S.)., *L'alternance démocratique dans les Etats d'Afrique noire francophone*, Thèse de droit public, Université Paris-Est & Université de Cocody-Abidjan, 2013.

1012 SOSSOU (P.), « Refus d'alternance dans l'espace ouest africain : La fin des systèmes dictatoriaux, un casse-tête chinois pour l'ancrage de la démocratie », *Le Triangle des enjeux*, n°413, 20 mai 2020.

1013 ATTISSO (F.-S ;), *La problématique de l'alternance politique au Togo*, Paris, L'Harmattan, 2001 ; DEGLI (J.-Y.), *Togo : A quand l'alternance politique ?*, op.cit. ; AYIDA (D.), *Togo : Le prix de la démocratie*, Ed. Lulu.com, 2017, SILIADIN (J.), *Togo : démocratie impossible ?*, Paris, L'Harmattan, 2014.

parlementaire jusqu'aux élections partielles de 1996, ce parti dirigé par le chef de l'Etat, a toujours été majoritaire à l'Assemblée. Dans le même temps, ce parti a toujours gagné, malgré les protestations de l'opposition, l'élection présidentielle, jusqu'au décès du président EYADEMA en 2005 et depuis lors par son fils Faure GNASSINGBE, jusqu'à ce jour. Seul le nom du parti a changé entre-temps pour devenir Union pour la République (UNIR) à partir de 2012. Dans ce contexte, le pouvoir de nomination du Premier ministre n'est soumis à aucune contrainte et ce dernier n'a pas d'autre choix que de se soumettre ou se démettre. On retrouve le même phénomène au Gabon, au Cameroun, au Congo, etc.

La longévité au pouvoir des chefs d'Etat leur assure une totale maîtrise de l'appareil exécutif et une leur assure le contrôle du Parlement[1014]. C'est pourtant pour empêcher cette longévité nuisible pour les institutions que le nouveau constitutionnalisme a dès l'origine fait de la limitation des mandats présidentiels l'une de ses tendances[1015]. MONTESQUIEU prônait déjà plusieurs siècles auparavant la nécessité d'une limitation du mandat de l'exécutif comme un contre-pouvoir démocratique en affirmant que « *dans toute magistrature, il faut compenser la grandeur de la puissance par la brièveté de sa durée* [1016]». Suivant cette logique, la majorité des Constitutions d'Afrique noire francophone adoptées dans le cadre du renouveau démocratique ont limité à un mandat renouvelable une fois la durée au pouvoir du chef de l'Etat[1017], bien même avant que la France n'en fasse autant en 2008[1018]. L'intention des constituants africains à travers ce mouvement de limitation du mandat présidentiel est de favoriser l'alternance, ce qui est conforté par la restauration du multipartisme[1019] pour que les élections soient désormais disputées[1020]. Toutefois, le maintien au pouvoir parfois grâce à des

[1014] FOUCHER (V.), « Difficiles successions en Afrique subsaharienne : persistance et reconstruction du pouvoir personnel », *Pouvoirs*, n° 2, 2009, pp. 127-137.

[1015] LOADA (A.), « La limitation de nombre de mandats présidentiels en Afrique francophone », Afrilex, n°3, 2003, pp. 139-174.

[1016] MONTESQUIEU (C.), *L'esprit des lois*, nouvelle édition, Paris, Garnier, 1878, p.15

[1017] art. 42 (Bénin, 1991) ; Art. 68 (Congo, 1992) ; art. 9 (Gabon, 1992) ; art. 30 (Mali, 1992) ; art. 59 (Togo, 1992), etc.

[1018] BACHELIER (G.), « La Constitution et les élections présidentielles », Les nouveaux cahiers du Conseil constitutionnel, n°43, janvier 2012, https://www.conseil-constitutionnel.fr/nouveaux-cahiers-du-conseil-constitutionnel/la-constitution-et-les-elections-presidentielles, consulté le 31 juillet 2021.

[1019] SOUARE (C.-I.), *Les partis politiques de l'opposition en Afrique : la quête du pouvoir*, Montréal, PUM, 2017.

[1020] KOKOROKO (D.), « Les élections disputées : réussites et échecs », *Pouvoirs*, n° 2, 2009, pp. 115-125.

manœuvres frauduleuses[1021] ou par la force[1022] de la majorité des chefs d'Etat de l'ancien ordre politique, a rapidement mis fin aux rêves d'alternance[1023]. Ayant réussi à survivre à la nouvelle vague de démocratisation, ces chefs d'Etat se sont attelés à effacer dans les Constitutions élaborées par les CNS, les dispositions les empêchant de demeurer éternellement au pouvoir, notamment en révisant les dispositions relatives à la limitation de mandat[1024]. C'est ainsi qu'au Togo, la révision constitutionnelle du 31 décembre 2002[1025] a permis au président EYADEMA de se représenter à l'élection présidentielle de 2003[1026] alors qu'il venait d'achever son second mandat sous la IVe République. Ses homologues du Gabon, Omar BONGO[1027], du Cameroun Paul BIYA[1028], du Tchad Idriss DEBY[1029], etc. en firent autant consacrant un retour en arrière du nouveau constitutionnalisme africain[1030].

Au Togo, la nostalgie de la victoire de l'opposition avec la coalition CAR-UTD qui au final a été retournée par le président EYADEMA en sa faveur, a servi pendant longtemps de source de motivation à l'opposition, qui a toujours espéré faire autant ou mieux qu'en 1994 pour rétablir l'esprit de la Constitution de 1992 fondé sur l'équilibre institutionnel. Malheureusement, confrontés à la mainmise du parti présidentiel sur l'appareil électoral, les calculs politiciens des uns et des autres, les rivalités politiques, les erreurs

---

1021 DARRACQ (V.), MAGNANI (V.), « Les élections en Afrique : un mirage démocratique ? », *Politique étrangère*, n° 4, 2011, pp. 839-850 ; QUANTIN (P.), « Pour une analyse comparative des élections africaines », *Politique africaine*, n°69, 1998, pp. 12-28.

1022 MAGNANI (V.), VIRCOULON (T.), « Vers un retour de l'autoritarisme en Afrique ? », *Politique étrangère*, n°2, 2019, pp. 11-23.

1023 Voir notamment ESSONO-NGUEMA (J.-M.*), L'impossible alternance au pouvoir en Afrique centrale,* Paris, L'Harmattan, 2010 ; ATTISSO (F.-S ;), *La problématique de l'alternance politique au Togo*, op.cit., DEGLI (J.-Y.), *Togo : A quand l'alternance politique ?,* op.cit., etc.

1024 ABEBE (A.-K.), « Limitation du nombre de mandats présidentiels en Afrique : la route est encore longue », *Le Monde Afrique*, 28 août 2020, https://www.lemonde.fr/afrique/article/2020/08/28/limitation-du-nombre-de-mandats-presidentiels-en-afrique-la-route-est-encore-longue_6050204_3212.html, consulté le 31 juillet 2021 ; TCHOUPIE (A.), « La suppression de la limitation du nombre de mandats présidentiels au Cameroun : analyse de la bifurcation de la trajectoire d'une politique institutionnelle », *Revue africaine des relations internationales*, Vol. 12, nos 1 & 2, 2009, pp. 5–37.

1025 SMITH (S.), « Au Togo, la présidence à vie devient constitutionnelle », *Le Monde*, 31 décembre 2002, https://www.lemonde.fr/archives/article/2002/12/31/au-togo-la-presidence-a-vie-devient-constitutionnelle_303834_1819218.html, consulté le 31 juillet 2021.

1026 SMITH (S.), « Scrutin présidentiel au Togo pour prolonger 36 ans de règne : Le général Eyadéma veut se succéder à la faveur d'une élection sans garantie d'équité », *Le Monde*, 31 mai 2003, https://www.lemonde.fr/archives/article/2003/05/31/scrutin-presidentiel-au-togo-pour-prolonger-36-ans-de-regne_322242_1819218.html, consulté le 31 juillet 2021.

1027 Révision constitutionnelle du 19 août 2003 (Loi n°13/2003)

1028 Révision constitutionnelle du 14 avril 2008, (Loi n° 2008/001 du 14 avril 2008)

1029 Révision constitutionnelle du 23 mai 2004, entérinée par le référendum constitutionnel du 6 juin 2005.

1030 BANKOUNDA-MPELE (F.), « Repenser le président africain », *Revue politique et parlementaire,* n°113, jan-mars 2011, pp. 139-155.

stratégiques, le manque de ressources, etc. constituent des facteurs récurrents de l'échec systématique de l'opposition togolaise aux élections législatives. Les élections législatives de 2007 et de 2013 ont ainsi été facilement remportées par le parti au pouvoir malgré la participation de l'opposition, qui, confrontée à ses incohérences organisationnelles, a boycotté celles de 2018[1031]. Pour refuser l'alternance et consacrer le monolithisme, le président EYADEMA et son parti ont su user de stratagèmes politiques destinés à affaiblir l'opposition pour s'assurer du contrôle de tous les pouvoirs. La stratégie politique de la majorité présidentielle est ainsi décrite par un auteur :

> *« Dans ce pays, les dirigeants du RPT ont tout mis en œuvre pour neutraliser l'opposition soit par des manœuvres d'intimidation et de répression, soit par une détermination unilatérale des règles du jeu démocratique [...]. Dans ce champ politique monopolisé, le RPT pour faire droit aux injonctions démocratiques des bailleurs de fonds internationaux, a la particularité de susciter la création de partis satellites destinés à lui servir de caution démocratique lors des élections souvent boycottées par les partis traditionnels de l'opposition [1032] ».*

Ces échecs récurrents de l'opposition aux élections législatives constituent un facteur aggravant de la permanence du fait majoritaire qui laisse au chef de l'Etat toute la latitude pour s'imposer comme « *le véritable sélectionneur du personnel parlementaire* [1033]». Ces assemblées, qualifiées de « *monocolores* » doivent tout au chef de l'Etat qui apparaît souvent comme le véritable chef de la majorité parlementaire, voire du Parlement tout entier en raison des pratiques qui ont révélé *« lors des élections législatives de 1999 et de 2002 que le RPT écartât certaines candidatures au motif que les candidats ont des accointances réelles ou supposées avec certains hommes politiques de l'opposition* [1034]».

Ces différents facteurs expliquant la permanence du fait majoritaire au Togo et dans les Etats d'Afrique noire francophone ont pour conséquence de « *déparlementariser* » l'exécutif. Force est de constater que la parlementarisation de la condition du Premier ministre togolais est dévoyée par l'effet de la pratique résultant de la soumission des parlementaires au président. Face à un Parlement complètement soumis au Président et incapable d'exercer sa mission, le statut du Premier ministre se retrouve présidentialisé. Cette « *déparlementarisation* » du statut du Premier ministre

[1031] HELFT (A.), « Au Togo, des législatives boycottées par l'opposition », *La Croix*, 20 décembre 2018, https://www.la-croix.com/Monde/Afrique/Au-Togo-legislatives-boycottees-lopposition-2018-12-20-1200990796, consulté le 15 octobre 2021.
[1032] SOMALI (K.), *Le Parlement dans le nouveau constitutionnalisme africain...*, op.cit., p. 35
[1033] Ibid., p. 363
[1034] Ibid. pp. 363-364.

au Togo depuis 1996 et dans les autres Etats se traduit par le choix inconditionné du Premier ministre par le président et par l'affaiblissement du lien entre le Premier ministre et le Parlement. Si la permanence décrite ci-dessus du fait majoritaire dans le système politique togolais favorise d'une part la stabilité institutionnelle, elle annihile d'autre part l'effectivité des mécanismes de contrôle parlementaire de l'action du Gouvernement. Désignés au sein de son parti par le président, le Premier ministre et les autres membres du Gouvernement bénéficient de la clémence, voire du manque d'audace des députés de leur parti pour mettre en jeu leur responsabilité. Le fait majoritaire faisant dépendre les députés du président, chef du parti, le Premier ministre n'est plus l'émanation du Parlement, mais procède du président[1035]. A cet effet, l'obligation du choix du Premier ministre dans la majorité parlementaire posée par l'article 66 de la Constitution togolaise ne devient plus qu'anecdotique car le président dispose de la faculté de choisir le Premier ministre parmi ses proches ou en dehors sans que ce pouvoir de nomination ne soit point contrarié.

Au Togo, depuis que le RPT est assuré d'avoir à lui la majorité parlementaire après les élections législatives partielles d'août 1996[1036], le président EYADEMA qui a retrouvé par la même occasion la plénitude de son pouvoir de nomination, s'est révélé dans l'art de nommer des Premiers ministres qui ne peuvent que lui être soumis[1037]. Les nominations de Kwasi KLUTSE en 1996[1038] et de Koffi SAMA en 2002[1039], deux membres non influents du parti et presqu'inconnus de la classe politique participent ainsi à cette volonté de phagocyter le poste de Premier ministre et de s'assurer de la plénitude du pouvoir exécutif. On s'aperçoit alors que *« le dualisme de l'exécutif est de façade en raison de la tendance centralisatrice des pouvoirs du Chef de l'État, le Premier ministre n'étant qu'un « procédé du Président » ou l'outil d'une domination présidentielle sans partage [1040]».* Par contre, eu égard aux profils de Premiers ministres privilégiés par le président, la nomination d'Agbéyomé KODJO en 2001[1041] peut surprendre dans la mesure où il était un membre très influent du parti au pouvoir qui se présentait d'ailleurs à cette époque comme le numéro 2 du pouvoir, un potentiel dauphin

---

[1035] SAMUELS (D-J.), SHUGART (M.), « La nomination et la révocation du Premier ministre en régime semi-présidentiel … », op.cit.

[1036] SOTINEL (T.), « Le président togolais a réussi à reconstituer peu à peu son pouvoir », Le Monde, 17 septembre 1996, https://www.lemonde.fr/archives/article/1996/09/17/le-president-togolais-a-reussi-a-reconstituer-peu-a-peu-son-pouvoir_3720904_1819218.html

[1037] SOMALI (K.), *Le Parlement dans le nouveau constitutionnalisme africain…*, op.cit.

[1038] MACE (P.), « Politique et démocratie au Togo 1993-1998 : De l'espoir à la désillusion », op.cit.

[1039] Discret ministre de l'éducation nationale dans le précédent Gouvernement, il fut un fidèle serviteur du président Eyadéma.

[1040] ONDO (T.), « Splendeurs et misères du parlementarisme… », op.cit.

[1041] Décret n°2000-78/PR du 29 août 2000 portant nomination du Premier ministre, *JORT*, 45e année, n°03, numéro spécial, 30 août 2000, p. 2

du président[1042]. Il n'est d'ailleurs pas étonnant que la collaboration entre les deux hommes se soit au final mal terminée[1043].

Tout compte fait, à partir de la démission d'Edem KODJO en 1996, le président EYADEMA a démontré jusqu'à son décès en 2005 qu'il avait toute la maîtrise de son pouvoir de nomination et que l'Assemblée nationale n'est qu'une chambre d'enregistrement de ses choix. Il s'est même permis de nommer Eugène Koffi ADOBOLI, un Premier ministre technocrate qui n'est pas membre de son parti en 1999, alors que son parti venait de prendre le contrôle total de l'Assemblée lors des législatives de mars 1999[1044], sans que la nouvelle majorité parlementaire ne puisse l'obliger à nommer le Premier ministre en son sein comme l'exigeait l'article 66 de la Constitution. Bien que n'étant pas issu du parti et inconnu de la majorité des parlementaires, ADOBOLI fut royalement investi à l'unanimité, ce qui dénote du degré de soumission des parlementaires au président. On assiste par conséquent à l'affaiblissement de leur mission de contrôle, ce qui a pour conséquence à la fois de faire dépendre le Premier ministre du chef de l'Etat et de dévaloriser l'institution parlementaire. Les conséquences de l'émergence de cette responsabilité de fait du Premier ministre devant le président résident d'une part, dans sa subordination fonctionnelle et d'autre part dans l'existence d'un pouvoir discrétionnaire de révocation de fait[1045]. De même, face à l'inefficacité des moyens de contrôle du Parlement sur l'Exécutif, le curseur de la responsabilité politique du Gouvernement semble se déplacer vers un « *monisme présidentiel majoritaire* [1046]». En effet, s'il est acquis que le régime semi-présidentiel conduit inexorablement avec la permanence du fait majoritaire vers le dualisme, c'est-à-dire la double responsabilité du Gouvernement devant le président et le Parlement, ce dualisme n'est que de façade car dans la réalité seule la responsabilité devant le président reste effective. Ces manifestations du déséquilibre institutionnel résultant de la permanence du fait majoritaire en France, sont rapidement apparues dans les Etats africains qui se sont inspirés de la Constitution française et amplifiées par la personnalité des acteurs politiques et le contexte politique.

1042 Voir SIGNOURET (M.), « La fin du calvaire pour Agbéyomé Kodjo », Jeune Afrique, 12 septembre 2005, https://www.jeuneafrique.com/111996/archives-thematique/la-fin-du-calvaire-d-agb-yom-kodjo/, consulté le 2 août 2021.

1043 MARIO (G.), « Le président Eyadéma limoge son Premier ministre », *RFI*, 28 juin 2002, http://www1.rfi.fr/actufr/articles/030/article_15561.asp, consulté le 02 août 2021.

1044 Selon les résultats du scrutin, le RPT s'est adjugé 79 sièges, les 2 sièges restants ont été attribués aux indépendants proches du parti. Pour rappel, les partis d'opposition ont boycotté le scrutin pour protester contre les conditions d'organisation et le hold-up électoral du président EYADEMA lors de la présidentielle de 1998.

1045 SAMUELS (D-J.), SHUGART (M.), « La nomination et la révocation du Premier ministre en régime semi-présidentiel … », op.cit.

1046 DUHAMEL (O.), « Les logiques cachées de la cinquième République », *RFSP*, 34e année, n°4-5, 1984. pp. 615-627.

Par l'effet du fait majoritaire et eu égard aux circonstances dans lesquelles ils sont élus, « *les députés ont une obligation d'obéissance à l'égard de leur gouvernement, c'est-à-dire en définitive à l'égard de leur parti* [1047]». Par conséquent, la discipline partisane[1048] épargne l'exécutif des velléités parlementaires, car remettre en cause la politique du Gouvernement reviendrait dans leur imaginaire à remettre en cause l'autorité du chef du parti. Ce faisant, « *le développement du phénomène majoritaire produit comme conséquence la remise en cause du pilier fondamental de la séparation des pouvoirs : le contrôle de l'action gouvernementale par l'Assemblée parlementaire* [1049]». La Constitution togolaise de 1992 a pourtant tenté de réhabiliter la fonction de contrôle de l'Assemblée nationale[1050] en mettant à la disposition des députés des mécanismes du parlementarisme conséquents. Erigés en contre-pouvoir[1051], les Parlements africains devraient se poser en garants de l'équilibre institutionnel mais il n'en est rien. On parle ainsi de plus en plus du « *présidentialisme majoritaire* », de « *présidentialisme démocratique* » ou de « *néo-présidentialisme* » pour caractériser les régimes politiques africains[1052] en raison des « *misères* » du parlementarisme africain[1053].

Dans le néo-présidentialisme africain résultant de l'absorption de l'institution parlementaire par l'exécutif, c'est le président qui est le dépositaire des pouvoirs du Parlement vis-à-vis du Gouvernement et du Premier ministre. Déjà handicapée dans sa mission de contrôle par la rationalisation excessive des mécanismes d'engagement de la responsabilité du Gouvernement, la majorité parlementaire ne peut plus enclencher la procédure d'engagement de la responsabilité du Premier ministre de son propre chef. Par conséquent le Premier ministre africain bénéficie d'une inviolabilité parlementaire, ce qui renforce son autorité sur les parlementaires au profit du président avec qui il constitue désormais un duo dominant. Ce faisant, le Premier ministre devient un instrument de domination de l'exécutif sur le législatif, tout en étant soumis à son tour au président, ce qui ne le

---

1047 Ibid. p. 364.

1048 DIOP (O.), *Partis politiques et processus de transition démocratique en Afrique noire : recherches sur les enjeux juridiques et sociologiques du multipartisme dans quelques pays de l'espace francophone*, Publibook, 2006, p. 406

1049 GUEYE (B.), « La démocratie en Afrique : Succès et résistances », op.cit.

1050 SOMALI (K.), *Le Parlement dans le nouveau constitutionnalisme africain…*, op.cit.

1051 HOUQUERBIE (F.), « De la séparation des pouvoirs aux contre-pouvoirs : « l'esprit » de la théorie de Montesquieu », op.cit. ; MANANGOU (V-R.), « Contre-pouvoirs, tiers-pouvoirs et démocratie en Afrique », op.cit. ; etc.

1052 MANANGOU (V.-R.), « Le néo-présidentialisme africain : entre paternalisme et superposition », RFDC, n° 2015, pp. 26-53 ; MISCOIU (S.), et al., (dir.), *Recul démocratique et néo-présidentialisme en Afrique Centrale et Occidentale*, Iaşi, Institutul European, 2015, 261 p., etc.

1053 ONDO (T.), « Splendeurs et misères du parlementarisme en Afrique noire francophone », op.cit.

protège pas d'une révocation discrétionnaire du président, ou de l'enclenchement de la procédure parlementaire à son encontre, sur demande du président. En effet, dans la mesure où entre 1992 et 2002 la Constitution togolaise de 1992 ne permettait pas au président de révoquer discrétionnairement le Premier ministre, son autorité sur les parlementaires lui a permis d'utiliser politiquement l'institution à son profit, lorsqu'il souhaite mettre fin aux fonctions d'un Premier ministre dont il ne parvient pas à obtenir la démission. Il s'agit d'une dérive du parlementarisme car dans ce système, c'est le Premier ministre qui est censé contrôler la majorité parlementaire dont il est issu, et dont il devrait être en principe le chef et qui devrait le protéger contre le chef de l'Etat. Cette dérive a été confirmée l'unique fois où la responsabilité politique d'un Premier ministre a été engagée au Togo alors qu'il a été nommé par le président dont les hommes disposaient de la totalité des sièges de l'Assemblée nationale. En effet, le Premier ministre Eugène Koffi ADOBOLI, nommé en 1999 à la fin de la première législature, a été renversé une année plus tard par l'Assemblée nationale[1054] « *sur instruction du chef de l'Etat* [1055] » qui voulait obtenir son départ à partir du moment où des frictions entre les deux hommes ont commencé par apparaître. L'explication suivante de Koffi SOMALI dans sa thèse a pour mérite de lever l'équivoque sur cet épisode controversé de la IVe République togolaise :

> *« Loin d'être une manifestation parlementaire contre la politique menée par le gouvernement, cette motion a été voulue et obtenue par le chef de l'Etat. Ne pouvant pas le limoger directement au risque de rencontrer l'opposition des institutions financières internationales qui le lui avait imposé, le Président de la République a préféré passer par son parti et ses députés au parlement pour se débarrasser d'un Premier Ministre de plus en plus encombrant et dont il n'a jamais en vérité voulu* [1056]*».*

L'engagement de la responsabilité politique du Gouvernement par le Parlement reste au demeurant une procédure très exceptionnelle en Afrique

---

[1054] La motion de censure a été adoptée le 24 août 2000 à l'unanimité des quatre-vingt-et-un (81) députés de l'Assemblée nationale, ce qui témoigne du degré de soumission des députés au chef de l'Etat. Il a été remplacé par Agbéyomé KODJO, qui a d'ailleurs dirigé le débat et le vote de la motion en sa qualité de président de l'Assemblée nationale, ce qui est interprété comme un coup monté par ce dernier contre son prédécesseur (Voir « AGBEYOME KODJO : Le parcours sombre et sulfureux d'un surdoué », *Focus Infos*, 18 mars 2013, https://cvu-togo-diaspora.org/files/2013/03/Polit-Afr-Togo-2013.03.18-A-Kodjo-Le-parcours-sombre-et-sulfureux-d-un-surdoue.pdf, consulté le 3 août 2021).

[1055] KOUPOKPA (T.-E.), *Le modèle constitutionnel des Etats d'Afrique noire francophone dans le cadre du renouveau constitutionnel : le cas du Bénin, du Niger et du Togo*, op.cit., p. 129.

[1056] SOMALI (K.), *Le Parlement dans le nouveau constitutionnalisme africain…*, op.cit., pp. 362-363.

noire francophone[1057]. Dans le nouveau constitutionnalisme africain, seuls les exemples congolais de 1992[1058], nigériens de 1994[1059] de 2007[1060] sont notables. Mais à chaque fois, « *la censure du Gouvernement est utilisée dans un sens dévoyé* [1061]». Il en résulte que « *le fait majoritaire consécutif au quasi-monolithisme des Parlements africains et la servilité des députés de la majorité gouvernementale font de la sanction politique du gouvernement par le Parlement un cas exceptionnel, voire une hypothèse d'école* [1062]». On note ainsi en règle générale l'ineffectivité de la parlementarisation du statut du Premier ministre africain du fait de la permanence du fait majoritaire provoquant un déséquilibre institutionnel au profit du président. Cette dérive présidentialiste résultant à l'origine de la pratique, est aujourd'hui ancrée dans les régimes politiques africains, du fait de sa consécration progressive par le droit.

B. Le Premier ministre confronté à l'interprétation présidentialiste de la Constitution

Les premiers blocages institutionnels du nouveau constitutionnalisme africain fatals au Premier ministre sont liés aux interprétations divergentes des Constitutions à propos de la répartition des compétences au sommet de l'exécutif. La Constitution togolaise de 1992 a été soumise à rude épreuve par l'interprétation divergente de certaines de ces dispositions entre le président EYADEMA et le Premier ministre Edem KODJO. L'intervention de la juridiction constitutionnelle en faveur du chef de l'Etat contre l'esprit de la Constitution a contribué à affaiblir la fonction de Premier ministre. Ce conflit de compétences résulte d'une interprétation divergente des articles 70 et 79 de la Constitution par les deux hommes, ce qu'ils ont exprimé par lettres interposées[1063], ce qui confirme le fait que les « *difficultés et crises politiques rencontrées sont d'ordre institutionnel ; elles ont pour origine les imperfections des textes constitutionnels en quelque sorte inachevés, faute de prévoir certaines situations et en raison de dispositions trop sommaires et trop*

[1057] Ibid., p. 354.

[1058] Voir KOULA (Y.), *La démocratie congolaise « brûlée » au pétrole*, Paris, L'Harmattan, 2000, p. 22.

[1059] Voir GREGOIRE (E.), « Cohabitation au Niger », op.cit. ; TANKOANO (A.), « La cohabitation dans un régime semi-présidentiel africain : le cas du Niger », op.cit. ;

[1060] Voir SOUMANA (B.), *Le Parlement au Niger*, Thèse de droit public, Université de Lyon Lumière II, 2016, p. 610.

[1061] KOUPOKPA (T.-E.), *Le modèle constitutionnel des Etats d'Afrique noire francophone dans le cadre du renouveau constitutionnel : le cas du Bénin, du Niger et du Togo*, op.cit., p. 128.

[1062] MOMO (C.-F.), GATSI (E.-T.), « L'exécutif dualiste dans les régimes politiques des États d'Afrique noire francophone », op.cit.

[1063] KAÏDI (H.), « Les lettres de la discorde », *Jeune Afrique* n°1852 du 3 au 9 juillet 1996, p. 27

rigides [1064]». Ces deux dispositions, respectivement relatives à la présidence du Conseil des ministres et à l'exercice du pouvoir de nomination du président dans l'administration, ont été source de conflit entre le président et le Premier ministre à propos de la détermination de l'ordre du jour du Conseil des ministres et des nominations opérées par le Premier ministre parallèlement à celles opérées par le président.

Par deux lettres circulaires en date du 17 avril 1996 adressées aux membres du Gouvernement et une autre lettre confidentielle adressée au Premier ministre, le président EYADEMA a donné sa vision de la répartition des compétences entre lui, le Premier ministre et les autres membres du Gouvernement telle qu'opérée par la Constitution de 1992. Il rappela

> *« aux ministres qu'en vertu de l'article 70 de la constitution, la nomination des directeurs de l'administration centrale lui revenait, et par conséquent, les nominations qui étaient intervenues en violation de cette disposition étaient nulles et de nul effet et devaient être immédiatement rapportées (...). Il ajouta plus loin qu'en sa qualité du Président du conseil des ministres, il lui appartenait d'arrêter l'ordre du jour, de formuler et de formaliser les décisions prises après délibération*[1065] *»*.

Sur la forme, le fait pour le Chef de l'Etat de s'adresser directement aux membres du Gouvernement en dehors du Conseil des ministres, peut s'analyser en une marginalisation politique du Premier ministre à travers la méconnaissance de son statut de chef du Gouvernement. En vertu de ce statut, c'est le Premier ministre qui « *dirige l'action du Gouvernement et coordonne les fonctions des autres membres*[1066] ». En adressant directement des injonctions aux membres du Gouvernement sans passer par le Premier ministre, le Président de la République s'est comporté comme le chef du Gouvernement, violant ainsi les dispositions de l'article 78. Sa démarche est donc contraire à l'esprit et la lettre de la Constitution togolaise de 1992. Sur le fond, le chef de l'Etat méconnaît le pouvoir de nomination de droit commun reconnu au Premier ministre en dehors du Conseil des ministres. En effet, si l'article 70 de la Constitution attribue expressément au président le pouvoir de nomination qui s'exerce dans le cadre du Conseil des ministres, l'article 79 fait du Premier ministre le titulaire du pouvoir de nomination de droit commun, en disposant que « *sous réserve des dispositions de l'article 70, le Premier ministre nomme aux emplois civils et militaires* ». C'est la raison pour

---

1064 GAUDUSSON (J. du Bois de), « Point d'actualité sur les modalités de production du droit constitutionnel dans les États africains francophones », in *Mélanges Patrice Gélard*, Droit constitutionnel, Paris, Montchrestien, 1999, pp. 341-346

1065 KOUPOKPA (E-T.), *Le modèle constitutionnel des Etats d'Afrique noire francophone dans le cadre du renouveau constitutionnel : le cas du Bénin, du Niger et du Togo*, op. cit., p. 78

1066 Article 78 de la Constitution togolaise de 1992 (version originale).

laquelle l'article 70 dont se prévaut le président énumère les postes auxquels s'applique le pouvoir de nomination du président[1067]. Si cette énumération est non exhaustive dans la mesure où l'article 70 al.3 prévoit qu'« *une loi organique détermine les autres emplois auxquels il est pourvu en Conseil des ministres* », aucune loi organique n'a pu être adoptée entre la prise de fonction du Premier ministre et le déclenchement du conflit, ce qui suppose que l'étendue du pouvoir de nomination du président reste confinée aux deux premiers alinéas de l'article 70. Par conséquent, en dehors du Conseil des ministres, et conformément à l'article 79, c'est le Premier ministre qui nomme à tous les autres emplois. Quant au Conseil des ministres, il est une instance collégiale qui « *symbolise l'unité du pouvoir exécutif*[1068] ». S'il est présidé par le président de la République conformément à l'article 66 al.3, l'organisation du Conseil des ministres n'est pas prédéfinie, ni par la Constitution, ni pas d'autres textes. Suivant les pratiques et eu égard aux prérogatives du Premier ministre et du Gouvernement dans l'élaboration des actes à délibérer et au contreseing de ces actes, la détermination de l'ordre du jour est une prérogative conjointe du président et du Premier ministre[1069]. Il n'appartient donc pas au président d'imposer l'ordre du jour du Conseil comme l'attend le président EYADEMA dans sa lettre d'autant plus que le Secrétariat général du Gouvernement, l'organe administratif qui assure la préparation et le secrétariat du Conseil sont sous l'autorité du Premier ministre[1070]. La nécessité d'une collaboration entre le président et le Premier ministre au sein du Conseil des ministres dans le régime semi-présidentiel est mise en exergue par Jean MASSOT qui considère que « *s'il est une institution qui, par nature, rend nécessaire un minimum de coopération entre le Président de la République et le Premier ministre, puisque chacun n'y peut rien sans l'autre, c'est bien le*

[1067] Le pouvoir de nomination du président s'exerce exclusivement en Conseil des ministres. Une première catégorie d'emplois comprenant « le grand chancelier de l'Ordre du Mono, les ambassadeurs et envoyés extraordinaires, les préfets, les officiers commandants des armées de terre, de mer et de l'air et les directeurs des administrations centrales » est nommée après délibération du Conseil des ministres (art. 70 al.1er). Une deuxième catégorie comprenant « les présidents d'universités élus par les collèges électoraux des universités, les professeurs inscrits sur une liste d'aptitude reconnue par les Conseils des universités, et les officiers généraux » est nommée sans délibération du Conseil (art. 70 al. 2) dans la mesure où il s'agit seulement d'entériner ces nominations ;

[1068] GICQUEL (J.), GICQUEL (J-E.), *Droit constitutionnel et institutions politiques*, op. cit., p. 670

[1069] Sur l'organisation et le fonctionnement du Conseil des ministres en France, voir DENOIX DE SAINT MARC (R.), « Le fonctionnement du Conseil des ministres et du Gouvernement », in AVRIL (P.), VERPEAUX (M.) (dir.), *Les Règles et principes non écrits en droit public*, Actes du colloque des 28 et 29 mai1998 au Sénat, éd. Panthéon-Assas, 2000, pp. 221-234 ; SAUVE (J.-M.), « Le Conseil des ministres », in Mélanges en l'honneur de Jean Gicquel, *Constitutions et pouvoir*, Paris, Montchrestien, Paris, 2008, pp. 497-536 ; GOUAUD (C.), « Le conseil des ministres sous la Ve République », *RDP* 1988, p. 423-498, etc.

[1070] Décret n° 92-013/PMRT du 23 janvier 1992 portant réorganisation des services du Premier ministre, *JORT*, 37e année, n°8, 28 février 1992, p. 2

Conseil des ministres[1071]». En résumé, à travers sa conception ainsi dévoilée de la répartition des compétences avec le Premier ministre, le président togolais s'est livré à une lecture présidentialiste institutionnellement déséquilibrée de la Constitution togolaise de 1992 contraire à son esprit qui repose sur un équilibre au sein de l'exécutif. Il paraît donc normal que le Premier ministre KODJO, déjà politiquement affaibli par les conditions de sa nomination[1072], soit excédé par cette lecture présidentialiste qui méconnaît l'étendue de ses compétences, d'où sa réplique.

Le Premier ministre KODJO saisit l'occasion pour faire « *des remontrances publiques envers le président*[1073] ». Dans un premier courrier daté du 22 avril 1996, le Chef du gouvernement revendique d'une part, l'effectivité de son pouvoir de nomination sur la base de l'article 79 de la Constitution, que le chef de l'Etat a semblé méconnaître dans sa correspondance du 17 avril, et d'autre part, sur la question de la présidence du Conseil des ministres, il écrit :

> *« S'il est exact que le Président de la République, en sa qualité du Président du conseil des ministres, arrête l'ordre du jour du conseil, il appartient au chef de Gouvernement d'en établir le projet conformément à l'article 77 de la constitution qui veut que le Gouvernement détermine et conduise la politique de la nation*[1074]*».*

Dans un second courrier daté du 23 avril 1996, le Premier ministre revendique clairement son statut de Chef du Gouvernement, que semblait méconnaître le président, en se permettant de prodiguer une leçon de droit administratif au chef de l'Etat. Il écrit :

> *« J'ai le regret de vous informer que votre circulaire en date du 17 avril 1996, adressée aux membres du Gouvernement, est irrecevable dans sa forme, dans la mesure où vous n'êtes pas le chef du Gouvernement. Si vous avez des observations à formuler sur les questions évoquées par votre lettre circulaire, vous devez les adresser au chef du Gouvernement qui se chargera d'en répercuter le contenu aux ministres...* [1075]*».*

1071 MASSOT (J.), *L'arbitre et le capitaine...*, op. cit, p.286

1072 Confère supra.

1073 SOTINEL (T.), « Le président togolais a réussi à reconstituer peu à peu son pouvoir », op.cit.

1074 Cité par KOUPOKPA (E-T.), *Le modèle constitutionnel des Etats d'Afrique noire francophone dans le cadre du renouveau constitutionnel : le cas du Bénin, du Niger et du Togo*, op.cit.

1075 Ibid.

Au-delà de sa tonalité acerbe, la réplique du Premier ministre revêt un double intérêt politique et juridique. Sur le plan politique, il s'agissait pour le Premier ministre de restaurer son autorité gouvernementale d'une part, et de contester l'hégémonie présidentielle d'autre part. En revendiquant ouvertement son statut de chef du Gouvernement, le Premier ministre recadrait indirectement les « *super-ministres* » proches du président qui passaient outre son autorité pour rendre directement compte au président. Par la même occasion, il s'est érigé en véritable concurrent du président, qui recouvrait petit à petit les pouvoirs qu'il avait perdus du fait de la CNS et de la Constitution de 1992. Sur le plan juridique, en s'opposant à la lecture présidentialiste que le président faisait de la Constitution, le Premier ministre a révélé les clés de la dyarchie instaurée par la Constitution de 1992. En effet, celle-ci est fondée sur un partage équilibré du pouvoir exécutif dont l'intérêt est de permettre au président et au Premier ministre de gouverner en étroite collaboration. Par conséquent, le fait pour le président de s'arroger l'exclusivité du pouvoir de nomination et la détermination de l'ordre du jour du Conseil des ministres relevait d'une volonté de restauration du pouvoir personnel en affaiblissant le Premier ministre.

Ces divergences d'interprétation au sein de l'exécutif ont permis à la fois de relever les ressources et les manquements de la Constitution de 1992. Une troisième voix s'imposait alors pour trancher ce conflit afin d'éviter la paralysie de l'action gouvernementale, dans la mesure où à partir de cet échange de courriers, le Conseil des ministres n'était plus convoqué. Convaincu que sa conception présidentialiste de la répartition des compétences au sein de l'exécutif est conforme à la Constitution de la IVe République, le chef de l'Etat togolais saisit la Cour suprême pour donner son avis sur l'interprétation des dispositions constitutionnelles concernées par son litige avec le Premier ministre[1076]. C'est justement pour éviter que les crises institutionnelles ne conduisent à une impasse, que la plupart des Constitutions africaines de la troisième vague, ont prévu la mise en place d'une juridiction constitutionnelle[1077] censée arbitrer les conflits entre les institutions, en interprétant la Constitution dans le sens du droit. Le modèle retenu généralement dans ces Etats est celui du Conseil constitutionnel français avec

[1076] KEUTCHA-TCHAPNGA (C.), « Droit constitutionnel et conflits politiques dans les États francophones d'Afrique noire », op.cit.

[1077] Le caractère novateur de l'institution des juridictions constitutionnelles dans le nouveau constitutionnalisme africain et leur rôle dans l'instauration de l'Etat de droit a fait l'objet d'une étude doctrinale abondante. Voir MBORANTSUO (M-M.), *La contribution des cours constitutionnelles à l'Etat de droit en Afrique*, Paris, LGDJ, 2007, 366 p. ; DIOMPY (A-H.), « Les dynamiques récentes de la justice constitutionnelle en Afrique », Afrilex, fev. 2014 ; ABDOURAHMANE (B-I), *Les Cours constitutionnelles dans le processus de démocratisation en Afrique,* Thèse de droit public, Bordeaux, octobre 2002 ; HOLO (T.) « Emergence de la justice constitutionnelle » *Pouvoirs* n°29, 2009,129, etc...

quelques spécificités relatives à chaque Etat[1078], même si la dénomination diffère et d'un État à un autre[1079]. Mais au moment du duel EYADEMA-KODJO, la Cour constitutionnelle prévue par la Constitution de 1992[1080] en tant qu'« *organe régulateur du fonctionnement des institutions (...) chargée de veiller au respect des dispositions de la Constitution* [1081]», n'était pas encore installée, faute d'adoption de la loi organique prévue par la Constitution pour régir son organisation et son fonctionnement. Ses attributions étaient donc provisoirement exercées par la Cour suprême, la plus haute juridiction de droit commun, qui disposait d'une chambre constitutionnelle[1082]. C'est à ce titre que cette juridiction a été saisie par le président EYADEMA pour donner son avis sur l'interprétation des dispositions objets de son duel avec le Premier ministre.

Dans son avis du 4 juin 1996, la Chambre constitutionnelle de la Cour suprême s'est prononcée en faveur du Président de la République, en entérinant sa conception présidentialiste du régime togolais. Ce positionnement partial de la juridiction constitutionnelle togolaise[1083] méconnait la volonté de rationalisation du présidentialisme qui a conduit le constituant de 1992 à instaurer une dyarchie au sommet de l'Etat, ce qui est regrettable, car cela révèle que cette Cour n'est qu'« *un instrument politique aux mains du chef de l'Etat* [1084]». Il soulève en général le problème de la légitimité et de l'indépendance des juridictions constitutionnelles africaines qui fait l'objet de beaucoup de débats au sein de la doctrine africaniste[1085]. Sur la question de l'article 66 relative à la présidence du Conseil des ministres, la Cour argumente que « *la présidence du conseil des ministres est une fonction effective qui confère au Président de la République des pouvoirs réels dans la détermination de la politique de la nation ; le Gouvernement la conduit conformément aux orientations du chef de l'Etat, sous le contrôle du Parlement* ». Si la question de la fixation de l'ordre jour du Conseil des ministres par le Président relève d'un usage classique et n'est pas susceptible

---

[1078] DIALLO (I.), « A la recherche d'un modèle africain de justice constitutionnelle », *Annuaire International de Justice Constitutionnelle*, XX- 2004, pp.93-120

[1079] Cour constitutionnelle au Togo, Bénin, Mali, etc. et Conseil constitutionnel au Sénégal, Côte d'Ivoire, Cameroun, etc.

[1080] Titre VI, articles 99 et suivants de la Constitution de 1992.

[1081] Combinaison des articles 99 et 104 de la Constitution togolaise de 1992

[1082] Loi n°81-4 du 30 mars 1981 déterminant l'organisation et fonctionnement de la Cour suprême, *JORT*, 26e année, n°13, 6 mai 2021, p. 2

[1083] MOMO (C.-F.), GATSI (E.-T.), « L'exécutif dualiste dans les régimes politiques des États d'Afrique noire francophone », op.cit., note n°16.

[1084] KOUPOKPA (E-T.), *Le modèle constitutionnel des Etats d'Afrique noire francophone dans le cadre du renouveau constitutionnel : le cas du Bénin, du Niger et du Togo*, op.cit., p. 81

[1085] Voir notamment DIAKHITE (M.), « Les ambiguïtés de la juridiction constitutionnelle dans les États de l'Afrique noire francophone », *RDP*, n°3, 2015, pp. 785-828 ; MASSINA (P.), « Le juge constitutionnel africain francophone : entre politique et droit », *RFDC*, vol. 111, n°3, 2017, pp. 641-670 ; KOKOROKO (D.), « L'apport de la jurisprudence constitutionnelle africaine à la consolidation des acquis démocratiques », *RBSJA*, 2007, n° 18, pp. 87-128, etc.

de débat, la Cour devrait également se prononcer sur la détermination de cet ordre du jour comme l'avait fait son homologue nigérien lorsque la même question lui a été posée. En effet, pendant la cohabitation nigérienne en 1995, la tension était montée entre le président OUSMANE et le Premier ministre AMADOU quant à la répartition de leurs prérogatives respectives[1086]. Dès qu'il s'est rendu compte d'avoir perdu les élections législatives, le président s'est empressé de créer un Secrétariat général du Conseil des ministres rattaché à la présidence[1087] et lui a attribué des compétences qui relevaient du Secrétariat général du Gouvernement[1088], organe chargé de la préparation du Conseil des ministres rattaché au Premier ministère. Estimant que « *cette réforme est ... une manœuvre supplémentaire destinée à empêcher l'alternance politique* [1089]», la majorité parlementaire saisit la Cour suprême qui prononça l'inconstitutionnalité des deux décrets. Privé de sa structure concurrente au Gouvernement qui devrait lui permettre de contrôler l'organisation du Conseil des ministres et la mise en œuvre de ses décisions, le président décida de «*faire la grève du Conseil des ministres* [1090]» en refusant de le présider sur un ordre du jour établi par le Gouvernement. Pour éviter l'impasse, la Cour suprême, tout en recadrant une nouvelle fois le président sur son obligation de présider le Conseil des ministres, tenta une solution de compromis en invitant le président et le Premier ministre à se « *mettre d'accord sur les points à inscrire à l'ordre du jour du conseil des ministres* [1091]» et qu' « *en cas de désaccord, l'ordre du jour définitif doit être arrêté en conseil des ministres*[1092]». Si cette solution de compromis n'a finalement pas fonctionné au Niger, elle aurait pu également être envisagée par la Cour suprême togolaise au lieu d'accorder un blanc-seing au président pour la détermination de l'ordre du jour du Conseil et de lui reconnaître le droit de déterminer la politique de la nation déniant ainsi au chef du Gouvernement une prérogative constitutionnelle.

L'interprétation extensive que fait la Cour de la fonction de président du Conseil des ministres nécessite quelques observations. En effet, dans son avis, la Cour suprême du Togo semblait conférer au Président des prérogatives que ne lui reconnaît pas la Constitution dans le cadre de la direction de l'action gouvernementale. Dans l'esprit et la lettre de la Constitution de 1992, le

---

1086 GREGOIRE (E.), « Cohabitation au Niger », op.cit. ; TANKOANO (A.), « La cohabitation dans un régime semi-présidentiel africain : le cas du Niger », op.cit., etc.

1087 Décret n° 95-090/PRN du 3 février 1995, portant organisation Secrétariat général du Conseil des ministres, *JORN*, 15 février 1995.

1088 Décret n° 95-091/PRN du 3 février 1995 fixant les attributions du Secrétariat général du Conseil des ministres, *JORN*, 15 février 1995.

1089 GAZIBO (M.), *Les paradoxes de la démocratisation en Afrique* ..., op.cit., p. 187

1090 Ibid., p. 197

1091 Arrêt n°95/06 du 05 décembre 1995 cité par KOUPOKPA (T.-E.), *Le modèle constitutionnel des Etats d'Afrique noire francophone dans le cadre du renouveau constitutionnel*..., op.cit., p. 75

1092 Ibid.

Premier ministre est le détenteur du pouvoir exécutif sa qualité de Chef du gouvernement auquel l'article 77 attribue la compétence de définir et de conduire la politique de la nation. L'interprétation que fait la Cour est très surprenante, car elle ne repose sur aucun fondement constitutionnel. Le fait pour la Cour de se positionner en faveur d'un élargissement des compétences du Président au détriment de celles du Premier ministre est révélateur d'une tendance à la présidentialisation du régime togolais, dont elle nie le caractère parlementaire[1093]. La conclusion de la Cour selon laquelle « *la constitution, en confiant au Président de la République la présidence du conseil des ministres, entend lui conférer ainsi la prééminence sur le Premier ministre* », résonne ainsi comme la consécration d'une hiérarchisation des rapports entre le Président et le Premier ministre réfutant ainsi toute idée de dyarchie ou d'équilibre institutionnel. Or, il n'a jamais été dans l'esprit du constituant de conférer au président une quelconque prééminence ou autorité sur le Premier ministre, qui n'est d'ailleurs pas responsable devant lui.

Sur la question de la répartition du pouvoir de nomination par les articles 70 et 79, la Cour estime que « *le pouvoir de nomination du Premier ministre est un pouvoir résiduel qui s'étend aux domaines non couverts par l'article 70 de la constitution et la loi organique à laquelle renvoie cet article* ». Il s'agit d'une interprétation erronée des articles 70 et 79 de la Constitution car le Premier ministre dispose du pouvoir de nomination de droit commun, qui lui permet de nommer à tous les postes autres que ceux énumérés à l'article 70 au profit du président qui dispose ainsi d'un pouvoir de nomination résiduel. On peut rapprocher, avec quelques réserves contextuelles, l'argumentation de la Cour de la jurisprudence du Conseil d'Etat en France sur le pouvoir réglementaire du Président. En effet, dans l'arrêt MEYET du 10 septembre 1992[1094], le Conseil d'Etat a également fait une interprétation extensive du pouvoir réglementaire du Président en estimant à propos de décrets signés par le Président « *que les décrets attaqués ont été délibérés en conseil des ministres ; que, par suite, et alors même qu'aucun texte n'imposait cette délibération, ils devaient être signés, comme ils l'ont été, par le Président de la République* ». Il ressort de cet arrêt qu'en sa qualité de Président du Conseil des ministres, il est loisible au Président de la République d'inscrire les matières qu'il souhaite à l'ordre du jour du Conseil des ministres, même en dehors des matières mentionnées dans la Constitution. Au demeurant, on peut considérer que l'exigence du contreseing[1095] pourrait permettre au Premier ministre, surtout en période de cohabitation, de contrôler les actes signés par le chef de l'Etat en Conseil des ministres et de rétablir une sorte d'équilibre.

[1093] KOUPOKPA (T.-E.), *Le modèle constitutionnel des Etats d'Afrique noire francophone dans le cadre du renouveau constitutionnel…*, p. 80.

[1094] CE, Ass., 10 septembre 1992, Meyet, n° 140376, Rec. p. 327, concl. KESSLER, AJDA 1992, p. 643.

[1095] MONTAY (B.), « Le pouvoir de nomination de l'Exécutif sous la Ve République », op.cit.

Malgré le caractère partial de l'avis de la Cour suprême togolaise, on peut quand même se satisfaire du fait que le duel entre le président et le Premier ministre a pu trouver une issue pacifique alors qu'il en a été autrement quelques mois plus tôt au Niger, où la crise institutionnelle née de la cohabitation[1096] entre le président Mahamane OUSMANE et le Premier ministre Hama HAMADOU, qui plongeait le pays dans l'impasse, a été arbitrée par l'armée en la faveur du coup d'Etat militaire du 27 janvier 1996[1097], interrompant brutalement le processus de démocratisation[1098] engagé depuis 1991 et engageant l'Etat nigérian dans un cycle de coup d'Etats[1099]. Même si l'avis de la Cour suprême du 4 juin 1996 n'est pas obligatoire dans la mesure où il ne relève que du pouvoir consultatif de cette institution, il s'est imposé comme l'exégèse de la Constitution togolaise de 1992 en consacrant la pratique présidentialiste du pouvoir instauré par le président EYADEMA. En ayant réussi à imposer sa vision du régime togolais même à la plus haute juridiction du pays, le président EYADEMA a parachevé son initiative de présidentialisation du régime entérinée par la révision constitutionnelle du 31 décembre 2002.

Paragraphe 2 : Le Premier ministre phagocyté par la révision constitutionnelle du 31 décembre 2002

Politiquement affaibli par la pratique institutionnelle[1100] des chefs d'Etat nostalgiques du passé monolithique, le Premier ministre a également été la cible privilégiée des réformes constitutionnelles[1101] qui ont permis d'entériner juridiquement le fonctionnement présidentialiste des institutions. Cette vague de révision a eu pour effet de pervertir l'esprit du constituant originaire dans plusieurs pays[1102]. La principale illustration en est la révision constitutionnelle du 31 décembre 2002 au Togo[1103] qui a bouleversé l'architecture

---

1096 ABDOURAHMANE (B-I.), *Crise institutionnelle et démocratisation au Niger*, op.cit.

1097 QUANTIN (P.), « Niger : retour sur l'analyse d'un coup d'Etat », *Politique africaine*, n°62, mai 1996, pp. 113-116

1098 GAZIBO (M.), *Les paradoxes de la démocratisation en Afrique...*, op.cit. ; MAIGNAN (J-C.), *La difficile démocratisation du Niger,* Paris, Centre de Hautes Etudes sur l'Afrique et l'Asie modernes, 2002, 192 p.

1099 ABDOURAHMANE (B-I.), « Alternances militaires au Niger », *Politique africaine*, n°74, 1999, pp. 85-94

1100 DOSSO (K.), « Les pratiques constitutionnelles dans les pays d'Afrique noire francophone : cohérences et incohérences », op.cit.

1101 ATANGANA-AMOUGOU (J-L.), « Les révisions constitutionnelles dans le nouveau constitutionnalisme africain », *AJP*, n° 2, Juillet 2006, pp. 44-84

1102 OUEDRAOGO (S-M.), *La lutte contre la fraude à la Constitution en Afrique francophone*, op.cit.

1103 Loi n°2002-029 du 31 décembre 2002 portant modification des dispositions du préambule et des articles 4, 5, … de la Constitution du 14 octobre 1992, *JORT*, n°41, n° spécial, 47e année, 31 décembre 2002, p. 2

institutionnelle instaurée par la Constitution de 1992[1104]. Opérée par un pouvoir constituant dérivé totalement acquis à la cause de la personne même du chef de l'Etat, la révision constitutionnelle du 31 décembre 2002 a mis le Premier ministre sous l'autorité hiérarchique du président (A) et neutralisé ses compétences (B).

A. Le Premier ministre sous l'autorité hiérarchique du président

Si l'Acte I du nouveau constitutionnalisme africain a été marqué sur le plan institutionnel par la « *déprésidentialisation* » ou la parlementarisation de l'Exécutif[1105], l'Acte II, qui est celle des révisions constitutionnelles « *opportunistes*[1106] », « *dangereuses* [1107]» ou « *revanchardes*[1108] » est celle de la « *représidentialisation* ». Comme l'affirme Stéphane BOLLE,

> *« [...] à la Constitution de précaution a succédé la Constitution de la réaction. Sauf exceptions, le pouvoir de révision est intervenu pour re-constitutionnaliser certains instruments du présidentialisme déconstitutionnalisés au début de la décennie 1990 et pour en introduire de nouveaux [...]. C'est une loi fondamentale transgressée dans son esprit voire défigurée qui est sortie de ce minutieux travail de sape [1109] ».*

Cette «*fièvre des révisions* [1110]» a consacré l'échec du bicéphalisme[1111] puisque le président de la République est redevenu l'élément central et incontournable de l'Exécutif. Au Togo, la révision de 2002 a mis fin à la parlementarisation du statut du Premier ministre en présidentialisant sa nomination et sa révocation, et en le rendant responsable devant le président à travers la réécriture de l'article 66 al. 1er qui dispose que « *le président de la République nomme le Premier ministre. Il met fin à ses fonctions* ». L'exigence de la nomination du Premier ministre dans la majorité

[1104] Au total, 47 articles sur les 159 articles de la Constitution ont été concernés par cette révision, soit presque le tiers de la Constitution. Voir AKPATCHA (Z.-D.), *Recueil des textes constitutionnels de la République togolaise*, op.cit., pp. 249-276.

[1105] FALL (I-M.), *Le pouvoir exécutif dans le constitutionnalisme des Etats d'Afrique*, op.cit.

[1106] SAMBOU (S.), « Afrique subsaharienne francophone. Des textes constitutionnels en vigueur à leur(s)révision(s) », *Afrique contemporaine*, 2012, n° 242, p. 115-116

[1107] BOLLE (S.), « Les révisions dangereuses. Sur l'insécurité constitutionnelle en Afrique », in MABAKA (P-M.), (dir.), *Constitution et Risque(s)*, Paris, L'Harmattan, 2010, p. 253

[1108] ABDOU-SALAMI (M-S.), « La révision constitutionnelle du 31 décembre 2002 : Une revanche sur la conférence nationale de 1991 », op.cit.

[1109] BOLLE (S.), « Des Constitutions « made in » Afrique », op.cit.

[1110] Ibid.

[1111] MANGA (Ph.), « Réflexion sur la dynamique constitutionnelle en Afrique », op.cit.

parlementaire, qui faisait la spécificité de la Constitution togolaise de 1992 a ainsi disparu au profit d'une totale discrétion du président pour la nomination du Premier ministre. Cette réforme est sans doute liée au précédent de la première législature, où le président EYADEMA s'est retrouvé en face d'une majorité parlementaire d'opposition et qu'il lui a fallu user de manœuvres machiavéliques pour éviter la cohabitation.

La disparition de la mention relative à la majorité parlementaire à l'article 66 al. 1er peut paraître a priori sans grande conséquence juridique, dans la mesure où cette mention qui faisait jusqu'alors l'une des particularités de la Constitution togolaise était considérée comme superfétatoire. En supprimant l'obligation constitutionnelle pour le chef de l'Etat de choisir le Premier ministre dans la majorité parlementaire, le constituant togolais s'aligne sur ce qui est prévu dans les autres Etats d'Afrique noire francophone. Malgré tout, la fin de l'obligation du choix du Premier ministre dans la majorité parlementaire n'a pas emporté la suppression de l'investiture préalable du Premier ministre. Cette disposition était liée à l'obligation faite au chef de l'Etat par l'article 66 de choisir le Premier ministre dans la majorité parlementaire. Logiquement l'on pourrait s'attendre à ce que la modification de l'article 66 rendant discrétionnaire le pouvoir présidentiel de nomination du Premier ministre débouchât sur la suppression de l'investiture préalable prévue à l'article 78. Le maintien de l'investiture préalable du Premier ministre par l'Assemblée nationale relativise la portée de la modification de l'article 66 al. 1er dans la mesure où l'obligation pour le chef de l'Etat de nommer le Premier ministre dans la majorité parlementaire disparaît formellement de la Constitution mais demeure tacitement en référence à l'article 78. Il en résulte que si le chef de l'Etat dispose d'une grande marge de manœuvre dans la désignation du Premier ministre, le dernier mot revient toujours aux représentants du peuple, mais encore faudrait-il que ces derniers aient les moyens et l'audace nécessaires pour s'opposer au choix du Président, ce qui ne paraît pas envisageable dans un régime où règne le fait majoritaire depuis 1996.

Lorsque le Président dispose d'une majorité favorable à l'Assemblée nationale, comme cela a toujours le cas sous la IVe République, il est difficile de voir dans l'article 78 un contrepoids de l'article 66. Les parlementaires se contentent de ratifier le choix du Président sans grande opposition dans la mesure où « *le fait majoritaire, la démocratie partisane, l'émergence d'une partitocratie ambiante et la discipline de groupes parlementaires, ainsi que la généralisation d'une ploutocratie corruptive...*[1112] » ont considérablement atténué le rôle de contre-pouvoirs des Parlements africains[1113], de telle sorte

[1112] TRIMUA (C-E.), « L'idée républicaine de Constitution en Afrique francophone », *Afrilex*, janvier 2014, http://afrilex.u-bordeaux.fr/lidee-republicaine-de-la-constitution-en-afrique-francophone/, consulté le 6 août 2021.

[1113] SOMALI (K.), *Le Parlement dans le nouveau constitutionnalisme africain*, op. cit., p. 123

que le Premier ministre émane entièrement du Président. On peut interpréter la nouvelle rédaction de l'article 66 comme voulant assurer une marge de manœuvre au Président dans le cas où, par l'effet d'un bouleversement pour le moment hypothétique de l'ordre politique togolais, le parti présidentiel ne disposerait plus à lui seul de la majorité absolue à l'Assemblée nationale. Dans ce cas, aucune règle constitutionnelle n'oblige plus le Président à choisir le Premier ministre dans la majorité parlementaire, ce qui lui permettrait de marchander le poste de Premier ministre avec des petits partis qui servirait d'appoint au parti présidentiel, comme ce fut le cas avec l'UTD en 1994. Il s'est donc agi de constitutionnaliser la pratique de 1994 qui a vu le chef de l'Etat défaire la majorité CAR-UTD en proposant le poste de Premier ministre à Edem KODJO qui ne disposait que de six 6 députés à l'Assemblée nationale. Hormis cet épisode, la vie politique de la IVe République togolaise a toujours été largement dominée par le parti présidentiel, ce qui consolide le pouvoir discrétionnaire présidentiel de nomination du Premier ministre au point qu'aujourd'hui l'alternance politique relèverait presque d'une vue de l'esprit[1114].

Avant le Togo, d'autres Etats d'Afrique noire francophone ont également renforcé la marge de manœuvre du président dans le choix du Premier ministre à travers des réformes constitutionnelles. On peut citer le cas du Gabon où la Constitution du 26 mars 1991 dont les règles relatives à la nomination du Premier ministre étaient proches de celles prévues par la Constitution togolaise de 1992. L'article 15 al. 1er de cette Constitution qui disposait que « *le président de la République nomme le Premier ministre qui doit obtenir l'investiture de l'Assemblée nationale...* » a été modifié après seulement 3 ans par la révision constitutionnelle du 18 mars 1994[1115]. La nouvelle version de l'article 15 al.1er supprime l'obligation d'investiture du Premier ministre par l'Assemblée nationale en disposant désormais tout simplement que « *le Président de la République nomme le Premier ministre* ». En supprimant l'investiture, l'Assemblée nationale perd ainsi son droit d'intervention dans la désignation du Premier ministre, ce qui permet au président gabonais comme à son homologue togolais depuis 2002 d'être exclusivement maître du choix du Premier ministre[1116].

[1114] Ce pessimisme au sujet de l'alternance politique au Togo est u sentiment très partagé au sein de la doctrine. Voir ATTISSO (F.-S.), *La problématique de l'alternance politique au Togo*, op.cit. ; *Le Togo sous la dynastie des Gnassingbé*, op.cit., DEGLI (J.-Y.), *Togo : A quand l'alternance politique*, op.cit., COURTIN (C.), « L'échec de l'alternance au Togo par la voie des urnes », *Fondation Jean Jaurès*, 18 juin 2015, https://www.jean-jaures.org/publication/lechec-de-lalternance-au-togo-par-la-voie-des-urnes/, consulté le 7 août 2021, etc.

[1115] Loi n°01/94 du 18 mars 1994 portant révision de la Constitution

[1116] ONDO (T.), « Essai d'analyse sur la révision de la Constitution gabonaise du 26 mars 1991", *RJPEP*, n°2, avril-juin 2005, pp. 155-184 ; NGUEMA-OVONO (S.-F.), « Les révisions de la Constitution au Gabon : essai d'analyse critique », *RJPEF*, Vol. 62, n°1, 2008, pp. 95-110.

Depuis les élections législatives partielles d'août 1996 qui ont permis au RPT, parti présidentiel de disposer à lui seul de la majorité absolue à l'Assemblée nationale, cette hégémonie parlementaire du RPT, devenu UNIR, n'a jamais été contestée lors des législatives organisées jusqu'alors. Impuissants face à cette domination, la plupart des principaux leaders de l'opposition en manque de stratégie politique, attirés par l'appât du gain facile découlant de la conception clientéliste du pouvoir[1117] ont fini par rallier la mouvance présidentielle pour prétendre à la primature ou à des postes ministériels pour leurs proches. La conséquence en ce qui concerne la nomination du Premier ministre réside dans le fait que le président dispose d'une grande marge de manœuvre et ce pouvoir n'a jamais été concurrencé par le Parlement complètement acquis à sa cause. Déjà, après la démission d'Edem KODJO en 1996, le président EYADEMA a repris la main sur la désignation du Premier ministre, en nommant Kwasi KLUTSE, un de ses proches collaborateurs à ce poste. Hormis l'intermède d'ADOBOLI, il en a été ainsi respectivement avec Agbeyomé KODJO et Koffi SAMA[1118] qui étaient des personnalités politiquement inféodées au président au moment de leur nomination. L'investiture parlementaire ne remplit alors plus que le rôle d'une simple formalité à l'entrée en fonction du Premier ministre. Elle est devenue comme pour le vote de confiance en France, un « *rituel sans grand suspense*[1119] », passant même totalement inaperçu et moins médiatisé que le décret présidentiel portant nomination du Premierministre. De même, depuis son arrivée au pouvoir en 2005, l'actuel président Faure GNASSINGBE[1120], fils du président EYADEMA, n'a guère vu en période normale son pouvoir de nomination du Premier ministre contrarié. S'appuyant sur la domination sans partage de son parti à l'Assemblée nationale, il s'est bien accommodé des nouvelles dispositions de l'article 66 al.1er pour nommer ses Premiers ministres à sa convenance[1121]. Les seuls accrocs à son pouvoir de nomination du Premier ministre ont été observés au début de son premier mandat en raison

1117 MEDARD (J.-F.), « Nouveaux acteurs sociaux, permanence et renouvellement du clientélisme politique en Afrique sub-saharienne », *Cadernos de Estudos Africanos*, 2007, nos 13-14, pp. 11-26 ; VAN DE WALLE (N.), « Presidentialism and clientelism in Africa's emerging party's systems », in QUANTIN (P.) (dir.), *Voter en Afrique, comparaisons et différenciations,* Paris, L'Harmatan, 2004, pp. 105-128, etc.

1118 Le président EYADEMA est décédé le 5 février 2005 au cours de son 3e mandat de cinq (5) ans entamé en 2002 sous la IVe République. Il a dirigé le Togo pendant 38 ans (1967-2005).

1119 WOITIER (C.), « Le vote de confiance, un rituel sans grand suspense », *Le Figaro*, 8 avril 2014, https://www.lefigaro.fr/politique/2014/04/08/01002-20140408ARTFIG00036-le-vote-de-confiance-un-rituel-sans-grand-suspense.php, consulté le 7 août 2021.

1120 Fils du président EYADEMA, il lui a succédé en remportant l'élection présidentielle d'avril 2005

1121 KATASSOLI (P.), « Faure Gnassingbé ou l'art de choisir les Premier ministres », *Togo Réveil*, n° 74, 27 juil. 2012, p.3

des circonstances dans lesquelles sa prise de pouvoir s'est déroulée[1122]. Après son élection controversée de 2005[1123], il a été obligé par la Communauté internationale de choisir un Premier ministre issu de l'opposition pour favoriser le dialogue avec celle-ci. C'est à ce titre qu'il a choisi Edem KODJO[1124], l'ancien Premier ministre, qui d'ailleurs apparaissait comme le plus modéré de l'opposition traditionnelle à cette époque[1125]. De même après l'accord politique global (APG) de Ouagadougou du 20 août 2006[1126] qui préconisait la formation d'un Gouvernement d'union nationale[1127], le président a porté son choix sur Yaovi AGBOYIBOR[1128], à défaut de pouvoir reconduire Edem KODJO. Les deux opposants historiques et anciens rivaux apparaissant comme les plus modérés à cette époque, ces choix qu'il semblait avoir été contraint d'opérer ne l'étaient que sur la forme, puisqu'en réalité, s'il

1122 Faure GNASSINGBE n'a pas succédé à son père dans les règles de l'art. Dès l'annonce surprise du décès du président EYADEMA le 5 février 2005, certains officiers de l'armée togolaise ont intronisé Faure, el lui faisant allégeance alors que la Constitution confiait l'intérim du président décédé au président de l'Assemblée nationale pour une durée n'excédant pas 60 jours au cours de laquelle une élection présidentielle devrait être organisée. Alors que le président de l'Assemblée nationale Fambaré Ouattara NATCHABA était en mission en Europe au moment de l'annonce du décès du chef de l'Etat, il fut destitué par l'Assemblée qui élit Faure GNASSINGBE qui a quelques heures plus tôt démissionné de son poste de Premier ministre pour retrouver son siège de député à l'Assemblée nationale. La même nuit du 5 au 6 février, l'Assemblée nationale révise l'article 65 de la Constitution, au mépris de l'article 144 al. 4 qui interdit toute révision en période de vacance ou d'intérim, en permettant à Faure GNASSINGBE d'aller au bout du mandat entamé par le président EYADEMA, soit jusqu'en 2008 (Loi n° 2005-002 du 6 février 2005 portant modification des articles 65 et 144 de la Constitution, *JORT*, 50ème année, n° 5 (numéro spécial), 16 février 2005, pp. 1 et s.). Mais face à la réprobation de la classe politique togolaise par des manifestations de rue et de la communauté internationale condamnant le coup d'Etat, Faure et l'Assemblée durent rétropédaler en rétablissant la légalité constitutionnelle (Loi n° 2005-006 du 24 février 2005 modifiant les articles 65 et 144 de la Constitution, JORT, 50ème année, n° 8 (numéro spécial), 24 février 2005, pp. 2. Voir TUQUOI (P.), « Au Togo, après la mort de Gnassingbé Eyadéma, l'armée porte l'un de ses fils au pouvoir », *Le Monde Afrique*, 22 avril 2005, https://www.lemonde.fr/afrique/article/2005/04/22/au-togo-apres-la-mort-de-gnassingbe-eyadema-l-armee-porte-l-un-de-ses-fils-au-pouvoir_641779_3212.html, consulté le 7 août 2021 ; DIOP (E.-H.-O.), « Autopsie d'une crise de succession constitutionnelle du chef de l'État en Afrique. L'expérience togolaise (5-26 février 2005) », *Politeia*, n° 7, 2005, pp. 115-173.

1123 HOFNUNG (T.), « Togo: la succession d'Eyadéma entachée de violences », *Libération*, 25 avril 2005, https://www.liberation.fr/planete/2005/04/25/togo-la-succession-d-eyadema-entachee-de-violences_517642/, consulté le 7 août 2021 ; TOULABOR (C.), « Election à hauts risques dans un Togo déchiré », *Le Monde diplomatique*, avril 2005, pp. 20-21.

1124 Décret n°2005-056/PR du 8 juin 2005 portant nomination du Premier ministre, *JORT*, 50e année, n°26, 2005, p. 4.

1125 « Au Togo, l'opposant modéré Edem Kodjo a été nommé premier ministre », *Le Monde Afrique*, 9 juin 2005, https://www.lemonde.fr/afrique/article/2005/06/09/au-togo-l-opposant-modere-edem-kodjo-a-ete-nomme-premier-ministre_659961_3212.html, consulté le 7 août 2021.

1126 Confère supra.

1127 CHEIKH (Y-S.), « Togo, les dessous d'un accord », op.cit.

1128 Décret n°2006-119/PR du 16 septembre 2006 portant nomination du Premier ministre, *JORT*, 51e année, n°26, n° spécial, 16 septembre 2006, p.1

avait été obligé de choisir le Premier ministre dans l'opposition, c'est le président qui a choisi à chaque fois de façon discrétionnaire l'opposant avec lequel il voulait collaborer[1129]. On voit bien que malgré l'influence des facteurs politiques sur son pouvoir de nomination, le président togolais a conservé sa marge de manœuvre résultant du nouvel article 66 pour garder la main sur le Gouvernement à chaque fois dominé par ses proches.

L'étude du profil des cinq Premiers ministres nommés depuis 2007 nous permet d'avoir une idée de ce que Faure GNASSINGBE attend faire de ce poste. Premièrement, on constate que comme son père, il n'est pas enclin à confier ce poste à des personnalités politiques de premier plan de son parti. Il a un penchant pour les Premiers ministres au profil plus administratif que politique. Ainsi, sur les cinq, seul Komi Selom KLASSOU, numéro 2 du parti, vice-président de l'Assemblée nationale au moment de sa nomination et plusieurs fois ministre sous le président EYADEMA, apparaît comme une personnalité politique de premier plan. Les quatre autres Premiers ministres de l'ère FAURE que sont Komlan MALLY, Gilbert HOUNGBO, Kwesi AHOOMEY-ZUNU, et Victoire TOMEGAH-DOGBE sont connus plus pour leur profil administratif que politique. Deuxièmement, même s'il n'a pas toujours nommé des personnalités politiques de premier plan qui viendrait concurrencer son pouvoir, le président semble guider ses choix au gré du contexte politique. En effet, en nommant Komlan MALLY[1130] à la surprise générale après les législatives de 2007, le président togolais qui a été contraint de collaborer avec deux opposants depuis son élection en 2005, voudrait montrer à travers le caractère effacé du Premier ministre que c'est lui-même qui gouverne désormais. D'ailleurs le Premier ministre MALLY, un énarque inconnu de la classe politique malgré son apparition dans les gouvernements KODJO et AGBOYIBOR, est resté dans l'ombre du président jusqu'à son remplacement en 2008 par Gilbert HOUNGBO[1131], un fonctionnaire du système des Nations Unies. Avec un profil rappelant celui d'Eugène Koffi ADOBOLI, HOUNGBO était encore plus inconnu que son prédécesseur. Sa nomination se situait dans un contexte de reconquête de la notoriété internationale lancé par le président après la reprise de la coopération avec les bailleurs de fonds internationaux suspendue depuis 1994[1132]. C'est ainsi que ce fonctionnaire international a été choisi pour piloter les nombreuses

[1129] KATASSOLI (P.), « Faure Gnassingbé ou l'art de choisir les Premier ministres », op.cit.

[1130] Décret n°2007-131/PR du 3 décembre 2007 portant nomination du Premier ministre

[1131] Décret n° 2008-121/PR du 07 septembre 2008 portant nomination du Premier ministre, *JORT*, 53e année, n°26 ter, numéro spécial, 15 septembre 2008, p. 2

[1132] ABALO (J.-C.), « Lomé renoue définitivement avec l'Union européenne », *Le nouvel Afrik.com*, 30 novembre 2007, https://www.afrik.com/lome-renoue-definitivement-avec-l-union-europeenne, consulté le 7 août 2021.

réformes administratives[1133] et politiques[1134] lancées par le président pour rentrer dans les bonnes grâces de la Communauté internationale. Son successeur AHOOMEY-ZUNU, nommé en 2012[1135] n'était pas non plus une personnalité politique de premier plan. Mais sa nomination répondait au souci du président de reprendre la main sur la politique nationale dans un contexte de mobilisation de son nouveau parti UNIR, qui a pris la succession du RPT, pour les élections législatives de 2013. Ce choix se justifie par le fait qu'AHOOMEY-ZUNU, ancien membre de l'UTD, un parti d'opposition soit entré dans les faveurs du président grâce à son mentor Edem KODJO pendant que celui-ci était à la primature de 2005 à 2007. Il avait ainsi œuvré à la création du nouveau parti du chef de l'Etat et apparaissait comme une personnalité pouvant faire le lien entre ce nouveau parti et certaines personnalités de l'opposition modérée en vue de faciliter la politique de débauchage instaurée par le nouveau parti. Le remplacement d'AHOOMEY-ZUNU en 2015 par Komi Selom KLASSOU[1136] n'avait non plus rien d'anodin sur le plan politique. En effet, cette nomination qui représentait le retour d'une figure du défunt RPT s'inscrivait dans un contexte politique décisif marqué par des manifestations de l'opposition contre le troisième mandat du président et les réformes politiques et institutionnelles devant être opérées. En faisant appel à cette figure politique bien marquée, qui a d'ailleurs battu le record de longévité à ce poste sous la IVe République, le président avait opéré un savant calcul politicien lui permettant à la fois de remettre les anciens dignitaires du RPT dans le jeu eu égard aux remous consécutifs à la création du nouveau parti et de mettre en face de l'opposition une grande figure politique pouvant leur tenir tête pendant les discussions pour les réformes politiques et institutionnelles. Enfin, la nomination de l'actuelle Première ministre Victoire TOMEGAH-DOGBE[1137] représente quant à elle un symbole socio-politique. En effet, première femme nommée à ce poste au Togo, elle n'était pas une inconnue de la classe politique, mais présente un profil beaucoup plus administratif que politique. Membre de tous les Gouvernements depuis 2008, cette ancienne fonctionnaire des Nations Unies, proche de l'ancien Premier ministre HOUNGBO, souvent considérée même par les médias proches de l'opposition comme le membre le plus actif des gouvernements successifs[1138],

---

1133 Les réformes de l'administration publique, des finances publiques, de la justice, etc… étaient inscrits dans le programme du Gouvernement et financées en grande partie par les bailleurs de fonds internationaux.

1134 Il était notamment question des réformes constitutionnelles et institutionnelles inscrits dans l'Accord politique global du 20 août 2006.

1135 Décret n° 2012-051/PR du 19 juillet 2012 portant nomination du Premier ministre

1136 Décret n° 2015-038/PR du 05 juin2015 portant nomination du Premier ministre

1137 Décret n° 2020-076/PR du 28/09/2020 portant nomination du Premier ministre, *JORT*, 65e année, n°34 quarto, n° spécial, 3 octobre 2020, p.3

1138 Voir DJADE (C.), « Togo : qui est Victoire Tomegah Dogbe, la nouvelle Première ministre ? », *Jeune Afrique*, 5 octobre 2020, https://www.jeuneafrique.com/1053773/politique/togo-qui-est-victoire-tomegah-dogbe-la-nouvelle-premiere-ministre/, consulté le 7 août 2021.

incarne le symbole de la féminisation des postes politiques et administratives au Togo[1139]. Mais au-delà de cet aspect symbolique qui n'entame en rien les compétences de l'actuelle Première ministre, le fait d'avoir été la directrice de cabinet du président de la République, poste qu'elle cumulait avec celui de ministre pendant plus de dix ans, n'est pas étranger à sa promotion au rang de chef du Gouvernement.

Disposant désormais de la compétence exclusive de nomination du Premier ministre, le président de la République s'est également vu conférer un pouvoir discrétionnaire dans sa révocation. Dans sa version originelle, l'article 66 al. 1er de la Constitution togolaise de 1992 soumettait la fin des fonctions du Premier ministre à la présentation de la démission de son Gouvernement. Cette disposition qui prémunissait le Premier ministre contre la révocation du chef de l'Etat a été retoquée par la loi constitutionnelle du 31 décembre 2002 qui dispose tout simplement qu'« *il* [le président] *met fin à ses* [le Premier ministre] *fonctions* ». La nouvelle rédaction de l'article 66 al. 1er que permet au président de révoquer le Premier ministre, qui perd ainsi son statut d'indéboulonnable devant le chef de l'Etat. L'esprit de la Constitution de 1992 telle qu'il résulte des discussions autour de la forme du régime politique à la Conférence nationale[1140] est de prémunir le Premier ministre, le chef du Gouvernement, vecteur de l'équilibre institutionnel, contre l'autorité du chef de l'État. C'est dans cette perspective qu'il était prévu que le Premier ministre ne pouvait quitter ses fonctions que sur présentation de sa démission, soit de sa propre initiative, soit si le Parlement lui retire la confiance. Mais la réforme constitutionnelle de 2002 ne lie plus uniquement le départ du Premier ministre à sa démission ou à son renversement par l'Assemblée nationale, mais à la volonté du président, qui peut le démettre quand il veut. Il s'agit en quelque sorte de la négation de la dyarchie instaurée par la Constitution de 1992 au profit de la proclamation de la prééminence du chef de l'Etat sur le Premier ministre.

Le nouvel article 66 al.1er bouleverse l'équilibre du régime politique instauré par la Constitution de 1992 en offrant un chef de l'Etat un pouvoir discrétionnaire de révocation du Premier ministre. Le régime politique de la IVe République togolaise bascule ainsi juridiquement vers le présidentialisme car « *le Premier ministre reste dans une situation de dépendance politique par rapport au chef de l'État*[1141] ». Dans la pratique, le président Faure GNASSINGBE au pouvoir depuis 2005 n'a pas encore formellement fait usage de ce pouvoir de révocation discrétionnaire, qui, même s'il est prévu

---

[1139] Outre la Première ministre, l'Assemblée nationale est également dirigée par une femme. On note également la présence d'une dizaine de femmes dans le Gouvernement. Sur la féminisation des postes politiques au Togo, voir GIRARD (G.), *La féminisation contrainte : Le cas du recrutement politique au Togo et au Bénin (1990-2010)*, Thèse de doctorat en science politique, Université Paris I, 2014.

[1140] Voir DAVID (P.), *Togo 1990-1994 ou le droit maladroit*, op.cit., pp.267 et suivants.

[1141] BOURGI (A.), « L'évolution du constitutionnalisme en Afrique... », op.cit.

par la Constitution, est très délicat à utiliser du point de vue politique. En effet, généralement, derrière une révocation directe du Premier ministre par le président, se cache toujours une crise qui pourrait affecter les acteurs. Par conséquent, pour masquer les apparences d'une révocation discrétionnaire, les chefs d'Etat préfèrent provoquer la démission du Premier ministre, ce qui arrangerait tout le monde. La révocation directe apparaît ainsi comme relevant d'un pouvoir exceptionnel du président en période de crise, lorsqu'il ne parvient pas à obtenir la démission du Premier ministre. Si on peut constater avec le professeur FALL qu'on assiste aujourd'hui à « *un flux des démissions et un reflux des révocations présidentielles* [1142]», ce constat est à relativiser car ces démissions ne sont que des révocations présidentielles déguisées.

La loi constitutionnelle du 31 décembre 2002 a institué, sans l'énoncer, la responsabilité du Premier ministre devant le président. Celle-ci est venue s'ajouter à celle devant le Parlement qui est expressément prévu par la Constitution, ce qui met ainsi fin au monisme instauré par la Constitution de 1992. Depuis 2002, le Togo semble s'être engagé dans la voie du parlementarisme dualiste ou orléaniste[1143], caractérisé par la double responsabilité du Gouvernement devant le Président et l'Assemblée nationale[1144]. Mais eu égard à la permanence du fait majoritaire pour les raisons déjà évoquées, la responsabilité devant le Parlement s'efface devant celle devant le président lorsque les deux coexistent de droit ou de fait. C'est ce qui se remarque également à travers la révision des conditions de mise en jeu de la responsabilité du Premier ministre devant l'Assemblée nationale. On passe ainsi du dualisme à un « *monisme inversé, puisque dans les faits la responsabilité devant l'Assemblée disparaît*[1145] ».

Les Constitutions sénégalaise de 2001 et gabonaise de 1991 ont quant à elles expressément consacré le dualisme[1146] en allant au bout de l'esprit de présidentialisation du statut du Premier ministre. Elles disposent respectivement en leur article 53 et 28 al.3 que « *le Gouvernement est responsable devant le Président de la République et l'Assemblée nationale...* ». C'est dans cet esprit dualiste que s'inscrit également dans ces États la consécration d'un pouvoir présidentiel discrétionnaire de révocation du Premier ministre, qui s'ajoute à la mise en cause de sa responsabilité devant l'Assemblée nationale. Le constituant togolais de 2002 aurait également pu aller au bout de sa logique en admettant expressément que le Premier ministre

---

[1142] FALL (I.-M.), *Le pouvoir exécutif dans le constitutionnalisme des Etats d'Afrique*, op.cit., p. 223

[1143] ROBERT (H.), *L'orléanisme*, op.cit.

[1144] LE ROY (P.), *Les Régimes politiques du monde contemporain*, tome 2, Grenoble, Presses universitaires de Grenoble, 1992, p. 87.

[1145]ARDANT (P.), « Responsabilité politique et pénale des chefs d'État, des chefs de gouvernement et des ministres », *RIDC*, Vol. 54, n°2, Avril-juin 2002. pp. 465-485

[1146] FALL (I.-M.), *Évolution constitutionnelle du Sénégal : de la veille de l'indépendance aux élections de 2007*, Paris, Karthala, 2009, p.105.

togolais est responsable devant le président. Ainsi, en donnant désormais la possibilité au Président de révoquer discrétionnairement le Premier ministre, malgré le maintien des mécanismes de mise en cause de sa responsabilité devant l'Assemblée nationale, la Constitution togolaise révisée en 2002 consacre, sans le nommer, le parlementarisme ou le régime semi-présidentiel dualiste.

Dans sa logique de présidentialisation des institutions de la IVe République, la révision de 2002 a remodelé les conditions de mise en cause de la responsabilité du Gouvernement par le Parlement. La principale modification à ce sujet concerne l'article 98 al. 2 qui détermine les conditions de recevabilité de la motion de censure. La motion de défiance constructive, qui est une marque importante de la parlementarisation de la condition du Premier ministre, disparaît de la Constitution togolaise avec la suppression de l'obligation pour les initiateurs d'une motion d'indiquer le nom du successeur éventuel du Premier ministre. La condition de recevabilité de la motion de censure se limite désormais à la signature d'un tiers des députés. La suppression de la motion de défiance constructive à l'allemande peut s'analyser comme une limitation des prérogatives parlementaires et une intervention du chef de l'Etat dans la procédure de la motion de censure. En effet, les prérogatives de l'Assemblée nationale se limitent désormais au renversement du Premier ministre, et il revient au Président de choisir discrétionnairement le nouveau Premier ministre, dans la mesure où l'article 98 al. 5 qui obligeait le Président à nommer le Premier ministre désigné dans la motion de censure est également révisé. Il dispose désormais que « *le Président de la République nomme un nouveau Premier ministre* ». Théoriquement, si le nouveau Premier ministre désigné par le Président ne convient pas à l'Assemblée nationale, il ne pourra pas obtenir l'investiture prévue à l'article 78 al. 2 et pourrait même faire l'objet d'une nouvelle motion de censure, dans la mesure où l'article 98 al. 5 limitant le dépôt d'une motion de censure par les mêmes signataires à une par session parlementaire, ne s'applique qu'au cas où la première motion est rejetée. Ainsi, s'il décide de maintenir le Premier ministre renversé par l'Assemblée nationale, le Président de la République pourrait user de son pouvoir de dissolution de l'Assemblée nationale[1147], pour se doter d'une majorité parlementaire favorable. Dans tous les cas, le dernier mot revient toujours au Président.

Au final, on s'aperçoit que la révision constitutionnelle de 2002 a complètement bouleversé le statut du Premier ministre. Il se retrouve complètement phagocyté par le président, qui a absorbé l'essentiel des compétences autonomes que lui a attribuées la Constitution de 1992.

[1147] Article 68 de la Constitution togolaise

B. Le Premier ministre privé de l'essentiel de ses compétences

Dans la version originelle de la Constitution togolaise de 1992, le Premier ministre disposait de compétences autonomes importantes dans l'exercice du pouvoir exécutif. C'est dans cette perspective que les pouvoirs réglementaire général et de nomination de droit commun lui ont été confiés, qui devrait contresigner également l'essentiel des actes règlementaires du président[1148]. Mais après l'épisode conflictuel de la première législature entre le président EYADEMA et le Premier ministre KODJO, la réforme de 2002 a constitutionnalisé la lecture présidentialiste qu'en avaient faite le président et la Cour suprême. Par conséquent, elle a constitutionnalisé l'interprétation de la Cour suprême[1149] résultant de son avis du 4 juin 1996 en consacrant la prééminence du chef de l'Etat au sein de l'exécutif. Ce faisant, les modifications introduites par la loi constitutionnelle du 31 décembre 2002, ont rompu l'équilibre institutionnel instauré par la Constitution de 1992 en hiérarchisant les rapports au sein de l'exécutif au profit du chef de l'Etat.

Le premier révélateur de la hiérarchisation des rapports au sein de l'exécutif résulte du nouvel article 77 al. 1er qui dispose que « *sous l'autorité du Président de la République, le Gouvernement détermine et conduit la politique de la nation. Il dirige l'administration civile et militaire ...* ». On constate alors que la dyarchie instaurée par la Constitution de 1992 est altérée au profit de la hiérarchisation des rapports au sein de l'exécutif marquant la restauration du présidentialisme, « *réfractaire à toute idée réelle de dyarchie au sommet de l'Etat*[1150] ». Toutefois, le fonctionnement de cette « *dyarchie hiérarchisée* [1151]» peut s'avérer problématique en fonction de la conjoncture politique. Il en résulte de l'article 77 al. 1er révisé que si le Premier ministre demeure formellement le chef du Gouvernement[1152], il perd son autonomie dans la détermination et même dans la conduite de la politique de la nation. Le Premier ministre est alors obligé de se mettre dans une position de soumission au chef de l'Etat[1153]. Certains auteurs évoquent même l'idée de l'échec du bicéphalisme[1154], dans la mesure où le Premier ministre est réduit à un rôle d'exécutant du président, au même titre que les ministres.

1148 Articles 76, 77, 78, 79 et 80 de la Constitution togolaise de 1992.

1149 ANDZOKA-ATSIMOU (S.), « La participation des juridictions constitutionnelles au pouvoir constituant en Afrique », *RFDC*, vol. 110, n° 2, 2017, pp. 279-316.

1150 ONDO (T.), *Plaidoyer pour un nouveau régime politique au Gabon*, Paris, Publibook, 2012, p. 61

1151 MASSOT (J.), *Chef de l'Etat et chef du Gouvernement : la dyarchie hiérarchisée*, Paris, La Documentation française, 2008, 204 p.

1152 Article 78 de la Constitution togolaise.

1153 BOURGI (A.), « L'évolution du constitutionnalisme en Afrique... », op.cit.

1154 MANGA (Ph.), « Réflexion sur la dynamique constitutionnelle en Afrique », op. cit.

On peut penser encore une fois que la raison fondamentale de cette modification réside dans la collaboration conflictuelle entre le président EYADEMA et le Premier ministre KODJO entre 1994 et 1996. En effet, l'interprétation des dispositions de l'article 77 a été au centre du duel entre les deux hommes, et qui s'est soldé par la victoire politique et juridique du président[1155]. Le raisonnement alambiqué de la Cour suprême dans son avis du 4 juin 1996 selon lequel il appartient au président de définir la politique de la nation et au Premier ministre de la conduire a renforcé le président dans la lecture présidentialiste qu'il faisait de cette disposition. Il en était ainsi depuis la démission d'Edem KODJO en 1996 jusqu'à la réforme de 2002, et jusqu'alors en raison de la docilité des différents Premiers ministres dont aucun n'a ouvertement revendiqué son statut constitutionnel de chef du Gouvernement au risque de se faire révoquer par le président qui dispose aujourd'hui d'un pouvoir de révocation discrétionnaire. Selon la formulation retenue par le constituant de 2002, il s'avère désormais qu'aussi bien la détermination que la conduite de la politique de la nation relèvent du président, car le Premier ministre est constitutionnellement sous son autorité. Si certaines Constitutions, comme celles du Burkina-Faso[1156] ou du Cameroun[1157], ont eu à distinguer dès le départ la « *détermination* » relevant du chef de l'Etat, de la « *conduite* » de la politique de la nation relevant du chef du Gouvernement afin de clarifier les compétences au sein de l'exécutif[1158], le constituant dérivé togolais de 2002 renforce encore plus les prérogatives du chef de l'Etat. Le Premier ministre apparaît ici comme « *le Premier des ministres*[1159] » ou « *un primus inter pares*[1160] » dans la mesure où l'accord du chef de l'Etat est nécessaire pour la mise en œuvre de toutes ses prérogatives. La Constitution togolaise rejoint ainsi celle du Gabon dont l'article 8 al.3 dispose que le président « *détermine, en concertation avec le Gouvernement, la politique de la nation* » et l'article 28 al. 1er ajoute que « *le Gouvernement conduit la politique de la nation, sous l'autorité du Président de la République et en concertation avec lui* ».

Somme toute, le Président de la République est devenu le supérieur hiérarchique du Premier ministre au Togo après la révision constitutionnelle de 2002, ce qui est totalement contraire à l'esprit de la Constitution de 1992 et peut s'avérer problématique voire conflictuelle dans certaines situations. Si

---

1155 KOUPOKPA (E-T.), *Le modèle constitutionnel des Etats d'Afrique noire francophone dans le cadre du renouveau constitutionnel : le cas du Bénin, du Niger et du Togo*, op. cit., pp. 77 et suivants.

1156 C'est notamment le cas de la Constitution burkinabè de 1991 dont l'article 36 affirme que le Président de la République « *fixe les grandes orientations de la politique de l'Etat* » et l'article 61 dispose que le Gouvernement « *conduit la politique de la nation* »

1157 Article 11-1 de la Constitution camerounaise de 1972 modifiée en 1996.

1158 ROUX (A.), « La clarification des pouvoirs au sein de l'Exécutif », *Revue politique et parlementaire*, n° 1045, octobre / décembre 2007, pp. 20-32

1159 CLAISSE (A.), *Le Premier ministre de la Ve République*, Paris, LGDJ, 1972, p. 55

1160 POMPIDOU (G.), *Le nœud gordien,* Paris, Plon, 1974, p. 63

le fait majoritaire assure au président la subordination du Premier ministre, il peut en être autrement lorsque celui-ci dispose d'une forte personnalité pouvant concurrencer l'omnipotence du président. De même, le fonctionnement de ce type de régime peut s'avérer périlleux en période de cohabitation dont l'hypothèse n'est pas à écarter dans l'évolution de la vie politique togolaise. S'il a fallu attendre le 31 décembre 2002 pour qu'elle soit constitutionnalisée, la hiérarchisation des rapports au sein de l'Exécutif était effective dans la pratique depuis 1996 où le président togolais s'est réellement réapproprié l'exercice du pouvoir exécutif au détriment du Premier ministre[1161]. Pour assurer son autorité gouvernementale, il s'est doté de Premiers ministres technocrates soumis et effacés susceptibles de ne pas remettre en cause son autorité. Les Premiers ministres KLUTSE et ADOBOLI ont ainsi accepté sans rechigner la domination du président qui se présentait comme le seul maître à bord du navire gouvernemental. Mais la nomination d'Agbeyomé KODJO[1162] en 2000 a fait entorse à la pratique. En effet, si comme ses deux prédécesseurs il était membre du parti présidentiel et un très proche collaborateur du président, il était un homme politique très ambitieux de premier plan, qui se prenait même déjà pour le dauphin du président EYADEMA[1163].

Eu égard à la personnalité d'Agbeyomé KODJO, le choix porté sur lui par le président pouvait surprendre dans la mesure où ce dernier s'est jusqu'alors distingué par une certaine malice dans le choix de ses Premier ministres, pour éviter justement d'être concurrencé. S'accommodant au jeu de la soumission au chef de l'Etat pendant les premières années de leur collaboration, le Premier ministre KODJO n'a pas mis longtemps à se révolter contre l'omnipotence du président. Le conflit inattendu entre les deux hommes est né en 2002 du fait du refus du Premier ministre de condamner une sortie médiatique divergente d'un autre poids lourd du parti, Dahuku PERE, ex-président de l'Assemblée nationale, comme le lui demandait le président. En réponse, il avait plutôt apporté son soutien à l'ex-président de l'Assemblée nationale qui dénonçait des pratiques monolithiques autoritaires dans le fonctionnement du parti au pouvoir en prenant position contre la réforme de la limitation du mandat présidentiel qui se profilait. Le président EYADEMA n'a pas apprécié cette marque d'indépendance d'un Premier ministre qui était censé lui être soumis et a tenu à sanctionner la rébellion de son protégé. C'est ainsi que les médias ont annoncé la démission et le départ en catastrophe du Premier ministre et son exil en France. Aucune raison officielle n'a été

[1161] AHADZI-NONOU (K.), « Le Premier ministre en Afrique noire francophone : étude de quelques exemples récents », op. cit. ; SALL (A.), « Le bicéphalisme du pouvoir exécutif dans les régimes politiques d'Afrique noire : crises et mutations », op.cit. ; KOUPOKPA (E-T.), « Quels régimes politiques pour les États africains : cas du Togo », op.cit.

[1162] Décret n°00-78/PR du 29 août 2000 portant nomination du Premier ministre, JORT, 30 août 2000, p. 2

[1163] DEGLI (J-Y.), *Togo : A quand l'alternance…*, op. cit., p. 232

avancée par la présidence pour justifier le départ du Premier ministre, mais, c'est ce dernier, une fois hors du pays, qui a dévoilé les motifs de sa rupture avec le président. En effet, le Premier ministre a déclaré s'être frontalement opposé à la sujétion dont lui, les membres du Gouvernement et les chefs de service de l'administration font l'objet de la part du président. Il estime que l'efficacité de l'action publique est affectée par

> *« ... la forte allégeance requise des membres du Gouvernement...envers la personne du président de la République, ce qui les oblige à ne rendre compte de leurs actes qu'au chef de l'Etat, faisant ainsi de la fonction du Premier ministre un ersatz administratif au mépris des dispositions de la loi fondamentale...* [1164]».

Ces propos sonnent comme un aveu d'échec de l'institution primo-ministériel face à l'omnipotence du président, alors même qu'à l'époque, le Premier ministre n'était pas encore mis constitutionnellement dans une position de subordination vis-à-vis du président. C'est exactement cette position de subordination du Premier ministre et de l'appareil administratif dans son ensemble que dénonçait le Premier ministre Agbéyomé KODJO qui a été constitutionnalisée par la révision de 2002. Au moment des faits, le président ne disposait pas encore juridiquement d'un pouvoir discrétionnaire de révocation du Premier ministre, dans la mesure où on était encore sous le régime de la Constitution de 1992, mais il a fait usage de son influence politique pour contraindre le Premier ministre à quitter ses fonctions. On voit bien que le régime semi-présidentiel, exalté par la CNS, ne met pas les Etats qui l'ont adopté à l'abri des « *dangers d'une dérive présidentialiste* [1165]».

Si la révision de l'article 77 al. 1er a fait perdre au Premier ministre sa prééminence dans l'exercice du pouvoir exécutif, le renforcement des prérogatives présidentielles dans ce domaine est encore plus marqué par la révision de l'article 79, qui avait été source de conflit entre le Président EYADEMA et le Premier ministre Edem KODJO. Cette disposition est relative au pouvoir de nomination du Premier ministre et qui doit être croisée avec l'article 70 pour déterminer l'étendue de ce pouvoir. En effet, l'article 79 al. 1er accordait le pouvoir de nomination de droit commun au Premier ministre en disposant que « *sous réserve des dispositions de l'article 70, le Premier ministre nomme aux emplois civils et militaires* ». L'article 70 dont il est fait réserve dans l'article 79 al. 1er déterminait une liste de postes de la haute fonction publique dont la nomination relève du président en Conseil des ministres. Le pouvoir de nomination était ainsi partagé entre le Président et le

---

1164 Extrait de la Déclaration du 27 juin 2002 cité par DEGLI (J-Y.), *Togo : A quand l'alternance politique*..., op. cit., p. 232, note n°254

1165 BOURGI (A.), « Les chemins difficiles de la démocratie en Afrique de l'Ouest », *La Revue socialiste*, n°35, oct. 2009, https://albertbourgi.wordpress.com/2009/10/04/les-chemins-difficiles-de-la-democratie-en-afrique-de-l%E2%80%99ouest/, consulté le 4 février 2017.

Premier ministre, ce qui était conforme à la logique du régime semi-présidentiel[1166]. Toutefois, les divergences d'interprétation des articles 70 et 79 entre le président EYADEMA et le Premier ministre KODJO autour de la répartition de ce pouvoir de nomination en 1996 ont sans doute conduit le constituant de 2002, dans la lignée de la Cour suprême qui avait tranché en faveur du chef de l'Etat, à présidentialiser entièrement le pouvoir de nomination. L'article 79 al. 1er révisé en 2002 ne fait plus mention du pouvoir de nomination du Premier ministre. Désormais tout le régime juridique du pouvoir de nomination est ramené au niveau de l'article 70, où est conservée la liste des postes auxquels il est pourvu par le chef de l'Etat en Conseil des ministres. La principale nouveauté résulte de la création d'un quatrième alinéa qui dispose qu' « *il est pourvu aux autres emplois par décret du Président de la République qui peut déléguer ce pouvoir de nomination au Premier ministre* ». On voit clairement que désormais tout le pouvoir de nomination est accordé au président, la seule distinction relevant des nominations en Conseil des ministres, celle relative aux hauts-fonctionnaires, et celles effectuées en dehors du Conseil et sans délibérations.

La modification des articles 70 et 79 produit trois conséquences juridiques qu'il convient de relever. D'abord, le Président de la République devient la seule autorité de nomination reconnue par la Constitution aussi bien en Conseil des ministres qu'en dehors, ensuite le Premier ministre ne dispose plus de pouvoir de nomination autonome, et enfin le Premier ministre ne peut disposer que d'un pouvoir de nomination délégué par le président. Au demeurant, seul le contreseing des actes du président permet encore au Premier ministre d'être associé au pouvoir de nomination du président, mais cette prérogative a bien changé de dimension, puisque le Premier ministre agit désormais sous l'autorité du président. Le Premier ministre ne peut donc aujourd'hui nommer que ses propres collaborateurs ayant un rang inférieur à celui de directeur d'administration centrale comme cela relève également des autres membres du Gouvernement pour les nécessités du service en leur qualité de chef de service[1167].

Somme toute, la révision constitutionnelle du 31 décembre 2002 a dévoyé l'esprit de la Constitution de 1992 à tel point qu'on pourrait se demander s'il n'aurait pas été plus utile de changer de Constitution d'autant plus que la nature du régime instauré par le pouvoir constituant originaire a été complètement changée. L'échec du Premier ministre dans les régimes d'inspiration parlementaire qui les rapproche davantage du Premier ministre dans les régimes présidentiels africains ne constitue pas non plus un gage de leur utilité dans le fonctionnement de ces régimes. En effet, force est de constater que même quand il n'est qu'un instrument de déconcentration de

---

[1166] JOBERT (M.), « Le partage du pouvoir exécutif », *Pouvoirs*, n° 4, jan. 1978, pp. 7-15

[1167] Ce principe est consacré en France par l'arrêt du CE, 7 février 1936, Jamart, n°43321, *Rec.* 172 ; *Sirey* 1937, n°3, p. 113, note Rivero.

l'exécutif, la place du Premier ministre n'est pas acquise aux côtés du chef de l'Etat comme le révèle la dépréciation dont il est victime dans le régime ivoirien.

Section 2 : Le Premier ministre dévalorisé par la pérennisation du présidentialisme en Côte d'Ivoire

La création du poste de Premier ministre dans le régime politique ivoirien a suscité des interrogations sur la place du Premier ministre dans ce régime car *« ...à dire vrai, il est plutôt curieux d'envisager le Premier ministre dans le régime de type présidentiel* [1168]*»*. Placé sous l'autorité du président malgré son statut de chef du Gouvernement depuis la révision constitutionnelle de 1990, le Premier ministre ivoirien ne jouit pas d'une autonomie institutionnelle. Hormis pendant la période de crise, cette position dévalorisante du Premier ministre ivoirien n'a connu guère d'évolution malgré les différentes réformes constitutionnelles si ce n'est pour l'affaiblir davantage. Comme l'affirme le professeur FALL, « *l'existence en Côte d'ivoire et au Sénégal des Premiers ministres n'empêche pas cependant le chef de l'Etat d'être le chef incontesté de l'exécutif*[1169]». Il subit le déséquilibre institutionnel qui n'a jamais été constitutionnellement remis en cause (paragraphe 1er) et se retrouve musclé par la Constitution du 8 novembre 2016 qui a introduit le tricéphalisme en Côte d'Ivoire (paragraphe 2).

Paragraphe 1er : Le Premier ministre ivoirien étouffé par le déséquilibre de l'exécutif

Tous les régimes politiques ivoiriens depuis l'indépendance sont fondés sur la prééminence constitutionnelle du président de la République[1170]. Qu'il soit monocéphale jusqu'en 1990, ou formellement bicéphale à partir de 1990, le pouvoir exécutif ivoirien n'a que le président comme seul et unique titulaire. Dans ce cadre, la présence du Premier ministre depuis 1990 paraît anecdotique car sans influence sur la nature présidentialiste du régime. Le Premier ministre ivoirien apparaît comme un simple instrument de réaménagement de la nomenclature gouvernementale eu égard à son statut et ses attributions et ne peut prétendre à l'exercice du pouvoir exécutif que si le président l'habilite à

1168 MEL (A.-P.), « La réalité du bicéphalisme de l'exécutif en Côte d'Ivoire », op.cit.

1169 FALL (I.-M.), *Le pouvoir exécutif dans le constitutionnalisme des Etats d'Afrique*, op.cit., p. 19.

1170 NANDJUI-DANHO (P.), *La prééminence constitutionnelle du Président de la République en Côte d'Ivoire*, op.cit.

cet effet. Les réformes constitutionnelles intervenues jusqu'à ce jour ont pérennisé ce déséquilibre à travers sa dévalorisation par la loi constitutionnelle du 2 juillet 1998 (A) et la tentative manquée de rééquilibrage par la Constitution du 23 juillet 2000 (B).

A. Le Premier ministre déformé par la loi constitutionnelle du 2 juillet 1998

La loi constitutionnelle du 2 juillet 1998[1171] est considérée comme un facteur du « *durcissement du présidentialisme ivoirien* [1172]». C'est une réforme constitutionnelle de très grande envergure[1173] initiée par le président KONAN-BEDIE pour consolider le pouvoir qu'il a conquis à l'issue d'une guerre de succession avec Alassane D. OUATTARA. Les mesures présidentialistes contenues dans cette réforme taillée sur mesure pour le président KONAN-BEDIE ont suscité beaucoup d'inquiétude dans la classe politique ivoirienne mais « *les doutes suscités jusqu'au sein de la majorité présidentielle par certaines dispositions ont été balayés par M. Bédié, qui serait intervenu personnellement auprès de parlementaires récalcitrants* [1174]». Cette réforme comporte une série de modifications constitutionnelles destinées à renforcer le pouvoir présidentiel[1175].

La loi constitutionnelle du 2 juillet 1998 a influencé le statut du Premier ministre ivoirien en permettant désormais au président de le révoquer discrétionnairement. C'est ce qui résulte de la modification de l'article 12 al. 2 de la Constitution de 1960 révisée par la loi constitutionnelle de 1990 en permettant au président de mettre discrétionnairement fin aux fonctions du Premier ministre. Sur le plan juridique, la nouvelle mouture de l'article 12 al. 2 paraît plus en phase avec le statut du Premier ministre ivoirien tel qu'il résulte de la loi constitutionnelle du 6 novembre 1990 ayant créé ce poste. En effet, le Premier ministre ivoirien procède du président devant lequel il est exclusivement responsable. Si cette façon de concevoir le Premier ministre dans un régime qui demeure présidentiel malgré la création de ce poste qui relève en théorie du régime parlementaire a été considérée comme une dérive,

---

[1171] Loi n° 98-387 du 2 juillet 1998 portant révision de la Constitution, *JORCI*, n° 29, 16 juillet 1998, pp. 694-699

[1172] MELEDJE (D.-F.), « La révision constitutionnelle du 2 juillet 1998 en Côte d'Ivoire : Un réveil du présidentialisme autoritaire ? », *Diritto Publico Comparato Ed Europeo*, Giappichelli Editore, Turin, 1999, pp.12 et 288-289.

[1173] 53 des 76 articles de la Constitution de la première République ont été concernés par cette révision.

[1174] SOTINEL (T.), « Une révision constitutionnelle permet au président de Côte d'Ivoire de suspendre les élections », *Le Monde*, 3 juillet 1998, https://www.lemonde.fr/archives/article/1998/07/03/une-revision-constitutionnelle-permet-au-president-de-cote-d-ivoire-de-suspendre-les-elections_3672610_1819218.html, consulté le 12 août 2021

[1175] KOBY (A.-K.), « La révision constitutionnalisme du 2 juillet et le présidentialisme ivoirien », *Revue tunisienne de droit*, 1999, p. 271.

il procède du présidentialisme déconcentré à l'africaine inauguré par SENGHOR au Sénégal en 1970[1176]. En conditionnant le départ du Premier ministre à sa démission empêchant par la même occasion le président devant qui il est responsable de le révoquer discrétionnairement, l'article 12 al. 2 paraissait incohérent avec le texte constitutionnel ivoirien. Cette « *incongruité juridique et politique* [1177]» relevée par Francis WODIE nécessitait d'être corrigée par le constituant, soit en franchissant le pas du parlementarisme en rendant le Premier ministre responsable devant le Parlement, soit en permettant au président de le révoquer discrétionnairement avec toutes les conséquences juridiques et politiques que cela comporte. C'est cette dernière option qu'a finalement choisie le constituant ivoirien en consolidant le présidentialisme ivoirien, ce qui a pour conséquence d'affaiblir le Premier ministre. Sur le plan politique, cette réforme est motivée par la volonté d'éviter de revivre le scénario de la guerre de succession de 1993[1178] qui a vu le duel entre le nouveau président et le Premier ministre nommé par son prédécesseur, du fait du refus du Premier ministre de présenter sa démission, ce qui en soit est juridiquement fondé, mais politiquement absurde. Cette situation paradoxale, impensée par le constituant de 1990, a mis à nu les incohérences de l'ancien texte, mais aussi donné une mauvaise image de la fonction de Premier ministre, dans la mesure où OUATTARA a été accusé par le clan BEDIE d'atteinte à la sûreté de l'Etat[1179]. Il n'a dû son salut qu'à sa démission à la suite des négociations avec l'armée et le Gouvernement français dans la mesure où il se murmurait que KONAN-BEDIE avait l'intention de le faire arrêter et le traduire devant la justice avant de se raviser [1180]. Avec la réécriture de l'article 12 al. 2, le présidentialisme ivoirien est complètement assumé[1181] malgré le maintien du poste de Premier ministre. Cependant, le statut du Premier ministre s'est retrouvé davantage dévalorisé puisqu'il est désormais logé à la même enseigne que les autres membres du Gouvernement. On se rend compte que « *déjà inégalitaire, le bicéphalisme s'effrite davantage* [1182]» avec cette réforme.

Le déséquilibre institutionnel de l'exécutif ivoirien résultant de la loi constitutionnelle du 2 juillet 1998 s'observe également à travers la réforme des prérogatives du Premier ministre. La loi constitutionnelle du 6 novembre

---

1176 FALL (I-M.), *Le pouvoir exécutif dans le constitutionnalisme des Etats d'Afrique*, op.cit., p.16

1177 WODIE (F.), *Institutions politiques et droit constitutionnel en Côte d'Ivoire*, op.cit., p. 140

1178 MEL (A.-P.), *Les enjeux de la deuxième République ivoirienne*, Tome 2, op.cit., p. 289

1179 N'DA (P.), *Le drame démocratique africain sur scène en Côte d'Ivoire*, op.cit., p. 105

1180 BERNABE (V.), « Côte d'Ivoire/ 9 décembre 1993: le jour où Bédié a refusé de mettre Ouattara en prison », *Afrikmag*, 9 décembre 2020, https://www.afrikmag.com/cote-divoire-9-decembre-1993-le-jour-ou-bedie-a-refuse-de-mettre-ouattara-en-prison/, consulté le 14 août 2021.

1181 KOBY (A.-K.), « La révision constitutionnalisme du 2 juillet et le présidentialisme ivoirien », op.cit.

1182 MELEDJE (D.-F.), *Les institutions politiques de la Côte d'Ivoire*, Abidjan, ABC Groupe, 2019, p. 22

1990 a été très parcimonieuse avec le Premier ministre dans la détermination de ses prérogatives dans le souci de ne pas bouleverser l'économie de l'article 12 al. 1er qui réserve l'exclusivité du pouvoir exécutif au président. C'est en ce sens que si l'article 12 al.2 attribuait le rôle de chef du Gouvernement au Premier ministre, ce rôle ne pouvait pas être pourvu d'effet juridique car c'est le président qui demeurait le véritable chef du Gouvernement. Néanmoins, ce rôle lui conférait un leadership protocolaire sur les autres membres du Gouvernement, ce qui permettait de distinguer son statut par rapport aux autres membres du Gouvernement. La loi constitutionnelle du 2 juillet 1998 dans sa logique de renforcement des pouvoirs du président s'est également attaquée aux prérogatives du Premier ministre. C'est ainsi que « *le premier ministre, dont les pouvoirs étaient déjà restreints, se voit retirer le titre de chef du gouvernement pour n'être plus que coordonnateur* [1183]».

Si le retrait du titre de chef du Gouvernement du Premier ministre paraît sans incidence sur la nature du régime ivoirien, elle emporte cependant des conséquences juridiques et politiques puisque « *le premier ministre devient en droit et en fait un primus inter pares*[1184] ». Sur le plan juridique, le retrait du titre de chef du Gouvernement au Premier ministre rétablit en quelque sorte le monocéphalisme à la tête de l'Etat ivoirien. En effet, le bicéphalisme suppose avant tout la séparation des fonctions de chef de l'Etat et de chef du Gouvernement comme c'est le cas dans les régimes parlementaires contemporains et dans le régime semi-présidentiel à la française tel qu'adopté par la majorité des Etats d'Afrique noire francophone dans le nouveau constitutionnalisme africain. Déjà en 1990, on peut considérer que c'est par un effet de mode que la loi constitutionnelle du 6 novembre a attribué le titre de chef du Gouvernement au Premier ministre ivoirien alors qu'il ne disposait d'aucun pouvoir autonome. C'est ainsi que malgré la marge de manœuvre considérable qu'il a eu dans la suppléance du président pendant sa maladie, Alassane OUATTARA s'était tout de même rendu compte qu'il ne pouvait rien faire sans l'accord du président, « *en témoignent les allers-retours incessants du Premier ministre en Abidjan et l'Occident où le président se faisait soigner* [1185]». Sur le plan politique, la combinaison de l'affaiblissement du Premier ministre avec les réformes substituant le septennat au quinquennat ou permettant au président de suspendre les élections et demeurer au pouvoir *sine terminum* marque « *le réveil du présidentialisme autoritaire* [1186]» et « *un recul du constitutionnalisme ivoirien* [1187]» et font du président ivoirien « *un*

[1183] SOTINEL (T.), « Une révision constitutionnelle permet au président de Côte d'Ivoire de suspendre les élections », *op.cit.*

[1184] MELEDJE (D.-F.), *Les institutions politiques de la Côte d'Ivoire*, op.cit., p. 22

[1185] MEL (A.-P.), *Les enjeux de la deuxième République ivoirienne*, op.cit., p. 291, note 918.

[1186] MELEDJE (D.-F.), « La révision constitutionnelle du 2 juillet 1998 en Côte d'Ivoire : Un réveil du présidentialisme autoritaire ? », op.cit.

[1187] MELEDJE (D.-F.), « Faire et défaire la Constitution… », op.cit.

monarque républicain [1188]». Hanté par son duel avec OUATTARA, le président KONAN-BEDIE illustrant « *le constitutionnalisme de réaction* [1189]» des chefs d'Etat africain, a dévalorisé la fonction de Premier ministre la réduisant dans une position de servilité. Comme le souligne Agnéro Privat MEL, « *il apparaît…assez nettement à travers son rôle que le Premier ministre en Côte d'Ivoire est un titre conféré au premier d'entre les ministres* [1190]». Plus précisément, le Premier ministre ivoirien n'est que le ministre chargé de la coordination de l'action gouvernementale. En effet, l'une des innovations de la loi constitutionnelle a été d'inscrire à l'article 12 al. 3 de la Constitution que « *le premier ministre anime et coordonne l'action gouvernementale* ». En réduisant l'utilité du Premier ministre à l'animation et la coordination de l'action gouvernementale, le constituant ivoirien de 1998 a confirmé le caractère administratif du Premier ministre ivoirien qui ne porte qu'un titre. Il n'est en réalité qu'un ministre qu'on voudrait distinguer par le rang protocolaire d'où son maintien *in statu quo* dans le texte constitutionnel de 2000 est surprenant[1191]. Ce texte est une occasion manquée de rééquilibrage de l'exécutif ivoirien.

B. Le Premier ministre ivoirien victime des hésitations du constituant de 2000

La Constitution ivoirienne du 23 juillet 2000[1192] a remplacé celle du 3 novembre 1960 plusieurs fois modifiée dont la dernière révision opérée sous l'impulsion du président KONAN-BEDIE en 1998 a fortement influencé la nature du régime en instaurant un régime présidentialiste autoritaire dévalorisant le Premier ministre. Mais le président ivoirien n'a pas eu le temps de jouir de ses nouvelles prérogatives absolutistes avant d'être évincé du pouvoir à la suite du coup d'Etat militaire du 24 décembre 1999 dirigé par le

---

1188 BOURGI (A.), « L'évolution du constitutionnalisme africain : Du formalisme à l'effectivité », op.cit.

1189 BOLLE (S.), « Des Constitutions « made-in Afrique » », op.cit.

1190 MEL (A.-P.), *Les enjeux de la deuxième République ivoirienne*, op.cit., p. 291

1191 MEL (A.-P.), *Les enjeux de la deuxième République ivoirienne*, op.cit., p. 292

1192 Constitution ivoirienne du 23 juillet 2000 (Loi n°2000-513 du 1er août 2000, portant Constitution de la Côte d'Ivoire, *JORCI*, n°30, 40e année, 3 août 2000, pp. 529 et suivants

général Robert GUEÏ[1193]. La junte instaura un régime de transition fondée sur l'ordonnance du 27 décembre 1999[1194] qui n'a pas prévu de poste de Premier ministre. Néanmoins, Seydou Elimane DIARRA est nommé Premier ministre quelques semaines plus tard pour assister le président de la junte dans la direction du Gouvernement de transition sans réelle marge de manœuvre. La Constitution du 23 juillet 2000 adoptée à la suite de ce régime de transition n'a pas opéré un bouleversement institutionnel en demeurant dans le même esprit que sa devancière. Ce faisant, si le poste de Premier ministre est maintenu dans ce texte, ni son statut, ni ses compétences n'ont significativement évolué malgré les nombreux débats suscités par la question[1195].

Des débats politiques ont eu lieu en amont de l'adoption de la nouvelle Constitution, notamment sur la nature du régime et les relations au sein de l'Exécutif. Si le maintien du Premier ministre dans la nouvelle Constitution n'a pas été remis en cause, les débats ont surtout porté sur sa place et son rôle dans le nouveau régime qui sera mis en place. C'est à ce titre que certains acteurs ont proposé un changement de régime, afin de revaloriser le Premier ministre. Cette proposition ambitieuse n'a pas été finalement retenue, ce qui a mis le Premier ministre ivoirien dans une position identique à celle du passé avec quelques changements mineurs. L'association des forces vives de la nation ivoirienne[1196], partis politiques et acteurs de la société civile, ainsi que des experts constitutionnalistes au processus constituant de la IIe République a permis de décloisonner pour une fois le débat institutionnel en Côte d'Ivoire. Toutes ces entités représentatives avaient été regroupées au sein d'une

[1193] Sur les causes et le déroulement du coup d'Etat, voir les articles de presse de PRIER (P.), « Les coulisses du coup d'Etat », *Le Figaro*, 27 décembre 1999, p. 1 et 2 ; DUPONT (S.), « Côte d'Ivoire : un coup d'État surprise met à bas sans peine un régime discrédité », *Les Échos*, 27 décembre 1999, https://www.lesechos.fr/1999/12/cote-divoire-un-coup-detat-surprise-met-a-bas-sans-peine-un-regime-discredite-783375, consulté le 21 août 2021 ; POMPEY (F.), « La mutinerie des jeunes militaires ivoiriens se termine en coup d'Etat », *Le Monde*, 26 décembre 1999, https://www.lemonde.fr/archives/article/1999/12/26/la-mutinerie-des-jeunes-militaires-ivoiriens-se-termine-en-coup-d-etat_3594944_1819218.html, consulté le 16 août 2021 ; et la doctrine avec N'GUESSAN (K.), « Le coup d'État de décembre 1999 : espoirs et désenchantements », in LE PAPE (M.), VIDAL (C.), (dir.), *Côte d'Ivoire. L'année terrible 1999-2000*, op.cit., pp. 51-80 ; BEUGRE (J.), *Côte d'Ivoire, Coup d'Etat de 1999, la vérité enfin !,* Abidjan, Les éditions du CERAP, 2011 ; DE RAULIN (A.), « Le coup d'Etat du 24 décembre 1999 et la fin du miracle ivoirien », *RJPIC*, 2000, n°2, pp. 123-132 ; SMITH (S.), « Côte d'Ivoire : Le général Père-Noël », *Politique internationale*, n°88, été 2000, pp. 307-321 ; etc.

[1194] Ordonnance n°1/99 PR (Acte constitutionnel) du 27 décembre 1999, portant suspension de la Constitution et organisation provisoire des pouvoirs publics, *Tiré à part*.

[1195] LE PAPE (M.), VIDAL (C.), *Côte d'Ivoire : L'année terrible*, op.cit. pp. 103 et suivants

[1196] DOZON (J-P.), « La Côte d'ivoire entre démocratie, nationalisme et ethnonationalisme », *Politique africaine*, n°78, 2000, pp. 45-62.

Commission consultative constitutionnelle et électorale (CCCE)[1197] créée pour la circonstance par le général Robert GUEÏ, président du Comité national de salut public (CNSP)[1198]. Dans leurs propositions au sein de cette commission, beaucoup de partis politiques avaient insisté sur un changement de régime politique, estimant que le moment était venu d'opérer la rupture avec le présidentialisme en Côte d'Ivoire. Les principaux partis politiques tenants d'un changement de régime étaient le Parti ivoirien du travail (PIT) du professeur constitutionnaliste Francis WODIE, et le Rassemblement des républicains (RDR), d'Alassane Dramane OUATTARA. Le point d'orgue de leurs propositions était la redéfinition des rapports au sein de l'Exécutif afin d'accorder plus d'autonomie au Premier ministre. Il s'agissait de soustraire le Premier ministre à la subordination excessive au président qui loin de modérer le présidentialisme tel qu'imaginé, ne fait que le renforcer. Ils voulaient à cet effet que la responsabilité exclusive du Premier ministre devant le président de la République soit remplacée par sa responsabilité devant le Parlement, et qu'il puisse disposer de compétences autonomes. En somme, ils souhaitaient l'instauration d'un régime semi-présidentiel à la française[1199], comparable à celui qui a été institué au Togo (avant 2002), au Niger (avant 1996), au Mali, etc. L'intérêt pour ces deux partis en proposant le changement de régime en Côte d'Ivoire est le fruit d'expériences personnelles vécues par leurs dirigeants respectifs. Le professeur WODIE, constitutionnaliste réputé[1200] en Côte d'Ivoire et en Afrique noire francophone est l'auteur d'un manuel de droit constitutionnel ivoirien[1201] au début du processus démocratique, dans lequel il fustigeait déjà la prépondérance du président de la République dans le régime ivoirien, malgré la création du poste de Premier ministre. Engagé en politique[1202], il espérait profiter de la tribune de la CCCE pour faire passer ses idées constitutionnelles qui sont relayées par le RDR dont le président, Alassane OUATTARA a inauguré le poste de Premier ministre dans la Côte d'Ivoire indépendante. Il avait donné une dimension extra-constitutionnelle à cette fonction en raison des circonstances politiques et économiques[1203], mais en a laissé aussi une mauvaise image en raison de son duel pour la présidence avec KONAN-BEDIE. Au final, les idées novatrices de ces deux partis n'ont

---

1197 Cette institution, chargé d'élaborer l'avant-projet de Constitution, et qui comporte 27 membres a été créée par le décret n° 2000-13 du 21 janvier 2000 portant création, attributions, organisation et fonctionnement de la Commission consultative constitutionnelle et électorale (C.C.C.E.).

1198 Le CNSP a été créé par l'Ordonnance n° 01-99 du 27 décembre 1999 portant suspension de la Constitution et organisation provisoire des pouvoirs publics.

1199 Voir Jeune Afrique l'Intelligent, n°2062, 18 au 24 juillet 2000

1200 Il a d'ailleurs été nommé à la tête du Conseil constitutionnel ivoirien par le président OUATTARA en 2011. Il démissionne en 2015.

1201 WODIE (F.), *Institutions politiques et droit constitutionnel en Côte d'Ivoire*, op.cit.

1202 Plusieurs fois députés, et candidat à l'élection présidentielle en 1996 notamment.

1203 La maladie du président et le programme d'ajustement structurel.

pas été retenues par la CCCE maintenant ainsi le Premier ministre dans la condition qui était la sienne sous la première République.

Dans l'avant-projet de Constitution élaboré par la CCCE et remis au Gouvernement, la nature du régime proposé n'a pas évolué. Il en a été ainsi parce que la question du changement de régime n'a pas été jugée prioritaire par rapport aux autres questions relatives notamment à la nationalité et aux conditions d'éligibilité à l'élection présidentielle. L'avant-projet de Constitution élaboré par la CCCE, adopté par le Gouvernement puis soumis au référendum le 23 juillet 2000 a maintenu le statu quo institutionnel. Mais comme le soulignait Agnéro P. MEL, « *maintenir un régime fortement critiqué, ne peut manquer de surprendre* [1204]». Le régime ivoirien manquait de lisibilité depuis la création du poste de Premier ministre en 1990 en raison de la place incertaine de ce dernier au sein d'un exécutif très exclusivement réservé au président. Les aménagements présidentialistes introduits par KONAN-BEDIE en 1998 ont davantage dévalorisé le Premier ministre en réaction à son duel avec OUATTARA pour la succession du président HOUPHOUËT-BOIGNY. Le processus constituant de 2000 paraissait donc être l'occasion idoine pour corriger les imperfections de l'ancien système, d'où les propositions émanant de leaders politiques pour un rééquilibrage institutionnel devant permettre de clarifier la place du Premier ministre. En optant finalement pour le statu quo, dans une Constitution censée incarner le renouveau ivoirien, pour, selon le général GUEÏ, « *en finir une fois pour toutes, avec ... l'exercice solitaire du pouvoir ...*[1205]», les institutions de la transition ivoirienne ont montré que la question de la nature régime n'était pas fondamentale pour l'édification de la IIe République ivoirienne. La CCCE, dont les travaux se sont plus focalisés sur les conditions d'éligibilité à la présidence de la République[1206], sujet particulièrement clivant en Côte d'Ivoire, que sur les questions institutionnelles, n'avait pas réellement débattu de la question du régime politique. Il ne s'agissait que d'une question secondaire par rapport aux débats sur l'éligibilité à l'élection présidentielle puisque « *le constat de la monopolisation de tous les lieux de discussion – de la Commission consultative constitutionnelle et électorale à la presse et aux partis politiques – par la question de l'éligibilité à la présidence de la République, avec celle, directement sous-jacente, de la recevabilité de la candidature d'Alassane Ouattara, révèle l'ampleur du défi de la transition*

[1204] MEL (A.-P.), *Les enjeux de la deuxième République ivoirienne*, Tome II, op.cit., p. 251.

[1205] Extrait du discours présenté à l'ouverture des travaux de la CCCE, *Le Patriote*, n°173, p. 3, cité MEL (A.-P.), *Les enjeux de la deuxième République ivoirienne*, Tome I, op.cit., p. 12.

[1206] Voir SOUMAREY (P.), « Côte d'Ivoire – Le débat sur l'éligibilité à l'élection présidentielle est inopérant, pernicieux et dépassé », 11 février 2015, http://www.connectionivoirienne.net/107392/cote-divoire-le-debat-sur-leligibilite-lelection-presidentielle-est-inoperant-pernicieux-et-depasse, consulté le 21 avril 2017

ivoirienne[1207] ». Très intéressé par l'épineuse question de l'éligibilité à l'élection présidentielle qui le touchait personnellement, Alassane OUATTARA n'a pas davantage défendu sa proposition de passage au régime semi-présidentiel, ce qui aurait pu donner une autre dimension au Premier ministre ivoirien. Ainsi comme au Sénégal, où le changement de Constitution en 2001 n'a pas opéré de rupture institutionnelle avec le régime précédent[1208], en Côte d'Ivoire, l'essentiel était vraisemblablement ailleurs, ce qui a contribué davantage à déprécier le Premier ministre ivoirien.

Malgré le maintien du statu quo, la Constitution de 2000 a introduit quelques changements apparents relatifs au Premier ministre qui n'ont toutefois pas eu d'influence significative sur sa condition. Elle n'a pas fait mieux que les réformes constitutionnelles précédentes dans la détermination du statut et des attributions du Premier ministre. Elle s'est contentée d'entériner « *la prééminence constitutionnelle du président de la République en Côte d'Ivoire* »[1209] dont l'une des manifestations réside dans la hiérarchisation des rapports au sein de l'Exécutif ivoirien, en reprenant presque religieusement les dispositions de la Constitution précédente. Sur le fond, l'article 41 de la Constitution de 2000 définit le statut du Premier ministre en reprenant *in extenso* les dispositions de l'article 12 de la Constitution précédente, dans sa version révisée du 2 juillet 1998. Il confie l'exclusivité du pouvoir exécutif au président, qui nomme le Premier ministre, chef du Gouvernement, responsable devant lui, et met fin à ses fonctions. Il s'avère ainsi que le statut du Premier ministre ivoirien reste le même que précédemment. Il procède toujours du chef de l'Etat dont les pouvoirs de nomination et de révocation demeurent discrétionnaires. La prééminence du président de la République au sein de l'Exécutif et la subordination du Premier ministre sont ainsi réaffirmées. L'unique changement notable dans le statut du Premier ministre résidait dans la réattribution du titre de chef du Gouvernement. En effet, ce titre lui avait été conféré à sa création par la loi constitutionnelle du 6 novembre 1990 avant d'être supprimé par la loi constitutionnelle du 2 juillet 1998[1210]. Toutefois, comme précédemment analysé, ce titre conféré au Premier ministre ivoirien est plus protocolaire que fonctionnel car, en réalité c'est le président, détenteur exclusif du pouvoir exécutif, et devant qui tous les membres du Gouvernement sont responsables

---

1207 LOSCH (B.), « La Côte d'Ivoire en quête d'un nouveau projet national », *Politique africaine*, n°78, 2000, pp. 5-25.

1208 Initié par Abdoulaye WADE à son arrivée au pouvoir, la Constitution de la IIIe République sénégalaise promulguée le 7 janvier 2001, n'a pas changé la nature présidentielle du régime sénégalais. Voir par exemple NDOYE (D.), *La Constitution sénégalaise du 7 janvier 2001 commentée et ses pactes internationaux annexés : Les perspectives politiques, juridiques et sociales*, 1ère éd., Dakar, EDJA, 2001 ; FALL (I.-M.), *Evolution constitutionnelle du Sénégal de la veille des indépendances aux élections de 2007*, op.cit., etc.

1209 NANDJUI-DANHO (P.), *La prééminence constitutionnelle du Président de la République en Côte d'Ivoire*, op.cit.

1210 Confère supra.

qui dirige le Gouvernement. C'est la raison pour laquelle l'article 41 précise que « *le Premier Ministre anime et coordonne l'action gouvernementale* ». Cette précision, qui a été introduite dans la Constitution précédente par la révision constitutionnelle de 1998 rappelle la distinction entre la direction du Gouvernement qui relève du président, et l'animation et la coordination qui relèvent du Premier ministre. Ce faisant, on peut considérer que, le constituant de 2000 a tenté de donner une certaine effectivité au chef du Gouvernement, mais cela paraît plutôt dévalorisant de réduire le rôle de chef du Gouvernement du Premier ministre à l'animation et à la coordination de l'action gouvernementale. L'absence de pouvoirs autonomes du Premier ministre ivoirien est révélée par l'article 53 de la Constitution de 2000 qui reprend les dispositions de l'article 24 de la Constitution précédente. Cette disposition ne permet au Premier ministre d'exercer le pouvoir exécutif que sur délégation du président. Elle permet également au Premier ministre de suppléer le président en cas d'absence, mais en changeant désormais les prérogatives relevant de la suppléance, afin de se prémunir contre toute application extensive.

N'ayant pas eu le temps d'être appliquée en raison des crises politico-militaires[1211] et de l'internationalisation de la résolution de ces crises[1212], la Constitution de 2000 a été remplacée par celle de 2016 initiée par Alassane Dramane OUATTARA qui l'avait promis lors de sa campagne électorale de 2015 [1213]. Tout en restant fidèle à la tradition présidentialiste ivoirienne, la nouvelle Constitution s'est légèrement démarquée de ses prédécesseurs en tentant de revaloriser frileusement l'institution primo-ministérielle.

Paragraphe 2 : Le Premier ministre bridé par la frilosité du constituant ivoirien de 2016

La Constitution ivoirienne du 8 novembre 2016, adoptée par référendum le 30 octobre 2016, n'a pas ébranlé la tradition présidentialiste ivoirienne. Le principal enjeu de cette nouvelle Constitution réside une nouvelle fois dans la

---

1211 Confère supra.

1212 BERGAMASCHI (I.), DEZALAY (S.), « Dilemmes et ambiguïtés de la sortie de crise par la voie multilatérale en Afrique : le cas de l'Organisation des Nations unies en Côte-d'Ivoire », op.cit. ; MARSHALL (R.), « La France en Côte d'Ivoire : l'interventionnisme à l'épreuve des faits », op.cit. ; ROUX (B.), *La France et la crise ivoirienne : le processus des décisions françaises d'engagement militaire et de conclusion de l'Accord de Linas-Marcoussis (septembre 2002 - février 2003)*, op. cit. ; SADA (H.), « Le conflit ivoirien : enjeux régionaux et maintien de la paix en Afrique », op.cit. ; METOU (B.-M.), « La médiation de l'union africaine dans la résolution des crises internes de ses états membres », op.cit. ; BAPIDI-MBON (D.-P.), *La CEDEAO dans la crise ivoirienne : 2002- 2007*, op.cit., etc.

1213 BOLLE (S.), « Vers la Constitution Ouattara », *La Constitution en Afrique*, article publié le 18 octobre 2016 http://www.la-constitution-en-afrique.org/2016/10/vers-la-constitution-ouattara.html, consulté le 20 avril 2017.

question des conditions d'éligibilité à l'élection présidentielle[1214] à laquelle la Constitution de 2000 n'avait pas pu trouver de solution consensuelle et durable[1215]. Partisan d'un rééquilibrage des relations au sein de l'Exécutif lors du processus constituant de 2000[1216], le président OUATTARA semblait avoir changé d'avis depuis lors, car il n'en a pas été question en 2016. Il a préféré complexifier l'équation en créant un poste de vice-président, comme cela a été le cas au Gabon de 1997 à 2009[1217], puis depuis 2017[1218]. Cette opération marquée par une certaine frilosité du constituant, n'a pas permis de revaloriser davantage le Premier ministre (A) qui paraît muselé par au sein du nouvel exécutif tricéphale (B).

A. Le Premier ministre timidement revalorisé

La Constitution du 8 novembre 2016 s'est inscrite dans la même logique de présidentialisation de l'exécutif ivoirien que ses prédécesseurs tout en tentant de revaloriser le Premier ministre à travers la constitutionnalisation de ses prérogatives gouvernementales. En réalité, il s'est uniquement agi de constitutionnaliser la pratique suivant laquelle le président, qui est le véritable chef du Gouvernement, délègue le leadership gouvernemental au Premier ministre pour animer et coordonner l'action gouvernementale. La seule nouveauté réside dans la possibilité donnée au Premier ministre de s'ériger en dauphin du président.

L'un des changements notables dans la Constitution ivoirienne de 2016 par rapport à la loi constitutionnelle de 1990 et à la Constitution de 2000 réside dans l'institutionnalisation du Gouvernement qui dispose désormais d'un titre spécifique dans le Constitution et du Conseil de Gouvernement comme instance de coordination et d'animation de l'action gouvernementale. Il apparait nécessaire de définir avec un peu plus de précision les prérogatives du chef du Gouvernement, dont la principale attribution comme dans la précédente Constitution est l'animation et la coordination de l'action gouvernementale. Ce faisant, l'article 82 al. 2 de la Constitution attribue formellement la présidence de ce Conseil au Premier ministre, dont les

---

1214 AKPATCHA (D.), « Les conditions d'éligibilité à l'élection présidentielle dans la nouvelle Constitution ivoirienne : La fin du concept d'ivoirité ? », *Le blog du droit électoral*, 3 janvier 2017, http://droitelectoral.blog.lemonde.fr/2017/01/03/03012016-les-conditititions-deligibilite-a-lelection-presidentielle-dans-la-nouvelle-constitution-ivorienne-la-fin-du-concept-divoirite-dodji-akpatcha/, consulté le 20 avril 2017.

1215 On se rappelle encore de la crise électorale de 2010 et ses conséquences.

1216 Confère supra.

1217 Le régime tricéphale est instauré au Gabon par la loi N° 1/97 du 22 avril 1997. Il a été pourvu par le président Omar BONGO jusqu'à son décès en 2009. Son successeur, Ali BONGO, n'a pas souhaité nommer de vice-président, ce qui a fait tomber le poste en désuétude, sans qu'il soit supprimé de la Constitution.

1218 La nomination d'un vice-président par Ali BONGO en 2017 a ressuscité le poste mis entre parenthèses depuis 2009.

prérogatives sont limitées afin de ne pas concurrencer le Conseil des ministres dont le président assure la direction Le Conseil de Gouvernement, « *réunion préparatoire du Conseil des ministres* », est l'antichambre du Conseil des ministres est l'équivalent des Conseils de cabinet[1219] ou des conseils ministériels institués de droit ou de fait dans certains Etats[1220]. Le Conseil de Gouvernement en tant que cadre de concertation et de coordination joue un rôle important dans les décisions prises par le Conseil des ministres. La direction de ce conseil met en exergue l'utilité administrative du Premier ministre souvent mis en avant pour compenser son déficit politique. S'il n'a été constitutionnalisé qu'en 2016, le Conseil de Gouvernement existait de façon informelle depuis la création du poste de Premier ministre en Côte d'Ivoire permettant au Premier ministre de « *veiller à la cohérence et à l'efficacité de la politique déterminée par le chef de l'État* [1221]». Le constituant ivoirien de 2016 n'a pas réellement innové en inscrivant cette instance dans la Constitution, mais il s'est surtout agi de donner une existence formelle à la pratique afin de consolider le rôle administratif du Premier ministre. Cette instance peut être rapprochée également du Comité interministériel institué par l'article 56 al.4 de la Constitution sénégalaise de 2001[1222] et des Conseils interministériels et réunions interministérielles institués par l'article 53 al. 4 de la Constitution guinéenne de 2010 présidés par le Premier ministre. On retrouve également un précédent de ce type de comité dans l'histoire de la Côte d'Ivoire. En effet, le président HOUPHOUËT-BOIGNY institua par décret en 1990 un Comité Interministériel[1223] de Coordination du Programme de Stabilisation et de Relance Economique, qui ressemblait à une cellule de crise, dirigé par Alassane D. OUATTARA[1224], alors que ce dernier n'était même pas encore membre du Gouvernement. L'institutionnalisation du Conseil de Gouvernement en 2016 et l'attribution de sa direction par le Premier ministre permet de constitutionnaliser le leadership gouvernemental du Premier ministre ivoirien alors que sous les Constitutions précédentes, cela relevait d'une délégation du président. Même si en définitive les décisions sont prises par le Conseil des ministres présidé par le Président, il s'avère que tout

---

[1219] Sur la notion de Conseil de cabinet, voir par exemple ROUSSELLIER (N.), *La force de gouverner. Le pouvoir exécutif en France, XIXe-XXIe siècles*, Paris, Gallimard, 2015

[1220] Sur les Conseils ministériels en France par exemple, voir GERARD (P.), *L'administration de l'Etat*, 2e éd., Paris, Leixinexis, 2016, pp. 86 et suivants.

[1221] PRIVAT-MEL (A.), « La réalité du bicéphalisme de l'Exécutif ivoirien », op.cit.

[1222] Abrogé par la loi constitutionnelle n°2009-10 du 14 mai 2019 portant révision de la Constitution. Cette loi a également supprimé le poste de Premier ministre au Sénégal.

[1223] Décret n° 90-334 du 18 avril 1990 portant création d'un Comité Interministériel de Coordination du Programme de Stabilisation et de Relance Economique

[1224] CHAMPIN (C.), « Portrait d'Alassane Ouattara », *RFI*, 11 mars 2015 (dernière version http://www.rfi.fr/afrique/20101126-portrait-alassane-ouattara, consulté le 9 avril 2017.

sera ficelé au sein du Conseil de Gouvernement, où le Premier ministre pourrait jouer un rôle d'arbitrage[1225] préalable.

L'organisation du Conseil de Gouvernement n'est pas prédéfinie par la Constitution, ni par d'autres textes législatifs ou règlementaires et relève ainsi entièrement du Premier ministre. Pour ce faire, il s'appuie sur le Secrétariat général du Gouvernement, service de coordination politique et administrative entre les différents départements et les autres institutions, dirigé par un Secrétaire général[1226], nommé par décret du président sur proposition du Premier ministre[1227]. Les réunions du Conseil de Gouvernement se tiennent généralement la veille du Conseil des ministres dans la mesure où elles ont pour tâche essentielle de préparer les décisions du Conseil des ministres. Dans la pratique, ces réunions sont moins médiatisées que le Conseil des ministres, ce qui permet sur le plan politique de ne pas trop mettre la lumière sur le Premier ministre, d'où le manque d'informations sur leur déroulement. Elles sont généralement sanctionnées par un Communiqué[1228] signé par le Premier ministre, ou en son absence, le ministre chargé de son intérim. En sa qualité de réunion préparatoire, le Conseil de Gouvernement n'est ni une instance délibérative, ni une instance décisionnelle, mais une simple instance de concertation, de coordination et d'arbitrage. Il permet à ce titre de décongestionner le Conseil des ministres qui reste le seul et unique centre décision du pouvoir exécutif. En confiant la direction du Conseil de Gouvernement au Premier ministre et celle du Conseil des ministres au président, le constituant ivoirien formalise le caractère hiérarchisé de l'exécutif ivoirien en faisant une nette distinction entre l'organe de préparation et l'organe de décision[1229]. Cette distinction renforce la subordination du Premier ministre au président en Côte d'Ivoire. En dirigeant le Conseil de Gouvernement, le Premier ministre ivoirien ne saurait donc s'ériger en concurrent du chef de l'Etat. Ce faisant, même en cas d'absence ou d'empêchement du président, seul le Conseil des ministres demeure l'organe compétent pour prendre les décisions relevant du président. C'est à ce titre que la Constitution a prévu que le président puisse déléguer la présidence du Conseil des ministres au Premier ministre ou au vice-président lorsque l'un d'entre eux le supplée. Eu égard aux prérogatives limitées du Conseil de

---

[1225] BONDUELLE (A.), *Le pouvoir d'arbitrage du Premier ministre sous la Ve République*, Paris, LGDJ, coll. « Thèses », 1999

[1226] Cette structure existe dans tous les Etats d'Afrique noire francophone depuis l'instauration du bicéphalisme.

[1227] L'organisation du Secrétariat général du Gouvernement en Côte d'Ivoire est régie par le Décret n° 2010-58 du 27 avril 2010 déterminant les attributions et l'organisation du Secrétariat général du Gouvernement et abrogeant le décret n° 95-21 du 20 janvier 1995

[1228] Voir par exemple le Communiqué du Gouvernement du 1er février 2011, http://www.gouv.ci/doc/Conseil%20de%20Gouvernement_1er%20Fev%202011.pdf, consulté le 1er juillet 2021.

[1229] Sur cette distinction dans la pratique en France, voir MASSOT (J.), *L'arbitre et le capitaine*, op.cit. ; *Chef de l'Etat et chef du Gouvernement : la dyarchie hiérarchisée*, op.cit.

Gouvernement, qui malgré sa constitutionnalisation demeure une structure purement administrative, la revalorisation du Premier ministre dans la nouvelle Constitution reste en demi-teinte, ce qui est justifié par la volonté de ne pas renoncer à la tradition présidentialiste ivoirienne.

Toujours privé de compétences décisionnelles autonomes, le Premier ministre peut malgré tout prétendre à la succession du président grâce à la constitutionnalisation du dauphinat constitutionnel, ce qui permet de lui trouver une utilité, soit-elle subsidiaire ou résiduelle. Le dauphinat est une modalité de succession monarchique du chef de l'Etat[1230] inaugurée en Afrique noire francophone après les indépendances qui permet au président en exercice de choisir discrétionnairement son successeur sans qu'il soit nécessaire que de nouvelles élections soient organisées en cas de vacance du pouvoir[1231]. Le dauphin désigné est constitutionnellement assuré, en cas de succession, d'aller au bout du mandat du titulaire. Cette technique utilisée dans plusieurs Etats africains constitue l'une des caractéristiques du second cycle constitutionnel africain et a justifié la restauration du bicéphalisme dans les Etats africains au cours de ce cycle[1232]. Elle a permis d'assurer la succession pacifique des chefs d'Etat au Gabon[1233], au Sénégal[1234], au Cameroun[1235], etc. à une époque où les changements de chef d'Etat en Afrique francophone rimaient avec les coups d'Etat militaires[1236].

En Côte d'Ivoire, la question du dauphinat a toujours été très controversée[1237]. En effet, HOUPHOUËT-BOIGNY s'y est pendant longtemps opposé afin de consolider son pouvoir, d'où son hostilité au bicéphalisme jusqu'au début des années quatre-vingt-dix. Le duel fratricide[1238] pour sa succession en 1993 entre OUATTARA et KONAN-

---

[1230] MBODJ (E.-H.), *La succession du chef d'Etat en droit constitutionnel africain*, op.cit.

[1231] KAMTO (M.), « Le dauphin constitutionnel dans les régimes politiques africains », Recueil *Penant*, n°781-782, 1983, p. 19

[1232] DIOP (S.), *Le Premier ministre africain…*, op.cit.

[1233] Entre Léon M'BA (président) et Omar BONGO (vice-président) en 1967.

[1234] Entre Léopold Sédar SENGHOR (président) et Abdou DIOUF (Premier ministre) en 1981.

[1235] Entre Ahmadou AHIDJO (président) et Paul BIYA (Premier ministre) en 1982.

[1236] Voir PABANEL (J-P.), *Les coups d'Etat militaires en Afrique noire*, Paris, L'Harmattan, 1984 ; VIGNON (Y.), « Le coup d'Etat en Afrique noire francophone », in *Les voyages du droit. Mélanges en l'honneur de Dominique Breillat*, Paris, LGDJ, 2010, pp. 615-617 ; CHEVRIER (J.), « Crise des institutions, coups d'Etat, dépendance accrue. L'échec des systèmes politiques africains », *Le Monde diplomatique*, août 1975, pp. 20 et suivants, etc.

[1237] TOGBA (Z.), « L'intérim de la présidence de la République en Côte d'Ivoire : Analyse juridique et impact politique », *Penant,* 1988, pp. 205 et suivants ; WAUTHIER (C.), « Une délicate transition en Côte d'Ivoire : Grandes manœuvres en Côte-d'Ivoire pour la succession de M. Houphouët-Boigny », *Le Monde diplomatique*, juillet 1985, pp. 1, 20-21.

[1238] KONAN-BEDIE et OUATTARA ont toujours été présentés comme des fils spirituels d'HOUPHOUËT. Les deux ont d'ailleurs toujours revendiqué son héritage politique. Voir COULIBALY (Z.), « L'héritage d'Houphouët-Boigny ou l'avenir du RHDP », *Géoéconomie*, n° 1, 2015, pp. 121-134 ; CAGNOLARI (W.), « Côte d'Ivoire, les héritiers maudits de Félix Houphouët-Boigny », *Le Monde diplomatique*, janvier 2011, pp. 14-15 ; etc.

BEDIE[1239] donne raison à titre posthume au « *père de la nation ivoirienne* [1240]» sur les effets pervers de ce mode de dévolution du pouvoir. Echaudé par ce duel malgré sa victoire, KONAN-BEDIE s'est alors empressé de mettre fin au dauphinat en renforçant son hégémonie par les réformes constitutionnelles de 1994[1241] et 1998[1242]. La Constitution de 2000, tirant les leçons des différentes controverses sur le duel de 1993, n'a pas retenu le dauphinat. Elle a mis en place, à l'instar de la majorité des Etats d'Afrique noire francophone à cette époque un système d'intérim assuré par le président de l'Assemblée nationale « *pour une période de quarante-cinq jours à quatre-vingt-dix jours au cours de laquelle il fait procéder à l'élection du nouveau président de la République* [1243]». Contre toute attente, alors que l'époque du dauphinat semblait révolue en Afrique noire francophone, la Constitution ivoirienne de 2016 l'a remis à l'ordre du jour alors que le président OUATTARA s'y était opposé à sa mise en œuvre au profit de KONAN-BEDIE en 1993. L'article 62 pose le principe du dauphinat en disposant :

> « *En cas de vacance de la Présidence de la République (...), le vice-Président de la République devient, de plein droit, Président de la République [...]. Les fonctions du nouveau Président de la République cessent à l'expiration du mandat présidentiel en cours [...]. En cas de décès, de démission ou d'empêchement absolu du vice-Président de la République, alors que survient la vacance de la Présidence de la République, les fonctions de Président de la République sont exercées par le Premier ministre [...]* ».

Il ressort de cette disposition que si le vice-président est le dauphin désigné du président, le Premier ministre apparait comme le vice-dauphin, en ce qu'il ne peut prétendre à la succession qu'en cas de vacance au cours de la succession. Le système de dauphinat instauré par l'article 62 de la Constitution ivoirienne de 2016 à deux niveaux impliquant le vice-président et le Premier ministre paraît très complexe et surtout imparfait. De nombreuses zones d'ombre sont rapidement apparues dans la formulation de cette disposition. En effet, il n'est pas notamment précisé si le vice-président devenu président peut nommer un nouveau vice-président ou si le Premier ministre, exerçant les fonctions de président alors qu'une vacance survient au cours de la vacance hérite-t-il du titre de président de la République comme le vice-président, etc.

[1239] Confère supra.

[1240] L'un des nombreux surnoms de Félix HOUPHOUËT-BOIGNY.

[1241] Loi n° 94-438 du 16 août 1994 portant révision de la Constitution et création du Conseil constitutionnel, *JORCI*, n°40, 29 septembre 1994, pp. 736-737

[1242] Loi n° 98-387 du 2 juillet 1998 portant révision de la Constitution, op.cit.

[1243] Article 40 al. 1er de la Constitution ivoirienne du 23 juillet 2000

La loi constitutionnelle du 19 mars 2020[1244] a tenté de corriger les imperfections de l'article 62. Si le vice-président demeure le premier dauphin du président, il est désormais précisé « *qu'il ne peut faire usage des articles 70, 75 alinéa 1 et 177* ». Cette limitation qui ne s'appliquait qu'au Premier ministre dans la version originale de cette disposition est désormais étendue au vice-président, et l'empêche en cas de succession de nommer un nouveau Premier ministre, de soumettre une loi au référendum et de prendre l'initiative d'une révision constitutionnelle. Cette nouvelle disposition tente d'uniformiser le régime du dauphinat qu'il soit assuré par le vice-président ou le Premier ministre. Elle permet en outre au Premier ministre en poste lors de la succession du président par le vice-président de conserver son poste jusqu'à la fin du mandat du nouveau président. Elle instaure en quelque sorte l'inamovibilité du Premier ministre en cas de succession ce qui peut être interprété comme une volonté de sauvegarder la stabilité des institutions en cas de succession du président en cours de mandat. Toutefois, cela peut susciter des relations conflictuelles lorsque le vice-président succédant au président n'est pas en bons termes avec le Premier ministre, d'où l'intérêt pour le président de consulter le vice-président lors de la nomination du Premier ministre afin de s'assurer de leur entente future. A ces restrictions, le nouvel article 62 ajoute que « *le vice-Président de la République exerçant les fonctions de Président de la République ne peut pas nommer de vice-Président pendant la durée du mandat restant à courir* ». Il en résulte que l'exécutif tricéphale devra se muer en exécutif bicéphale pendant le reste du mandat à courir, ce qui contredit l'article 53 de la Constitution. La dernière réforme de l'article 62 concerne le Premier ministre, dont le statut de second dauphin est désormais affirmé par la formule suivant laquelle « *il achève le mandat du Président de la République élu* ». Toutefois, il ne peut pas nommer un autre Premier ministre, ce qui suppose qu'il devra cumuler ses fonctions avec celles dévolues au vice-président et au président, ce qui pourrait conduire théoriquement au monocéphalisme. Cette disposition crée encore une source de confusion qui rend encore plus illisible le système de dauphinat instauré par la Constitution ivoirienne.

Quoi qu'il en soit, malgré la réforme du 17 mars 2000, l'article 62 de la Constitution ivoirienne demeure énigmatique. Sa mise en œuvre risquerait de conduire à des complications alors qu'il est censé garantir la succession pacifique du président. Quant au Premier ministre, sa position de second dauphin demeure très anecdotique car il lui faudrait un concours de circonstances pour succéder au président. Il en résulte que malgré les tentatives de revalorisation du Premier ministre par la nouvelle Constitution, il est muselé au sein de l'exécutif tricéphale ivoirien.

[1244] Loi constitutionnelle n°2020-348 du 19 mars 2020 portant modification de de la loi n°2016-886 du 8 novembre 2020 portant constitution de la République de Côte d'Ivoire, *JORCI*, 62e année, n°23, 19 mars 2020, p.329.

B. Le Premier ministre muselé au sein de l'Exécutif tricéphale

Une autre forme de dépréciation du Premier ministre dans le nouveau constitutionnalisme africain réside dans son musellement institutionnel à travers la création d'institutions concurrentes à son statut et à son pouvoir. S'il est vrai que « *le Premier ministre et le vice-président ne se rencontrent ... qu'exceptionnellement dans un seul et même régime politique*[1245]», le Gabon en 1997[1246], puis la Côte d'Ivoire en 2016 ont introduit cette tendance en Afrique noire francophone depuis quelques années. Le caractère tricéphale de l'exécutif ivoirien est institué par l'article 53 de la Constitution de 2016 qui dispose que « *l'Exécutif est composé du Président de la République, du vice-Président de la République et du Gouvernement* ». Quels que soient les mobiles de sa création[1247], le vice-président se présente au sein de l'exécutif ivoirien comme un concurrent du Premier ministre. Alors que sa suppression fut évoquée dans un premier temps[1248], le Premier ministre ivoirien a été finalement maintenu mais dévitalisé par le tricéphalisme qui se présente comme une illustration du renforcement du présidentialisme ivoirien. Les deux institutions se retrouvent en concurrence sur les plans statutaire et fonctionnel. Cette concurrence institutionnelle a pour conséquence de les affaiblir, mais surtout le Premier ministre qui s'affaiblit davantage en étant muselé par le couple président-vice-président, ce qui profite au chef de l'Etat pour renforcer sa prééminence au sein de l'exécutif ivoirien. Alors qu'il compensait sa faiblesse statutaire et fonctionnelle par sa position de « *collaborateur numéro 1* » auprès du président de la République dans l'organisation hiérarchisée de l'exécutif ivoirien, le Premier ministre a vu le vice-président s'intercaler dans sa relation avec le chef de l'Etat. Les similitudes statutaires présentées par le Premier ministre et le vice-président reflètent la concurrence statutaire qui s'instaure entre les deux, le vice-président se présentant comme un doublon institutionnel du Premier ministre.

Le statut du Premier ministre ivoirien est presque le même que celui du vice-président. En effet, ils procèdent tous les deux du président. S'il n'est pas besoin de revenir sur le mode de désignation du Premier ministre ivoirien,

---

1245 NGANDO-SANDJE, « Le vice-président et le Premier ministre dans la Constitution gabonaise : duo ou duel ? », *RFDC*, n°125, 2021, pp. 25-70.

1246 Voir ROSSATANGA-RIGNAULT (G.), *L'Etat au Gabon : Histoire et institutions*, Libreville, Raponda-Walker, 2000

1247 LEPIDI (P.), « Zoom sur le projet de nouvelle Constitution ivoirienne », *Le Monde Afrique*, 6 octobre 2016, https://www.lemonde.fr/afrique/article/2016/10/06/la-nouvelle-constitution-ivoirienne-point-par-point_5009433_3212.html#oDIRoBkqIaHeGjmd.99, consulté le 17 août 2021.

1248 HG (pseudo), « Réforme constitutionnelle : CIVIS-Côte d'Ivoire demande la suppression du poste du Premier ministre », *L'intelligent d'Abidjan*, 10 mai 2016, https://news.abidjan.net/articles/590739/reforme-constitutionnelle-civis-cote-divoire-demande-la-suppression-du-poste-du-premier-ministre, consulté le 17 août 2021.

celui du vice-président mérite quelques observations. Dans sa version originale, la Constitution de 2016 avait prévu l'élection du vice-président dans le cadre d'un ticket présidentiel à l'américaine. C'est ce qui résulte de la version originale de l'article 55 qui disposait qu' « *il [le président] choisit un vice-Président de la République, qui est élu en même temps que lui* ». Il convient tout de même de noter la dérogation constitutionnelle transitoire de l'article 179 qui permet au président de la République Alassane OUATTARA de nommer le vice-président et de le révoquer discrétionnairement. C'est à ce titre que peu de temps après la promulgation de la Constitution, le président OUATTARA a décidé de nommer Daniel KABLAN-DUNCAN[1249], vice-président de la République ivoirienne. Ce dernier, abandonnant ainsi le poste de Premier ministre qu'il occupait jusqu'alors à Amadou Gon COULIBALY[1250] , un autre fidèle du président. La nomination du Premier ministre en fonction au moment de la réforme constitutionnelle[1251] au poste de vice-président permet de s'apercevoir que le poste de vice-président paraît plus prestigieux que celui de Premier ministre. On peut en déduire une sous-estimation du poste de Premier ministre, qui, aura moins d'enjeu dans les années à venir que celui de vice-président, considéré comme le dauphin, le successeur potentiel du président. Le Premier ministre, non seulement recule dans la hiérarchie de l'Exécutif, mais aussi perd-il de son prestige.

Si les statuts respectifs du Premier ministre et du vice-président sont concurrents et constitutifs d'un doublon institutionnel au sommet de l'Etat ivoirien, il en est de même au niveau de leurs compétences. En effet, si aucun des deux ne dispose ni d'attributions constitutionnelles substantielles, ni de pouvoir règlementaire autonome, ils disposent de la possibilité d'exercer le pouvoir exécutif par délégation du président, ou en assurant sa suppléance. S'agissant de la délégation c'est l'article 76 qui prévoit que « *le Président de la République peut, par décret, déléguer certains de ses pouvoirs au vice-Président de la République, au Premier ministre et aux autres membres du Gouvernement* ». La délégation prévue par l'article 76 revêt un caractère facultatif. On ne comprend dès lors pas pourquoi l'article 77 prévoit une autre forme de délégation, toute aussi facultative uniquement au profit du Premier ministre et des membres du Gouvernement. Tout compte fait, en introduisant le vice-président dans la chaîne de délégation, la Constitution ivoirienne de 2016 complexifie davantage la lisibilité de l'exécutif ivoirien dans la mesure où l'on ne sait pas si le président peut choisir discrétionnairement entre ces différentes autorités ou s'il est obligé de respecter l'énumération retenue par

---

[1249] Décret n° 2017-11 du 10 janvier 2017 portant nomination de M. Daniel Kablan DUNCAN Vice-Président de la République, *JORCI*, n°1, n° spécial, 11 janvier 2017.

[1250] Décret n° 2017-12 du 10 janvier 2017 portant nomination de M. Amadou Gon COULIBALY Premier Ministre, chef du Gouvernement, *JORCI*, n°1, n° spécial, 11 janvier 2017

[1251] Cette nomination a été précédée de la dissolution du Gouvernement et d'une grande restructuration au sommet de l'Etat. Voir *JORCI*, n°1, n° spécial, 11 janvier 2017

l'article 76. Quoi qu'il en soit, c'est le Premier ministre qui est perdant, dans la mesure où le président, en voulant déléguer ses pouvoirs, doit désormais tenir compte de la présence du vice-président qui ne serait pas anecdotique.

Si la délégation des pouvoirs du président soumet le Premier ministre et le vice-président à une rude concurrence, il en est de même dans la suppléance du chef de l'Etat, dont le Premier ministre était jusqu'alors l'unique bénéficiaire. La nouvelle Constitution hiérarchise clairement la chaîne de la suppléance comme elle l'a fait pour le dauphinat en définissant un rang faisant du vice-président le second du président au détriment du Premier ministre, qui, pour suppléer le président, doit aujourd'hui compter sur un grand concours de circonstances. D'abord, l'article 79 dispose que « *le vice-Président de la République supplée le Président de la République lorsque celui-ci est hors du territoire national* », puis l'article 82 al. 3 précise que « *le Premier ministre supplée le Président de la République lorsque celui-ci et le vice-Président de la République sont hors du territoire national* ». Le Premier ministre ne peut donc prétendre aujourd'hui exercer le pouvoir exécutif qu'en l'absence conjuguée du président et du vice-président, ce qui paraît hypothétique, car il faudrait un grand concours de circonstances pour que les deux soient absents ou empêchés simultanément.

Hormis la concurrence du vice-président qui rend incertaine la place du Premier ministre au sein de l'exécutif ivoirien, c'est surtout le renforcement du présidentialisme ivoirien par la nouvelle Constitution qui soulève la question même de l'utilité du Premier ministre au sein de ce régime. En effet, alors que la réalité bicéphalisme introduit depuis 1990 a toujours été remise en cause car simplement de façade[1252], le tricéphalisme l'est encore plus puisqu'il n'a jamais été dans l'intention du constituant ivoirien ni de changer la nature du régime, ni de renforcer le Premier ministre ou le vice-président, ni d'affaiblir le chef de l'Etat. Par conséquent, ce qui prévaut dans la nouvelle configuration de l'exécutif ivoirien, c'est de renforcer le présidentialisme ivoirien. Il résulte de cette nouvelle configuration que « *le pouvoir exécutif est tricéphale dans la forme, mais dans la pratique le pouvoir exécutif est un pouvoir monocéphale, c'est-à-dire que c'est le président de la République qui est le détenteur du pouvoir exécutif*[1253] ».

En dehors de la Côte d'Ivoire, l'Exécutif tricéphale se retrouve aujourd'hui au Gabon parmi les Etats d'Afrique noire francophone. C'est le

---

1252 MEL (A.-P.), « La réalité du bicéphalisme du pouvoir exécutif ivoirien », op.cit.

1253 KOUAO (G.-J.), « Quel système politique pour la Côte d'Ivoire ? », *Communication au Séminaire de formation organisé par la Fondation Konrad Adenauer Stiftung à l'attention des parlementaires du PDCI* le 6 novembre 2018, cité in « Côte d'Ivoire - Système politique : les obstacles à la promotion de la démocratie révélés », http://www.africactu.com/societe/1806-cote-d-ivoire-systeme-politique-les-obstacles-a-la-promotion-de-la-democratie-reveles, consulté le 23 août 2021.

fruit de la réforme constitutionnelle du 22 avril 1997[1254] qui crée le poste de vice-président, aux côtés de ceux de président de la République et de Premier ministre[1255]. Au Gabon, la réforme de 1997 s'inscrivait bien dans une logique d'affaiblissement du Premier ministre[1256], qui pourrait réellement concurrencer la prééminence du président de la République par son statut et ses attributions constitutionnelles[1257]. Or, ce n'est pas le cas en Côte d'Ivoire où le Premier ministre, malgré son titre de chef du Gouvernement ne peut prétendre remettre en cause la prééminence du président. On peut se poser la question de l'utilité de cette « *inflation institutionnelle* [1258]» dans la mesure où c'est du chef de l'Etat que procède tout le pouvoir exécutif dans son ensemble.

Conclusion 2e partie

Il s'agit de démontrer dans cette partie que les différentes tentatives de rationalisation du présidentialisme par le Premier ministre entreprises dans le cadre du nouveau constitutionnalisme africain ont échoué dans les Etats d'Afrique noire francophone. Le cas togolais illustre à merveille cet échec dont les causes et les conséquences sont partagées par les autres Etats où le Premier ministre de transition présente le même bilan notamment au Niger[1259], au Zaïre[1260] et au Congo[1261]. Cette hypothèse s'est confirmée au terme de cette analyse qui s'est fondée sur la mise en lumière des facteurs explicatifs de cet échec et leurs conséquences sur la condition actuelle du Premier ministre de la troisième génération. En reprenant la catégorisation opérée dans la première

---

[1254] Loi n° 1/97 du 22 avril 1997, portant révision de la Constitution (30 articles au total de la Constitution du 26 mars 1991).

[1255] NGANDO-SANDJE, « Le vice-président et le Premier ministre dans la Constitution gabonaise : duo ou duel ? », op.cit.

[1256] MENGUE ME ENGOUANG (F.), « Où en est le processus de démocratisation au Gabon ? », *Juris périodique* n°35, Juil.-août-sept. 1998, p. 97.

[1257] ONDO (T.), *Plaidoyer pour un nouveau régime politique au Gabon*, op.cit.

[1258] KOUAO (G.-J.), cité par ADAYE (J.), « Y'a-t-il des pilotes à bord de l'Etat ivoirien ? », 26 février 2021 sur https://www.dw.com/fr/ya-t-il-des-pilotes-%C3%A0-bord-de-letat-ivoirien/a-56718938, consulté le 23 août 2021.

[1259] APARD (E.), « Les modalités de la transition démocratique au Niger : l'expérience de la conférence nationale », in SALVAING (B.), (dir.), *Pouvoirs anciens, pouvoirs modernes de l'Afrique d'aujourd'hui*, Rennes, PUR, 2015, pp. 153-167 ; NIANDOU-SOULEY (A.), « La démocratisation au Niger : bilan critique », in KIMBA (I.), (dir.), *Le Niger, État et démocratie*, Paris, L'Harmattan, 2001, p. 308 ; LAOUEL (K.), et al., « Les lacunes juridiques de l'Acte fondamental n° 21 portant organisation des pouvoirs publics au Niger », op.cit.

[1260] NGOLONGOLO (A.), *Congo : Bravo ou fiasco « depuis la Conférence nationale ? »*, Paris, Autoédition, 1993 ; NZUZI (L.), « Zaïre : quatre années de " transition ", bilan provisoire », *Afrique politique,* 1995, pp. 253-265, etc.

[1261] MENGA (G.), *Congo : la transition escamotée*, Paris, L'Harmattan, 1993 ; QUANTIN (P.), « Congo : les origines politiques de la décomposition d'un processus de libéralisation (août 1992-décembre 1993) », *Afrique politique*, 1994, pp. 167-190 ; PHILIPPE (C.), « La démocratie au Congo : la transition difficile », *Défense nationale*, n°48, mai 92, pp. 43-56, etc.

partie et en considérant que les deux catégories de Premier ministre ont échoué dans leur tentative de rationalisation du présidentialisme, on s'aperçoit que le Premier ministre de la transition et/ou de crise a échoué du fait de son impuissance politique et juridique alors que celui post-transition se trouve dévalorisé.

Dans les Etats ayant organisé une CNS, comme le Togo, la prééminence primo-ministérielle a été remise en cause dans les exécutifs transitionnels en raison de la personnalité des chefs d'Etat avides de revanche comme le refus de la transition par le président EYADEMA au Togo. La situation est ainsi décrite par un auteur :

> « *Le premier ministre a constitué l'un des points d'achoppement important dans le processus politique […]. Bénéficiant d'un accord minimal entre les différents acteurs politiques comme modalité de fondation de l'ordre démocratique, la fonction a été au cœur des affrontements entre acteurs politiques sur la transition. Et les trajectoires du rôle et de l'ordre politique qu'il annonçait ont varié…*[1262] ».

Il ressort de cette analyse que, les périodes de transition, mal préparées sur le plan juridique avec des textes défectueux adoptés dans la précipitation, et sur le plan politique par l'absence de consensus politique autour de l'organisation et le fonctionnement des institutions transitoires, ont conduit à des duels au sein de l'exécutif, souvent remportés par le président. La bataille rangée entre d'un côté le président EYADEMA appuyé par l'armée, et de l'autre le Premier ministre KOFFIGOH appuyé par le HCR a rythmé toute la période de transition jusqu'à ce que le Premier ministre, fragilisé dès le départ par les carences de l'acte constitutionnel et les dissensions au sein du HCR se soit rallié au président pour se sauver physiquement et politiquement. La résurgence de l'autoritarisme présidentiel dont le seul but est de prendre la revanche contre les CNS et d'affaiblir les Premiers ministre de transition a été favorisée en grande partie par le rôle stratégique joué par les armées[1263] ayant pris fait et cause dès le départ pour leurs chefs démythifiés et déchus par les CNS. C'est dans ce sens que les incursions de l'armée togolaise contre les institutions transitoires ont instauré un climat de terreur dont l'apothéose

[1262] NGWE (L.), « Le Premier ministre dans les mutations politiques des Etats d'Afrique francophone », op.cit.

[1263] ESSONO-EVONO (A.), « Armée et démocratie en Afrique, une relation ambivalente à normaliser », op.cit. ; LUCKAM (R.), « The military, militarization and democratization in Africa : a survey of literature and issues », *African Studies Review*, n° 37 (2), sept. 94, pp. 13-75 ; MOUKOKO MBONJO (P.), « Régimes militaires et transition démocratique en Afrique : à la recherche d'un cadre d'analyse théorique », *Afrique 2000*, n°13, avr-juin 93, pp. 39-58.

sanglante du 3 décembre 1991 au Togo a dévitalisé le Premier ministre. Si la résistance des chefs d'Etat avec le soutien de l'armée a été déterminante dans l'échec du Premier ministre de transition, les conflits internes aux institutions transitoires elles-mêmes, comme ce fut le cas entre le Premier ministre et le HCR au Togo a affaibli davantage celles-ci et favorisé la « *représidentialisation* » des institutions.

Le cas du Premier ministre de crise en Côte d'Ivoire dans les années 2000 peut être également rapproché de ce qui s'est passé dans les Etats ayant organisé une CNS au début du processus démocratique. Les stipulations de l'ALN et des Résolutions 1633 et 1721 du Conseil de sécurité de l'ONU étaient ouvertement dirigées contre le président GBAGBO dont la légitimité était au centre du conflit qui s'est déclenché le 19 septembre 2002. L'exclusion du président ivoirien de la table de négociations de Linas-Marcoussis pourrait être rapprochée de l'absence du président EYADEMA pendant les travaux de la CNS au Togo où avaient été définis dans l'un et l'autre cas, l'organisation et le fonctionnement des institutions transitoires. Il n'a donc pas été étonnant que les Premiers ministres de crise Seydou DIARRA et Charles KONAN-BANNY, imposés au président GBAGBO comme ce fut le cas de KOFFIGOH au Togo, aient eu des rapports très conflictuels avec le chef de l'Etat ivoirien. Comme au Togo, c'est le président ivoirien qui sortit vainqueur de cette épreuve de force grâce à sa résistance face à des Premiers ministres forts en apparence, mais fragilisés en réalité par des carences juridiques politiques des instruments de sortie de crise.

Si on peut tenter d'expliquer l'échec des Premiers ministres de transition ou de crise par le contexte particulier dans laquelle s'inscrivaient leurs missions, l'échec des Premiers ministres post-transition résulte quant à lui de facteurs affectant l'évolution du nouveau constitutionnalisme africain. Ces facteurs sont fondés à la fois sur l'évolution du droit positif et de la pratique gouvernant les rapports institutionnels notamment les relations entre le Premier ministre et le chef de l'Etat. La contribution des réformes et changements constitutionnels à l'échec du Premier ministre dans la rationalisation du présidentialisme à travers les cas togolais et ivoirien est devenue l'une des tendances du nouveau constitutionnalisme africain. En effet, si la réintroduction du poste de Premier ministre dans les Etats d'Afrique noire francophone s'est présentée comme un outil de réorganisation des exécutifs africains dans l'optique d'instaurer un équilibre institutionnel avec l'activation des contre-pouvoirs ou de déconcentration de l'exécutif avec la délégation des pouvoirs présidentiels, force est de constater que ces tentatives ont subi la loi d'une pratique institutionnelle biaisée servant parfois de fondement à une redéfinition tronquée des règles juridiques. On est alors passé au Togo de la parlementarisation à la « *représidentialisation* » de l'exécutif alors qu'en Côte d'Ivoire, la déconcentration a laissé place à la « *recentralisation* ».

Avec l'Acte II de la IVe République qui a débuté avec la modification de la Constitution togolaise le 31 décembre 2002, le Premier ministre a complètement vu son utilité remise en cause. En effet, cette réforme qui a constitutionnalisé la pratique qui a perverti le sens et l'esprit de la Constitution de 1992, a relégué le Premier ministre dans un rôle d'exécutant de la politique présidentielle en faisant de lui un assistant politique et administratif du chef de l'Etat. Si la question du *« régime politique, de la nomination et des prérogatives du Premier ministre* [1264]» figure dans les réformes institutionnelles et constitutionnelles prévues par l'accord politique global (APG) du 20 août 2006, elle n'a malheureusement jamais été inscrite à l'agenda politique par manque de volonté politique[1265]. C'est à ce titre que la révision constitutionnelle du 15 mai 2019[1266], qui est la deuxième plus grande révision constitutionnelle opérée depuis 1992[1267] presque dans les mêmes conditions que celle de 2002[1268], n'a pas abordé la question. Elle s'est contentée de renforcer l'hégémonie présidentielle dénotant au passage de la place centrale qu'occupe cette fonction en Afrique. Si « *la quasi-totalité des Etats a opté pour un régime de type parlementaire avec la mise en place d'un Premier ministre dans le but de tempérer l'omniprésence du Chef de l'Etat dans le domaine politique* [1269]», on peut aujourd'hui affirmer que le Premier ministre a échoué dans sa mission de rationalisation du présidentialisme. Le Premier ministre est devenu même dans les régimes d'inspiration parlementaire, un simple instrument de déconcentration du pouvoir présidentiel. Si certaines Constitutions conservent toujours les instruments du parlementarisme, ils sont inopérants en raison de la permanence du fait majoritaire qui renforce davantage l'hégémonie présidentielle. Eu égard à *« l'écart ... considérable entre la réalité politique et la lettre de la Constitution [1270]»* de telle sorte qu'il n'existe plus de *« Premiers ministres à part entière*[1271] » en Afrique.

1264 Point III. 2 de l'APG

1265 LAGNEBLE (P.), « L'échec des réformes institutionnelles et constitutionnelles au Togo: entre alternance ratée et stabilité politique procrastinée, ce qu'il faut comprendre », *Thinking Africa*, NAP n°28, mars 2015, http://www.thinkingafrica.org/V2/lechec-des-reformes-institutionnelles-et-constitutionnelles-au-togo/, consulté le 11 août 2021.

1266 Loi constitutionnelle n°2019-003 du 15 mai 2019 portant modification des dispositions des articles 13, 52, 54, 55, 59,60, 65, 75, 94, 100, 101, 104, 106, 107, 108, 109, 110, 111, 115, 116, 117, 120, 125, 127, 128, 141, 145,155 et 158 de la constitution du 14 octobre 1992, *JORT*, 64ème année, n° 11 ter (numéro spécial), 15 mai 2019, pp. 1 et suivants.

1267 Cette révision a concerné vingt-neuf (29) articles. 47 articles étaient concernés en 2002.

1268 Comme en 2002, cette réforme a été opérée par une assemblée nationale élue lors des élections législatives (décembre 2018) boycottées par les principaux partis de l'opposition.

1269 KONABEKA-EKAMBO-APETO (L.-D.), « Le premier ministre dans le renouveau du constitutionnalisme africain : cas du Congo, du Gabon et du Togo », *Revue Réflexions constitutionnelles*, 2020

1270 DOSSO (K.), Les pratiques constitutionnelles dans les pays d'Afrique noire francophone : cohérences et incohérences », op.cit.

1271 BOURGI (A.), « Enfin des Premiers ministres à part entière… », op.cit.

Le second facteur de l'échec du Premier ministre est lié à l'échec des tentatives de déconcentration de l'exécutif par la modération du présidentialisme. L'exemple ivoirien permet de voir qu'en général la déconcentration est plus apparente que réelle dans la mesure où le fonctionnement de ce type de régime est en réalité monocéphale, ce qui conduit le Premier ministre à être entièrement subordonné au président qui l'utilise pour renforcer son autorité, notamment dans ses rapports avec le Parlement. On se rend compte que si a priori les relations entre le Premier ministre et le président paraissent plus apaisées dans les régimes présidentiels déconcentrés que dans les régimes semi-présidentiels, elles annihilent dans la pratique le bicéphalisme de l'exécutif en ce que le Premier ministre n'est réduit qu'à un exécutant de la politique présidentielle au même titre que les autres ministres. Seul le rôle de coordination de l'action gouvernementale, aujourd'hui constitutionnalisé en Côte d'Ivoire, mais qui ne lui confère aucun pouvoir décision, permet aujourd'hui au Premier ministre ivoirien de se distinguer des autres membres du Gouvernement dans le fonctionnement de l'exécutif.

CONCLUSION GÉNÉRALE

« Le Premier ministre est la fois un ministre, le premier des ministres et plus encore le chef des ministres [1272] *».*

Philippe ARDANT

La présente étude se présente comme une synthèse du Premier ministre de la troisième génération en Afrique noire francophone. Il importe au moment de conclure cette étude de faire appel à la problématique de départ qui est de s'interroger sur l'utilité du Premier ministre en Afrique noire francophone à partir des mutations constitutionnelles et institutionnelles de cette fonction dans le nouveau constitutionnalisme africain. Pour résoudre cette problématique nous avons adopté une démarche diachronique qui nous a permis suivre l'évolution de la fonction primo-ministérielle dans les Etats d'Afrique noire francophone à partir des archétypes togolais et ivoiriens au cours des trois dernières décennies. Les résultats de cette étude révèlent une utilité aléatoire du Premier ministre africain, lui conférant une place très limitée dans les régimes politiques africains (I). Il paraît donc nécessaire de refonder l'utilité du Premier ministre en redéfinissant sa place au sein des régimes politiques africains (II).

I. L'utilité aléatoire du Premier ministre

Toutes les Constitutions africaines prévoyant le poste de Premier ministre lui confèrent un dédoublement fonctionnel qui devrait lui permettre de s'affirmer comme un acteur déterminant du fonctionnement des régimes politiques africains. Mais force est de constater que l'utilité politique du Premier ministre n'est que conjoncturelle (A) et son utilité administrative s'avère résiduelle (B).

A. L'utilité politique limitée du Premier ministre

La présente étude a démontré que dans la majorité des Etats d'Afrique noire francophone le Premier ministre a beaucoup de mal à s'affirmer sur le plan politique malgré le statut et les compétences politiques que lui confèrent les différentes Constitutions. Il se retrouve littéralement écrasé par le poids de la figure présidentielle résultant d'une lecture et d'une pratique ultra-présidentialiste des Constitutions africaines. L'archétype togolais nous a permis de démontrer que le Premier ministre devrait être un instrument d'équilibre institutionnel devant s'affirmer sur le plan politique par un

[1272] Philippe ARDANT, *Le Premier ministre en France*, op.cit., p. 48

équilibre des rapports entre le pouvoir exécutif et le pouvoir législatif et un équilibre au sein même de l'exécutif par la limitation des pouvoirs présidentiels. C'est au titre de l'équilibre institutionnel qu'est censé garantir le Premier ministre entre l'exécutif et le pouvoir législatif que la Constitution togolaise de 1992 a prévu que le Premier ministre procédât du Parlement devant lequel il est exclusivement responsable. Les Constitutions congolaise, gabonaise, nigérienne, etc. de l'époque se sont inscrites dans la même logique de parlementarisation du statut du Premier ministre à des degrés divers et en faisant de lui un contrepoids du président. Ce type de Premier ministre qui tend vers celui d'un régime parlementaire classique s'est présenté comme l'une des principales tendances du nouveau constitutionnalisme africain dont l'objectif principal est de rationaliser le présidentialisme africain. Mais force est de constater que disposer de textes magnifiant le Premier ministre n'est pas un gage de réussite car les textes ne reflètent pas forcément la réalité du droit constitutionnel. L'approche pragmatique retenue révèle un grand décalage entre les textes et la pratique, ce qui a empêché le Premier ministre de prétendre à la place qui lui est attribuée par la Constitution aux côtés du chef de l'Etat. Les rapports au sein de l'exécutif sont devenus très tôt conflictuels dans les Etats où le Premier ministre est défini par la Constitution comme un *alter ego* du président. Les cas des duels EYADEMA-KODJO au Togo en 1996 et nigérien OUSMANE-AMADOU en 1995 sont illustratifs. C'est à ce titre que les Constitutions faisant du Premier ministre un instrument d'équilibre institutionnel ont été presque toutes modifiées ou remplacées par de nouveaux textes marquant un retour en arrière de l'organisation institutionnelle désormais déséquilibrée au profit du chef de l'Etat.

L'archétype ivoirien de déconcentration de l'exécutif par le Premier ministre dans un régime présidentiel s'inscrivait moins dans un objectif d'utilité politique du Premier ministre qu'administratif. En effet, le Premier ministre dans ce type de régime n'est pas censé jouer un rôle politique de premier plan dans la mesure où le régime présidentiel est par nature fondé sur une séparation institutionnelle rigide et une collaboration fonctionnelle entre un exécutif monocéphale et le pouvoir législatif. Mais on s'est vite aperçu dans la pratique que le Premier ministre dans un régime présidentiel, dont la Côte d'Ivoire a ressuscité les germes dans le nouveau constitutionnalisme africain au même titre que le Sénégal, le Cameroun, le Niger entre 1996 et 1999 et la Guinée depuis 2010, sans oublier les expériences sporadiques béninoises d'un Premier ministre non constitutionnalisé, ne constitue qu'un procédé de décongestionnement administratif de la présidence. L'utilité politique du Premier ministre dans un régime présidentiel paraît donc très limitée à juste titre. D'Alassane Dramane OUATTARA à Patrick ACHI, les Premiers ministres ivoiriens paraissent répondre davantage au profil de haut-fonctionnaires missionnés par le chef de l'Etat que de véritables chefs de Gouvernement pouvant prétendre donner l'impulsion politique. Cette vision dépolitisée du Premier ministre ivoirien semble être aujourd'hui le dénominateur commun de tous les Premier ministres en Afrique noire francophone. La pratique institutionnelle et les réformes constitutionnelles affaiblissant le Premier ministre dans les régimes où il est censé jouer un rôle politique de premier plan l'ont réduit à un rôle administratif. Le Premier ministre tente de justifier aujourd'hui son utilité sur le plan administratif, mais cette utilité paraît très résiduelle.

B. L'utilité administrative résiduelle du Premier ministre

Le rôle administratif du Premier ministre ne devrait en principe pas servir à le délégitimer puisque toutes les Constitutions africaines consacrent ce rôle qui lui est reconnu aussi bien dans le régime parlementaire que dans le régime présidentiel. Toutefois, si ce rôle s'accommode bien avec la situation du Premier ministre dans un régime présidentiel où il ne dispose presque pas de prérogatives politiques, c'est le fait qu'il n'en soit réduit qu'à ce rôle qui interroge. Politiquement bridé par la trop forte personnalité des chefs d'Etat et une pratique institutionnelle ultra-présidentialisée, le Premier ministre africain ne justifie aujourd'hui son utilité que sur le plan administratif où non seulement ne peut-il pas concurrencer le chef de l'Etat, mais aussi il devient son subordonné comme consacré par la Constitution togolaise depuis la réforme constitutionnelle de 2002. En précisant que « *sous l'autorité du Président de la République, le Gouvernement détermine et conduit la politique de la Nation et dirige l'administration civile et militaire* », l'article 77 de la Constitution togolaise issu de la loi constitutionnelle du 31 décembre 2002 consacre clairement la subordination du Premier ministre au président dans l'exercice de ses compétences administratives. Il en résulte une organisation institutionnelle et fonctionnelle hiérarchisée de l'exécutif. Adapté à la situation du Premier ministre dans le régime présidentiel où il n'est qu'un instrument de déconcentration de l'exécutif, le rôle administratif du Premier ministre se révèle être aujourd'hui celui dans lequel il s'illustre dans tous les Etats d'Afrique noire francophone sous divers aspects.

Le cantonnement du Premier ministre dans ses attributions administratives fait qu'il se présente sur les plans statutaire et fonctionnel comme un simple ministre. Sur le plan statutaire, la situation du Premier ministre ne semble pas fondamentalement différente de celle des autres membres du Gouvernement. Les règles relatives à la nomination et à la révocation du Premier ministre sont très proches de celles prévues pour les ministres dans la mesure où elles consacrent le pouvoir discrétionnaire du président. Il peut ainsi nommer et révoquer le Premier ministre comme il le ferait avec n'importe quel ministre ou haut-fonctionnaire de l'administration. Sur le plan fonctionnel, le Premier ministre, privé de compétences constitutionnelles effectives, détient ses compétences du président. En outre, il est de plus en plus courant en Afrique noire francophone que le Premier ministre se voit attribuer un portefeuille ministériel, soit de façon temporaire en attendant de trouver un titulaire pour ce portefeuille ou en cas de révocation ou de démission d'un ministre, soit de façon permanente, notamment lorsque le président souhaite manifester le caractère prioritaire d'un axe de la politique du Gouvernement. Cela renforce l'implication administrative du Premier ministre qui comme tous les autres ministres, doit assurer la gestion quotidienne d'un département ministériel.

Le volet interministériel de l'action du Premier ministre dans tous les régimes politiques africains permet de nuancer sa vision dévalorisante car bien que son statut et ses compétences le rapprochent davantage de celui des ministres, le Premier ministre reste en fin de compte le chef des ministres. C'est à ce titre que si la plupart des Etats prévoient un organe interministériel à l'instar du Conseil de cabinet ou du Conseil de Gouvernement dirigé par le Premier ministre, celui-ci est limité à la préparation des projets de décision à soumettre au chef de l'Etat en Conseil des ministres. Si ce rôle interministériel du Premier ministre fait de lui le chef des ministres, il paraît très résiduel pour fonder son utilité dans la pratique dans la mesure où même dans les Etats où il n'existe pas de Premier ministre comme au Bénin, ce rôle est dévolu à un ministre. En réduisant l'utilité du Premier ministre à l'interministérialité, il apparaît comme un ministre chargé de l'animation et de la coordination de l'action gouvernementale sans grande influence sur la politique du Gouvernement. Il apparaît que l'utilité du Premier ministre ne saurait être réduite à son rôle interministériel, d'où la nécessité de redéfinir la place du Premier ministre dans les régimes politiques africains.

II. La nécessité d'une redéfinition de la place du Premier ministre dans les régimes politiques africains

La situation du Premier ministre de la troisième génération en Afrique noire francophone a beaucoup évolué au cours de ces trente dernières années. Ces évolutions recommandent de repenser la place du Premier ministre, soit en assumant le déséquilibre institutionnel tout en le clarifiant (A), soit en rééquilibrant les rapports au sein de l'exécutif (B), soit, si aucune des deux options n'est pas envisageable, en supprimant poste de Premier ministre (C).

A. Clarifier le déséquilibre institutionnel

La (re) présidentialisation de fait et de droit des régimes politiques africain au cours de ces dernières années a mis fin aux tentatives de rationalisation du présidentialisme africain par le Premier ministre. L'échec des tentatives d'équilibre institutionnel a enrayé la dynamique du Premier ministre de la troisième génération avec l'affirmation de plus en plus poussée d'un déséquilibre institutionnel affectant les rapports entre le président et le Premier ministre d'une part, et les relations entre le pouvoir exécutif et le pouvoir législatif, d'autre part. Ce déséquilibre s'est accru dans les Etats où le Premier ministre est présenté comme un instrument de déconcentration de l'exécutif avec la perception d'une hypertrophie présidentielle annihilant le bicéphalisme de droit au profit d'un monocéphalisme de fait de l'exécutif. L'existence du Premier ministre dans les régimes politiques africains pose beaucoup de problèmes pour la lisibilité de l'organisation et du fonctionnement de ces régimes, dans la mesure où un choix clair n'a pas été opéré dans les textes constitutionnels entre le parlementarisme et le présidentialisme.

Au Togo, si la dernière réforme constitutionnelle du 15 mai 2019 a renforcé les prérogatives du chef de l'Etat et n'a pas touché à la situation du Premier ministre, elle révèle que la présidentialisation du régime est aujourd'hui assumée. Par conséquent, il faudrait tirer les conséquences de cette présidentialisation par une harmonisation des règles relatives aux rapports entre le président et le Premier ministre et entre l'exécutif et le législatif. Il faudrait donc aller au bout de la réforme constitutionnelle de 2002 en mettant fin à la parlementarisation du statut du Premier ministre. En effet, si l'article 66 de la Constitution n'oblige plus expressément le chef de l'Etat à choisir le Premier ministre dans la majorité parlementaire et lui permet de le révoquer discrétionnairement, l'on peut s'interroger sur l'opportunité de consacrer la responsabilité moniste du Premier ministre devant l'Assemblée nationale. Il en est de même de l'article 77 qui place le Premier ministre « *sous l'autorité du président* » dans l'exercice de ses fonctions. Il aurait été plus lisible de consacrer directement la responsabilité du Premier ministre devant le chef de l'Etat comme le montre la pratique actuelle en raison de la permanence du fait majoritaire et de l'absence d'alternance politique à la présidence et au Parlement. Toutefois, cette situation n'est pas immuable et cela peut s'avérer problématique en cas d'opposition entre les majorités parlementaire et présidentielle.

En Côte d'Ivoire, la situation du Premier ministre a également besoin d'une clarification. Si les auteurs relèvent le fonctionnement monocéphale d'un régime censé être bicéphale, puis tricéphale depuis 2016, c'est que le Premier ministre éprouve beaucoup de difficultés à trouver sa place aux côtés du chef de l'Etat et désormais du vice-président. Les hésitations de ces dernières années sur la véritable place du Premier ministre au sein de ce régime illustrent ce besoin de clarification qui passerait peut-être par un rééquilibrage institutionnel.

B. Rééquilibrer les rapports institutionnels

La nécessité d'une redéfinition de la place du Premier ministre pourrait également passer par un rééquilibrage des rapports au sein de l'exécutif et entre l'exécutif et le législatif. Il s'agirait par exemple au Togo de revenir à la situation antérieure à la réforme constitutionnelle de 2002 et en Côte d'Ivoire de rompre avec le régime présidentiel instauré depuis l'indépendance. Au Togo, la perspective d'un rééquilibrage institutionnel prenant en compte la modification des règles relatives à la nomination et aux prérogatives du Premier ministre a fait l'objet d'un consensus au sein de la classe politique formalisé au point 3.2 de l'accord politique global du 20 août 2006. L'idée était de revenir à la version originale de la Constitution du 14 octobre 1992 où le Premier ministre, émanant de la majorité parlementaire, disposait d'une autonomie institutionnelle vis-à-vis du chef de l'Etat et de compétences autonomes et partagées avec le chef de l'Etat.

En Côte d'Ivoire, la question du rééquilibrage institutionnel a surgi à chaque changement constitutionnel mais a toujours été déclassée au final. Lors de l'opération constituante de 2000, c'est l'actuel président Alassane Dramane OUATTARA qui s'était fait le porte-voix de cette revendication auprès de la Commission consultative constitutionnelle et électorale mise en place par la junte militaire. Toutefois, hormis le timide soutien du président du Parti ivoirien des travailleurs (PIT) et constitutionnaliste Francis WODIE, qui avait relevé « *les incohérences et incongruités juridiques et politiques* » de la présence d'un Premier ministre dans le régime présidentiel ivoirien dans son manuel <u>Institutions politiques et droit constitutionnel en Côte d'Ivoire</u>, la problématique de la parlementarisation du régime ivoirien portée par Alassane OUATTARA s'est heurtée à l'indifférence des autres acteurs politiques préoccupés par d'autres enjeux tels que les questions de nationalité, de régime électoral, etc. En 2016, alors au pouvoir et maître de l'opération constituante, OUATTARA semblait avoir changé d'avis puisque le projet de la nouvelle Constitution qu'il avait fait rédiger et soumis au débat parlementaire puis au référendum n'a pas fait écho de ses idées constitutionnelles de 2000 relatives à l'instauration d'un régime parlementaire devant rééquilibrer les rapports au sein de l'exécutif et entre celui-ci et le pouvoir législatif. En l'absence de véritables débats parlementaires sur la question du régime politique eu égard à la composition homogène du Parlement ivoirien, c'est la doctrine qui s'est fait le porte-voix de la rupture avec le régime semi-présidentiel et de l'avènement du régime parlementaire. C'est notamment le cas du constitutionnaliste Geoffrey-Julien KOUAO, qui à travers ses essais et articles dont <u>Le Premier ministre, un prince nu</u> s'est ouvertement positionné contre le présidentialisme ivoirien en faisant un plaidoyer pour l'instauration d'un régime parlementaire et la valorisation du Premier ministre.

Comme en Côte d'Ivoire et au Togo, la tendance constitutionnelle dans les Etats d'Afrique noire francophone n'est pas favorable à un rééquilibrage institutionnel. Cette locution ne semble même pas faire partie du nouveau vocabulaire constitutionnel centré sur le présidentialisme et dans lequel les locutions telles que « *le présidentialisme démocratique* », « *le néo-présidentialisme* », « *le présidentialisme modéré* », etc. sont plus courants. Dans ce contexte politique et juridique défavorable à la clarification du déséquilibre institutionnel actuel ou à u rééquilibrage institutionnel, il ne reste qu'à envisager l'option radicale de la suppression du poste de Premier ministre.

C. Supprimer le poste de Premier ministre

La suppression du poste de Premier ministre constituerait le point d'achèvement de l'évolution du Premier ministre de la troisième génération. Si elle peut paraître a priori anachronique et trop radicale, elle pourrait mieux correspondre à l'évolution actuelle du constitutionnalisme africain. Plusieurs facteurs militent aujourd'hui en faveur d'une suppression du Premier ministre dans les Etats d'Afrique noire francophone. Force est de constater que quelles que soient les formules retenues, le Premier ministre a échoué partout en Afrique noire francophone. Les facteurs ayant conduit à cet échec, analysés dans le cadre de cette étude, étant persistants, les possibilités de voir la situation se retourner en faveur du Premier ministre paraissent très faibles et relèvent davantage de la fiction.

L'utilité politique du Premier ministre est aujourd'hui un leurre et son utilité administrative paraît trop résiduelle pour justifier son existence. Il a été démontré que ce rôle administratif, auquel il s'accroche pour se légitimer, peut être dévolu à un ministre comme cela se faisait par le passé ou actuellement dans les régimes monocéphales. Par conséquent le Premier ministre administratif n'a pas forcément besoin d'être institutionnellement un Premier ministre. Il peut être un ministre auquel un rang protocolaire plus élevé est accordé comme celui de ministre d'Etat, ce qui aurait pour intérêt de rendre plus lisible l'organisation et le fonctionnement des régimes politiques africains. A l'heure actuelle, la suppression du poste de Premier ministre paraît relever d'un tabou dans la plupart des Etats d'Afrique noire francophone. Elle n'apparaît pratiquement pas les discours politiques et les dernières réformes constitutionnelles opérées dans ces Etats, que ce soit celles de 2016 et 2019 en Côte d'Ivoire ou celle de 2019 au Togo ne l'ont pas inscrite au débat. Le même constat s'applique à la doctrine, qui tout en reconnaissant les transformations dévalorisantes du Premier ministre de la troisième génération n'envisage pratiquement pas la question de la suppression du Premier ministre parmi ses pistes de solution. Le tour de passe-passe opéré par le constituant sénégalais ces dernières années illustre les hésitations dans le sens de la suppression du poste de Premier ministre. Après avoir osé franchir le pas en supprimant le poste de Premier ministre par la loi constitutionnelle n°2019-10 du 14 mai 2019, le constituant sénégalais a opéré un rapide rétropédalage en rétablissant le poste de Premier ministre[1273] par la faveur de la loi n°2021-41 du 20 décembre 2021. Faisant partie du groupe de juristes ayant travaillé sur la loi de 2019, le constitutionnaliste et ministre sénégalais Ismaïla Madior FALL, auteur d'une thèse au début des années 2000 sur *Le pouvoir exécutif dans le constitutionnalisme des Etats d'Afrique*, a tenté d'expliquer cette réforme par l'inutilité du Premier ministre dans un régime présidentiel tel que celui du Sénégal :

> « *En réalité, le chef du gouvernement, ce n'est pas le Premier ministre mais le chef de l'État. Le Premier ministre ne fait que la première coordination de l'action gouvernementale mais la vraie coordination de l'action gouvernementale, c'est le président de la République (...) dans le régime politique sénégalais, qui est un régime présidentiel, qu'il y ait Premier ministre ou pas, la différence n'est pas fondamentale* [1274] ».

Si l'opposition sénégalaise avait vivement critiqué cette réforme qu'elle a jugée taillée sur mesure pour le président et ouvrant la voie à la personnalisation du pouvoir, il nous paraît d'un peu de vue strictement juridique qu'elle permet de clarifier la nature présidentialiste du régime sénégalais. Malhcurcusement, le rapide rétropédalage du constituant sénégalais interroge sur la pertinence de la suppression de ce poste quelques mois auparavant et sur son imitation par les autres Etats d'Afrique noire francophone. Au demeurant, ce rétropédalage, qui rappelle les vicissitudes du Premier ministre des deux premières générations, renforce la thèse de la dimension conjoncturelle du Premier ministre marqueur de l'instabilité chronique du constitutionnalisme africain dénominateur commun des différents cycles constitutionnels.

1273 BOKO (M.-H.), « Sénégal : le poste de Premier ministre officiellement rétabli », *Jeune Afrique*, 11 décembre 2021, https://www.jeuneafrique.com/1280074/politique/senegal-le-poste-de-premier-ministre-officiellement-retabli/, consulté le 19 mai 2023.

1274 Cité par TERMON(A.), « Ismaïla Madior Fall se prononce sur la suppression du poste du Premier ministre », *JournalduSénégal.com*, 1er février 2021, https://www.journaldusenegal.com/ismaila-madior-fall-se-prononce-sur-la-suppression-du-poste-du-premier-ministre/, consulté le 26 octobre 2021.

BIBLIOGRAPHIE

I. Ouvrages, thèses et mémoires

ABDOURAHMANE (B-I), *Les Cours constitutionnelles dans le processus de démocratisation en Afrique*, Thèse de droit public, Bordeaux, octobre 2002

ABDOURAHMANE (B-I.), *Crise institutionnelle et démocratisation au Niger*, Bordeaux, CEAN, CNRS-IEP Bordeaux, 1996

ADJEHI (D-L.), *Côte d'Ivoire : Caught in cross fire, & Africa in dire straits*, Chicago, Trafford Publishing, 2012

ADJOVI (E.), *Une élection libre en Afrique : La présidentielle du Bénin de 1996*, Paris, Karthala, 1998

AKINDES (F.), *Les mirages de la démocratie en Afrique subsaharienne francophone*, Dakar, Codesria, Paris, Karthala, 1996

AKPATCHA (D.), *Recueil des textes constitutionnels de la République togolaise de 1956 à nos jours*, Editions Lulu.com,

ALLIALI (C.), *Disciple d'Houphouët-Boigny*, Abidjan, Juris-Editions, 2008, p. 115

AMOUZOU (E.), *L'Afrique 50 ans après les indépendances*, Paris, L'Harmattan, 2009

ARDANT (P.), *Le Premier ministre en France*, Paris, Monchrestien, 1991

ARDANT (P.), MATHIEU (B.), *Droit constitutionnel et institutions politiques*, 27e éd., Paris, LDGJ, 2015.

ASSOUMAN (K-A.), *Le rôle des Nations Unies dans la résolution de la crise ivoirienne*, Paris, L'Harmattan

ATTISSO (F-S.), *La problématique de l'alternance politique au Togo*, Paris, L'Harmattan, 2001

ATTISSO (F-S.), *Le Togo sous la dynastie des Gnassingbé*, Paris, L'Harmattan, 2012

AVRIL (P.), GICQUEL (J.), *Lexique de droit constitutionnel*, Paris, PUF, 2016

AYIDA (D.), *Togo : Le prix de la démocratie*, Ed. Lulu.com, 2017

BADET (S.-G.), *Contrôle intra normatif et contrôle ultra normatif de constitutionnalité. Contribution à l'identification des sous catégories du modèle kelsénien de justice constitutionnelle à partir des systèmes belge et béninois*, Thèse de doctorat en droit, Université catholique du Louvain, 2012

BADIE (B.), *L'Etat importé. L'occidentalisation de l'ordre politique*, Paris, Fayard, 1992

BAILLY (D.), *La restauration du multipartisme en Côte d'Ivoire : ou la double mort d'Houphouët-Boigny*, Paris, L'Harmattan, 1995

BAKARY-AKIN (T.-D.), *Côte d'Ivoire : Une succession impossible ?*, Paris, L'Harmattan, 1991

BAKARY-AKIN (T-D.), *La démocratie par le haut en Côte d'Ivoire*, Paris, L'Harmattan, 1992.

BALDE (S.), *La convergence des modèles constitutionnels : Etude de cas en Afrique subsaharienne*, Paris, Publibook, 2011

BAPIDI-MBON (D.-P.), *La CEDEAO dans la crise ivoirienne : 2002-2007*, Mémoire de master 2 en science politique, Université Jean Moulin Lyon III, 2010.

BASTAT (H.), *Constitutions et transitions démocratiques en Côte d'Ivoire de 1990 à 2012,* Mémoire de maîtrise en études internationales, Université de Laval, 2014

BASTID (P.), *Le Gouvernement d'Assemblée*, Paris, Cujas, 1956

BAULIN (J.), COMTE (G.), *La succession d'Houphouët-Boigny : les débuts de Konan-Bédié*, Paris, Karthala, 2000

BAYLE (B.), *Côte d'Ivoire 1993-2003 : Autopsie d'une déchirure*, Publications de Montpellier III, 2007

BEAUD (O.), BLANQUER (J-M.), (dir.), *La responsabilité des gouvernants*, Paris, Descartes et Cie, 1999

BESSE (M.), *Les transitions constitutionnelles démocratisantes : Analyse comparative à partir de l'expérience du Bénin*, Thèse de droit public, Université de Clermont-Auvergne, 2017

BEUGRE (J.), *Côte d'Ivoire 2002 : les dessous d'une rébellion*, Paris, Karthala, 2012

BEUGRE (J.), *Côte d'Ivoire, Coup d'Etat de 1999, la vérité enfin !*, Abidjan, Les éditions du CERAP, 2011

BIDEGARAY (C.), EMERI (C.), *La responsabilité politique*, Paris, Dalloz, 1998

BITIE (A.-K.), *L'approche contemporaine de la prévention des conflits en Afrique*, Thèse de droit public, Université de Bordeaux, 2016

BLANC (F-P.), et al., (dir), *Le chef de l'Etat en Afrique. Entre traditions, état de droit et transition démocratique*, Perpignan, Presses universitaires de Perpignan, 2001.

BLE-KESSE (A.), *La Côte d'Ivoire en guerre : Le sens de l'imposture française*, Paris, L'Harmattan, 2005, pp. 165-166

BOLLE (S.), *Le nouveau régime constitutionnel du Bénin. Essai sur la construction d'une démocratie africaine par la Constitution*, Thèse de droit public, Montpellier, 1997

BONDUELLE (A), *Le pouvoir d'arbitrage du Premier ministre sous la Ve République*, Paris, LGDJ, 1999

BONIN (A-N.), *Le Togo du sergent en général*, Lescaret, 1982.

BOUQUET (C.), *Côte d'Ivoire : le désespoir de Kourouma*, Paris, Armand Colin, 2011

BOUQUET (C.), *Géopolitique de la Côte d'Ivoire*, Paris, Armand Colin, 2005

BOURGI (A.), CASTERAN (C.), *Le printemps de l'Afrique*, Paris, Hachette, 1991

BOURGI (A.), *Mali : la démocratie à l'épreuve des réalités et sociales,* Reims, Centre d'étude rémois des relations internationales, 1998.

BRANCHET (B.), *Contribution à l'étude de la Constitution de 1958. Le contreseing et le régime politique de la Ve République*, Paris, LGDJ, 1996

BRONDEL (S.), *L'article 49 de la Constitution du 4 octobre 1958*, Thèse de doctorat en droit public, Université de Paris I, 2001

CABANIS (A.), MARTIN (M-L.), *Le constitutionnalisme de la troisième vague en Afrique francophone*, Louvain-la-Neuve, Academia-Bruylant, 2010,

CABANIS (A.), MARTIN (M-L.), *Les constitutions d'Afrique noire francophone, évolutions récentes*, Paris, Karthala, 1999

CARCASSONNE (G.), GUILLAUME (M.), *La Constitution*, 11e éd., Paris, Seuil, 2013

CLAISSE (A.), *Le Premier ministre de la Ve République*, Paris, LGDJ, 1972

COLLIARD (J.-C.), *Les régimes parlementaires contemporains*, Paris, Presses de sciences po, 1978

CONAC (G.), (dir.), *L'Afrique en transition vers le pluralisme politique*, Paris, Economica, 1993

CONTAMIN (B.), MEMEL-FOTÊ (H.), (dir.), *Le modèle ivoirien en question : crises, ajustements, recomposition*, Paris, Karthala, 1997

DALOZ (J-P.) et P. QUANTIN (dir.), *Transitions démocratiques africaines*, Paris, Karthala, 1997

DARBON (D.), GAUDUSSON (J. du Bois de), (dir.), *La création du droit en Afrique*, Paris, Karthala, 1997

DAVID (P.), *Togo 1990-1994 ou le droit maladroit*, Karthala, 2015

DE BROGLIE (G.), (dir.), *L'orléanisme : la ressource libérale de la France*, Paris, Gabriel Perrin, 1981

DE VILLIERS (M.), DE BERRANGER (T.), (dir.), *Droit public général*, 7e éd., Paris, Leixinexis, 2017

DEGLI (J-Y.), *La tragédie africaine*, Nouvelles du Sud, Paris 1996

DEGLI (J-Y.), *Togo, à quand l'alternance politique ?,* Paris, L'Harmattan, 2007

DESCHAMPS (H.), *Les institutions politiques de l'Afrique noire*, Paris, PUF, 1970

DIA (D.), *Les dynamiques de démocratisation en Afrique noire francophone*, Thèse de droit et de science politique, Université Jean Moulin Lyon 3, 2010.

DIABY (M-B-I.), *Alassane Ouattara : vingt ans de combat*, Paris, L'Harmattan, 2012

DIARRA (A.), *Démocratie et droit constitutionnel dans les pays francophones d'Afrique noire. Le cas du Mali depuis 1960*, Paris, Karthala, 2010

DIOMPY (A.-H.), *Le paradoxe de l'internationalisation du droit constitutionnel en Afrique : réflexions sur les interactions normatives, institutionnelles et politiques dans l'espace CEDEAO*, Thèse de droit public, Université Bordeaux IV & Université Cheikh Anta Diop de Dakar, 2017

DIOP (C.), *Le Sénégal sous Abdoulaye Wade : Le Sopi à l'épreuve du pouvoir*, Paris, Karthala, 2013

DIOP (I.), *L'exécutif dualiste dans les Etats d'Afrique noire francophone : étude de la problématique du partage du pouvoir exécutif*, Thèse de droit public, Université de Clermont-Ferrand, 1998

DIOP (M-C.), DIOUF (M.), (dir.), *Les figures du politique en Afrique : des pouvoirs hérités aux pouvoirs élus*, Paris, Karthala, 1999

DIOP (M-C.), *Le Sénégal sous Abdou Diouf : Etat et société, Paris, Karthala*, 1990

DIOP (S.), *Le Premier ministre africain. La renaissance du bicéphalisme exécutif en Afrique à partir de 1969*, Thèse de droit public et de science politique, Université Cheikh Anta Diop de Dakar, 1985.

DIOUF (M.), *Libéralisations politiques ou transitions démocratiques : perspectives africaines*, Dakar, Codesria, 1998

DISSOU (M.), *Le Bénin et l'épreuve démocratique : leçons des élections de 1991 à 2001*, Paris, L'Harmattan, 2002

DIVE (B.), FRESSOZ (F.), *La malédiction Matignon*, Paris, Plon, 2006

DJEHOURY (A.), *Marcoussis : les raisons d'un échec. Recommandations pour une bonne médiation*, Paris, L'Harmattan, 2005

DOUENCE (J-C.), *Recherches sur le pouvoir réglementaire de l'administration*, Paris, LGDJ, 1968.

DOZON (J-P.), *Les clefs de la crise ivoirienne*, Paris, Karthala, 2011

DUHAMEL (O.), MENY (Y.), *Dictionnaire de droit constitutionnel*, Paris, PUF, 10e éd., 2015

DUVERGER (M.), *La monarchie républicaine - ou comment les démocrates se donnent des rois*, Paris, Robert Laffont, 1974

DUVERGER (M.), *Les régimes semi-présidentiels*, Paris, PUF, 1986

EBOUSSI-BOULAGA (F.), *Les Conférences nationales en Afrique. Une affaire à suivre*, Paris, Karthala, 1993

EHUENI-MANZAN (I.), *Les accords politiques dans la résolution des conflits armés internes en Afrique*, Thèse de droit public, Université de La Rochelle, 2011

ESSONO-NGUEMA (J.-M.), *L'impossible alternance au pouvoir en Afrique centrale*, Paris, L'Harmattan, 2010

ESTEVES (O.), *Une histoire populaire du boycott : 1989-2005, la mondialisation malheureuse*, Paris, L'Harmattan, 2005

ETEKOU (B.-Y.-S.)., *L'alternance démocratique dans les Etats d'Afrique noire francophone*, Thèse de droit public, Université Paris Est & Université de Cocody-Abidjan, 2013

FALL (I-M.), *Evolution constitutionnelle du Sénégal : de la veille de l'indépendance aux élections de 2007*, Dakar, CREDILA, 2007

FALL (I-M.), *Le pouvoir exécutif dans le constitutionnalisme des États d'Afrique*, Paris, L'Harmattan, 2008

FALL (I-M.), *Textes constitutionnels du Sénégal de 1959 à 2007*, Dakar, CREDILA, 2007

FAURE (B.), *Le pouvoir réglementaire des collectivités locales*, Paris, LGDJ, 1998

FAVOREU (L.), *Le domaine de la loi et le règlement*, Paris, Economica, 1981

FELDMAN (J-P.) et al., *Le régime parlementaire : catalyseur du développement en Afrique*, Paris, L'Harmattan, 2012

FISCHER (B.*), Les relations entre l'administration et les administrés au Mali. Contribution à l'étude du droit administratif des Etats d'Afrique subsaharienne de tradition juridique française*, Thèse de droit public, Université Pierre Mendès-France de Grenoble, 2011

FORMERY (S-L.), *La Constitution commentée article par article*, Paris, Hachette supérieur, 21e éd., 2018

FOURNIER (A.-X.), *Analyse critique de la cohabitation sous la Ve République : Bilan et perspectives,* Mémoire de maîtrise en science politique, Université du Québec, 2007

FOURNIER (A-X.), *La dynamique du pouvoir exécutif sous la Ve République : cohabitation et avenir des instituions*, Presses de l'Université du Québec, 2008

FRANCOIS (B.), *Le régime politique de la Ve République*, Paris, La Découverte, 2010

GAUDUSSON (J. du Bois de), et al., *Les Constitutions africaines publiées en langue française*, Paris, La documentation française, 1997

GBALLOU (R.), Côte d'Ivoire : Le crépuscule d'une démocratie orpheline, Paris, L'Harmattan, 2011

GERARD (P.), *L'administration de l'Etat*, 2e éd., Paris, Leixinexis, 2016

GICQUEL (J.), GICQUEL (J.-E.), *Droit constitutionnel et institutions politiques*, 30e éd., Paris, LGDJ, 2016

GIRARD (G.), *La féminisation contrainte : Le cas du recrutement politique au Togo et au Bénin (1990-2010)*, Thèse de doctorat en science politique, Université Paris I, 2014

GNAHOUA (A.-R.), *La crise du système ivoirien. Aspects politiques et juridiques*, Paris, L'Harmattan, 2005

GNANGUI (A.), *Afrique subsaharienne, Côte d'Ivoire : Dans l'engrenage de la Françafrique*, Saint-Denis, Edilivre, 2013, p. 192

GONIDEC (P-F.), *Les systèmes politiques africains : les nouvelles démocraties*, Paris, 3e éd., L.G.D.J., 1997

GRAH-MEL (F.), *Félix Houphouët-Boigny : la fin et la suite*, Paris, Karthala, 2010

GUINCHARD (S.), DEBARD (T.), (dir.), *Lexique des termes juridiques*, 23e éd., 2015-2016, Paris, 2015

HOFNUNG (T.), *La crise ivoirienne : de Félix Houphouët-Boigny à la chute de Laurent Gbagbo*, Paris, La découverte, 2011

HOUDIN (B.), *Les Ouattara, une imposture ivoirienne*, Paris, Editions du moment, 2015

JACKOU (S.), *Affaires constitutionnelles et organisation des pouvoirs au Niger*, Niamey, Démocratie, 2000

JAN (P.), *Institutions administratives*, Paris, LexisNexis, 2015

KAMTO (M.), *Pouvoir et Droit. Essai sur les fondements du constitutionnalisme dans les États d'Afrique noire francophone*, Paris, LGDJ, 1997

KOFFI (M-K.), *Politique économique et ajustement structurel en Côte d'Ivoire*, Paris, L'Harmattan, 1994

KOFFI-KOFFI (P.), *Houphouët et les mutations politiques en Côte d'Ivoire : 1980-1993*, Paris, L'Harmattan, 2010

KONADJE (J-J.), *L'ONU et le conflit ivoirien : les enjeux politiques de l'intervention 2002-2010*, Paris, L'Harmattan, 2014

KONAN-BEDIE (H.), *Les chemins de ma vie*, Paris, Plon, 1999

KOUAO (G.-J.), *Le Premier ministre, un prince nu : Repenser la nature du régime politique ivoirien*, Abidjan, Plume Habile, 2017.

KOULA (Y.), *La démocratie congolaise « brûlée » au pétrole*, Paris, L'Harmattan, 2000

KOUMOUE (M.-K.), *Politique économique et ajustement structurel en Côte d'Ivoire*, Paris, L'Harmattan, 1996

KOUPOKPA (T.-E.), *Le modèle constitutionnel des Etats d'Afrique noire francophone dans le cadre du renouveau constitutionnel : le cas du Bénin, du Niger et du Togo*, Thèse de droit public, Université de Gand & Université de Lomé, 2012

KOUROUMA (M.), *Etude du présidentialisme en Afrique noire francophone à partir des exemples guinéen et ivoirien*, Thèse de doctorat en droit public, Université Paris II, 1978

KPAKPO-LODONOU (P.), *Le rassemblement du peuple togolais (R.P.T.) : instrument de légitimation du pouvoir militaire*, Thèse de sociologie, Université de Bordeaux II, 1988

LABERTIT (G.), *Adieu Abidjan-sur-seine : Les coulisses du conflit ivoirien*, Paris, Autres Temps, 2008

LABERTIT (G.), *Côte d'Ivoire, sur le sentier de la paix*, Paris, Autres Temps, 2010

LAURENT (D.), SANSON (M.), *Le travail gouvernemental*, Paris, La Documentation française, 1996

LAUVAUX (P.), *Le parlementarisme*, Paris, PUF, 1987

LAUVAUX (P.), *Parlementarisme rationalisé et stabilité du pouvoir exécutif. Quelques aspects de la réforme de l'Etat confrontés aux expériences étrangères,* Bruxelles, Bruylant, 1988

LAVROFF (D-G.), *Les systèmes constitutionnels en Afrique noire : les Etats francophones*, Paris, Pedone, 1976

LE ROY (P.), *Les Régimes politiques du monde contemporain*, Grenoble, Presses universitaires de Grenoble, 1992

LISSOUCK (F-F.), *Pluralisme politique et Droit en Afrique noire francophone. Essai sur les dimensions institutionnelles et administratives de la démocratisation en Afrique noire francophone*, Thèse de droit public, Université de Lyon 3, 2000

LOADA (A.), WHEATLEY (J.), (dir.), *Transitions démocratiques en Afrique de l'Ouest : processus constitutionnels, société civile et institutions démocratiques*, Paris, L'Harmattan, 2014

LOUCOU (J.-N.), *Le multipartisme en Côte d'Ivoire : Essai*, Abidjan, Neter, 1992.

LUCHAIRE (F.), et al. (dir.), *La Constitution de la République française : analyses et commentaires*, Paris, Economica, 3e éd., 2009

LUCHAIRE (F.), *Le droit constitutionnel de la cohabitation*, paris, Economica, 1989

MANTORO (S-C.), *Le Conseil de sécurité et la crise ivoirienne*, Mémoire de master 2 en relations internationales, Université du Sahel, 2012

MASSOT (J.), *Chef de l'Etat et chef du Gouvernement. La dyarchie hiérarchisée*, Paris, La Documentation française, 2008, 204 p

MASSOT (J.), *L'arbitre et le capitaine : Essai sur la responsabilité présidentielle*, Paris, Flammarion, 1987

MBODJ (E-H.), *La succession du chef de l'Etat en droit constitutionnel africain*, Thèse de droit public, Université Cheikh Anta Diop de Dakar, 1991

MBORANTSUO (M-M.), *La contribution des cours constitutionnelles à l'Etat de droit en Afrique*, Paris, LGDJ, 2007

MEDARD (J-F.), *Etats d'Afrique noire, fondations, mécanismes et crises*, Paris, Karthala, 1991

MELEDJE (D.-F.), *Les institutions politique de la Côte d'Ivoire*, Abidjan, ABC Groupe, 2019

MELIN-SOUCRAMANIEN (F.), PACTET (P.), *Droit constitutionnel 2021*, 39e éd., Paris, Sirey, 2020

MEMEL-FOTÊ (H.), (dir.), *Fonder une nation africaine démocratique et socialiste en Côte d'Ivoire : Congrès extraordinaire du Front populaire ivoirien*, décembre 1994, Paris, L'Harmattan, 1998

MENGA (G.), *Congo : la transition escamotée*, Paris, L'Harmattan, 1993

MENURET (J-J.), REIPLINGER (Ch.), (dir.), *La collégialité, valeurs et*

MISCOIU (S.), et al., (dir.), *Recul démocratique et néo-présidentialisme en Afrique Centrale et Occidentale*, Iaşi, Institutul European, 2015

MOUDOUDOU (P.), *La Constitution en Afrique. Morceaux choisis*, Paris, L'Harmattan, 2012

N'DA (P.), *Le drame démocratique africain sur scène en Côte d'Ivoire*, Paris, L'Harmattan, 1999

NANDJUI-DANHO (P.), *La prééminence constitutionnelle du Président de la République en Côte d'Ivoire*, Paris, L'Harmattan, 2004

NDIAYE (B.), NDIAYE (W.), *Présidents et ministres de la République du Sénégal*, 2e éd., ANS, Dakar, 2006

NDJIMBA (K.-F.), *L'internationalisation des Constitutions des Etats en crise : réflexions sur les rapports entre droit international et droit constitutionnel*, Thèse de droit public, Université Nancy 2, 2011

NDOMBET (W.-A.), *Renouveau démocratique et pouvoir au Gabon (1990-1993)*, Paris, Karthala, 2009

NDOYE (D.), *La Constitution sénégalaise du 7 janvier 2001 commentée et ses pactes internationaux annexés : Les perspectives politiques, juridiques et sociales*, 1ère éd., Dakar, Editions juridiques africaines, 2001

NGOLONGOLO (A.), *Congo : Bravo ou fiasco « depuis la Conférence nationale ? »*, Paris, Autoédition, 1993

NOTIN (J-C.), *Le crocodile et le scorpion : La France et la Côte d'Ivoire (1999-2013)*, Monaco, Editions du Rocher, 2013

OBERDOFF (H.), KADA (N.), *Institutions administratives*, Paris, Sirey, 2016

ONANA (C.), *Côte d'Ivoire : le coup d'Etat*, Paris, Duboiris, 2011

ONDO (T.), *La Responsabilité introuvable du Chef d'État africain. Analyse comparée de la contestation du pouvoir présidentiel en Afrique noire francophone (Les cas camerounais, gabonais, tchadien et togolais)*, Thèse de droit public, Université de Reims, 2005

ONDO (T.), *Plaidoyer pour un nouveau régime politique au Gabon*, Paris, Publibook, 2012

OUEDRAOGO (S-M.), *La lutte contre la fraude à la Constitution en Afrique noire francophon*e, Thèse de droit public, Université Montesquieu de Bordeaux, 2011

PABANEL (J-P.), *Les coups d'Etat militaires en Afrique noire*, Paris, L'Harmattan, 1984

PAPAZIAN (P.), *La séparation des pouvoirs civil et militaire en droit comparé*, Thèse de doctorat en droit public, Université Panthéon-Assas, 2012

PIASTRA (R.), *Du contreseing sous la Ve République*, Thèse de droit public, Université Paris I, 1997.

PIGEAUD (F.), *France Côte d'Ivoire : une histoire tronquée*, La Roque d'Anthéron, Vents d'ailleurs, 2015, p. 53

POSSIO (T-S.), *Les évolutions récentes de la coopération militaire française en Afrique*, Paris, Publibook, 2007

PRIVAT-MEL (A.), *Les enjeux de la Deuxième République ivoirienne*, Thèse de droit public, Université de Bourgogne, 2007

PRYEN (D.), TOUHO (A.), *Rébellion ivoirienne : Chronologie d'une longue marche vers le pouvoir*, Paris, L'Harmattan, 2012

ROBERT (H.), *L'orléanisme*, Paris, PUF, 1992

ROSSATANGA-RIGNAULT (G.), *L'Etat au Gabon : Histoire et institutions*, Libreville, Raponda-Walker, 2000

ROUSSELLIER (N.), *La force de gouverner. Le pouvoir exécutif en France, XIXe-XXIe siècles*, Paris, Gallimard, 2015

ROUSSILLON (H.), (dir.), *Les nouvelles transitions africaines : la transition démocratique*, Toulouse, 2e éd., Presses de l'Institut d'Etudes Politiques de Toulouse, 1995

ROUX (B.), *La France et la crise ivoirienne : le processus des décisions françaises d'engagement militaire et de conclusion de l'Accord de Linas-Marcoussis (septembre 2002 - février 2003)*, Thèse de doctorat en histoire contemporaine, Université Bretagne-Loire, 2017

SEELY (J.), *The Legacies of Transition Governments in Africa: The Cases of Benin and Togo*, Springer, 2009

SEGUR (P.), *La responsabilité politique*, Paris, PUF, 1998

SILIADIN (J.), *Togo : démocratie impossible ?*, Paris, L'Harmattan, 2014

SOMALI (K.), *Le Parlement dans le nouveau constitutionnalisme en Afrique. Essai d'analyse comparée à partir des exemples du Bénin, du Burkina Faso et du Togo*, Thèse de droit public, Université Lille II, 2008.

SOUARE (C.-I.), *Les partis politiques de l'opposition en Afrique : la quête du pouvoir*, Montréal, PUM, 2017

SOUMANA (B.), *Le Parlement au Niger*, Thèse de droit public, Université de Lyon Lumière II, 2016

TABI-AKONO (F.), *Le discours de la Baule et les processus démocratiques en Afrique : contribution à une problématique de la démocratie et du développement dans les pays d'Afrique noire francophone*, Thèse de science-politique, Université de Clermont-Ferrand 1, 1995

TCHATCHIBARA (Y.), *Le Togo face à lui-même (1990-1994)*, Lomé, Editogo, 1994

TCHIVOUNDA (G-P.), *Essai sur l'Etat africain post-colonial*, Paris, LGDJ, 1982

TCHODIE (M.-K.), *Essai sur l'évolution du présidentialisme en Afrique noire francophone : L'exemple togolais*, Thèse de droit public, Université de Caen, 1993

TETE (T.), *Démocratisation à la togolaise*, Paris, L'Harmattan, 1998

THIAM (D.), *Le fédéralisme africain : ses principes et ses règles*, Paris, Présence africaine, 1972

THIAM (K.), *Le contrôle de l'Exécutif dans la création de l'Etat de droit en Afrique noire francophone*, Thèse de droit public, Université de Bordeaux, 2018

THIRIOT (C.), *Démocratisation et démilitarisation du pouvoir : étude comparative à partir du Burkina Faso, Congo, Gabon, Mali et du Togo*, Thèse de science politique, Université de Bordeaux IV, 1999

THIVILLON (T.), *La France et l'Union européenne au Togo : Les aléas de la conditionnalité démocratique*, Mémoire de sciences politiques, IEP de Grenoble, 2003

TOULABOR (K.), *Le Togo sous Eyadema*, Karthala, Paris, 1986

TOURE (A.), *Alassane Dramane Ouattara : destin et liberté*, Saint-Maur, Sepia, 2008

TSHITSHI NDOUMBA (K.), *Le néoconstitutionnalisme africain : Tendances et trajectoires*, Paris, L'Harmattan, 2019

VAN LANG (A.) et al., *Dictionnaire de droit administratif*, 8e éd., Paris, Sirey, 2021

VARENNE (L.), *Abobo-la-guerre Côte d'Ivoire : terrain de jeu de la France et de l'ONU*, Paris, Mille et une nuits, 2012

VINTZEL (C.), *Les armes du Gouvernement dans la procédure législative - Étude comparée : Allemagne, France, Italie, Royaume-Uni*, Thèse de droit public, Université Paris I, 2009

VITI (F.), (dir.), *La Côte d'Ivoire, d'une crise à l'autre*, Paris, L'Harmattan, 2014

WODIE (F.), *Mon combat pour la Côte d'Ivoire*, Abidjan, NEI-CEDA, 2010

WODIE (F.-V.), *Institutions politiques et droit constitutionnel en Côte d'Ivoire*, Abidjan, Presses universitaires de Côte d'Ivoire, 1996

ZAMBA MUGONGO (C.), *Réflexion sur le processus de démocratisation en Afrique. Cas de la République démocratique du Congo*, Mémoire de master de droit public, Université Libre de Kinshasa, 2012

ZEEBROEK (X.), *Côte d'Ivoire : La paix malgré l'ONU,* Bruxelles, Groupe de recherche et d'information sur la paix et la sécurité (GRIP), 2008

ZILEMENOS (C.), *Naissance et évolution de la fonction de Premier ministre dans le régime parlementaire*, Paris, LGDJ, 1976

II. Articles de revue, ouvrages collectifs, journaux, sites internet, blogs, contributions, communications, notes

Le Monde, « Togo : à l'issue d'un long débat parlementaire, le président Eyadéma remis en selle », *Le Monde*, 28 août 1992, https://www.lemonde.fr/archives/article/1992/08/28/togo-a-l-issue-d-un-long-debat-parlementaire-le-president-eyadema-remis-en-selle_3902484_1819218.html

Focus Infos, « Agbeyomé Kodjo : Le parcours sombre et sulfureux d'un surdoué », *Focus Infos*, 18 mars 2013, https://cvu-togo-diaspora.org/files/2013/03/Polit-Afr-Togo-2013.03.18-A-Kodjo-Le-parcours-sombre-et-sulfureux-d-un-surdoue.pdf

Le Monde avec AFP, « Au Togo, l'opposant modéré Edem Kodjo a été nommé premier ministre », *Le Monde Afrique*, 9 juin 2005, https://www.lemonde.fr/afrique/article/2005/06/09/au-togo-l-opposant-modere-edem-kodjo-a-ete-nomme-premier-ministre_659961_3212.html

Africactu, « Côte d'Ivoire - Système politique : les obstacles à la promotion de la démocratie révélés », http://www.africactu.com/societe/1806-cote-d-ivoire-systeme-politique-les-obstacles-a-la-promotion-de-la-democratie-reveles

Le Monde, « TOGO : contraint au compromis avec le président Eyadema et les putschistes Le premier ministre Me Koffigoh est lâché par ses amis politiques », *Le Monde*, 7 décembre 1991, https://www.lemonde.fr/archives/article/1991/12/07/togo-contraint-au-compromis-avec-le-president-eyadema-et-les-putschistes-le-premier-ministre-me-koffigoh-est-lache-par-ses-amis-politiques_4028609_1819218.html.

Le Monde, « Togo : des milliers de personnes ont manifesté leur soutien au premier ministre », *Le Monde*, 13 novembre 1992, https://www.lemonde.fr/archives/article/1992/11/13/togo-des-milliers-de-personnes-ont-manifeste-leur-soutien-au-premier-ministre_3934837_1819218.html

Le Monde, « Togo : la période de transition prolongée de quatre mois », *Le Monde*, 18 août 1992, https://www.lemonde.fr/archives/article/1992/08/18/togo-la-periode-de-transition-prolongee-de-quatre-mois_3899686_1819218.html

« Togo : Le limogeage de deux ministres provoque une nouvelle crise institutionnelle », *Le Monde*, 12 novembre 1992, https://www.lemonde.fr/archives/article/1992/11/12/togo-le-limogeage-de-deux-ministres-provoque-une-nouvelle-crise-institutionnelle_3934793_1819218.html

ABALO (J.-C.), « Lomé renoue définitivement avec l'Union européenne », *Le nouvel Afrik.com*, 30 novembre 2007, https://www.afrik.com/lome-renoue-definitivement-avec-l-union-europeenne

ABALO (J.-C.), « Togo : démission du Premier ministre Gilbert Houngbo et de son gouvernement », *Jeune Afrique*, 12 juillet 2012, https://www.jeuneafrique.com/175207/politique/togo-d-mission-du-premier-ministre-gilbert-houngbo-et-de-son-gouvernement/

ABDOURAHMANE (B-I.), « Alternances militaires au Niger », *Politique africaine*, n°74, 1999, pp. 85-94

ABEBE (A.-K.), « Limitation du nombre de mandats présidentiels en Afrique : la route est encore longue », Le Monde Afrique, 28 août 2020, https://www.lemonde.fr/afrique/article/2020/08/28/limitation-du-nombre-de-mandats-presidentiels-en-afrique-la-route-est-encore-longue_6050204_3212.html

ADAYE (J.), « Y'a-t-il des pilotes à bord de l'Etat ivoirien ? », 26 février 2021, https://www.dw.com/fr/ya-t-il-des-pilotes-%C3%A0-bord-de-letat-ivoirien/a-56718938

AFP , « Après s'être emparés de la radio et de la télévision, des militaires remettent en cause le processus de démocratisation au Togo », *Le Monde*, 2 octobre 1991, https://www.lemonde.fr/archives/article/1991/10/02/apres-s-etre-empares-de-la-radio-et-de-la-television-des-militaires-remettent-en-cause-le-processus-de-democratisation-au-togo_4038953_1819218.html,

AFP, « Brève rébellion militaire au Togo », *Le Monde*, 2 octobre 1991, https://www.lemonde.fr/archives/article/1991/10/02/breve-rebellion-militaire-au-togo_4039503_1819218.html

AFP, « Côte d'Ivoire : Bédié appelle à voter Ouattara », *Le Monde*, 7 novembre 2010, https://www.lemonde.fr/afrique/article/2010/11/07/cote-d-ivoire-bedie-appelle-a-voter-ouattara_1436820_3212.html

AFP, « Le premier ministre ivoirien menace de démissionner », *Le Monde*, 5 mars 2003, https://www.lemonde.fr/archives/article/2003/03/05/le-premier-ministre-ivoirien-menace-de-demissionner_4269470_1819218.html

AFP, « Togo : l'Assemblée dénonce la confirmation de M. Koffigoh à la tête du gouvernement », *Le Monde*, 21 janvier 1993, https://www.lemonde.fr/archives/article/1993/01/21/togo-l-assemblee-denonce-la-confirmation-de-m-koffigoh-a-la-tete-du-gouvernement_3933929_1819218.html

AFP, « Togo : Retour en force de l'ancien parti unique », *Le Monde*, 16 septembre 1992, https://www.lemonde.fr/archives/article/1992/09/16/togo-retour-en-force-de-l-ancien-parti-unique_3900595_1819218.html

AFP, REUTER, « Togo : le président Eyadéma a dissout le gouvernement de Me Koffigoh », *Le Monde*, 15 janvier 1993, https://www.lemonde.fr/archives/article/1993/01/15/togo-le-president-eyadema-a-dissout-le-gouvernement-de-me-koffigoh_3930700_1819218.html

AFP, Reuters, « Les rebelles se disent prêts à siéger dans le gouvernement ivoirien », *Le Monde*, 2 avril 2003, https://www.lemonde.fr/archives/article/2003/04/02/les-rebelles-se-disent-prets-a-sieger-dans-le-gouvernement-ivoirien_315174_1819218.html

AFP, Reuters, « L'ultimatum des rebelles ivoiriens expire sans reprise des hostilités », *Le Monde*, 18 février 2003, https://www.lemonde.fr/archives/article/2003/02/18/l-ultimatum-des-rebelles-ivoiriens-expire-sans-reprise-des-hostilites_4269946_1819218.html,

AFP, Reuters, « Premier conseil des ministres en Côte d'Ivoire sans les rebelles ni le principal parti d'opposition », *Le Monde*, 13 décembre 2003, https://www.lemonde.fr/archives/article/2003/03/13/premier-conseil-des-ministres-en-cote-d-ivoire-sans-les-rebelles-ni-le-principal-parti-d-opposition_312830_1819218.html

AHADZI-NONOU (K.), « Le Premier ministre en Afrique noire francophone : étude de quelques exemples récents », *Revue nigérienne de droit*, n° 1, nov. 1999, pp. 25-76

AHADZI-NONOU (K.), « Les nouvelles tendances du constitutionnalisme africain : le cas des Etats d'Afrique noire francophone », *La revue du CERDIP*, n° 2, Juillet-décembre 2002, p. 35.

AKINDES (F.), « Programmes d'Ajustement structurels et démocratisation en Afrique : Quelle compatibilité ? », in *Crises et ajustements en Côte d'Ivoire : Les dimensions sociales et culturelles*, Actes de la Table ronde organisée par Groupement Interdisciplinaire de Recherche en Sciences Sociales (GIDIS-CI), Bingerville, 30 nov., 1er et 2 déc. 1992, Centre ORSTOM de Petit-Bassam, pp. 165-174

AKPATCHA (D.), « Les conditions d'éligibilité à l'élection présidentielle dans la nouvelle Constitution ivoirienne : La fin du concept d'ivoirité ? », *Le blog du droit électoral*, 3 janvier 2017, http://droitelectoral.blog.lemonde.fr/2017/01/03/03012016-les-condititions-deligibilite-a-lelection-presidentielle-dans-la-nouvelle-constitution-ivorienne-la-fin-du-concept-divoirite-dodji-akpatcha/

ALAIN HANDY (S. P.), CHARLES (T.), « L'Accord politique de Ouagadougou : vers une sortie de crise en Côte d'Ivoire », *AFRI*, 2008, pp. 653- 667.

ALIDJINOU (A.-D.), « Droit constitutionnel et changement politique au Bénin et au Togo. Les paradoxes de la doxa juridique », *Communication à la 11e Assemblée générale du CODESRIA*, www.codesria.org/IMG/pdf/alidjinou.pdf?1494/

ALOU (M-T.), « Les modalités de la transition démocratique et les processus d'élaboration des constitutions », in LOADA (A.) et WHEATLEY (J.), (dir.), *Transitions démocratiques en Afrique de l'Ouest : Processus constitutionnels, société civile et institutions démocratiques*, 2014, p.9

AMSON (D.), « Censure motion de », *Encyclopædia Universalis* https://www.universalis.fr/encyclopedie/motion-de-censure/

AMSON (D.), « La démission des ministres sous la IVe et la Ve République », *RDP*,1975, p.1653

ANDZOKA-ATSIMOU (S.), « La participation des juridictions constitutionnelles au pouvoir constituant en Afrique », *RFDC*, vol. 110, n° 2, 2017, pp. 279-316.

APARD (E.), « Les modalités de la transition démocratique au Niger : l'expérience de la conférence nationale », in SALVAING (B.), (dir.), *Pouvoirs anciens, pouvoirs modernes de l'Afrique d'aujourd'hui*, Rennes, PUR, 2015, pp. 153-167

ARDANT (P.), « Responsabilité politique et pénale des chefs d'État, des chefs de gouvernement et des ministres », *RIDC*, Vol. 54, n°2, Avril-juin 2002. pp. 465-485

AROMATARIO (S.), « La dérive des institutions vers le régime présidentiel », *RDP*, 2007, n°3, p. 731-751

ASKIA (M.), « L'avancée démocratique au Mali : l'expérience d'un pluralisme socio-politique », in ROUSSILLON (H.), (dir.), *Les nouvelles Constitutions africaines ...*, p.118 et suivants

ASSO (B.), « La présidence et l'institutionnalisation du pouvoir en Afrique noire », *Revue française d'histoire d'Outre-mer*, tome 68, n°250-253, 1981, pp. 217-232.

ATANGANA-AMOUGOU (J-L.), « Les révisions constitutionnelles dans le nouveau constitutionnalisme africain », *AJP*, n° 2, Juillet 2006, pp. 44-84

ATANGANA-AMOUGOU (J-L.), « Les accords de paix dans l'ordre juridique interne en Afrique », *RRJ*, n° 123, vol. 33, 2008, pp. 1723-1746

AUBY (J.-M.), « L'intérim », *RDP*, 1966, pp. 864-883

AVRIL (P.), « Le parlementarisme rationalisé », *RDP*, n° spécial, 1998, p. 1507

AVRIL (P.), « Renforcer le Parlement : qu'est-ce à dire ? », *Pouvoirs*, n°146, 2013, pp. 9-19.

AVRIL (P.), « Diriger le Gouvernement », *Pouvoirs*, n°83, 1997, p. 32

AVRIL (P.), « Le vote bloqué », *RDP*, 1965, p. 39.

AYISSI (A.), « Ordre militaire et désordre politique en Afrique », *Le Monde Diplomatique*, janvier 2003, pp. 20-21, https://www.monde-diplomatique.fr/2003/01/AYISSI/9857

BACHELIER (G.), « La Constitution et les élections présidentielles », *Les nouveaux cahiers du Conseil constitutionnel*, n°43, janvier 2012, https://www.conseil-constitutionnel.fr/nouveaux-cahiers-du-conseil-constitutionnel/la-constitution-et-les-elections-presidentielles

BACHSCHMIDT (P.), « Droit parlementaire. Le succès méconnu des lois d'initiative parlementaire », *RFDC* 2009/2 (n° 78), p. 343-365

BAKARY (T.-D.), « Transition politique et succession en Côte d'Ivoire », in DIOP (M.-C.), DIOP (M.), (dir.), *Les figures du politique en Afrique : des pouvoirs hérités aux pouvoirs élus*, Paris, Karthala, 1999, pp. 103-138

BAKARY-AKIN (T.-D.), « Des militaires aux avocats : une autre forme de coup d'Etat, la Conférence nationale souveraine », *Géopolitique africaine*, sept.-oct. 1992, vol. 15, n° 2, p.7

BAMBA (N.), et al., « Crise économique et programmes d'ajustement structurel en Côte-d'Ivoire », in *Crises et ajustements en Côte d'Ivoire : Les dimensions sociales et culturelles*, pp. 10-23

BANEGAS (R.), « Action collective et transition politique en Afrique : la Conférence nationale du Bénin » in *Cultures et conflits*, 1995, pp. 137-175

BANEGAS (R.), « Côte d'Ivoire : les jeunes « se lèvent en hommes » Anticolonialisme et ultranationalisme chez les Jeunes patriotes d'Abidjan », *Les Etudes du CERI*, n° 137, juillet 2007

BANGOURA (D.), « Armées et défis démocratiques en Afrique », *Afrique 2000*, février 1993, n° 12, pp. 111-122

BANGRE (H.), « Côte d'Ivoire : Marcoussis promulgué sans les députés », *Le NouvelAfirk.com*, 18 juillet 2005, https://www.afrik.com/cote-d-ivoire-marcoussis-promulgue-sans-les-deputes

BANKOUNDA-MPELE (F.), « Repenser le président africain », *Revue politique et parlementaire,* n°113, jan-mars 2011, pp. 139-155

BASSOMPIERRE, (K.), « Les patriotes de Gbagbo paralysent Abidjan », *Le Figaro,* n°19115, 17 janvier 2006, p.3

BEN YAHMED (M.), « Accords de Linas-Marcoussis : la vraie histoire du « oui » de Gbagbo à Chirac », *Jeune Afrique l'Intelligent*, n°2199, 4 mars 2003, https://www.jeuneafrique.com/132087/politique/accords-de-linas-marcoussis-la-vraie-histoire-du-oui-de-gbagbo-chirac/

BENVENUTO (S.), « Les rôles respectifs du gouvernement et du parlement dans la création des textes de loi », *JCP*, n°170, 1995, pp. 128-136

BERGAMASCHI (I.), DEZALAY (S.), « Dilemmes et ambiguïtés de la sortie de crise par la voie multilatérale en Afrique : le cas de l'Organisation des Nations unies en Côte-d'Ivoire », *Les Champs de Mars*, 2005/1, n° 17, pp. 53-73

BERNABE (V.), « Côte d'Ivoire/ 9 décembre 1993: le jour où Bédié a refusé de mettre Ouattara en prison », *Afrikmag*, 9 décembre 2020, https://www.afrikmag.com/cote-divoire-9-decembre-1993-le-jour-ou-bedie-a-refuse-de-mettre-ouattara-en-prison/

BERNIER-OULLET (S.), « La Côte d'Ivoire plonge à nouveau dans la crise », *Perspective du Monde*, 29 janvier 2006, https://perspective7.usherbrooke.ca/bilan/servlet/BMAnalyse?codeAnalyse=111

BERTRAND (M.), « Mali, un an de transition politique : de la révolte à la troisième République », *Politique africaine* n°47, oct. 9, pp. 9-22

BESSE (M.), « La Conférence nationale souveraine, un pouvoir constituant original », *VIIe Congrès de l'AFDC*, Paris, 25, 26 et 27 septembre 2006, p. 1-14.

BIDEGARAY (C.), EMERI (C.), « Le contrôle parlementaire », *RDP*, 1973, p. 1719

BIVILLE (S.), « Résolution 1721 : Une nouvelle phase dans la transition politique », *RFI*, 02 novembre 2006, http://www1.rfi.fr/actufr/articles/083/article_47196.asp

BLEOU (M.), « L'accord de Linas-Marcoussis et la délégation de pouvoir du président de la République au Premier ministre », *Communication au colloque international « Accord de Linas Marcoussis : Paix et stabilité en Côte d'Ivoire »*, 29, 30, 31 août 2003.

BOGNON (R.-D.), « La situation en Côte-d'Ivoire : présidentialisme et représentation nationale », in ROUSSILLON (H.), *Les nouvelles Constitutions africaines : la transition démocratique*, op.cit., pp. 87-99.

BOILLEY (P.), « La démocratisation au Mali : un processus exemplaire », *Relations internationales et stratégiques,* n° 14, 1994, pp. 119-121.

BOKO (M.-H.), « Sénégal : le poste de Premier ministre officiellement rétabli », *Jeune Afrique*, 11 décembre 2021, https://www.jeuneafrique.com/1280074/politique/senegal-le-poste-de-premier-ministre-officiellement-retabli/

BOLLE (S.), « Des constitutions "made" in Afrique », *Communication au VI° Congrès Français de Droit Constitutionnel, Montpellier, 9, 10 et 11 juin 2005*, http://ddata.over-blog.com/xxxyyy/1/35/48/78/Constitutions-made-in-Afrique.pdf

BOLLE (S.), « La conditionnalité démocratique dans la politique africaine de la France », *Afrilex-Droits d'Afrique*, n°2, 2001

BOLLE (S.), « Les révisions dangereuses. Sur l'insécurité constitutionnelle en Afrique », in MABAKA (P-M.), (dir.), *Constitution et Risque(s)*, Paris, L'Harmattan, 2010, p. 253

BOLLE (S.), « Le régime présidentiel : cache-sexe du présidentialisme ? », 2 octobre 2007, http://la-constitution-en-afrique.over-blog.com/article-12777017.html

BOLLE (S.), « Vers la Constitution Ouattara », *La Constitution en Afrique*, 18 octobre 2016, http://www.la-constitution-en-afrique.org/2016/10/vers-la-constitution-ouattara.html

BOSSELET (P.), « Ouattara vainqueur de l'élection présidentielle selon l'ONU, l'UE et Guillaume Soro », *Jeune Afrique*, 3 décembre 2010, http://www.jeuneafrique.com/183397/politique/ouattara-vainqueur-de-l-lection-pr-sidentielle-selon-l-onu-l-ue-et-guillaume-soro/

BOUDET (F.), « La force juridique des résolutions parlementaires », *RDP*, 1958, p. 271.

BOUMAKANI (B.), « L'Etat de droit en Afrique », *RJPIC*, n°4, 2003, pp.445-472

BOUQUET (C.), « Le mauvais usage de la démocratie en Côte d'Ivoire », *L'Espace Politique*, n°3, 2007, pp. 90-106

BOUQUET (C.), « La crise ivoirienne par les cartes », *Géoconfluences*, 2007, http://geoconfluences.ens-lyon.fr/doc/etpays/Afsubsah/AfsubsahDoc5.htm

BOURDON (J.), « La séparation des pouvoirs aux États-Unis », *Pouvoirs*, 2012/4, n° 143, pp. 113-122

BOURGI (A.), « Enfin des Premiers ministres à part entière », *Jeune Afrique, n° 1583*, mai 1991

BOURGI (A.), « L'évolution du constitutionnalisme en Afrique : du formalisme à l'effectivité », *RFDC*, n°52, 2002, p. 721-748

BOURGI (A.), « Le temps des Premiers ministres », *Jeune Afrique*, n°1583, 1991

BOURGI (A.), « Les chemins difficiles de la démocratie en Afrique de l'Ouest », *La Revue socialiste*, n°35, oct. 2009

BOURMAUD (D.), QUANTIN (P.), « Le modèle et ses doubles : les conférences nationales en Afrique noire (1990-1991) », in MENY (Y.), (dir.), *Les politiques du mimétisme institutionnel. La greffe et le rejet*, Paris, L'Harmattan, 1993

BOUYSSOU (F.), « L'introuvable notion d'affaires courantes : l'activité des gouvernements démissionnaires sous la Quatrième République », *RFSP*, Vol. 20, n°4, 1970, pp. 645-680

BRAECKMANN (C.), « Aux sources de la crise ivoirienne », *Manière de voir*, n° 79, février-mars 2005

BRAIBANT (G.), « Qui fait la loi ? », *Pouvoirs*, n°64, 1993, pp. 43-46

BRETON (J-M.), « La transition vers la démocratie au Congo », *Revue congolaise de droit*, juil.-déc. 91, pp. 13-40

BUCHMANN (J.), « La tendance au présidentialisme dans les nouvelles constitutions négro-africaines », *civilisations*, n°1, 1962, pp. 46-74.

CABANIS (A.), MARTIN (M.-L.), « L'évolution des normes constitutionnelles dans les pays francophones du sud », in KRYNEN (J.), HECQUARD-THERON (M.), (dir.), *Regards critiques sur quelques (r)évolutions récentes du droit*, Presses de l'Université Toulouse 1 Capitole, 2015, pp. 639-650

CABANIS (A.), MARTIN (M-L), « Le nouveau cycle constitutionnel ultra-méditerranéen francophone et la Constitution du 4 octobre 1958 », in

MENY (Y.), (dir.), *Les politiques du mimétisme institutionnel. La greffe et le rejet*, 1993, p. 142

CAGNOLARI (W.), « Côte d'Ivoire, les héritiers maudits de Félix Houphouët-Boigny », *Le Monde diplomatique*, janvier 2011, pp. 14-15

CAHIN (G.), « Limitation du pouvoir constituant : le point de vue de l'internationaliste », *Civitas Europa*, 2014/1, n° 32, pp. 55-79

CAMBY (J.-P.), « Intérim, suppléance et délégation », *RDP*, 2001, p. 1605

CAMPBELL (B.), « Réinvention du politique en Côte d'Ivoire et responsabilité des bailleurs de fonds multilatéraux », *Politique africaine*, 2000, n°78, pp. 142-156

CANEDO-PARIS (M.), « Droit constitutionnel institutionnel 1995-2007 : « dodécennat » abracadabrantesque ! Libres propos sur les deux mandats présidentiels de Jacques Chirac », *RFDC* 2007/4, n° 72, pp. 785-809

CARCASSONNE (G.) « Le premier ministre et le domaine dit réservé », *Pouvoirs*, n° 83,1997, pp. 65-74

CHAMPIN (C.), « Portrait d'Alassane Ouattara », *RFI*, 11 mars 2015 http://www.rfi.fr/afrique/20101126-portrait-alassane-ouattara

CHANTEBOUT (B.), « Le régime parlementaire moniste, gouvernement d'assemblée », in *Mélanges en l'honneur de Georges Burdeau – Le pouvoir*, Paris, LGDJ, 1977, p. 43

CHEIKH (Y-S.), « Togo, les dessous d'un accord », *Jeune Afrique*, août-septembre 2006, n° 2381, pp. 59-6

CHEVRIER (J.), « Crise des institutions, coups d'Etat, dépendance accrue. L'échec des systèmes politiques africains », *Le Monde diplomatique*, août 1975, pp. 20 et suivants

CHINAUD (R.), « Loi de finances : quelle marge de manœuvre pour le parlement ? », *Pouvoirs* n° 64, 1993, p. 99

COGNEAU (D.), MESPLE-SOMPS (S.), « Les illusions perdues de l'économie ivoirienne et la crise politique », *Afrique contemporaine*, 2003/2, n° 206, pp. 87-104

COLLIARD (J.-C.), « La pratique de la question de confiance sous la IVe République », *RDP*, 1948, p. 220

COLLIARD (J.-C.), « Un régime hésitant et déséquilibré », *Pouvoirs*, n° 4, 1978, pp.118-129

COLLIARD (J-C.), « La désignation du Premier ministre en régime parlementaire », in *Mélanges Burdeau*, LGDJ, 1977, p.87

COMARIN (E.), « Gbagbo : « j'accepte l'esprit de Marcoussis, mais… » », *RFI*, 8 février 2003, http://www1.rfi.fr/actufr/articles/038/article_19764.asp

CONAC (G.), « Portrait du Chef d'État africain », *Pouvoirs*, n° 25, 1983, pp. 121-129

CONAC (G.), « Quelques réflexions sur les transitions démocratiques en Afrique », in *Actes de la Conférence régionale africaine préparatoire au IVe*

Conférence internationale sur les démocraties nouvelles ou rétablies, Cotonou, 19-23 février 2000.

CONAC (G.), « Succès et crise du constitutionnalisme africain », in *Les constitutions africaines publiées en langue française*, 1998, Tome 2, pp. 13-19.

COQUERY-VIDROVITCH (C.), « Les convulsions de la chute de la dictature malienne », *Le Monde diplomatique*, n°445, avril 1991, p.27.

COTTEREAU (G.), « Côte d'Ivoire : l'impossible alternance pacifique », *AFDI*, vol. 57, 2011. pp. 23-55.

COULIBALY (A.), « Les articles 41 et 50 de la Constitution ivoirienne : obstacles potentiels à la mise en œuvre d'une alternance politique », *RJP*, 2003, n° 1, p. 39-52

COULIBALY (Z.), « L'héritage d'Houphouët-Boigny ou l'avenir du RHDP », *Géoéconomie*, n° 1, 2015, pp. 121-134

COURTIN (C.), « L'échec de l'alternance au Togo par la voie des urnes », *Fondation Jean Jaurès*, 18 juin 2015, https://www.jean-jaures.org/publication/lechec-de-lalternance-au-togo-par-la-voie-des-urnes/

CROUZATIER (J.-M.), « La gestion des crises politiques et militaires dans l'espace francophone », in LARRIEU (J.), *Crises et droits*, Presses de l'Université Toulouse 1 Capitole, 2012, pp. 91-109

D'ERSU (L.), « La crise ivoirienne, une intrigue franco-française », *Politique africaine*, n°105, 2007, pp. 85-114

DANSKI (J.), « La Côte d'Ivoire dans l'impasse », *Diplomatie*, n° 9, juin-juillet 2004, pp. 21-22, 24

DAOUDI (M.), « Accra III : Un accord a été signé », *RFI*, 10 août 2004, http://www1.rfi.fr/actufr/articles/055/article_29608.asp

DARBON (D.), « A qui profite le mime ? Le mimétisme institutionnel confronté à se représentations en Afrique », in (MENY), (Y.), (dir.), *Les politiques du mimétisme institutionnel. La greffe et le rejet*, 1993, p. 125.

DARGENT (F.), « Les échecs du mimétisme constitutionnel en Afrique noire francophone », *RDP*, n°5, 2017, pp. 1347-1374.

DARRACQ (V.), MAGNANI (V.), « Les élections en Afrique : un mirage démocratique ? », *Politique étrangère*, n° 4, 2011, pp. 839-850

DE RAULIN (A.), « Le coup d'Etat du 24 décembre 1999 et la fin du miracle ivoirien », *RJPIC*, 2000, n°2, pp. 123-132

DE SCHUTTER (R), « L'ingérence et conditionnalité démocratique : l'état de la question » *Actualités Gresea*, avril 1993, p. 28

DEBBASCH (O.), « La formation des partis uniques africains », *Revue des mondes musulmans et de la Méditerranée*, 1996, n°2, pp. 51-94

DELVOLVE (P.), « Le nouveau statut des délégations de signature », in *Mélanges en l'honneur de Louis Favoreu. Renouveau du droit constitutionnel*, Dalloz, 2007, p. 1173

DENOIX DE SAINT MARC (R.), « Le fonctionnement du Conseil des ministres et du Gouvernement », in AVRIL (P.), VERPEAUX (M.) (dir.), *Les*

Règles et principes non écrits en droit public, Actes du colloque des 28 et 29 mai1998 au Sénat, éd. Panthéon-Assas, 2000, pp. 221-234

DHELLEMMES (G.), « La question de confiance, mode d'emploi », *Le Journal du Dimanche*, 11 sept. 2014, modifié le 20 juin 2017, https://www.lejdd.fr/Politique/La-question-de-confiance-mode-d-emploi-686402

DIAKHITE (M.), « Les ambiguïtés de la juridiction constitutionnelle dans les États de l'Afrique noire francophone », *RDP*, n°3, 2015, pp. 785-828

DIALLO (I.), « A la recherche d'un modèle africain de justice constitutionnelle », *Annuaire International de Justice Constitutionnelle*, XX-2004, pp.93-120

DIOMPY (A-H.), « Les dynamiques récentes de la justice constitutionnelle en Afrique », *Afrilex*, fev. 2014

DIOP (E.-H.-O.), « Autopsie d'une crise de succession constitutionnelle du chef de l'État en Afrique. L'expérience togolaise (5-26 février 2005) », *Politeia*, n° 7, 2005, pp. 115-173.

DJADE (C.), « Togo : qui est Victoire Tomegah Dogbe, la nouvelle Première ministre ? », *Jeune Afrique*, 5 octobre 2020, https://www.jeuneafrique.com/1053773/politique/togo-qui-est-victoire-tomegah-dogbe-la-nouvelle-premiere-ministre/

DOLEZ (B.), « La composition du gouvernement sous la Ve République », *RDP* 1999, n° 1, pp. 131-157

DOSSO (K.), « Les pratiques constitutionnelles dans les pays d'Afrique noire francophone : cohérences et incohérences », *RFDC*, 2012/2 n° 90, pp. 57-85

DOSSO (K.), « Le Premier ministre dans la crise ivoirienne », *RJPEF*, n°4, 2007, pp. 447-469.

DOUMBE-BILLE (S.), « Les transformations au Cameroun : un processus d'élargissement prudent », in ROUSSILLON (H.), *Les nouvelles Constitutions africaines : La transition démocratique*, op. cit., pp. 77-90.

DOZON (J-P.), « La Côte d'ivoire entre démocratie, nationalisme et ethnonationalisme », *Politique africaine*, n°78, 2000, pp. 45-62.

DUBOUIS (L.), « Le régime présidentiel dans les nouvelles constitutions des Etats africains d'expression françaises », *Recueil Penant*, n°690, mars-avril 1962, pp 218-247

DUHAMEL (O.), « L'hypothèse de la contradiction des majorités », in DUVERGER (M.), (dir.), *Les régimes semi-présidentiels*, Paris, PUF, 1986, pp. 257-273

DUHAMEL (O.), « Les logiques cachées de la cinquième République », *RFSP*, 34e année, n°4-5, 1984. pp. 615-627.

DUPONT (S.), « Côte d'Ivoire : un coup d'État surprise met à bas sans peine un régime discrédité », *Les Échos*, 27 décembre 1999, https://www.lesechos.fr/1999/12/cote-divoire-un-coup-detat-surprise-met-a-bas-sans-peine-un-regime-discredite-783375

DUVAL (P.), « Gbagbo limoge le chef de la rébellion », *Le Parisien*, 20 mai 2004, https://www.leparisien.fr/politique/gbagbo-limoge-le-chef-de-la-rebellion-20-05-2004-2004996999.php

EDDY (A.), « La Conférence nationale est-elle une solution », *Parlements et Francophonie*, n°85, avril-juin 1992, pp. 47-53

ENGELSEN (C.) « Système institutionnel et exercice du pouvoir au Nigeria », *Afrique contemporaine*, 2011/3, n° 239, p. 136-139

ESPLUGAS-LABATUT (P.), « Les obstacles à la démocratie : le refus de la transition », in ROUSSILLON (H.), (dir.), *Les nouvelles Constitutions africaines…*, op.cit., pp. 37-40.

ESSONO-EVONO (A.), « Armée et démocratie en Afrique, une relation ambivalente à normaliser », *Afrique contemporaine*, 2012/2 n° 242, p. 120-121

EUZET (C.), « Les chefs d'Etats face aux exigences démocratiques », in BLANC (P.), et al. (dir.), *Le chef de l'Etat en Afrique…Entre traditions, état de droit et transition démocratique*, op.cit., pp. 507-519

FABRE (M.-H.), « Un échec constitutionnel : l'investiture du président du Conseil », *RDP*, 1951, p. 182

FAES (G.), « Comment Eyadema a reconquis le pouvoir », *Jeune Afrique* n° 1665, p.19

FALL (E.), « Koffigoh : la plus haute des solitudes », *Jeune Afrique*, n°1615, 11 au 17 décembre 1991, p. 15.

FALL (I-M.), « Les Constitutions africaines et les transitions démocratiques », in LOADA (A.), WHEATLEY (J.), (dir.), *Transitions démocratiques en Afrique de l'Ouest : Processus constitutionnels, société civile et institutions démocratiques*, pp. 119-138

FAURE (Y.-A.), « L'économie politique d'une démocratisation. Eléments d'analyse à propos de l'expérience récente de la Côte d'Ivoire », *Politique africaine*, n°43, oct. 1991

FAURE (Y-A.), « Sur la démocratisation de la Côte d'Ivoire : passé et présent », *Année africaine*, 1991, 115-160.

FELDMAN (J.-P.), « La séparation des pouvoirs et le constitutionnalisme. Mythes et réalités d'une doctrine et de ses critiques », *RFDC*, n° 83, 2010, pp. 483-49

FEUER (G.), « La révision des accords de coopération franco-africains et franco-malgaches », *AFDI*, 1973, Vol. 19, n°1, pp. 720-739

FISHER (L.), « Pouvoirs présidentiels et du Congrès : de la lettre de la Constitution à la pratique institutionnelle », *Politique américaine*, 2006/2, n° 5, pp. 53-72

FOFANA (M.), « Des Forces nouvelles aux Forces républicaines de Côte d'Ivoire. Comment une rébellion devient républicaine », *Politique africaine*, 2011/2, n° 122, pp. 161-178.

FOUCHER (V.), « Difficiles successions en Afrique subsaharienne : persistance et reconstruction du pouvoir personnel », *Pouvoirs*, n° 2, 2009, pp. 127-137

FOURNIER (A-X.), « Le partage des pouvoirs entre le président et le premier ministre sous la Ve République », *Bulletin d'histoire politique*, Vol. 16, n°3, pp. 199-210

FRANÇOIS (B.), « La Ve République confrontée au « fait majoritaire » », in CHEVRIER (M.), GUSSE (I.), (dir.), *La France depuis De Gaulle : La Ve République en perspective*, Presses de l'Université de Montréal, 2010, pp. 23-46.

FRITSCHER (F.), « Le Togo sort de la crise politique », *Le Monde*, 31 juillet 1999, https://www.lemonde.fr/archives/article/1999/07/31/le-togo-sort-de-la-crise-politique_3582743_1819218.html

GALY (M.), « Qui gouverne la Côte-d'Ivoire ? Internalisation et internationalisation d'une crise politico-militaire », *Politique étrangère*, 2005, n°4 (Hiver), p. 793-807

GAUDUSSON (J. du Bois de), « L'accord de Marcoussis, entre droit et politique », *Afrique contemporaine,* n° 206, été 2003, pp. 41-55.

GAUDUSSON (J. du Bois de), « Les solutions constitutionnelles des conflits politiques », *Afrique Contemporaine*, n° spécial, 4e trimestre, 1996, p. 252

GAUDUSSON (J. du Bois de), « Point d'actualité sur les modalités de production du droit constitutionnel dans les États africains francophones », in *Mélanges Patrice Gélard*, Droit constitutionnel, Paris, Montchrestien, 1999, pp. 341-346

GAUDUSSON (J. du Bois de), « Sur l'attractivité du modèle de la Constitution de 1958 en Afrique, cinquante ans après », in MATHIEU (B.), (dir.), *Cinquantième anniversaire de la Constitution française,* Paris, Dalloz, 2008, p. 675.

GAULME (F.), « L'ivoirité », recette de guerre civile », *Études*, n° 3, 2001, pp. 292-304

GAXIE (D.), « Jeux croisés. Droit et politique dans la polémique sur le refus de signature des ordonnances par le président de la République », in CURAPP, *Droit et politique*, Paris, PUF, 1993, p. 209-229

GICQUEL (J.), « Comment la Constitution de 1958 met-elle en rapport le Parlement et le Gouvernement », in *La Constitution en 20 questions : question n°9, cinquantième anniversaire de la Constitution de 1958*, http://www.conseil-constitutionnel.fr/conseil-constitutionnel/francais/la-constitution/la-constitution-de-1958-en-20-questions/comment-la-constitution-de-1958-met-elle-en-rapport-parlement-et-gouvernement.25836.html

GIRARD (P.), « L'élection présidentielle burkinabè. Cherche adversaire désespérément », *Jeune Afrique*, n°1615, 11 déc. 1991, pp. 18-19,

GLELE (M-A.), « La Constitution ou la Loi fondamentale », *Encyclopédie juridique africaines*, T. 1, Dakar-Abidjan, N.E.A, 1982, p. 38

GODFRIN (Ph.), « La suppléance au Président de la République : échec ou succès », *Recueil Dalloz* 1969, chroniques, pp.167-169.

GOGUEL (F.), « La révision constitutionnelle de 1954 », *Revue française de science politique*, 5e année, n°3, 1955. pp. 485-502.

GOHOUROU (F.), « De la crise politico-militaire ivoirienne à la crise franco-ivoirienne : Déconstruction et recomposition des territoires français de Côte d'Ivoire », *Territoires d'Afrique*, Université Cheick Anta Diop, Département de géographie, 2016, pp.89-98

GONIDEC (P-F.), « Esquisse d'une typologie des régimes politiques africains », *Pouvoirs*, n°25, 1983, pp. 65-77

GOUAUD (C.), « Le conseil des ministres sous la Ve République », RDP 1988, p. 423-498

GOUEGNON (T.), REUTERS, « Législatives en Côte d'Ivoire : l'absence du FPI a ouvert un boulevard au camp Ouattara », *RFI*, 14 déc. 2011, https://www.rfi.fr/fr/afrique/20111214-legislatives-cote-ivoire-le-boycott-fpi-boulevard-camp-ouattara-gbagbo

GOUËSET (C.), « La chute de Gbagbo en huit actes », *L'Express*, 11 avril 2011, https://www.lexpress.fr/actualite/monde/afrique/la-chute-de-gbagbo-en-huit-actes_947063.html

GOUFFERN (L.), « Les limites d'un modèle ? A propos d'Etat et bourgeoisie en Côte-d'Ivoire », *Politique africaine*, n°6, juin 1982, pp. 19-34

GRAMIZZI (C.), « La paix s'éloigne de Côte d'Ivoire », *GRIP*, 10 novembre 2004, Note d'analyse.

GREGOIRE (E.), « Cohabitation au Niger », *Afrique contemporaine*, n° 175, 3e trimestre 1995, pp. 43-51

GROSHENS (J.-C.), « La délégation administrative de compétence », *Recueil Dalloz*, 1958, chron. 197.

GUESSAN (K.), « La crise franco-ivoirienne de novembre 2004 », *Africa LXI*, n°1, 2006, p. 66-93

GUEYE (B.), « La démocratie en Afrique : Succès et résistances », *Pouvoirs* 2009, n°129, pp. 5-26

GUILLEREZ (B.), « Afrique - Au Togo, les ratés du processus démocratique », *Défense nationale*, n°528, février 1992, pp. 200-203

HAYWARD (J.), « Un Premier ministre pour quoi faire ? », *Pouvoirs*, n°83, 1997, pp. 5-20

HEILBRUM (J-R.), TOULABOR (C.), « Une si petite démocratisation pour le Togo… », *Politique africaine*, 58, juin 1995, pp. 85-100

HELFT (A.), « Au Togo, des législatives boycottées par l'opposition », *La Croix*, 20 décembre 2018, https://www.la-croix.com/Monde/Afrique/Au-Togo-legislatives-boycottees-lopposition-2018-12-20-1200990796

HG, « Réforme constitutionnelle : CIVIS-Côte d'Ivoire demande la suppression du poste du Premier ministre », *L'intelligent d'Abidjan*, 10 mai 2016, https://news.abidjan.net/articles/590739/reforme-constitutionnelle-civis-cote-divoire-demande-la-suppression-du-poste-du-premier-ministre

HOFNUNG (T.), « Bolloré jette l'ancre à Abidjan », *Libération*, 8 mars 2003, https://www.liberation.fr/futurs/2004/03/08/bollore-jette-l-ancre-a-abidjan_471601/

HOFNUNG (T.), « Chasse à l'homme à Abidjan », *Libération*, 29 mars 2004, https://www.liberation.fr/planete/2004/03/29/chasse-a-l-homme-a-abidjan_474217/

HOFNUNG (T.), « Côte d'Ivoire : Gbagbo réintègre l'opposition », *Libération*, 10 août 2004, https://www.liberation.fr/planete/2004/08/10/cote-d-ivoire-gbagbo-reintegre-l-opposition_488772/

HOFNUNG (T.), « La Côte d'Ivoire toujours sous-tension : Le processus de paix de plus en plus menacé », *Libération*, 27 mars 2004, https://www.liberation.fr/planete/2004/03/27/la-cote-d-ivoire-toujours-sous-tension_473973/

HOFNUNG (T.), « Le président ivoirien freine les accords de Marcoussis », *Libération*, 17 juin 2003, https://www.liberation.fr/planete/2003/06/17/le-president-ivoirien-freine-les-accords-de-marcoussis_436976/

HOLO (T.) « Emergence de la justice constitutionnelle », *Pouvoirs* n°29, 2009, p. 129

HOURQUEBIE (F.), « De la séparation des pouvoirs aux contre-pouvoirs : « l'esprit » de la théorie de Montestquieu », in VRABIE (G.), (dir.), *L'évolution des concepts de la doctrine classique du droit constitutionnel*, Institul european, 2008, Iasi, Roumanie, pp. 50-67

HOURQUEBIE (F.), « Quel statut constitutionnel pour le Chef de l'Etat africain ? », *Afrique contemporaine*, n° 242, 2012, p. 73.

HUGUEUX (V.), « Côte d'Ivoire : la revanche de Ouattara », *L'Express*, 12 avril 2011, http://www.lexpress.fr/actualite/monde/cote-d-ivoire-la-revanche-de-ouattara_981977.html

HUGUEUX (V.), «Togo : Réélection du président dans le doute », 12 mars 2010, https://www.lexpress.fr/actualite/monde/afrique/reelection-du-president-dans-le-doute_854836.html

HUTTINGTON (S.), « Democracy's third wave », *Journal of democracy*, vol.2, 1991, n°2, pp.12-34

ILLIASSOU (A.), TIDJANI (M-A.), « processus électoral et démocratisation au Niger », *Politique africaine*, n°53, 1994, pp. 128-132

IWATA (T.), « La conférence nationale souveraine et la démocratisation au Togo du point de vue de la société civile », *Afrique et Développement*, n°3, 2000, pp. 135-160

JAN (P.), « Des principes du gouvernement représentatif et de leur application selon Prosper Duvergier de Hauranne (1838) », *Parlements,* 2014 (1), n° 21, pp. 143-157

JAN (P.), « La réelle mais fragile prééminence présidentielle sous la Ve République », *LPA*, n° 26, février 2015, p. 26

JARRET (M.-F.), MAHIEU (F.-R.), « Ajustement structurel, croissance et répartition : l'exemple de la Côte d'Ivoire », *Tiers-Monde*, tome 32, n°125, 1991. pp. 39-62.

JOBERT (M.), « Le partage du pouvoir exécutif », *Pouvoirs* n°4, janvier 1978, pp.7-15

JUILLARD (P.), « La continuité du pouvoir exécutif », in *Mélanges Burdeau,* Paris, LGDJ, 1977, pp.159-177.

KAÏDI (H.), « Les lettres de la discorde », *Jeune Afrique* n°1852 du 3 au 9 juillet 1996, p. 27.

KAMTO (M.), « Dynamique constitutionnelle au Cameroun indépendant », *Revue juridique africaine*, 1995, p. 9

KAMTO (M.), « Le dauphin constitutionnel dans les régimes politiques africains », *Recueil Penant*, n°781-782, 1983, p. 19.

KAMTO (M.), « Les conférences nationales africaines ou la création révolutionnaire des constitutions », in *la création de droit en Afrique*, 1997, p. 183

KATASSOLI (P.), « Faure Gnassingbé ou l'art de choisir les Premier ministres », *Togo Réveil*, n° 74, 27 juil. 2012, p.3

KERLEO (J.-F.), « Le fait majoritaire, chronique d'une mort annoncée ? », *Jus Politicum*, n° 18, juillet 2017, http://juspoliticum.com/article/Le-fait-majoritaire-chronique-d-une-mort-annoncee-1172.html

KEUTCHA TCHAPNGA (C.), « Droit constitutionnel et conflits politiques dans les États francophones d'Afrique noire », *RFDC*, 3, 2005, pp. 451-491

KEUTCHEU (J.), « L'ingérence démocratique en Afrique comme institution, dispositif et scène », *Études internationales*, n°3, 2014, p.430.

KOBY (A.-K.), « Démocratie et gouvernance politique », in KIMOU (J.-C.-A.), et al., *État de la gouvernance en Afrique de l'Ouest : Côte d'Ivoire*, Dakar, CODESRIA, 2011, pp. 19-49

KOBY (A.-K.), « La révision constitutionnalisme du 2 juillet et le présidentialisme ivoirien », *Revue tunisienne de droit*, 1999, p. 271.

KOFFI (K.), « Togo : Les deux ruptures de coopération (1993 et 1998) », *Afrique contemporaine*, n°189, 1999, pp. 63-73

KOKOROKO (D.), « Les élections disputées : réussites et échecs », *Pouvoirs*, n°129, 2009, pp.115-125

KOKOROKO (D.), « L'apport de la jurisprudence constitutionnelle africaine à la consolidation des acquis démocratiques », *RBSJA*, 2007, n° 18, pp. 87-128

KONABEKA-EKAMBO-APETO (L.-D.), « Le premier ministre dans le renouveau du constitutionnalisme africain : cas du Congo, du Gabon et du Togo », *Revue des Réflexions constitutionnelles*, 2020, https://hal.archives-ouvertes.fr/hal-03092952

KONATE (Y.), « Le destin d'Alassane Dramane Ouattara », in LE PAPE (M.), VIDAL (C.), (dir.), *Côte d'Ivoire. L'année terrible 1999-2000*, Paris, Karthala, 2003, pp. 253-309

KOUAO (G.-J.), « Contribution : Le régime parlementaire et l'émergence politique en Côte d'Ivoire », *L'intelligent d'Abidjan* n° 3650 du 13 mai 2016, http://news.abidjan.net/h/590922.html

KOUAO (G.-J.), « Quel système politique pour la Côte d'Ivoire ? », *Communication au Séminaire de formation organisé par la Fondation Konrad Adenauer Stiftung à l'attention des parlementaires du PDCI*, Bouaké, 6 novembre 2018.

KOUASSI (K.-S.), « Regard rétrospectif sur les crises ivoiriennes de 1993 à la fin de la crise postélectorale de 2012 », in VITI (F.), (dir.), *La Côte d'Ivoire d'une crise à l'autre*, 2014, pp. 39-62

KOUPOKPA (E-T.), « Quels régimes politiques pour les États africains : cas du Togo », *Afrika focus*, Vol. 27, n° 1, 2014, pp. 31-45

KPATINDE (F.), « Le système Eyadema », *Jeune Afrique*, 4 au 10 janvier 1993, p. 22.

KPODAR (A.) « Bilan sur un demi-siècle de constitutionnalisme en Afrique noire francophone », *Afrilex*, 2012, p. 12.

KPODAR (A.), « Politique et ordre juridique : les problèmes constitutionnels posés par l'accord de Linas-Marcoussis du 23 janvier 2003 », *RRJ* n° 4, vol. 2, 2005, pp. 2503-2526

L'Obs, « Les accords de Marcoussis de plus en plus rejetés », *L'obs-Monde*, 30 janvier 2003, https://www.nouvelobs.com/monde/20030127.OBS5888/les-accords-de-marcoussis-de-plus-en-plus-rejettes.html

LAGNEBLE (P.), « L'échec des réformes institutionnelles et constitutionnelles au Togo: entre alternance ratée et stabilité politique procrastinée, ce qu'il faut comprendre », *Thinking Africa*, NAP n°28, mars 2015, http://www.thinkingafrica.org/V2/lechec-des-reformes-institutionnelles-et-constitutionnelles-au-togo/

LAOUEL (K-M.), DODO (A-M.), « Les lacunes juridiques de l'Acte fondamental n° 21 portant organisation des pouvoirs publics au Niger », *RJPIC* n° 47, janv.-mars 93, pp. 109-119.

LE DIVELLEC (A.), « Des effets du contrôle parlementaire », *Pouvoirs*, n° 134, 2010, pp. 123-139

Le Monde & AFP, « La Côte d'Ivoire se dote d'un gouvernement de transition », *Le Monde Afrique*, 28 décembre 2005, https://www.lemonde.fr/afrique/article/2005/12/28/la-cote-d-ivoire-se-dote-d-un-gouvernement-de-transition_725392_3212.html

Le Monde & AFP, « Un accord est intervenu pour désigner Guillaume Soro premier ministre de Côte d'Ivoire », *Le Monde Afrique*, 27 mars 2007 https://www.lemonde.fr/afrique/article/2007/03/27/accord-en-cote-d-ivoire-pour-designer-guillaume-soro-premier-ministre_888230_3212.html

Le Monde, « Côte d'Ivoire : la diplomatie française critiquée », *Le Monde*, 30 janvier 2003, https://www.lemonde.fr/archives/article/2003/01/30/cote-d-ivoire-la-diplomatie-francaise-critiquee_307469_1819218.html

Le Monde, « Côte d'Ivoire : L'Assemblée nationale est dissoute », *Le Monde*, 16 janvier 2006, https://www.lemonde.fr/afrique/article/2006/01/16/l-assemblee-ivoirienne-est-dissoute_731079_3212.html

LE PAPE (M.), « Abidjan, avant la récession et maintenant : les tendances sociologiques durables », in *Crises et ajustements en Côte d'Ivoire*, 1992, pp. 63-69

LE PILLOUER (A.), « La notion de « régime d'assemblée » et les origines de la classification des régimes politiques », *RFDC*, vol. 58, n° 2, 2004, pp. 305-333

LELOUP (C.), « Chronologie africaine 2002-2005 », *Outre-Terre*, n° 2, 2005, pp. 545-564.

LEPIDI (P.), « Zoom sur le projet de nouvelle Constitution ivoirienne », *Le Monde Afrique*, 6 octobre 2016, https://www.lemonde.fr/afrique/article/2016/10/06/la-nouvelle-constitution-ivoirienne-point-par-point_5009433_3212.html#oDIRoBkqIaHeGjmd.99

LEVADE (A.), « La révision du 23 juillet 2008. Temps et contretemps », *RFDC*, 2009, n°78, pp. 299-316

LEYMARIE (P.), « Les militaires africains face à l'explosion démocratique », *Le Monde diplomatique*, mars 1993, pp. 18-19.

LOADA (A.), « La limitation de nombre de mandats présidentiels en Afrique francophone », *Afrilex*, n°3, 2003, pp. 139-174

LOIRET (G.), « Un frère du chef de l'État arrêté pour tentative de putsch », *France24*, 15 avril 2009, https://www.france24.com/fr/20090415-frere-chef-letat-arrete-tentative-putsch-

LOSCH (B.), « La Côte d'Ivoire en quête d'un nouveau projet national », *Politique africaine*, n°78, 2000, pp. 5-25.

LOWENSTEIN (K.), « L'investiture du Premier ministre en Angleterre », *RDP*, 1966, pp. 515-525

LUCHAIRE (F.), « Les vertus de la cohabitation », *Cahiers français*, n° 300, 2001, pp. 30-31

LUCHAIRE (F.), « Réformer la Constitution pour éviter la cohabitation ? C'est inutile », *Pouvoirs*, n° 91, 1999, pp. 119-127

LUCKAM (R.), « The military, militarization and democratization in Africa : a survey of literature and issues », *African Studies Review*, n° 37 (2), sept. 94, pp. 13-75

M'BA (C.), « La « Conférence nationale » gabonaise : du congrès constitutif du Rassemblement social-démocrate gabonais (RSDG) aux assises pour la démocratie pluraliste », *Afrique 2000*, n°7, 1991, pp. 75-90.

MACE (P.), « Politique et démocratie au Togo 1993-1998 : De l'espoir à la désillusion », *Cahiers d'études africaines*, n°176, 2004, pp. 841-885

MAGNANI (V.), VIRCOULON (T.), « Vers un retour de l'autoritarisme en Afrique ? », *Politique étrangère*, n°2, 2019, pp. 11-23

MAMBO (P.), « Les rapports entre la constitution et les accords politiques dans les États africains : Réflexion sur la légalité constitutionnelle en période de crise », *McGill Law Journal / Revue de droit de McGill*, Volume 57, n°4, juin 2012, pp. 921–952

MANANGOU (V.-R.), « Le néo-présidentialisme africain : entre paternalisme et superposition », RFDC, n°3, 2015, pp. 26-53

MANANGOU (V-R.), « Contre-pouvoirs, tiers-pouvoirs et démocratie en Afrique », *Communication au Congrès de l'AFDC,* Lyon, 26, 27 et 28 juin 2014, http://www.droitconstitutionnel.org/congresLyon/CommLD/D-manangou_T2.pdf

MANGA (Ph.), « Réflexion sur la dynamique constitutionnelle en Afrique », *RJP*, n°1, janvier-avril 1994, p. 45.

MANKOTAN (J.P.), « Une nouvelle voie d'accès au pluralisme : la conférence nationale souveraine », *Afrique 2000*, n°7, oct.-dec., pp 41-55

MARIO (G.), « Le président Eyadéma limoge son Premier ministre », *RFI*, 28 juin 2002, http://www1.rfi.fr/actufr/articles/030/article_15561.asp

MARSHALL (R.), « La France en Côte d'Ivoire : l'interventionnisme à l'épreuve des faits », *Politique africaine*, n° 2, 2005, pp. 21-41

MAS (M.), « Côte d'Ivoire : Bras de fer international », *RFI,* 18 janvier 2006, http://www1.rfi.fr/actufr/articles/073/article_41193.asp

MAS (M.), « Côte d'Ivoire : Députés sans mandats », *RFI,* 16 janvier 2006, http://www1.rfi.fr/actufr/articles/073/article_41135.asp

MASSINA (P.), « Le juge constitutionnel africain francophone : entre politique et droit », *RFDC*, vol. 111, n°3, 2017, pp. 641-670

MASSOT (J.), « La cohabitation, quelles conséquences pour les institutions ? », *Cahiers français*, n° 300, 2001, pp. 28-32.

MASSOT (J.), « Réformer la Constitution pour éviter la cohabitation ? C'est nécessaire et possible », *Pouvoirs*, n° 91, 1999, pp. 129-137

MATHIEU (B.), « La part de la loi, la part du règlement. De la limitation de la compétence réglementaire à la limitation de la compétence législative », *Pouvoirs* 2005, n° 114, pp. 73-87.

MAUS (D.), « Démissions et révocations des ministres sous la Ve République », *Pouvoirs*, n°36, 1986, pp

MBODJ (E.-H.), « Le Premier ministre dans le nouvel ordonnancement du Sénégal », *Alternatives démocratiques dans le tiers monde*, n°6, juil.-déc. 1992, pp. 57-71

MEDARD (J.-F.), « Nouveaux acteurs sociaux, permanence et renouvellement du clientélisme politique en Afrique sub-saharienne », *Cadernos de Estudos Africanos*, 2007, n°s 13-14, pp. 11-26

MEHLER (A.), « Cameroun : Une transition qui n'a pas eu lieu », in DALOZ (J.-P.), QUANTIN (P.), *Transitions démocratiques africaines*, op.cit., pp. 95-138.

MEL (A.-P.), « La réalité du bicéphalisme du pouvoir exécutif ivoirien », *RFDC* n° 75, 2008, pp. 513-549.

MELEDJE (D.-F.), « La révision constitutionnelle du 2 juillet 1998 en Côte d'Ivoire : Un réveil du présidentialisme autoritaire ? », *Diritto Publico Comparato Ed Europeo*, Giappichelli Editore, Turin, 1999, pp.12 et 288-289.

MELEDJE (D.-F.), « Le système politique ivoirien dans la géopolitique ouest-africaine », *RDP*, 2006, pp. 701-714.

MELEDJE (F.-D.), « Faire et défaire la Constitution en Côte d'Ivoire : un exemple d'instabilité chronique », in FOMBAD (C.), MURRAY (C.), (dir.),

Fostering Constitutionalism in Africa, Prétoria, Pretoria University Law Press, 2010, pp. 309-339

MERLE (M.), « L'instabilité ministérielle », *RDP*, 1951, p. 390

METOU (B.-M.), « La médiation de l'union africaine dans la résolution des crises internes de ses états membres », *Revue québécoise de droit international*, n°31.2, 2018, pp. 39-69

MIEU (B.), « Côte d'Ivoire : les dessous de la dissolution du gouvernement », *Jeune Afrique*, 14 novembre 2012, https://www.jeuneafrique.com/173428/politique/c-te-d-ivoire-les-dessous-de-la-dissolution-du-gouvernement/

MIEU (B.), « Côte d'Ivoire : Ouattara et Soro, partenaires particuliers », *Jeune Afrique*, 6 décembre 2011, http://www.jeuneafrique.com/189136/politique/c-te-d-ivoire-ouattara-et-soro-partenaires-particuliers/

MILHAT (C.), « Le constitutionnalisme en Afrique francophone. Variations hétérodoxes sur un requiem », *Politéia*, n° 7, 2005, p.668.

MIRKINE-GUETZEVITCH (B.), « Les méthodes d'étude du droit constitutionnel comparé », *RIDC*, 1949, n°1-4, pp. 397-417

MOMO (C.-F.), GATSI (E.-T.), « L'exécutif dualiste dans les régimes politiques des États d'Afrique noire francophone », *Les Annales de droit*, n°14, 2020, http://journals.openedition.org/add/1898

MONTAY (B.), « Le pouvoir de nomination de l'Exécutif sous la Ve République », *Jus Politicum*, n° 11, déc. 2013, http://juspoliticum.com/article/Le-pouvoir-de-nomination-de-l-Executif-sous-la-Ve-Republique-817.html

MOUKOKO MBONJO (P.), « Régimes militaires et transition démocratique en Afrique : à la recherche d'un cadre d'analyse théorique », *Afrique 2000*, n°13, avr-juin 93, pp. 39-58.

MOUSSA (B.), « Les mesures de réajustement de l'économie ivoirienne face à la crise économique mondiale : Leurs résultats et leurs implications sociales », *Afrique et Développement*, vol. 10, n° 1/2, 1985, pp. 150-160

MOYEN (G.), « L'Exécutif dans le nouveau constitutionnalisme africain : Les cas du Congo, du Bénin et du Togo », *Annales de l'Université Marien N'gouabi*, 2009, n°10 (3), pp. 40-68

MOYSAN (E.), « Une ambiguïté constitutionnelle : l'ordre du jour parlementaire », *LPA*, n°135, 9 juil. 2018, p. 60

MVAEBEME (E.-S.), « Regard récent sur les tendances du constitutionnalisme africain, le cas des états d'Afrique noire francophone », *RIDC*, n°1, jan-mars 2019, pp. 163-196 ;

N'GUESSAN (K.), « Le coup d'État de décembre 1999 : espoirs et désenchantements », in LE PAPE (M.), VIDAL (C.), (dir.), *Côte d'Ivoire. L'année terrible 1999-2000*, pp. 51-80

N'GUESSAN (K.), « Les moyens parlementaires de contrôle de l'action gouvernementale dont les moyens d'interpellation dans l'espace francophone », *Rapport de la Commission des affaires parlementaires de l'Assemblée parlementaire de la francophonie*, Berne, juil. 2015.

N'GUESSAN (M.-B.), « Les accords de sortie de crise en Côte d'Ivoire : De Lomé à Marcoussis (2002-2003) », *Revue d'histoire et d'archéologie africaines*, n°25, 2014, pp. 106-119.

N'PIENIKOUA (S.-F.), « Togo. Querelle de famille autour du fauteuil présidentiel », *Courrier international*, 22 février 2011, https://www.courrierinternational.com/article/2009/04/17/querelle-de-famille-autour-du-fauteuil-presidentiel

NATOLI (F.), « Le recours à l'article 49 al-3 dans le cadre de la réforme des retraites : les limites constitutionnelles à la rationalisation parlementaire », *La Revue des droits de l'homme,* 2020, http://journals.openedition.org/revdh/8972

NAUDE (P-F.), « Présidentielle : Ouattara vainqueur avec 54,1 % contre 45,9 % pour Gbagbo, selon la CEI », *Jeune Afrique*, 2 décembre 2010, http://www.jeuneafrique.com/183429/politique/pr-sidentielle-ouattara-vainqueur-avec-54-1-contre-45-9-pour-gbagbo-selon-la-cei/

NAUDE (P-F.), « Côte d'Ivoire : Guillaume Soro élu président de l'Assemblée nationale à l'unanimité », *Jeune Afrique*, 12 mars 2012, http://www.jeuneafrique.com/177013/politique/c-te-d-ivoire-guillaume-soro-lu-pr-sident-de-l-assembl-e-nationale-l-unanimit/

NCHOUAT (A.) « La nouvelle génération des Premiers ministres en Afrique noire francophone : le cas du Cameroun », *Revue de Droit Africain*, n° 14, 2000, p. 197- 208

NDIAYE (T-M.), « Des transitions démocratiques en Afrique », *Alternatives démocratiques dans le Tiers Monde*, juil.-déc. 92, pp. 13-29 ;

NGANDO-SANDJE (R.), « Le vice-président et le Premier ministre dans la Constitution gabonaise : duo ou duel ? », *RFDC*, n°125, 2021, pp. 25-70

NGUELE-ABADA (M.), « Du constitutionnalisme de transition en Afrique : Réflexion sur l'évolution constitutionnelle en République démocratique du Congo », *RRJ*, 2008-1, n°33, pp. 499-536

NGUEMA-OVONO (S.-F.), « Les révisions de la Constitution au Gabon : essai d'analyse critique », *RJPEF*, Vol. 62, n°1, 2008, pp. 95-110

NGUYEN HUU (P.), « L'évolution des questions parlementaires depuis 1958 », *RFSP*, 1981, n° 31-1, pp. 172-190

NGWE (L.), « Le premier ministre dans les mutations politiques des Etats d'Afrique francophone. Retour sur des expériences de formalisation d'un rôle et d'un ordre politiques », *Africa Spectrum*, Vol. 41, n°1, 2006, pp. 7-34

NIANDOU-SOULEY (A.), « La démocratisation au Niger : bilan critique », in KIMBA (I.), (dir.), *Le Niger, État et démocratie*, Paris, L'Harmattan, 2001, p. 308

NIQUEGUE (S.), « Les résolutions parlementaires de l'article 34-1 de la Constitution », *RFDC*, 2010/4, n° 84, pp. 865-890

NOUBOUKPO (K.), « La crise ivoirienne et l'avenir de l'intégration économique et monétaire ouest-africaine », *Alternatives économiques, « L'Economie politique »*, n°51, 2001, pp. 97-112

NZOUANKEU (J.-M.), « La transition démocratique au Mali », *Alternative démocratique dans le Tiers Monde (3-4-5),* janv. 91-juin 92, pp. 123-136

NZUZI (L.), « Zaïre : quatre années de " transition ", bilan provisoire », *Afrique politique*, 1995, pp. 253-265

OKIEMY (B.), « L'accord de Linas-Marcoussis : La France de retour », *RJPIC*, n°4, 2003, pp. 467-490

OLINGA (A-D.), « Cameroun, vers un présidentialisme démocratique : Réflexion sur la révision constitutionnelle du 23 avril 1991 », *RJPIC*, n°4, oct.-déc. 1992, pp.449 et s.

ONDO (T.), « Réflexions sur les tendances (positives) du néo-constitutionnalisme africain : morceaux choisis », *Revue du Conseil constitutionnel,* n°4, 2014, pp. 365-396

ONDO (T.), « Splendeurs et misères du parlementarisme en Afrique noire francophone », in GARRIGUES (J.) et al. (dir.), *Assemblées et parlements dans le monde, du Moyen-Age à nos jours*, Paris, Assemblée nationale, Comité d'Histoire Parlementaire et Politique, vol. 2, pp. 969-980.

OULD BOUBOUTT (A-S.), « Les juridictions constitutionnelles en Afrique : Évolutions et enjeux », *AIJC*, n°13, 1997, pp. 31-45

PEYREFITTE (A.), « Les trois cohabitations », *Pouvoirs*, n° 91, 1999, pp. 25-31.

PHILIPPE (C.), « La démocratie au Congo : la transition difficile », *Défense nationale* n°48, mai 92, pp. 43-56.

PILON (M.), « La transition togolaise dans l'impasse », *Politique Africaine*, n° 49, mars 1993, pp. 136-139.

PLOURDE (S.), « Les relations entre la Côte d'Ivoire et le F.M.I. sous Houphouët-Boigny : le mode de développement ivoirien à l'épreuve du de Washington », *Outre-Mers*, n°s352-353, 2006, pp. 293-330 ;

POIRIER (J.), « Les formes monarchiques du pouvoir africain », *Annales africaines*, 1966, pp. 179-206

POMPEY (F.), « La mutinerie des jeunes militaires ivoiriens se termine en coup d'Etat », *Le Monde*, 26 décembre 1999, https://www.lemonde.fr/archives/article/1999/12/26/la-mutinerie-des-jeunes-militaires-ivoiriens-se-termine-en-coup-d-etat_3594944_1819218.html

PORTELLI (H.), « Le temps parlementaire », *Pouvoirs*, n°146, 2013, pp. 71-82

PORTELLI (H.), « Les Premiers ministres : essai de typologie », *Pouvoirs*, n°83, 1997, pp. 21-30

PRIER (P.), « Les coulisses du coup d'Etat », *Le Figaro*, 27 décembre 1999, p. 1 et 2

QUANTIN (P.), « La démocratie en Afrique à la recherche d'un modèle », *Pouvoirs*, 2009/2 n° 129, pp. 65-76

QUANTIN (P.), « Congo : les origines politiques de la décomposition d'un processus de libéralisation (août 1992-décembre 1993) », *Afrique politique*, 1994, pp. 167-190

QUANTIN (P.), « Niger : retour sur l'analyse d'un coup d'Etat », *Politique africaine*, n°62, mai 1996, pp. 113-116

QUANTIN (P.), « Pour une analyse comparative des élections africaines », *Politique africaine*, n°69, 1998, pp. 12-28

QUERMONNE (J.-L.), « Les nouvelles institutions politiques de l'Afrique noire », *Revue de l'Action populaire*, juin 1960, pp. 679-690

QUERMONNE (J-L.), « Le cas français : le Président dominant la majorité », in DUVERGER (M.), *Les régimes semi-présidentiels*, 1986, pp. 183-207

RAYNAL (J-J.), « Le renouveau démocratique béninois : modèle ou mirage ? », *Afrique contemporaine*, n°173, 1995, pp. 40-55

REMY (J-P.), « Démission du premier ministre Guillaume Soro », *Le Monde*, 16 mars 2012, http://www.lemonde.fr/afrique/article/2012/03/16/demission-du-premier-ministre-guillaume-soro_1655565_3212.html#JxA5OQJl94DiRvKF.99

REUTERS, « Le FPI de Gbagbo participera aux législatives ivoiriennes », *L'Express*, 06 déc. 2011, https://www.lexpress.fr/actualites/2/monde/le-fpi-de-gbagbo-participera-aux-legislatives-ivoiriennes_1058536.html

RFI, « Dissolution du gouvernement ivoirien: les dissensions de la majorité en cause », https://www.rfi.fr/fr/afrique/20121115-cote-ivoire-ouattara-dissolution-gouvernement-ivoirien-dissensions-majorite-cause-ahoussou-kouadio

RIVERO (J.), « Consensus et légitimité », in *Pouvoirs*, n°05, Le consensus, avril 1978, pp.57-64

ROUX (A.), « La clarification des pouvoirs au sein de l'Exécutif », *Revue politique et parlementaire*, n° 1045, octobre / décembre 2007, pp. 20-32

RUEFF (J.), « Gbagbo relance le processus de guerre en Côte d'Ivoire », *Libération*, 6 novembre 2004, https://www.liberation.fr/planete/2004/11/06/gbagbo-relance-le-processus-de-guerre-en-cote-d-ivoire_498539/

SADA (H.), « Le conflit ivoirien : enjeux régionaux et maintien de la paix en Afrique », *Politique étrangère*, n°2, 2003, 68e année, pp. 321-334

SALL (A.), « Le bicéphalisme du pouvoir exécutif dans les régimes politiques d'Afrique noire : crises et mutations », *Recueil Penant*, n° 825, sep.-déc. 1997, pp. 287-309

SALL (A.), « Processus démocratiques et bicéphalisme du pouvoir exécutif en Afrique noire francophone : un essai de bilan », *RJP*, n° 3, 2006, pp.412-462.

SAMBOU (S.), « Afrique subsaharienne francophone. Des textes constitutionnels en vigueur à leur(s)révision(s) », *Afrique contemporaine*, 2012, n° 242, p. 115-116

SAMSON (D.), « Côte d'Ivoire : La transition est mal partie », *RFI*, 9 avril 2003, http://www1.rfi.fr/actufr/articles/040/article_21094.asp

SAMSON (D.), « Côte d'Ivoire : Le blocage politique », *RFI*, 25 mai 2004, http://www1.rfi.fr/actufr/articles/053/article_28273.asp

SAMSON (D.), « Côte d'Ivoire : Un Premier ministre sans Gouvernement », 26 février 2003, http://www1.rfi.fr/actufr/articles/038/article_20245.asp.

SAUVE (J.-M.), « Le Conseil des ministres », in *Mélanges en l'honneur de Jean Gicquel, Constitutions et pouvoir*, Paris, Montchrestien, Paris, 2008, pp. 497-536

SECK (C.-Y.), « Que vont-ils faire d'Accra III », *Jeune Afrique*, 10 août 2004, https://www.jeuneafrique.com/121735/archives-thematique/que-vont-ils-faire-d-accra-iii/

SAMUELS (D-J.), SHUGART (M.), « La nomination et la révocation du Premier ministre en régime semi-présidentiel : l'impact de la présidentialisation des partis », *RIPC* 2010/1 (Vol. 17), pp. 67-91

SIGNOURET (M.), « La fin du calvaire pour Agbéyomé Kodjo », *Jeune Afrique*, 12 septembre 2005, https://www.jeuneafrique.com/111996/archives-thematique/la-fin-du-calvaire-d-agb-yom-kodjo/

SMITH (S.), « Seydou Diarra, caméléon politique », *Le Monde*, 27 janvier 2003, https://www.lemonde.fr/archives/article/2003/01/27/seydou-diarra-cameleon-politique_306969_1819218.html

SMITH (S.), « Au Togo, la présidence à vie devient constitutionnelle », *Le Monde*, 31 décembre 2002, https://www.lemonde.fr/archives/article/2002/12/31/au-togo-la-presidence-a-vie-devient-constitutionnelle_303834_1819218.html

SMITH (S.), « Comment Laurent Gbagbo, acculé au sommet de Paris, a réussi à se rétablir au pouvoir à Abidjan... », *Le Monde*, 30 janvier 2003, https://www.lemonde.fr/archives/article/2003/01/30/comment-laurent-gbagbo-accule-au-sommet-de-paris-a-reussi-a-se-retablir-au-pouvoir-a-abidjan_307347_1819218.html

SMITH (S.), « Côte d'Ivoire : Le général Père-Noël », *Politique internationale*, n°88, été 2000, pp. 307-321

SMITH (S.), « Scrutin présidentiel au Togo pour prolonger 36 ans de règne : Le général Eyadéma veut se succéder à la faveur d'une élection sans garantie d'équité », *Le Monde*, 31 mai 2003, https://www.lemonde.fr/archives/article/2003/05/31/scrutin-presidentiel-au-togo-pour-prolonger-36-ans-de-regne_322242_1819218.html

SOGLOHOUN (P.), « Les fonctions législatives du président de la République. Étude de droit comparé », *RBSJA*, n°33, 2014, pp. 83-121

SOSSOU (P.), « Refus d'alternance dans l'espace ouest africain : La fin des systèmes dictatoriaux, un casse-tête chinois pour l'ancrage de la démocratie », *Le Triangle des enjeux*, n°413, 20 mai 2020.

SOTINEL (T.), « Une révision constitutionnelle permet au président de Côte d'Ivoire de suspendre les élections », *Le Monde*, 3 juillet 1998, https://www.lemonde.fr/archives/article/1998/07/03/une-revision-constitutionnelle-permet-au-president-de-cote-d-ivoire-de-suspendre-les-elections_3672610_1819218.html

SOTINEL (T.), « L'armée nigérienne a chassé du pouvoir le chef de l'Etat démocratiquement élu en 1993 », *Le Monde*, n°15865, 30 janvier 1996, p. 3

SOTINEL (T.), « Le président togolais a réussi à reconstituer peu à peu son pouvoir », *Le Monde*, 17 septembre 1996, https://www.lemonde.fr/archives/article/1996/09/17/le-president-togolais-a-reussi-a-reconstituer-peu-a-peu-son-pouvoir_3720904_1819218.html

SOUDAN (F.), « Togo, la déchirure », *Jeune Afrique*, mai 2005, n° 2313, pp. 30-34

SOUMAREY (P.), « Côte d'Ivoire – Le débat sur l'éligibilité à l'élection présidentielle est inopérant, pernicieux et dépassé », 11 février 2015, http://www.connectionivoirienne.net/107392/cote-divoire-le-debat-sur-leligibilite-lelection-presidentielle-est-inoperant-pernicieux-et-depasse

SPONCHIADO (L.), « Du droit de regard au droit de veto : le contrôle restreint opéré par les parlementaires sur les nominations présidentielles », *RFDA*, 1er septembre 2011, n°5, pp. 1019-1028

SY (D.), « La renaissance du droit constitutionnel en Afrique : question de méthode », *Droit sénégalais* n° 3, juin 2004, p. 54

TALBOT (P.), « La hiérarchie des décrets règlementaires du président de la République et du Premier ministre », *La Revue administrative*, n°255, mai-juin 1990, pp.230-240

TANKOANO (A.), « La cohabitation dans un régime semi-présidentiel africain : le cas du Niger », *Revue burkinabè de droits*, n°30, 1996, pp. 195-216

TCHIVOUNDA (G-P.), « Essai sur le Premier ministre africain », *RJP*, 1979, pp. 259-283

TCHOUPIE (A.), « La suppression de la limitation du nombre de mandats présidentiels au Cameroun : analyse de la bifurcation de la trajectoire d'une politique institutionnelle », *Revue africaine des relations internationales*, nos 1 & 2, 2009, pp. 5–37

TERMON (A.), « Ismaïla Madior Fall se prononce sur la suppression du poste du Premier ministre », *JournalduSénégal.com*, 1er février 2021 https://www.journaldusenegal.com/ismaila-madior-fall-se-prononce-sur-la-suppression-du-poste-du-premier-ministre/

TETE (G.), « Togo : la Conférence nationale souveraine (CNS), juillet-août 1991 », 8 juillet 2013, http://cvu-togo-diaspora.org/files/2013/03/Conference-Nationale-Souveraine.pdf

THIJS (V.), « Accord à Pretoria sur la crise ivoirienne », *Libération*, 7 avril 2005, https://www.liberation.fr/planete/2005/04/07/accord-a-pretoria-sur-la-crise-ivoirienne_515589/

THIRIOT (C.), « La place des militaires dans les régimes post-transition d'Afrique subsaharienne : la difficile resectorisation », *RIPC*, 2008/1, Vol. 15, pp. 15-34.

TOGBA (Z.), « L'intérim de la Présidence de la République (Analyse juridique et impact politique », *Penant*, 1988, pp. 205 et suivants.

TOGBA (Z.), « La Constitution guinéenne du 7 mai 1990 », *RJPEF*, n°2, 2013, pp. 195-214.

TOH (A.), BANEGAS (R.), « La France et l'Onu devant le « parlement » de Yopougon. Paroles de « jeunes patriotes » et régimes de vérité à Abidjan » », *Politique africaine*, n° 4, 2006, pp. 141-158

TOULABOR (C.), « Élection à haut risque dans un Togo déchiré », *Le Monde diplomatique*, avril 2005, pp. 20-21

TOULABOR (C.), « La transition démocratique en Afrique », *Afrique 2000*, n°4, fév. 1991, pp. 55-70

TOULABOR (C.), « Violence militaire, démocratisation et ethnicité au Togo », *Autrepart*, n°10, 1999.

TOULEMONDE (G.), « Le temps parlementaire », *Constitutions,* 2016, p. 40

TOURE (M.), « Côte d'Ivoire : Simone Gbagbo prend le pouvoir », *Politique africaine*, n° 3, 2004, pp. 32-36.

TRIMUA (C-E.), « L'idée républicaine de Constitution en Afrique francophone », *Afrilex*, janvier 2014, http://afrilex.u-bordeaux.fr/lidee-republicaine-de-la-constitution-en-afrique-francophone/

TUQUOI (J.-P.), « Au Togo, après la mort de Gnassingbé Eyadéma, l'armée porte l'un de ses fils au pouvoir », *Le Monde Afrique*, 22 avril 2005, https://www.lemonde.fr/afrique/article/2005/04/22/au-togo-apres-la-mort-de-gnassingbe-eyadema-l-armee-porte-l-un-de-ses-fils-au-pouvoir_641779_3212.html

TUQUOI (J.-P.), « En Côte d'Ivoire, l'opposition a boycotté le conseil des ministres », *Le Monde*, 14 mars 2003, https://www.lemonde.fr/archives/article/2003/03/14/en-cote-d-ivoire-l-opposition-a-boycotte-le-conseil-des-ministres_312878_1819218.html

TUQUOI (J.-P.), « Laurent Gbagbo accepterait l'accord de paix sans chefs rebelles au gouvernement », *Le Monde*, 5 février 2003, p.3

TUQUOI (J.-P.), « Le nouveau premier ministre ivoirien est nommé avec l'appui de la France », *Le Monde Afrique*, 7 décembre 2005 https://www.lemonde.fr/afrique/article/2005/12/07/le-nouveau-premier-ministre-ivoirien-est-nomme-avec-l-appui-de-la-france_717515_3212.html

TUQUOI (J.-P.), « Le premier ministre ivoirien obtient un début de compromis de Laurent Gbagbo », *Le Monde*, 13 février 2003, https://www.lemonde.fr/international/article/2003/02/13/le-premier-ministre-ivoirien-obtient-un-debut-de-compromis-de-laurent-gbagbo_309091_3210.html

TUQUOI (J.-P.), « Le président ivoirien Gbagbo reprend la main face à Paris », *Le Monde Afrique*, 15 janvier 2007, https://www.lemonde.fr/afrique/article/2007/01/15/le-president-ivoirien-gbagbo-reprend-la-main-face-a-paris_855479_3212.html

TUQUOI (J.-P.), JACQUENS (A.), « Accord à l'arraché pour un gouvernement d'union nationale en Côte d'Ivoire », *Le Monde*, 10 mars 2003, https://www.lemonde.fr/archives/article/2003/03/10/accord-a-l-arrache-pour-un-gouvernement-d-union-nationale-en-cote-d-ivoire_312270_1819218.html

TUQUOI (J.-P.), « Le président Gbagbo ne veut aucun ministre issu de la rébellion », *Le Monde*, 11 février 2003, https://www.lemonde.fr/archives/article/2003/02/11/le-president-gbagbo-ne-veut-aucun-ministre-issu-de-la-rebellion_308805_1819218.html

TUSSEAU (G.), « La réactivation de l'article 49 al. 3 », *Recueil Dalloz*, 2015, p. 560

VAMPOUILLE (T.), « Togo : l'opposition conteste la réélection de Gnassingbé », *Le Figaro*, 6 mars 2010, https://www.lefigaro.fr/international/2010/03/06/01003-20100306ARTFIG00506-montee-de-fievre-autour-de-l-election-au-togo-.php

VAN DE WALLE (N.), « Presidentialism and clientelism in Africa's emerging party's systems », in QUANTIN (P.) (dir.), *Voter en Afrique, comparaisons et différenciations,* Paris, L'Harmatan, 2004, pp. 105-128

VIDAL (C.), « La brutalisation du champ politique ivoirien, 1990-2003 », in OUEDRAOGO (J.-B.), SALL (E.), (dir.), *Frontières de la citoyenneté et violence politique en Côte d'Ivoire*, African books collective, 2008, pp. 169-181.

VIDELIN (J.-C.), « L'incompatibilité des fonctions de militaire avec le mandat de conseiller municipal jugée inconstitutionnelle », *Droit administratif,* février 2015, n° 2, 30-32

VIGNON (B.), et al., « La bataille de légitimité a commencé entre Laurent Gbagbo et Alassane Ouattara », *RFI,* 3 décembre 2010, http://www.rfi.fr/afrique/20101203-bataille-legitimite-commence-entre-laurent-gbagbo-alassane-ouattara

VIGNON (Y.), « Le coup d'Etat en Afrique noire francophone », in *Les voyages du droit. Mélanges en l'honneur de Dominique Breillat*, Paris, LGDJ, 2010, pp. 615-617

VITALIS (J.), « Les crises africaines : violence, pouvoir et profit », *Etudes*, n°12, 2003, pp. 585-595

WAUTHIER (C.), « Une délicate transition en Côte d'Ivoire : Grandes manœuvres en Côte-d'Ivoire pour la succession de M. Houphouët-Boigny », *Le Monde diplomatique*, juillet 1985, pp. 1, 20-21.

WODIE (F.), « L'esprit et la lettre de l'Accord de Linas-Marcoussis », *contribution au colloque international Accord de Linas-Marcoussis : paix et stabilité en Côte d'Ivoire*, Abidjan, 19, 20, 21 août 2003.

WOITIER (C.), « Le vote de confiance, un rituel sans grand suspense », *Le Figaro*, 8 avril 2014, https://www.lefigaro.fr/politique/2014/04/08/01002-20140408ARTFIG00036-le-vote-de-confiance-un-rituel-sans-grand-suspense.php

YOMBI (M.), « L'Etat de droit dans le renouveau démocratique en Afrique noire francophone », *Revue Réflexions constitutionnelles*, 2019, n°002, pp.1-34

YONABA (S.), « La Conférence nationale et le droit : les leçons de l'expérience burkinabè », *RJPIC*, n° 47, janv.- mars 1993, pp. 78-108

ANNEXE n°1 :

LISTE DES PREMIERS MINISTRES DU TOGO DE 1991 A NOS JOURS

Noms et prénoms	Date de nomination	Date de départ	Parti politique	Président
Joseph Kokou KOFFIGOH	28/08/1991	23/04/1994	Société civile, puis CFN	Gnassingbé EYADEMA (RPT)
Edem KODJO	23/04/1994	20/08/1996	UTD	
Kwasi KLUTSE	20/08/1996	21/05/1999	RPT	
Eugène Koffi ADOBOLI	21/05/1999	30/08/2000	Non affilié	
Agbéyomé Messan KODJO	30/08/2000	21/06/2002	RPT	
Koffi SAMA	29/06/2002	09/06/2005	RPT	
Edem KODJO	09/06/2005	20/09/2006	CPP	Faure GNASSINGBE (RPT, puis UNIR)
Yawovi AGBOYIBO	20/09/2006	06/12/2007	CAR	
Komlan MALLY	06/12/2007	08/09/2008	RPT	
Gilbert Fossoun HOUNGBO	08/09/2008	23/12/2012	Non affilié	
Kwesi AHOOMEY-ZUNU	23/07/2012	10/06/2015	RPT	
Komi Selom KLASSOU	10/06/2015	26/09/2020	UNIR	
Victoire TOMEGAH-DOGBE	26/09/2020	En fonction	UNIR	

ANNEXE n°2 :

LISTE DES PREMIERS MINISTRES DE CÔTE D'IVOIRE DE 1990 A NOS JOURS

Premier ministre	Date de prise de fonction	Date de départ	Parti politique	Président
Alassane Dramane OUATTARA	07/11/1990	9/12/1993	Non affilié, puis PDCI	Félix HOUPHOUËT-BOIGNY (PDCI)
Daniel KABLAN-DUNCAN	09/12/1993	24/12/1999	PDCI	Henri KONAN-BEDIE (PDCI)
Seydou Elimane DIARRA	24/12/1999	26/10/2000	Non affilié	Robert GUEÏ (CNSP)
Pascal AFFI-NGUESSAN	26/10/2000	10/02/2003	FPI	Laurent GBAGBO (FPI)
Seydou Elimane DIARRA	10/02/2003	04/12/2005	Non affilié	
Charles KONAN-BANNY	04/12/2005	04/04/2007	PDCI	
Guillaume SORO	04/04/2007	06/12/2010	FN	
	06/12/2010	13/03/2012		Alassane Dramane OUATTARA (RDR, puis RHDP)
Jeannot KOUADIO-AHOUSSOU	13/03/2012	21/11/2012	PDCI	
Daniel KABLAN-DUNCAN	21/11/2012	10/01/2017	PDCI	
Amadou Gon COULIBALY	10/01/2017	08/07/2020	RDR, puis RHDP	
Hamed BAKAYOKO	08/07/2020	10/03/2021	RHDP	
Patrick ACHI	10/03/2021	En fonction	RHDP	

TABLE DES MATIERES